張永言先生著作集

（增訂本）

語文學論集

張永言 ◎ 著

復旦大學出版社

張永言，當代著名語言學家，四川大學中文系教授，博士生導師，享受國務院特殊津貼專家。曾任國務院學科評議組成員、四川省語言學會會長、四川大學漢語言研究所名譽所長。1990年獲"五一"勞動獎章，為第七、第八屆全國人大代表。對語言學、漢語、詞彙學和漢語史均有精深研究。著有《詞彙學簡論》、《訓詁學簡論》、《語文學論集》等，主編《簡明古漢語字典》和《世說新語辭典》。

For I believe that, while theories are transitory, a record of facts has a permanent value.

——J. G. Frazer: *The Golden Bough*, third edition Pt. Ⅷ, Vol. I, 1935, Preface, p. xi.

芳草游踪，春风词笔；
落花心绪，流水年华。

——作者手迹

前　　言

　　我在學習中國語文學的過程中寫過一些論文和札記，現在略加選擇，編成這本小集，以備翻檢，並就正有道。這些文章原來分別發表於《中國語言學報》、《中國語文》、《語言研究》、《民族語文》、《語文研究》、《語言教學與研究》、《音韻學研究》等刊物，收入本集時都作了或多或少的修訂。其中《漢語詞彙》一篇原爲《中國大百科全書·語言文字》的條目，不是論文或札記，列於編末。

張永言

1989 年 8 月於成都

增補本贅語

  感謝語文出版社厚意與馮瑞生編審盛情，小集得以重加拂拭，增補再版，作者深爲欣幸。此版除增加若干文篇及附錄外，於原有諸篇間有修訂，編排次第也有所調整。

  十年來在治學上多承徐文堪先生教示，於此謝之。

作　者

1998年2月在成都

目　　錄

詞義演變二例 ……………………………………………… 1
再談"聞"的詞義 …………………………………………… 7
從"聞"的詞義説到漢語詞源學的方法問題
　　——追答傅東華先生 ………………………………… 10
論郝懿行的《爾雅義疏》…………………………………… 19
《續方言新校補・方言別録・蜀方言》點校本前言 ……… 44
古典詩歌"語辭"研究的一些問題
　　——評張相著《詩詞曲語辭匯釋》…………………… 52
讀《敦煌變文字義通釋》偶記 …………………………… 78
讀王力主編《古代漢語》札記 …………………………… 85
上古漢語有送氣流音聲母説 ……………………………… 120
《水經注》中語音史料點滴 ……………………………… 129
酈道元語言論拾零 ………………………………………… 135
關於詞的"内部形式" …………………………………… 140
論上古漢語的"五色之名"兼及漢語和台語的關係 …… 151
關於一件唐代的"唱衣歷" ……………………………… 188
李賀詩詞義雜記 …………………………………………… 193
詞語瑣記 …………………………………………………… 200
"爲……所見……"和"'香''臭'對舉"出現時代的商榷 … 212
兩晉南北朝"書""信"用例考辨 ……………………… 215
語源札記 …………………………………………………… 223
語源探索三例 ……………………………………………… 228
　　一、"渾脱"考 ………………………………………… 228

二、"沐猴"解 ……………………………………… 234
　　三、説"淘" ……………………………………… 241
"輕吕"和"烏育" …………………………………… 249
漢語外來詞雜談 …………………………………… 253
《世説新語》"海鷗鳥"一解 ………………………… 276
馬瑞志《世説新語》英譯之商榷
　　——爲祝賀吕叔湘先生九十華誕作 …………… 279
從詞彙史看《列子》的撰寫時代 …………………… 326
關於漢語詞彙史研究的一點思考(與汪維輝合撰) … 356
漢語詞彙 …………………………………………… 379

附録一　自述——我的中學時代 ………………… 390
附録二　張永言《語文學論集》讀後 ……… 徐文堪 393

校補後記 ……………………………………… 汪維輝 401

詞義演變二例*

　　研究個別詞語的歷史是語言史領域的一項重要工作。蘇聯科學院語言研究所所長維諾格拉多夫（В. В. Виноградов）就很重視這種研究；他寫過一系列的論文，分別探討了一百多個俄語詞語的歷史①。加爾其娜-費多魯克（Е. М. Галкина-Федорук）認爲這是維氏在語言學上的一個重要功績②。以漢語歷史之悠久、文獻之豐富，個別詞語的歷史研究就顯得更爲重要，同時工作也更爲艱巨，決不是少數人能夠做得了或做得好的。我們希望有許多的學者來從事這個對漢語詞彙學、語義學和詞典學有重大意義的工作。鄭奠先生在《中國語文》上發表的《漢語詞彙史隨筆》③，就是這方面的開創之作，引起我們很大的興趣，因此不揣淺陋，抄出札記兩條，作爲初步的響應。

聞

　　"聞"這個詞的本來意義是"聽到，聽見"，這從字形上就可以看出來。《說文》十二篇上耳部："聞，知聲也。从耳，門聲。"（據段注本）由此又引申出"名聲，名譽"的意思。但到了現代漢語裏，"聞"卻只有"（用鼻子）嗅"（不是"嗅到"）的意義，詞義從聽覺方面轉移到嗅覺方面來了。這是一個有趣的變化，可是關於它發生的

---

*　　原載《中國語文》1960年第1期。
①　　論文目錄見《維諾格拉多夫院士六十歲紀念論文集》（俄文），1956年，第302—303頁。
②　　上引書，第6頁。
③　　《中國語文》1959年第6—9期，11—12期，1960年第3期，1961年第3—4期，6期。

時代似乎很少有人討論到。日本學者太田辰夫曾經在一篇論文裏接觸到這個問題①，認爲這個變化發生在六朝時代。我們沒有機會讀到太田先生的原作，就中文節譯本看②，他所舉的論據只有兩條：《博物志》："長安萬里，或聞香氣芳。"《晉書》："寮屬聞其芬馥，稱之於充，充意知女與壽通。"

這裏我們認爲有三點值得商榷。首先，論斷不可靠。因爲"聞"的"嗅到、聞到"義的出現遠遠早於六朝。例如《史記》卷一百二十九《滑稽列傳》："羅襦襟解，微聞薌澤。"其次，史料的運用上欠周密。唐修《晉書》不能作爲論證六朝語言現象的材料。事實上，"聞"的嗅覺義產生以後，起初力量似乎微弱，可是到了魏晉時代就有很大的發展，有豐富的語言史料爲證，單是《博物志》一例似嫌不足。第三，引文不出卷次、篇名，文字頗有脫誤。現在我們舉出較多的用例如下，借補太田先生引證之未備。

（a）魏文帝曹丕《與朝臣書》："江表唯長沙名有好米，何得比新城秔稻邪？上風吹之，五里聞香。"（《全三國文》卷七）《三國志·吳志·諸葛恪傳》："恪將見之夜，精爽擾動，通夕不寐，明將盥漱，聞水腥臭。"張華《博陵王宮俠曲》二首之二："生從命子遊，死聞俠骨香。"《博物志》卷三："西使乞見，請燒所貢香一枚，……長安中百里咸聞香氣芳。"（《指海》本）郭澄之《郭子》："陳騫以韓壽爲掾，每會，聞壽有異香氣。"（《玉函山房輯佚書》卷七十六）《世說新語·惑溺》："〔賈充〕後會諸吏，聞壽有奇香之氣。"東晉佛陀跋陀羅譯《觀佛三昧海經》卷五"觀佛心品第四"："當於何處不聞此香。"（《大正新修大藏經》第十五卷，第 671 頁）梁慧皎《高僧傳》卷十"宋京師杯度"："合境聞有異香。"梁元帝蕭繹《金樓子·箴戒》："又有千和香，聞之使人動諸邪態，兼令人睡眠。"劉緩《敬酬劉長史咏名士悅傾城》詩："遙見疑花發，聞香知異春。"

---

① 太田辰夫《近代語における非恣意的動詞の形成について》，《中國語雜誌》第五卷第六號，1950 年 11 月。
② 陳文彬譯《近代漢語"無心"的動詞的形成過程》，《中國語文》1953 年第 10 期。

詞義演變二例

(b)《博物志》卷二:"西使臨去,又發香器如大荳者,試著宫門,香氣聞長安四面數十里中。"干寶《搜神記》卷一:"鈎弋夫人有罪,以譴死,既殯,屍不臭而香聞十餘里。"《漢武故事》"兜末香如大荳,涂門,香聞百里。"(《太平御覽》卷九百八十三引)又:"既殯,香聞十餘里。"(《御覽》卷一百三十六引)任昉《述異記》卷下:"南海山出千步香,佩之香聞於千步也。"(《漢魏叢書》本)又:"千年松香聞於十里。"(同上)《十洲記》:"山多大樹,與楓木相類,而花葉香聞數百里。"(《漢魏叢書》本)庾信《道士步虚詞》十首之八:"靈駕千尋上,空香萬里聞。"

這些例證足以表明"聞"用於嗅覺方面在魏晉南北朝已很普遍,顯然已經不是一種新的語言現象萌生時的狀況了。

到了唐代"聞"的嗅覺義的應用繼續發展,用例甚多。太田先生只舉了三例,而其中杜甫詩一例即《辭海》所引,韓愈詩一例即《辭源》所引,這是很不够的。據我們初步調查,出現這類用例的文獻,散文有《晉書》、《梁書》、《法苑珠林》、牛肅《紀聞》、蘇鶚《杜陽雜編》等書,詩歌有沈佺期、孟浩然、元結、元稹、溫庭筠、李商隱、陸龜蒙、韓偓等人的作品。爲了節省篇幅,這裏就略而不舉了。

僅

王力先生在他的論文《理想的字典》和《新訓詁學》以及專著《漢語史稿》裏談到詞義演變的時候,都舉了"僅"字爲例,說明唐代的"僅"與近代不同:唐代的"僅"是甚言其多,而近代的"僅"是甚言其少。王先生認爲這是段玉裁的發現,因爲他對於字義具有史的觀念,眼光敏鋭,所以注釋《說文》(八上人部)"僅"字會注意到這樣的不同①。這裏王先生舉了一個有趣的例子,給予我們很

---

① 王力《理想的字典》,《國文月刊》第33期,1945年3月,第20頁;又:《新訓詁學》,《開明書店二十周年紀念文集》,開明書店,1947年,第186頁;又:《漢語史稿》上册,科學出版社,1957年,第19頁;下册,1958年,第561頁。

大的啓發。但也還有可以進一步討論之處。

一、就我們所知，最先注意到這一點的不是小學家段玉裁（1735—1815），而是比他早生一百年的詩人王士禛（1634—1711）。《香祖筆記》卷二有一條說：

> "僅"有"少""餘"二義，唐人多作"餘"義用。如元微之云："封章諫草，繁委箱筍，僅逾百軸"①；白樂天《哭唐衢》詩："著文僅千首，六義無差忒"②；小說《崔煒傳》："大食國有陽燧珠，趙佗令人航海盜歸番禺，僅千載矣"③；《甘澤謠·陶峴傳》："浪迹怡情，僅三十載"④；《摭言》："曲江之宴，長安僅於半空"⑤；《玉壺清話》：《南唐先主傳》：吳越災，遣使唁之，賷帑幣糧鎚，僅百餘艘"⑥之類。至宋人始率從"少"義，迄今沿用之。

從徵引元微之語段氏訛誤與王氏相同看來，段氏可能見到過王說，只是經學家不願意稱述"說部"以注《說文》而已。

二、"僅"本來只有一音一義：音就是《廣韻》去聲震韻"渠遴切"（jìn）一讀，義就是段玉裁所說的"庶幾之幾（jī）"⑦。"言其少"和"言其多"只不過是"幾"這一意義的兩種不同的用法。在語義學上一個詞的意義（значение）和用法（употребление）是有區別的。但不同的用法可能有消長，而意義和用法也可能發生轉化；詞的

---

① 語出元稹詩題《郡務稍簡，因得整比舊詩，並連綴焚削封章，繁委篋笥，僅逾百軸，偶成自嘆，因寄樂天》，見《元氏長慶集》卷二十二。王士禛引文有錯誤。
② 《全唐詩》第七函第一冊"白居易一"《傷唐衢》二首之一。"著文"作"遺文"。
③ 《太平廣記》卷三十四"崔煒"條引裴鉶《傳奇》："我大食國寶陽燧珠也，昔漢初趙佗使異人梯山航海，盜歸番禺，今僅千載矣。"王士禛引文有刪改。
④ 《太平廣記》卷四百二十一"陶峴"條引袁郊《甘澤謠》。
⑤ 王定保《唐摭言》卷三"散序"："曲江之宴，行市羅列，長安幾於半空。"今所見《雅雨堂藏書》本及《學津討原》本均不作"僅"，不知王氏爲別有所據抑徵引有誤。
⑥ 語出釋文瑩《玉壺清話》卷九《李先主傳》，王氏引文"災"下有節略，"遣"上脫"乃"字。
⑦ 《中華大字典》（中華書局，1915年）"僅"字下逕作"庶幾"，不準確。參看鄧廷楨《雙硯齋筆記》卷二"僅"條。

某一用法可能變爲獨立的意義，甚至成爲它的主要意義①。"僅"字在魏晉時代已經用於"甚言其多"。例如《晉書》卷四十六《劉頌傳》載頌上晉武帝疏："至於三代，則並建明德，……開國承家，以藩屏帝室，延祚久長。近者五六百歲，遠者僅將千載。"②葛洪《抱朴子内篇·仙藥》："服黄精僅十年。"到了唐代，這一用法大爲普遍，例證甚多。如道宣《續高僧傳》卷四《玄奘傳》："師子國王買取此處，興造斯寺，僧徒僅千。"《舊唐書》卷九十八《魏知古傳》載知古上疏："造作不息，官員日增，今諸司試及員外檢校等官僅至二千餘人。"樊綽《蠻書》卷四："及分布賊衆在牌筏卜，僅二千餘人。"《太平廣記》卷七十四"俞叟"條引張讀《宣室志》："自晦迹於此，僅十年，而荆人未有知者。"又卷五十四"韓愈外甥"條引杜光庭《仙傳拾遺》："乃慕雲水不歸，僅二十年，杳絶音信。"又卷四百十九"柳毅"條引陳翰《異聞集》："後居南海，僅四十年。"又卷八十二"李子牟"條引薛用弱《集異記》："音樂之中，此爲至寶，平生視僅過萬數，方僕所有，皆莫之比。"與此同時，"甚言其少"的用法仍然通行。例如《太平廣記》卷十六"杜子春"條引李復言《續玄怪録》："生一男，僅二歲，聰慧無敵。"又卷六十八"楊敬真"條引同書："華嶽無三尺，東瀛僅一杯。"又卷三十四"崔煒"條引裴鉶《傳奇》："見乞食老嫗，因蹶而覆人之酒甖，當壚者毆之；計其值，僅一緡耳。"又卷四十"巴邛人"條引牛僧孺《玄怪録》："每橘有二老叟，……身僅尺餘。"降及宋代，"僅"字除了用於"甚言其少"而外，仍然常常用來"甚言其多"，跟唐代一樣。例如贊寧《宋高僧傳》卷二《唐洛京聖善寺善無畏傳》："聚沙爲塔，僅一萬所。"又《大宋僧史略序》："原彼東漢至於我朝，僅一千年。"陸宰《埤雅序》："先公作此書，自初迨終，僅四十年。"黄伯思《東觀餘論》卷上"法帖刊誤下"："當時

---

① 參看 Р. А. Будагов: *Введение в науку о языке*, 1958, стр. 19–20; И. В. Арнольд: *Лексикология современного английского языка*, 1959, стр. 62–63。

② 年輩長於段玉裁的姚範在他的《援鶉堂筆記》裏已經指出"唐人用'僅'字每以多爲義"，並引據劉頌此疏證明"以'僅'爲多亦不始於唐。引見馬通伯《韓昌黎文集校注》，古典文學出版社，1957年，第45頁。

親遇得已難,況復傳今僅千歲。"文瑩《玉壺清話序》:"文瑩收古今文章著述最多,自國初至熙寧間,得文集二百餘家,僅數千卷。"(《知不足齋叢書》本)《宋會要輯稿·食貨四三之一四》載建炎二年正月十八日發運司梁揚祖言:"體訪得糧綱往往沿路留滯,蓋緣押綱自買船隻,僅及千料以上。"王士禛説"僅"字"至宋人始率從少義",這是不準確的。看來"僅"字"甚言其多"這一用法漸趨消失,而"甚言其少"這一用法逐步占居主導地位,成爲這個詞在近現代漢語中的主要意義乃至唯一意義,這大約是南宋以後的事情。比如杜甫《泊岳陽城下》詩"江國逾千里,山城僅百層"的"僅",元代趙汸本給改成了"近";《玉壺清話》"僅數千卷"的"僅",有的本子也給改成了"近";《甘澤謡》"僅三十載"的"僅",元末明初陶宗儀編《説郛》給改成了"垂"[①]。大約當時"僅"這個詞的"言其多"這一用法已不甚通行,人們對它已漸感陌生,因而有這類竄改古書文字的事情發生。在處理語言史料的時候,諸如此類的現象是很值得注意的;我們一方面要去僞存真,一方面也可以利用它們作爲窺探語言發展、詞義演變的時代的旁證。

[①] 涵芬樓本《説郛》卷十九。

再談"聞"的詞義

在《詞義演變二例》一文裏我曾經説:"聞"這個詞的本來意義是"聽到、聽見",詞義從聽覺方面轉到嗅覺方面當"嗅到、聞到"講西漢時代已見,引《史記·滑稽列傳》"微聞薌澤"爲證。隨後孟倫先生指出《韓非子·十過》篇已有"聞酒臭而還"的用例,因而說這一詞義變化的時代應當上推到戰國①。

其實,我的論斷誠然不確,孟倫先生的説法也未爲探本之論。如《尚書·酒誥》:"弗惟德馨香祀登聞于天,誕惟民怨,庶群自酒,腥聞在上。"②這裏的"聞"應當就是用於嗅覺義。《酒誥》是西周初年的作品,比戰國末年的《韓非子》早得多。事實上,就傳世典籍而言,這已經推到了漢語歷史的最古階段。因此我們很難説"聞"的聽覺義和嗅覺義的産生究竟孰先孰後。雖然甲骨文和金文"聞"字就從"耳",但這只是造字時的取象,而造字取象只能取其一端,"聞"字從"耳"並不意味着它所表示的作爲音義結合物的那個詞當時就限於"知聲"這一個意義或用法。猶如"初"字從"刀"

---

* 原載《中國語文》1962年第5期。

① 孟倫《"聞"的轉義用法時代還要早》,《中國語文》1960年第5期,第216頁。此文僅引《韓非子·十過》一例,而這個例也是前此裴學海在《古漢語講義》(河北大學出版)中所引。其實在上古漢語裏還有別的例子。如《韓非子·飾邪》:"聞酒臭而還。"又《內儲説下》:"頃嘗言惡聞王臭。"《戰國策·楚策四》:"其似惡聞君王之臭也。"《大戴禮記·曾子疾病》:"與君子遊,苾乎如入蘭芷之室,久而不聞,則與之化矣;與小人遊,貸(王念孫校作'賊')乎如入鮑魚之次,久而不聞,則與之化矣。"《説苑·雜言》:"與善人居,如入蘭芷之室,久而不聞其香,則與之化矣;與惡人居,如入鮑魚之肆,久而不聞其臭,亦與之化矣。"

② 【補】屈萬里《尚書今注今譯》(臺北:商務印書館,1971年)譯爲"他不能使他的品德芳香,以致上升到空中被老天聞到,而只是爲民衆所怨恨。大群人自由地在喝酒,腥氣被上天都聞到了"(第110頁)。

從"衣",而它所表示的那個詞未必起初只用於或主要用於"裁衣之始"一義。這樣,對於"聞"的詞義轉移或交叉現象,似乎應當另求解釋:

一、"聞"的意義最初是兼包聽覺和嗅覺兩方面,以後才僅用於或主要用於聽覺方面,這是詞義的專化或縮小,再後又從聽覺轉到嗅覺,這是詞義的轉移,其間經歷了兩個階段。

二、在近代以前"聞"的聽覺義和嗅覺義的關係乃是共時的交替而非歷時的演變。法國語言學家房德里耶斯(J. Vendryes)在他的名著《語言》(Le langage: Introduction linguistique à l'histoire, 1921)裏曾說:

> 感官活動的名稱也是容易移動的。表示觸覺、聽覺、嗅覺、味覺的詞常常彼此替代着用,……所以希臘語動詞 αισθάνομαι 用於感覺、聽覺和嗅覺。威爾斯語動詞 clybod(聽到)用作"嗅""嘗""摸"的意義,愛爾蘭語動詞 atcluiniur(我聽到)的情形也是如此……這些意義上的過渡無疑是由心智在各個感官活動之間自然建立起來的"對應"所促成的。①

看來古漢語動詞"聞"在這方面與上引希臘語、威爾斯語和愛爾蘭語(特別是希臘語)的情形正相一致。由此可見,不同的刺激,作用於相異的感官,而在語言裏却可以用相同的詞來表示。這種現象也就是心理學和語言學上所說的"感覺挪移"或"通感"(synaesthesia)②,帶有一定的普遍性。

綜合上說,我們不妨認為:"聞"的意義本來是"感知(聲音、氣味)③,(聲音、氣味)為……所感知",引申為"(聲音、氣味)傳播或

---

① 筆者手頭無房氏書原本,此處據俄譯本(1937年,第 192 頁)參照英譯本(1925年,第 204—205 頁)譯出。房氏這一見解,筆者前文所引太田辰夫文中已簡單提及。
② 詳見 S. Ullmann: *The Principles of Semantics*. 2nd ed., 1957, pp. 233, 266; B. A. Звегинцев: *Семасиология*, 1957, стр. 41, 45; И. В. Арнольд: *Лексикология современного английского языка*, 1959, стр. 70; 錢鍾書《通感》,《文學評論》1962年第 1 期。
③ 【補】直到中古漢語都還有"聞"兼指聽覺和嗅覺的用法的遺迹。例如東晉(轉下頁)

擴散(到)"；往後詞義專化爲"感知(氣味)"，相當於今語"聞到,嗅到",最後演變爲現代口語的"(用鼻子)嗅"一義①。

三、指聽覺的"聞"和指嗅覺的"聞"來源不同。這從親屬語言裏似乎看得出一點迹象：在藏語裏"聽"是 ɲan,而"聞"是 mnam ("香聞百里"之"聞")和 snom("用鼻聞香"之"聞")②。它們都可能與漢語"聞"(mǐwən)有淵源關係③,只是在漢語裏原來不相同的兩個詞由於趨同演化(convergent evolution)後來合而爲一了④。

(接上頁)失譯《那先比丘經》卷中："二者耳聞好聲,復有所望,是故令人内喜；三者鼻聞好香,復有所望,是故令人内喜。"又："二者耳聞惡聲,令人不喜；三者鼻聞臭腥,令人不喜。"(《大正新修大藏經》第三十二卷,第710頁)梁慧皎《高僧傳》卷十"宋京師杯度"："靈期乃將數人,隨路告乞,行十餘里,聞磬聲香煙。"

① 【補】現代口語"聞"的這一意義,似東晉已見。例如《那先比丘經》卷中："不能用耳聽音聲,不能用鼻聞香。"(《大正藏》第三十二卷,第712頁)殷孟倫先生在《"聞"的詞義問題》文中認爲現代漢語"聞"的這一詞義的來源在宋代末期(見《中國語文》1962年第11期,第500頁)。此說尚可商。

② 【補】參看包擬古(Nicholas C. Bodman)："Some Chinese Reflexes of Sino-Tibetan s-Clusters", *Journal of Chinese Linguistics*, Vol. I, No. 3, 1973, pp. 383 – 384。

③ 參看聞宥《論漢藏語族中 m->n-之演化》,《中國文化研究匯刊》第1卷,1941年,第277頁以下。

④ 【補】參看馮蒸《論漢語和藏語進行比較研究的原則與方法》,《詞典研究叢刊》10,四川辭書出版社,1989年,第191頁。

從"聞"的詞義説到漢語詞源學的方法問題
——追答傅東華先生[*]

1960年我曾發表《詞義演變二例》一文[①],其中涉及"聞"的詞義;1962年又寫了一篇《再談"聞"的詞義》[②],對此有所申論。傅東華先生(1893—1971)認爲"這個問題不僅僅是有關於一個具體的詞的詞義,而是有關於漢語語源學的根本方法",因而不吝珠玉,撰文指教[③]。對於傅先生論文中的一系列論點我都未能苟同,於是後來又寫了《三談"聞"的詞義》,準備向傅先生和讀者請益。文章未及刊佈,而"四清"運動開始,"對於'聞'字詞義的考證"竟成了語言學界大刮"考證風""害苦了讀者"的"一個典型的例子"[④]。忽忽近二十年,傅先生早已作古,就正無從,思之黯然。今重録舊稿,更換題目,付本校"學報叢刊"發表。竊師古人追答之意,聊託懸劍之感云爾。

一

1.0 傅文首先根據"門"(m-)聲的"聞"金文和《説文》所載古文作"昏"(x-)聲的"聵",推斷它本有 x-和 m-二音,而以 x-爲其原始

---

[*] 原載《漢語論叢》("四川大學學報叢刊"第22輯),1984年。
① 《中國語文》1960年第1期,第33—34頁。
② 《中國語文》1962年第5期,第229頁。
③ 傅東華《關於"聞"的詞義》,《中國語文》1962年第10期,第480—481頁。本文所引傅先生説都出自此文,不一一注明。
④ 《光明日報》1964年12月23日,第2版;《中國語文》1965年第1期,第4—5頁。

音;接着就運用"聲繫法"探索"聞"的義源即原始義。其主要論證可以概括表述如下:因爲"聞""睧"代表同一個詞而"睧"孳乳自"昏","昏"與"曛"同源而"曛"孳乳自"熏","熏"的孳乳字有"壎"而"壎"有"喧"義,所以"聞"的原始義爲"熏"加"喧"。這樣,《書・酒誥》的"腥聞在天(言按:當作'上')"就猶之乎我們現在說"臭氣熏天",《詩・小雅・鶴鳴》的"聲聞於天"就猶之乎我們現在說"鑼鼓喧天"。

1.1 首先,傅文關於"聞"的原始音是 x 的論斷就值得商榷。第一,不能因爲"門"聲的"聞"别體作"昏"聲的"睧"就肯定它原來讀 x-。就以"昏"字而論,《說文》一作"民"(m-)聲的"昏",可見它也有 m-音。《書・盤庚上》"不昏作勞"的"昏",鄭玄讀爲"敃";《吕氏春秋・本生》"下爲匹夫而不惛"的"惛",高誘注"讀憂悶之悶";《管子・大匡》"昏生無醜"的"昏生"亦當讀爲"泯姓"①。在諧聲字中,從"昏"得聲的字除讀 x-的以外,很多是讀 m-的,如上舉"敃"以及"緡""鍲""頣""鵡"等。第二,上古漢語中 m-和 x-相通的現象涉及若干諧聲系列,要推求它們的原始音,必須全面考慮,不能只着眼於"昏"和"昏"聲字。從諧聲關係看,有主諧字讀 x-而被諧字讀 m-的,如"黑"/"墨"②、"威"/"滅"等,更多的是主諧字讀 m-而被諧字讀 x-的,如"勿"/"忽""吻"、"無"/"幠""膴"、"亡"/"肓""育""盲"、"每"/"悔""晦""誨""海"等。這裏無論是說 x-音先出而 m-音後起,或者 m-音先出而 x-音後起,都不能很好地解釋全部現象。比較合理的解釋是:這些字原來的讀音既不是單純的 m-,也不是單純的 x-,而是同時兼有 m-和 x-兩個成分的送氣鼻音 mx-(mh-)③;或讀 m-,或讀 x-,乃是後來分化的結果④。

1.2 傅文關於"聞"的原始義爲"熏"加"喧"的論斷很令人致疑。第一,如上所述,"聞"的原始音可能是 mx-(mh-),而"熏"

---

① 戴望《管子校正》卷七;于省吾《雙劍誃諸子新證》,中華書局,1962 年,第 14 頁。
② 《說文》十三下土部:"墨,……从土、从黑,黑亦聲。"
③ 詳見拙撰《關於上古漢語的送氣流音聲母》,《音韻學研究》第 1 輯,中華書局,1984 年。
④ 比較苗語 mh-～m-～h-,如 mhaŋ(夜晚,"昏")～maŋ～hγ。

"喧"却毫無 m-音的痕迹,從語音上看,二者不得爲同源詞。第二,"睧"的聲符"昏"義爲"晦冥",屬於明暗感覺的範疇,而"熏"聲的"纁"義爲"赤黄",屬於色彩感覺的範疇。無論從語義學或心理學的角度看,二者都是有區別的。即使我們依從傅文的説法,"昏"至多也只是在"黄昏"這一意義上與"纁黄"的"纁"有所關涉,而與"熏烝"的"熏"則絶無語義聯繫可言。可是傅文所得出的"聞"的語源中包含"熏"的成分這一結論中的"熏"指的却是"熏烝"的"熏"。顯然這是在論證中偷換了概念。論證的方法既不嚴密,斷的正確性也就可疑。第三,傅文僅僅依據《釋名·釋樂器》:"塤(壎),喧也,聲濁喧喧然也"①,就斷定據稱與"壎"的聲符"熏"有某種關聯的"聞"的語源中也包含"喧"的成分。這是十分牽強且難以置信的。首先,《釋名》的"聲訓"出於主觀臆測,作爲語源解説,除非另有佐證,未可輕易信從。比如關於這種樂器的"名義",班固的説法就與劉熙的不同。《白虎通·禮樂》:"壎之爲言熏也,陽氣於黄泉之下熏烝而萌。"其實兩種説法都不過是隨意附會罷了②。其次,由於語義現象的複雜性,在訓詁學上"因爲 A＝B③,B＝C,所以 A＝C"的公式往往不能適用④。因此,即使"睧"("昏")⑤＝"纁"("熏"),("熏")"壎"＝"喧"可以成立,"睧"＝"喧"不一定就能成立。

二

2.0 關於漢語詞源學的方法,傅文提出了如下四個論點:

---

① 傅文所引《樂書》:"壎者,喧也",即襲自《釋名》,並無獨立價值。
② 又如《釋名·釋樂器》:"鐘,空也,内空,受氣多,故聲大也。"《白虎通·禮樂》:"鐘之爲言動也,陰氣用事,萬物動成。"難道我們可以僅僅據此就説"鐘"有"空"義或"鐘"有"動"義?
③ ＝表示同義或語義上有聯繫。
④ 參看王力《訓詁學上的一些問題》,《中國語文》1962 年第 1 期,第 13 頁。
⑤ 括弧内的字是傅文在論證中用來"搭橋"的過渡字。

(1)漢語詞源學的方法目前輸入印歐語言學的多,繼承漢語傳統語言學的少;(2)印歐語詞源學的方法只是"從現代各民族語言上推到古拉丁語和古希臘語,再上推到梵語,此外沒有別的辦法";(3)研究漢語詞源,"只須利用漢語本身的豐富遺產,便可自給自足,不一定要乞靈於親屬語言";(4)漢語詞源學"特有的方法就是音、形、義三者互證的方法"。這些論點全都值得商榷,試逐一討論如下。

2.1 目前我國泛論詞源學方法的著作,確如傅文所說,多半是因襲"印歐語言學的那一套"[①]。但是,另一方面,真正把這一套應用於漢語研究的似乎還很少見。就我所知,現在我國研究漢語詞源的專門著作所用的方法基本上還是清代訓詁學家(以戴、段、二王為代表)的那一套。因此,印歐語詞源學的方法究竟是否適用於漢語,或者適用到什麼程度,還有待於通過認真的實踐來驗證。

2.2 從現代語言上推到拉丁語、古希臘語和梵語,這並不是印歐語詞源學必用的唯一方法。事實上,印歐語個別語言學,如英語語言學(English philology),在推考許多詞的詞源時往往是只憑本族語的古語和方言解決問題。例如:barn(穀倉)＜古英語 berern(大麥房),lady(主婦)＜hlæf-dige(捏麵包的),lord(家主)＜hlaford(守麵包的),spider(蜘蛛)/英語方言 spinner(蜘蛛＜紡績者,結網者)[②]。英語詞源學家在探索這些詞的詞源時就沒有也不可能上推到拉丁語、古希臘語什麼的。

2.3 由於條件還不具備,目前研究漢語詞源要利用親屬語言材料確有不少困難。但是,如果先存一種漢語本身材料可以"自給自足"的想法,似乎也未免故步自封。我們相信,隨着漢藏系語言研究的不斷進展,漢語詞源學取資的來源必將日益廣闊,

---

[①] 例如岑麒祥《詞源研究的意義和基本原則》,《新建設》1962 年第 8 期。參看張世祿《漢語詞源學的評價及其他——與岑麒祥先生商榷》,《江海學刊》1963 年第 7 期。

[②] W. W. Skeat: *A Concise Etymological Dictionary of the English Language*, 1956, pp. 39, 282, 302, 507.

親屬語言材料的充分合理的利用必將爲漢語詞源研究開擴新的視野。就目前而論，儘管漢藏系語言的系統的歷史比較研究還説不上，但是在探討漢語裏個別詞的詞源時適當參證親屬語言材料往往也是能够有所啓發的①。

2.4　傅文所標榜的"音、形、義三者互證"這一提法其實不足以突出漢語傳統詞源學方法的特點，因爲其他語言（如印歐語）的詞源學方法在原則上也未嘗不可以這樣説，儘管"形"的涵義有所不同。我們認爲，真正爲漢語所特有的詞源學方法應當説是清儒所提倡的"聲繫法"。這就是，根據"音近義通"的原則，廣泛繫聯一個詞的同族詞（首先是文字上同聲符的），推求它們的語義"公約數"，從而得出這個詞的"義源"即語源義。關於這種方法，劉師培作過很明確的概括的表述，即："匯舉諧聲之字，以聲爲綱，即所從之聲以窮造字最先之誼"，"兩字所從之聲同，則字義亦同，即匯相同，亦可互用。"②例如：以聲爲綱，匯舉"騢"（馬赤白雜毛）、"瑕"（玉小赤）、"碬"（赤〔石〕）、"霞"（赤雲）、"葭"（蘆之雜紅者）等諧聲之字，即可求出"鰕（蝦）"的語源義爲"赤"③。如果匯舉同聲符字還不能説明問題，那就得輾轉繫聯其他音同音近的字。用劉氏的話來説，這就是："若所從之聲與所取之義不符，則所從得聲之字必與所從得義之字聲近義同"，"字從與訓詞音近之字得聲，猶之以訓詞之字爲聲。"④傅文研究"聞"的義源，用的正是這種方法。試爲分疏如下："睯"從"昏"聲，但是"昏"訓"日冥"，"睯"訓"知聲"，二者字義不同，亦不可互用，也就是説，"睯"字所從之聲與所取之義不符。這就需要在與"睯"所從得聲之字聲近的字當中去尋找它所從得義之字，於是找到"熏"字，又通過"熏"聲的

---

① 參看聞宥《語源叢考》，《中華文史論叢》1980 年第 4 輯；張永言《語源札記三則》，《民族語文》1983 年第 6 期。
② 劉師培《字義起於字音説》，見《左盦集》卷四。
③ 劉師培《字義起於字音説》。
④ 劉師培《物名溯源續補》，見《左盦外集》。參看段玉裁《説文解字注》十上馬部"騢"字條，又十一下魚部"鰕"字條。

"壎"字找到"喧"字。"聒"字從與訓詞("熏""喧")音近的"昏"字得聲,猶之以訓詞之字爲聲。於是得出結論:"聞"的最先之誼是"熏"和"喧"的結合。

這種廣泛繫聯音同音近的字的"聲繫法"才是漢字的特點所規定的漢語特有的詞源學方法,也是訓詁學家們經常應用並在一定範圍内和一定程度上行之有效的方法。但是應當看到,這個方法,特別是輾轉繫聯法,是不夠嚴密的。由於漢字音同音近的極多,在運用這個方法時,如果不是十分審慎,很容易隨意取攜,穿鑿附會,得出不符合實際的錯誤結論[1]。前人運用這個方法探索一個詞的詞源,有時莫衷一是,傅文推尋"聞"的詞源,結果疑竇甚多,原因之一就在這裏。

2.5 漢語傳統詞源學和印歐語詞源學的研究方法有其共通之處,例如利用本族語的古代語言材料和當代方言材料,繫聯同族詞,等等。但是,由於漢語和印歐語在語言結構、文字體制、歷史條件等方面都有所不同,漢語傳統詞源學方法也自有它的特色,例如不作詞的"形態"分析,不用親屬語言材料作比較,考證古音多從字音的類別和關係着眼,廣泛利用"諧聲""通假"等古代文字、文獻資料,等等。應當肯定,漢語傳統詞源學方法是適合漢語文特點的好方法。但是,從現代語言學的要求來看,它也有缺點和不足之處。爲了使漢語詞源研究的方法更爲完密,我們除了繼承中國傳統語言學的精華而外,還必須吸收外國語言學中對我們有用的東西。我們今天具有遠比清儒優越的條件,只要善於取精用宏,漢語詞源研究一定能取得更多更好的成績,方法縝密、體系嚴整的新型的漢語詞源學也一定能逐步建立和完善起來[2]。在這個努力中,重要的是正確對待語言學的繼承和發展。王力先生説:不能把墨守清儒成規看成結合中國實際,"繼承就意味着發

---

[1] 參看王了一《新訓詁學》,《開明書店二十周年紀念文集》,開明書店,1947 年,第 178 頁。

[2] 參看吕叔湘《漢語研究工作者的當前任務》,《中國語文》1961 年第 4 期,第 5 頁。

展,不能發展就不能很好地繼承"①。議論明通,值得我們留意。

三

3.0 關於漢語史資料工作的方式方法,傅先生也發表了獨特的見解。他說:"在提供漢語史資料的工作中,指出某一個詞到某一個時代才有某一個意義,這種方法是很危險的。"在他看來,不論個人或集體應用這個方法來做這個工作都難有成效。若是由個人來做,一個人精力有限,勢難遍讀古籍,根據個人閱讀的有限資料得出的結論往往不可靠,容易被人家駁倒。若是由集體來做,也會遇到"佚書"和"僞書"兩重障礙。因爲有佚書,所以被認爲沒有在某一個時代出現的某一個詞義,可能恰巧已出現在那一個時代的某一種佚書裏;因爲有僞書,所以被認爲已經在某一個時代出現的某一個詞義,可能恰巧是出現在某一種僞書裏。總之是進退維谷,措手不得。我們認爲這些看法都值得商榷。

3.1 如果我們把漢語詞彙史的研究對象局限於先秦西漢的古詞古義,那確實用不着在"指出某一個詞到某一個時代才有某一個意義"上頭下工夫。有關的基本資料前人也已經爲我們匯集好了。比方說,《經籍籑詁》、《說文通訓定聲》、《說文解字詁林》這麼幾部書就已經嘉惠學林,沾溉無窮。"有時候,我們只須利用前人所收集的資料,另換一副頭腦研究它,就可以有許多收穫。"②但是,如果我們要超出這個範圍,研究古詞古義在往後的歷史進程中的演變或者各個時代新詞新義的產生和發展,那就免不了要努力考索"某一個詞到某一個時代才有某一個意義",因爲魏晉以後漢語詞彙和詞義的發展史至今還是一片待墾辟的園地。傅先生這裏談的既然是"漢語史資料工作"而不是先秦兩漢漢語史資料工作,那麼他認爲措手不得的"很危險的方法"其實是必須采用的

---

① 王力《中國語言學的繼承和發展》,《中國語文》1962年第10期,第435、438頁。
② 王了一《新訓詁學》,《開明書店二十周年紀念文集》,第187頁。

正當方法。

3.2 在漢語詞彙史研究工作中,"指出某一個詞到某一個時代才有某一個意義"既是必要的,也是可能的,並不像傅先生所設想的那樣,無論個人或集體來做都難有成效。如果由集體來做,這個工作是完全能夠做好的,儘管不能一蹴而就。所謂"佚書"和"僞書"兩重障礙,其實並不存在。發掘語言史資料的工作本來就是在"依據現存文獻"這一前提之下進行的,佚書問題是無從顧及也無須顧及的。再説,指出某個詞或詞義最先見於某一文獻並不意味着它在語言裏就産生在這個文獻的撰著年代,找出最早用例的目的只在於確定一個詞或詞義産生的時代下限,即是說它在語言裏出現不晚於某個時代。至於僞書問題,經過幾百年來許多學者"辨僞"的努力,古書的真僞及其年代大都考辨明白,有了公認的結論,這個問題應當説已經基本上解決了。現在的漢語學家像過去有的作者那樣把僞古文《尚書》當作三代語言史料,把《洞冥記》、《十洲記》、《神異經》當作漢代語言史料的事①,恐怕是不大會有了。

如果個人來做這個工作,自然有較大的困難,但是也絕非無能爲力。首先,他可以在一定範圍内,"或是一個時期,或是一類作品,或是某一本書,或是某一類詞語,進行詞義的分析以及來龍去脈的考索"②。一個人固然不可能遍讀古籍,但是可能在劃定的範圍内遍檢有關資料,做出有價值的貢獻。其次,他還可以爲集體工作拾遺補闕。由於漢語文獻浩如煙海,而語言現象又是那麼複雜精微,集體工作的成果也不可能十全十美,常常需要補苴罅漏。個人就閱讀研討所及,隨時提供資料,如外國詞典學家所謂"早出用例"(antedating)或"補充例證"(additional quotation)之類,這對詞彙史資料的擴充積累也是很有裨益的。自然,個人所知有限,不宜輕下結論,如傅先生所警告的。至於有時立說被人

---

① 例如高名凱《漢語語法論》,開明書店,1948年,第89、304、319、646頁。
② 吕叔湘《漢語研究工作者的當前任務》,《中國語文》1961年第4期,第4頁。

駁倒,那倒並不妨事,因爲通過切磋而辨明真理乃是治學的正常途徑。

總之,對於詞彙史研究來說,"指出某一個詞到某一個時代才有某一個意義"是不可或缺的一道工序。進行這個工作,宜於采取集體爲主,個人爲輔,兩相結合的方式。吕叔湘先生在談到《漢語大詞典》的編纂時,號召"所有漢語研究工作者,特别是研究漢語史的同志們,群策群力,共襄盛舉"[①],我想也就含有這個意思。

---

① 吕叔湘《漢語研究工作者的當前任務》,《中國語文》1961年第4期,第4頁。

論郝懿行的《爾雅義疏》

一

《爾雅》是我國第一部有系統的訓詁專書，對後世訓詁學影響巨大，在古漢語和漢語史研究上有很高的價值。

《爾雅》撰者不止一人，成書當在西漢後期①。據陸德明《經典釋文·序錄》，東漢時此書就有樊光、李巡的注本②，三國魏時又有孫炎的注本。這些古注都已亡佚，只能從古籍徵引裏見到一些片段，清代學者有輯錄，見馬國翰《玉函山房輯佚書》的"經編·爾雅類"、黄奭《漢學堂經解》的"爾雅古義"、臧庸的《爾雅漢注》（在《問經堂叢書》中）。

現存完整的《爾雅》注本以晉郭璞注爲最早。唐陸德明爲《爾雅》及郭注作了"音義"，見於《經典釋文》卷二十九至三十。北宋邢昺等爲郭注《爾雅》作了"疏"，在今《十三經注疏》中。

清人又爲郭注《爾雅》作了兩種新疏，即邵晉涵（1743—1796）的《爾雅正義》和郝懿行（1757—1825）的《爾雅義疏》。郝疏後出，在所有《爾雅》注釋中最爲詳贍。

郝懿行字恂九，一字尋韭，號蘭皋，山東棲霞人③。他是乾嘉

---

* 原載《中國語文》1962年第11期。
① 參看余嘉錫《四庫提要辨證》，科學出版社，1958年，第85—92頁。
② 陸德明以注《爾雅》的"臣舍人"爲漢武帝時人，不確。參看劉師培《左盦集》卷三《注爾雅臣舍人考》；楊樹達《積微居小學述林》卷六《注爾雅臣舍人説》；余嘉錫《四庫提要辨證》卷二《爾雅注疏》。
③ 關於郝氏傳記，看李桓《國朝耆獻類徵》卷一百四十八；繆荃孫《續碑傳集》（轉下頁）

時代一位治學方面較廣的學者，對語文學和博物學（natural history）都很有興趣，著述頗多，大部分收在《郝氏遺書》裏。其中關於語文學的著作除《爾雅義疏》外還有《晉宋書故》、《通俗文疏證》、《證俗文》等，關於博物學的有《蜂衙小記》、《燕子春秋》、《記海錯》等。他以這樣的學術修養來注釋"多識於鳥獸草木之名"的訓詁書《爾雅》，自然十分相宜。

《爾雅義疏》始撰於嘉慶十三年（1808），完成於道光二年（1822），前後歷時十四年，是郝氏生平用力最多的一部著作。他在嘉慶十四年給阮元的信裏說："即今《釋詁》一篇經營未畢，其中佳處已復不少。"①同年給王引之的信裏也說："其中亦多佳處，爲前人所未發。"②十一年後他在給友人的信裏又說："此書若成，自謂其中必有佳處。"③從這些自白可以看出郝氏對他這部著作是頗爲自負的。

郝氏著書的動機據他自己說是出於對邵氏《正義》感到兩點不滿，即：邵氏於"聲音訓詁之源尚多壅閡，故鮮發明"④；於草木蟲魚"尤多影響"⑤。所以他著《義疏》就特別注重以聲音貫串訓詁和據目驗考釋名物這兩方面。

現在看來，在郝氏標榜的兩大目標中，在據目驗考釋名物這一方面他的確做得相當出色，爲別家同類著作所不及。《釋草》以下七篇的"義疏"裏常有"今驗"云云，凡所考論大多翔實可信。此外書中還常引俗名和民間知識作釋，往往令人耳目一新。郝氏對

（接上頁）卷七十二；光緒《登州府志》卷三十九；《清史稿》卷四百八十二；《清史列傳》卷六十九；許維遹《郝蘭皋夫婦年譜》，《清華學報》第 10 卷第 1 期，1935 年，第 185—233 頁；Tu Lien-chê（杜聯喆）：Hao I-hsing, in 恒慕義（Arthur W. Hummel）〔Ed.〕：*Eminent Chinese of the Ch'ing Period*（1644 - 1912）, Vol. Ⅱ , 1943, pp. 277 - 279。

① 郝懿行《曬書堂文集》卷三《再奉雲臺先生論〈爾雅〉書》。
② 《曬書堂文集》卷三《又與王伯申學使書》。
③ 郝懿行《曬書堂外集》卷上《與兩浙轉運使方雪浦書》。
④ 胡培翬《研六室文鈔》卷十《郝蘭皋先生墓表》記郝氏語。
⑤ 《曬書堂文集》卷二《與孫淵如觀察書》。

他在這方面的優長也頗爲自信,在嘉慶十三年寫給孫星衍的信裏曾説:"嘗論孔門'多識'之學殆成絶響,唯陸元恪之《毛詩疏》剖析精微,可謂空前絶後。……蟲魚之注,非夫耳聞目驗,未容置喙其間。……少愛山澤,流觀魚鳥,旁涉天條,靡不覃研鑽極,積歲經年,故嘗謂《爾雅》下卷之疏幾欲追踪元恪,陸農師之《埤雅》、羅端良之'翼雅'蓋不足言。"① 至於以聲音貫串訓詁這一方面,郝氏雖然用力甚勤,但是由於他畢竟"疏於聲音"②,以致力不從心,做出來的結果往往不能令人滿意。以下我們就從"草木蟲魚"和"聲音訓詁"以及其他方面來考察一下郝疏的得失③。

二

據目驗考釋名物,特別是鳥獸草木蟲魚,這是郝疏一個顯著的特色和優點。在清代小學家中"專力訓詁者多,推求名物者鮮"④,所以郝氏這方面的成就更加值得推重。大致説來,此書具有如下一些長處。

1. 能以實事求是的科學態度廓清漢代以來封建社會流行的"讖緯"、"符應"、"祥瑞"、"災異"等謬説。例如:

四氣和謂之玉燭;四時和爲通正,謂之景風;甘雨時降,萬物以嘉,謂之醴泉。(釋天)【郝疏⑤】今按:《爾雅》此章題

---

① 《曬書堂文集》卷二《與孫淵如觀察書》。此處之"翼雅"即羅願《爾雅翼》。
② 陳奂《三百堂文集》卷上《爾雅義疏跋》:"道光壬午歲,奐館汪户部喜荀家,先生挾所著《爾雅疏》稿徑來館中,以自道其治經之難。……'草木蟲魚,多出親驗;訓詁必通聲音,余則疏於聲音,子盍爲我訂之?'奐時將南歸,不敢諾。丙戌……再入都,而先生故矣。"
③ 《爾雅義疏》有兩種本子:一爲道光九年阮元刻《學海堂經解》本和道光三十年陸建瀛據《經解》本重刻的木犀香館本,這是節本;一爲咸豐六年胡珽刻本和同治四年家刻《郝氏遺書》本,這是足本。胡本舊有商務印書館排印本,《遺書》本今有上海古籍出版社影印本。足本是郝書原貌,本文論述一律依據足本。
④ 黄侃《爾雅略説》,《文藝叢刊》(中央大學)第 2 卷第 2 期,1936 年,第 21 頁。
⑤ 以下簡稱"疏"。

之曰"祥",祥者善也,夫天地順而四時當,民有德而五穀昌,此之謂大當,祥莫祥於是矣。自世儒喜談緯候,侈言符命,"封禪"名"書","符瑞"箸"志",《爾雅》此篇將以杜絕謬妄。……蓋以四時光照即爲玉燭,四氣和正即爲景風,甘澍應期即爲醴泉,所以破讖緯之陋説,標禎祥之本名。

郝氏此説立論明通,表現出了他的科學批判精神,這在封建時代的學者中是很難得的。

麟:麕身,牛尾,一角。(釋獸)【疏】按:古書説麟不具錄,大抵侈言德美與其徵應,惟《詩》及《爾雅》質實可信。至於言德,則《廣雅》備矣;説應,則《禮運》詳矣。今既無可據依,亦無取焉。

《禮記・禮運》以麟爲"四靈"之一①。《廣雅・釋獸》尤其講得神秘:"麟:狼題,肉角,含仁懷義,音中鐘吕,行步中規,折還中矩,遊必擇土,翔必後處,不履生蟲,不折生草,不群居,不旅行,不入陷阱,不羅罘網,文章彬彬。"②對於這類不經之説,郝氏就一律撇開,"亦無取焉"。

此外郝疏在《釋蟲》"食苗心,螟"條不同意許慎、李巡、孫炎的"災異"説,在《釋獸》"魍,白虎"條反駁漢儒的"瑞應"説,也是這方面的好例子。

2. 能對不合事理的"俗説"加以合理的辨正。例如:

虎竊毛謂之虥貓。(釋獸)【疏】《方言》云:"虎,陳魏宋楚之間或謂之李父,江淮南楚之間謂之李耳,……自關東西或謂之伯都。"《御覽》引《風俗通》云:"俗説虎本南郡中廬李氏

---

① 【補】關於麟,參看李仲均、李鳳麟《我國古籍中記載的"麒麟"的歷史演變》,《科技史文集》4,1980 年;張孟聞《四靈考》,李國豪、張孟聞、曹天欽主編《中國科技史探索——紀念李約瑟博士八十壽辰論文集》,上海古籍出版社,1986 年,第 515—518 頁;御手洗勝《關於四靈神話》,《神與神話》,聯經出版事業公司,1988 年;施之勉《説麟》,《大陸雜誌》79:1,1989 年。
② 《廣雅》之説本於《説苑・辨物》。

公所化,爲呼'李耳'因喜,呼'班'便怒。"①按:《易林》云:"鹿求其子,虎廬之里;唐伯、李耳,貪不我許。"然則"唐伯""李耳"蓋皆方俗呼虎之異名,俗説謂是李翁所化,未必然也。

這裏應劭引述的"俗説"是一種民間詞源解説,不符合純正的語文學的要求,郝氏加以駁議是很對的。

3. 能依據對生物現象的實地考察,糾正歷世相傳的誤説。《釋蟲》"果蠃,蒲盧;螟蛉,桑蟲"和"熒火,即炤"的義疏是兩個典型的例子。螟蛉化爲果蠃的傳説源遠而流長:始見於西漢楊雄《法言》②。東漢許愼《説文》、鄭玄《毛詩箋》、三國吳陸機《毛詩草木鳥獸蟲魚疏》③、晉司馬彪《莊子注》繼續沿訛。直到梁陶弘景注《本草》,才提出新的正確的見解。但後世多數學者,包括邵晉涵在內,仍然篤守舊説。郝懿行却能根據實地觀察,獨取陶説,這正是他高明的地方④。"腐草爲螢"的傳説影響更大,連"博物不惑"的本草學家陶弘景也未能免俗,爲其所惑,邵晉涵之倫就更不用説了。郝氏却能依據"放螢火屋內,明年夏細螢點點生光矣"的"實驗",得出"螢本卵生"的正確結論,尤爲難能可貴。

4. 能根據"目驗"對動植物作出詳確的描述,遠勝諸家注疏。例如:

---

① 《漢書・叙傳上》:"楚人謂虎'班'。"
② 子雲之姓當從木,不從才。參看吳仁傑《兩漢刊誤補遺》卷十;王念孫《讀書雜志・漢書第十三・揚雄傳》;段玉裁《經韻樓集》卷五"書漢書楊雄傳後";朱駿聲《傳經室文集》卷九"揚楊一氏辨";黃廷鑒《第六絃溪文鈔》卷二"答雲門論揚子雲姓從楊書";高步瀛《文選李注義疏》卷七《甘泉賦》;黃仲琴《揚雄的姓》,《嶺南學報》第2卷第1期,1931年,第13—18頁。【補】cf. 康達維(David R. Knechtges): *The Han Shu Biography of Yang Xiong*, Occasional Paper No. 14, Center for Asian Studies, Arizona State University, 1982, p. 8.
③ 陸元恪之名當作"機",作"璣"者非。參看錢大昕《潛研堂文集》卷二十七《跋爾雅疏單行本》;阮元《毛詩注疏校勘記》卷一之一;余嘉錫《四庫提要辨證》卷一《毛詩草木鳥獸蟲魚疏》。【補】詳見夏緯瑛《〈毛詩草木鳥獸蟲魚疏〉的作者——陸機》,《自然科學史研究》第1卷第2期,1982年,第176—178頁。
④ 參看陳楨《由〈毛詩〉中'螟蛉有子,蜾蠃負之'所引起的我國古代昆蟲學研究和唯心與唯物兩派的見解》,《生物學通報》1956年第6期。

蛣蜣,蜣螂。(釋蟲)【疏】蜣螂體圓而純黑,以土裹糞,弄轉成丸,雄曳雌推,穴地納丸,覆之而去,不數日間,有小蜣螂出而飛去,蓋字乳其中也。《莊子·齊物論》篇云"蛣蜣之智在於轉丸"是矣[1]。此有二種:小者體黑而暗,晝飛夜伏,即轉丸者;一種大者,甲黑而光,頂上一角如錐,腹下有小黃子附母而飛,晝伏夜出,喜向燈光,其飛聲烘烘然,俗呼之"鐵甲將軍",宜入藥用,處處有之。

蟠,鼠負。(釋蟲)【疏】鼠婦長半寸許,色如蚯蚓,背有橫文,腹下多足,生水缸底或牆根濕處。

通過這樣的描述,讀者就能結合自己的生活經驗,把名與實聯繫起來。

5. 能發揚《爾雅》及郭注"以今釋古"的精神,常引當代方俗語解釋名物[2],往往片言居要,使人一目了然。例如:

蜎,蠉。(釋魚)【疏】今登、萊人呼跟頭蟲,揚州人呼翻跟頭蟲。

鷜,鷁。(釋鳥)【疏】今江蘇人謂之水老鴉。

鼢,鼠。(釋獸)【疏】此鼠今呼地老鼠。

鼬,鼠。(釋獸)【疏】今俗通呼黃鼠狼,順天人呼黃鼬。

然而,就是在郝氏所擅長的這一方面,本書也並非沒有缺點。第一,由於"察物未精",科學批判精神不徹底,有時稱引誤說,未加辨正,甚或從而附和,語涉不經。例如《釋木》"梂,木瓜"條:"《本草》陶注:木瓜最療轉筋,如轉筋時,但呼其名,及書土作'木瓜'字,皆愈。"《釋鳥》"鴷,斲木"條:"蓋此鳥善啄蟲,故治蟲齒之病。"《釋蟲》"食苗心,螟"條:"螽子遇旱還為螽,遇水即為魚,故云

---

[1] 郝氏引文出郭象注,非《莊子》文。崔豹《古今注》卷中"魚蟲":"蜣螂,一名轉丸,一名弄丸,能以土包屎,轉而成丸,圓正無斜角,莊周所謂'蛣蜣之智於轉丸'者也。"是古人已有此誤。

[2] 關於草木蟲魚的民間俗名對語文研究的重要性,參看魯迅《動植物譯名小記》,《魯迅譯文集》第4冊,人民文學出版社,1958年,第169頁。

'衆(郝氏讀爲螽)維魚矣,實維豐年'也。"①或者模棱兩可,是非無主。例如《釋草》"苹,萍"條:"《埤雅》云:'世說楊花入水,化爲浮萍②。'《類聚》八十二引《異術》曰:'萬年血爲萍。'此蓋事之或有,非可常然。……是萍亦緣子實而生,非必由物化也。"

第二,對事物"名義"往往略而不論。按訓詁學的要求來說,這是一大缺憾。例如《釋蟲》"果臝"、"蜎"、"熒火"三條,疏釋極爲詳盡,但是對這幾種蟲的得名之由,亦即這幾個詞的理據却未贊一辭③。有時郝疏也對一些事物的名義加以解釋,但遺憾的是其説又常常不中肯綮。例如:

> 鶪,鶉。其雄,鵲;牝,庳。(釋鳥)【疏】鵲之言介也,……介然特立也;庳之言比也,……比順於雄也。

古音"鵲"在脂部而"介"在祭部,"庳"在支部而"比"在脂部。"鵲之言介"、"庳之言比"的説法不可靠④。

> 無枝曰檄。(釋木)【疏】檄者,猶言弋也。弋,橛也。

古音"檄"屬匣母藥部而"弋"屬以母職部,聲韻都不相同。"檄猶言弋"的説法不可信⑤。

---

① 此爲郝氏襲舊説而沿誤,見盧文弨《鍾山札記》卷四"衆維魚矣"條。對此王念孫曾幽默地批評説:"蟓之生子必於田野間之高處,若蟓子見水而化爲魚,則已成水災,非豐年之兆矣。"見王氏對《爾雅義疏》所加的案語(羅振玉輯爲《爾雅郝注刊誤》,收在《殷禮在斯堂叢書》中)。
② 《廣雅·釋草》:"薸,萍也。"王引之《疏證》:"浮萍,淺水所生,有青紫二種,或背紫面青。俗謂楊花落水,經宿爲萍。其説始於陸佃《埤雅》及蘇軾《再和曾仲錫荔枝詩》。案:楊花之飛多在晴日,浮萍之生恒在雨後。稽之物性,頗爲不合。且楊花飛於二月三月,而《夏小正》云'七月湟潦生苹',則時無楊花,萍亦自生,足以明其説之謬矣。"
③ 關於"果臝"、"蜎"、"熒火"的名義,參看程瑤田《果臝轉語記》(《安徽叢書》本);王國維《觀堂集林》卷五「爾雅草木蟲魚鳥獸名釋例」;王引之《經義述聞》卷二十七《爾雅中》"環謂之捐"條、卷二十八《爾雅下》"榮,桐木"條。
④ 參看《爾雅郝注刊誤》;《經義述聞》卷二十八《爾雅下》"鶪,鶉"條、"攉,牛"條。
⑤ 參看《爾雅郝注刊誤》。

> 芭，白苗。（釋草）【疏】芭猶玖也，玖玉色如之。

"芭"和"玖"古音確乎極近。但"芭"是白苗而"玖"是黑石，豈可黑白不分，隨意比附①。

郝氏解說名義多誤，主要是由於不明古音和主觀附會。事實上"物名由來本於訓詁"②，正確闡明事物的名義已經屬於由聲音以通訓詁的問題。

三

在以聲音貫串訓詁這一方面郝氏同樣作了很大努力，但是由於他疏於聲韻之學③，而處理問題又不夠審慎，結果失誤甚多，歸納而言，略如下述。

1. 誤用、濫用"音同"、"音近"、"雙聲疊韻"、"合聲"、"借聲"、"聲轉"、"一聲之轉"。例如④：

> 諲，敬也。（釋詁）【疏】諲者，禋之假音也⑤。……通作闉。《廣雅》云："闉闉，敬也。"又通作言。《玉藻》云："二爵而言言斯。"鄭注："言言，和敬貌。"是"言""闉""禋"俱聲義同。

"禋（諲）"和"言（闉）"聲韻皆異，不能通作，且"禋（諲）"為單音詞而"言言（闉闉）"為疊字詞，不可牽混。

> 東至日所出為太平。（釋地）【疏】《大荒東經》云："東海之外，大荒之中，有山名曰大言，日月所出。"蓋此即太平也。

---

① 參看《爾雅郝注刊誤》。
② 黃侃《爾雅略說》，《文藝叢刊》（中央大學）第二卷第 2 期，第 29 頁。
③ 參看蕭璋《王石臞刪訂爾雅義疏聲韻謬誤述補》，《浙江學報》第 2 卷第 1 期，1948 年，第 17—46 頁。【補】cf. 孫玄常《〈爾雅〉札記》，《語文研究》1985 年第 3 期，第 19—27 頁；又：《王念孫〈爾雅郝注（疏）刊誤〉札記》，《語言文字研究專輯》下（《中華文史論叢》增刊），上海古籍出版社，1986 年，第 371—382 頁。
④ 凡蕭璋文中舉過的例子，本文不重複。
⑤ 參看《潛研堂文集》卷十"答問"七。

"太平""大言"古讀音近。

"平"爲並母耕部字而"言"爲疑母元部字,絶非音近。

猱,蝯,善援。(釋獸)【疏】"蝯""猱"雙聲。

"蝯"屬喉音匣母,"猱"屬舌音日母,並非雙聲。

栵,栭。(釋木)【疏】"栵""栭"字之叠韻。

"栵"爲月部字,"栭"爲之部字,並非叠韻。

艾,冰台。(釋草)【疏】冰,古"凝"字。……"冰台"即"艾"之合聲。

"台"屬之部,"艾"屬祭部,"冰""台"合聲不得爲"艾"。何況經典用字"冰"一般即爲《説文》之"冫",《爾雅》此處"冰"字未必是"凝"①。

虇,鴻薈。(釋草)【疏】"鴻薈"雙聲叠韻字也。《釋言》云"虹,潰也",此云"鴻薈",並以聲爲義。

"鴻"爲匣母東部字而"薈"爲影母祭部字,既非雙聲,亦非叠韻。《釋言》的"虹,潰"是以"潰"釋"虹","虹""潰"是兩個詞,而《釋草》的"鴻薈"則是一個複音詞,二者意義無關,"潰""薈"聲韻皆異。郝氏强爲牽附,誤甚②。

遄,逮也。(釋言)【疏】《左氏莊六年傳》:"若不早圖,後君噬齊。""噬齊"即"遄逮"矣。杜預注:"若嚙腹齊。"此爲望文生義。凡借聲之字,不論其義,但取其聲,皆此類也。

《左傳》的"噬齊(臍)"是一個述賓詞組,杜注不誤;《爾雅》的"遄,逮"是以"逮"釋"遄"。"齊""逮"音異,"後君遄逮"文不成義。郝説非是。

---

① 胡玉縉《許廎學林》"爾雅艾冰台解"(中華書局,1958年),以爲郝氏此説"至精至確"(第123頁),其實不然。
② 參看《爾雅郝注刊誤》。

> 伿，貳也。(釋言)【疏】伿之爲言猶亞也；亞，次也。"亞""伿"之聲又相轉。

"亞"屬影母，"伿"屬日母，二聲不能相轉。

> 肯，可也。(釋言)【疏】可之言快也。……"快""可""肯"俱一聲之轉。

"快""可""肯"三字雖然同聲，但這三個詞並非同源，不可濫說"一聲之轉"。

> 鏝謂之朽。(釋宮)【疏】"鏝朽"猶言"模糊"，亦言"漫畫"，俱一聲之轉。

"鏝""朽"並非連文，只是可以互訓的兩個詞，與"模糊"、"漫畫"談不上"一聲之轉"。

2. 誤以形訛爲聲通。例如：

> 遹、遵、率，循也。(釋詁)【疏】循者，……又通作修。《易·繫辭》云："損，德之修也。"《釋文》："修，馬作循。"《莊子·大宗師》篇云："以德爲循。"《釋文》："循，一本作修。""修""循"一聲之轉也。

此所舉"修"作"循"、"循"作"修"，並爲形訛①，不是聲通。

甚至據典籍誤字立説。例如：

> 苦，息也。(釋詁)【疏】苦者，《方言》云"快也"，又云"開也"。"開明""快樂"皆與"安息"義近。"開""快""苦"俱以聲轉爲義也。

《方言》卷六："誾苦②，開也，東齊開戶謂之誾苦。"又卷十三："誾，開也。"郝氏割裂"誾苦"一語，以"苦"的訛字"苦"與"開""快"爲聲

---

① 參看《爾雅郝注刊誤》。
② "苦"字舊本訛作"苦"，盧文弨《重校方言》已訂正。錢繹《方言箋疏》説同。戴震《方言疏證》據《廣雅》誤字改"苦"爲"苦"，非是。

轉,從而證成其曲説,甚誤。

> 貉縮,綸也。(釋詁)【疏】貉縮,謂以繩牽連綿絡之也。聲轉爲"莫縮"。《檀弓》云:"今一日而三斬板。"鄭注:"斬板,謂斬莫縮也。""莫縮"即"貉縮"。

鄭注作"其縮",不作"莫縮"①。孔疏:"縮爲約板之繩。"郝氏據誤字立論,非是②。

> 障,畛也。(釋言)【疏】《詩·載芟》傳:"畛,場也。""場""障"聲義近也。

《載芟》毛傳:"畛,易也。"釋文:"易,本又作場。"並非"場"字。郝氏蓋據《經籍籑詁》轉引③,因而沿訛。

3. 割裂複音詞,附會"聲轉"。例如:

> 鵰鵰,鴟鵂。(釋鳥)【疏】此即"鶯斯"④,鵰鵂。""鶯""鵂"、"鵰""鴟"俱聲相轉。

以複音詞"鵰鵂""鴟鵂"的前一音"鵰"和"鴟",以"鴟鵂"的後一音"鵂"和單音詞"鶯"附會聲轉,毫無意義。再説,"鵂"屬日母而"鶯"屬以母,不能相轉。

> 桃蟲,鷦。(釋鳥)【郭注】鷦鷯,桃雀也。【疏】又爲蒙鳩。……"蒙"與"鷯"又一聲之轉。

以複合詞"蒙鳩"的前一成分與聯綿詞"鷦鷯"的後一成分相比附,侈談"一聲之轉",這是毫無道理的。

> 蹶洩,苦棗。(釋木)【疏】《初學記》引《廣志》曰:"有桂棗、夕棗之名。"然則"桂""蹶"聲同,"夕""洩"聲轉。

---

① 參看阮元《禮記注疏校勘記》卷八。
② 參看《爾雅郝注刊誤》。
③ 郝懿行《再奉雲臺先生論爾雅書》:"適又購得《經籍籑詁》一書,絕無檢書之勞,而有引書之樂。"
④ 《釋文》:"斯,本多無此字。案:'斯'是詩人協句之言,後人因添此字也。"

把聯綿詞"蹶泄"截爲兩段,分別牽合複合詞"桂棗""夕棗"的"桂""夕",侈談"聲同""聲轉",甚誤。再説,"夕"屬邪母而"泄"屬以母,不能相轉。

4. 任意破句,附會"音變"。例如:

> 覭髳,茀離也。(釋詁)【疏】"覭髳"音變爲"幕蒙"。《左氏昭十三年傳》:"以幕蒙之。""幕蒙"亦覆蔽之意也。

《左傳》原文爲:"晉人執季孫意如,以幕蒙之。""以幕蒙之"是説用帷幕蒙住他。郝氏攔腰截取"幕蒙"二字,認爲是聯綿詞"覭髳"的音變,訓爲"覆蔽",而不顧"晉人執季孫意如以覆蔽之"之不可通,其説謬甚。

5. 虛構古今語之間的語音聯繫。例如:

> 芏,夫王。(釋草)【疏】《釋文》又云:"今南人以此草作席,呼爲芏,音杜。"……今燈草席即杜草席,"杜""燈"一聲之轉。

古語"芏"名義不可考,而今語"燈草"則是理據明白的複合詞,"杜(芏)""燈"一聲之轉之説純屬附會。

> 楔,荆桃。(釋木)【疏】楔,古黠反;今語聲轉爲家櫻桃。
>
> 貄,修毫。(釋獸)【疏】今狸猫之屬有毛絕長者,謂之獅猫;"獅"與"貄"音近而義同。
>
> 鸛鷒,鶝鶔。(釋鳥)【疏】順天人呼寒鴉;"寒"即"鸛鷒"之合聲。

今語"家櫻桃"、"獅猫"、"寒鴉"都是理據明白的複合詞,郝氏以"家"、"獅"、"寒"比附古單純詞"楔"、"貄"、"鸛鷒",説成"聲轉"、"音近"、"合聲",顯然不符合語言實際。

6. 仿傚《釋名》,濫用聲訓。例如:

> 汧,出不流。(釋水)【疏】水出於地便自停蓄而不通流,猶人慳吝而不肯施散,厥名曰汧,"汧"之爲言"慳"也。

以"汧"得名於"硻",殊嫌穿鑿。若如所言,於同篇"水決之澤爲汧"又將何説?"水決之澤"不用説是通流而不停蓄的。

> 木自獘,柛。(釋木)【疏】柛猶伸也,人欠伸則體弛懈如顛仆也。

由"伸"而及於"欠伸",已是牽附;欠伸何以有如顛仆,尤不可解。郝説殊誤①。

> 國貉,蟲蠁。(釋蟲)【疏】蠁猶響也,言知聲響也;亦猶向也,言知所向也。

解釋同一事物的名義而異説歧出,莫衷一是,《釋名》式聲訓的主觀隨意性表現得十分明顯。

7. 討論古音、音理,模糊影響,似是而非。例如:

> 須,待也。(釋詁)【疏】"待"從"寺"得聲,古讀當"詳吏切",……今讀"徒改切",非古音矣。

郝氏以爲"待"既從"寺"得聲,古音就應讀如"寺",顯係誤解。

甚至惝恍迷離,不知所云。例如:

> 時、寔,是也。(釋詁)【疏】時者,"是"聲之輕而浮者也。……寔者,"是"聲之弇而下者也。

8. 輕議舊音,以正爲誤。郝氏曾批評陸德明"不知古音",對舊文"妄加非議"②,其實他自己正往往如此。例如:

> 鬱陶、繇,喜也。(釋詁)【疏】陶,音遥。《釋文》:"陶,徒刀反",非矣。……《詩》:"君子陶陶。"……《釋文》:"陶,音遥",此音是也。

雖然我們不能要求郝氏懂得"喻母古讀""喻四歸定",但"徒刀反"

---

① 參看楊樹達《爾雅木自獘柛説》,《積微居小學金石論叢》,科學出版社,1955年,第216頁。

② 見《釋詁》"賚,賜也"條義疏。

和"音遥"既然同是相承舊音,就不宜是此非彼。

> 鼀䵓,蟾諸。(釋魚)【疏】《説文》:"蚼鼀,詹諸,以脰鳴者。"……鼀,七宿反,與"䵓"同字,《釋文》音"䵓"爲"秋",非古音也。

"秋"字音與"七宿反"切出的音古讀相同,不能説前者非而後者是。

9. 對古籍舊音之誤未能辨識。例如:

> 無足謂之豸。(釋蟲)【疏】豸,通作蛾。《史記·黄帝紀》:"淳化鳥獸蟲蛾。"《索隱》曰:"蛾,一作豸。"《正義》曰:"蛾,音豸,直起反。"

"蛾"字《索隱》"音牛綺反",《正義》"音魚起反",是;《正義》又以"蛾"一本作"豸",遂謂"蛾"字"又音豸",非是。古書異文未必同詞,甚至未必同義;"蛾""豸"二字音義懸殊,不能通作。

由此可見,郝氏以音説義,往往失之於濫。另一方面,由於他對古音與音義關係缺乏真知灼見,因而在真正需要由聲音以通訓詁的地方又顯得無能爲力。例如:

> 耇、老,壽也。(釋詁)【疏】耇者,《説文》云"老人面凍梨若垢"。《釋名》云:"耇,垢也,皮色驪頯,恒如有垢者也。……《行葦》箋云:"耇,凍梨也。"正義引孫炎曰:"面凍梨色似浮垢也。"《左氏傳廿二年》正義引舍人曰:"耇,觀也,血氣精華覿竭,言色赤黑如狗矣。"是諸家説"耇"字互異。……老者,《説文》云:"考也,七十曰老。"……《釋名》云:"老,朽也。"《獨斷》云:"老,謂久也,舊也,壽也。"《白虎通》云:"老者,壽考也。"

由於郝氏未能以聲音貫串訓詁,探明詞的正確語源,因而只能雜抄舊説,不得要領。今按:《説文》八上老部:"耇,……从老省,句聲。""句"及"句"聲字並有"曲"義。《説文》三上句部:"句,曲也。"又:"笱,曲竹捕魚笱也。"又:"鉤,曲鈎也。"四上羽部:"翎,羽曲也。"七下疒部:"痀,曲脊也。"俞樾云:"'耇'蓋即'痀'之異文。"①朱駿聲云:"耇……當訓老人背傴僂也。"②"耇""老"分别成詞,亦可連讀成詞。如《漢書》卷八十一《孔光傳》引《書•〔召誥〕》:"無遺耇老。"《逸周書•皇門》:"克有耇老。""耇老"與"痀瘻(僂)"、"傴僂"、"曲僂"、"踽旅"、"偊旅"、"枸篓"同根,其語源義爲"弓曲貌"③。

　　上文臚列了郝疏在由聲音以通訓詁方面的失誤,但這不等於說它就一無是處。事實上郝疏不但收集了大量的有用材料,就是所作的解釋也不乏可取之處。如:

　　1. 説文字通假有中肯的。例如《釋詁》"塵,久也"條説"塵"是"陳"的假音,《釋言》"郵,過也"條説"郵"是"尤"的借聲。

　　2. 説事物名義有正確的。例如《釋木》篇説"椴",《釋畜》篇説"犨",《釋草》篇説"戎葵",《釋鳥》篇説"鳹鵲"。

　　3. 説古今語傳承有可靠的。例如《釋詁》"徯,待也"條説今語"等"爲古語"待"的聲轉,"逢,遇也"條説今語謂相遇曰"蓬(去聲)"即古語的"逢"。

　　4. 説特殊音讀來源有可信的。例如《釋器》"一染謂之縓"條説"縓"從"原"得聲而音"七絹反"乃是讀成了同義字"茜"的音④。

---

① 俞樾《群經平議》卷三十四"爾雅一""耇、老,壽也"條。
② 朱駿聲《説文通訓定聲》需部第八"耇"字條。
③ 參看王念孫《廣雅疏證》卷七下《釋器》"枸篓"條、卷九下《釋山》"岣嶁"條;蕭璋《考老解》,《説文月刊》第4卷,1944年,第78—82頁。
④ 這是一個字讀成了跟它同義的某個字的音,即所謂"訓讀"。例如:"血"聲的"衄"而音"況逼切"是讀成了"衊"字的音;"舟"聲的"貈"而音"下各切"是讀成了"貉"字的音;"九聲、巨鳩切"的"仇"又音"市流切"是讀成了"讎"字的音;"五禾切"的"囮"又讀"以周切"乃是"囯"(亦作"由""游")字的音;"里"聲的"莔"的"丑六切"一讀乃是"苗"字的音;"鼃手"(《莊子•逍遥游》司馬彪注:"手坯如鼃文也。"《釋文》:"愧悲反,李居危反")的"鼃"又讀"舉倫反"乃是"皸"字的音;"虛穢反"的"嚛"又音"丁邁反"(見《易•説卦》釋文)是讀成了"味"或"嚼"字的音;"而小反"的"擾"又音"尋倫反"(見《周禮•天官•冢宰》釋文)是讀成了"馴"字的音;"古狄反"的"墼"又音"薄歷反"(見《儀禮•喪服》釋文)是讀成了"甓"字的音。

四

除了直接關係到"據目驗考釋名物"、"以聲音貫串訓詁"的問題以外，郝疏還有不少優缺點可説，現在擇要論列如下。先説優點。

1. 能闡明《爾雅》的某些義例。比如，《爾雅》（特別是《釋詁》《釋言》兩篇）有些條目中訓釋字是一字多義[1]，對此缺乏認識就會在理解和利用訓詁材料時產生錯誤。如《釋詁》："載、謨、食、詐，僞也。"訓釋字"僞"兼有"詐僞"、"作爲"二義[2]。在被訓釋字裏"載""謨"是作爲之"僞"而不是詐僞之"僞"[3]。郭璞據同篇"載，言也"，"謨，謀也"，注作"載者，言而不信；謨者，謀而不忠"，就是由於專主"僞"的詐僞一義而不得不增字解經，穿鑿求通。對於這類一字多義現象郝氏却能有所辨析。分別而言，約有三種情況：

(1) 同詞異用。例如：

> 穀、鞠，生也。（釋言）【疏】生者，活也。……生，猶養也。是"生"兼活也、養也二義。

這就是説，訓釋字"生"既可用作不及物動詞，解爲"活，存活"，又可用作及物動詞，解爲"養，養活"；在被訓釋字裏"穀"是前者，如《詩·王風·大車》"穀則異室，死則同穴"，而"鞠"是後者，如《小雅·蓼莪》"父兮生我，母兮鞠我"。

(2) 一詞多義。例如：

---

[1] 這種現象陸佃《爾雅新義》（《釋詁》"爰，於也"條）叫"一名而兩讀"，邵晉涵《爾雅正義》（《釋詁》"台，予也"條）叫"因字同而連舉之"，郝懿行《爾雅義疏》（同上條）叫"一字兼包二義"，嚴元照《爾雅匡名》（同上條）叫"一訓兼兩義"，王引之《經義述聞》（卷二十六"爾雅上""林，君也"條）叫"二義不嫌同條"，陳玉澍《爾雅釋例》（卷一）叫"訓同義異例"，劉師培《中國文學教科書》（第三十四課）叫"一字數義之例"。
[2] 《説文》八上人部："僞，詐也。"《廣雅·釋詁》："僞，爲也。"
[3] 參看《潛研堂文集》卷十"答問"七；《經義述聞》卷二十六"爾雅上""載，僞也"條。

載、謨、食、詐,僞也。(釋詁)【疏】僞之言爲也,……詐之言作也。"作"與"詐"、"僞"與"爲"古皆通用。……《爾雅》之僞義亦通爲,説者但謂詐僞,則失之矣。……然則"載""謨"爲作爲之爲,"食""詐"爲詐僞之僞,而亦爲作爲①:一字皆兼數義,《爾雅》此例甚多②。

　　顯、昭、覲、覦,見也。(釋詁)【疏】"見"訓看者音古電切,訓示者音胡電切。《爾雅》之"見"實兼二音,《釋文》但主"賢遍〔反〕"一音,失之矣。……"顯""昭"皆觀示之義,讀"賢遍"者是也,"覲""覦"皆看視之義,讀"古電"者是也。

　　豫、寧、綏、康、柔,安也。(釋詁)【疏】"安"兼靜、樂二義。《爾雅》之"豫""康"爲安樂之安,"寧""綏""柔"爲安靜之安。

　　(3)同字異詞。例如《釋詁》:"際、接、翜,捷也。"郝疏指出訓釋字"捷"代表"交接"、"疾速"兩個詞義,在被訓釋字裏"際"、"接"是交接之捷,而"翜"則是疾速之捷,並且説明"此'翜'字與'際''接'義異而同訓,《爾雅》此例甚多"③。

　　2.能糾正郭注及諸家訓詁的某些違失。其關乎郭注的如:

　　矜、憐,撫掩之也。(釋訓)【郭注】撫掩猶撫拍,謂慰恤也。【疏】《釋詁》云:"惈、憐,愛也。""惈"與"憮"同。《説文》云:"憮,愛也。""撫掩"當作"憮俺"。《方言》云:"憮、俺、憐,愛也。"又云:"憮、矜、憐,哀也。"……《方言》俱本《爾雅》。"憮俺"作"撫掩"乃古字通借,郭氏望文生義,以"撫掩猶撫拍",失之矣。

關乎《説文》的如:

　　葵,揆也。(釋言)【郭注】《詩》曰:"天子葵之。"【疏】揆

---

① 錢大昕以"食"爲"虛僞"義,王引之以爲"作爲"義。
② 郝疏此條本於邵疏,但進而講明了"一字皆兼數義"的道理;同時邵還回護郭注,而郝則明辨其非。
③ 郝氏此説本於邵氏,但進而明確了"義異而同訓"的問題。

者,《說文》云:"葵也。"按:此雖本《爾雅》,但《爾雅》本爲解經,經有"葵"字,乃"揆"之假借,故此釋云葵即揆也,亦如"甲,狎""幕,暮"之例。至於《說文》,本爲訓義,不主假借,當言"揆,度"而言"揆,葵",則義反晦矣,疑此許君之失也。

關乎《釋名》的如:

前高,旄丘。(釋丘)【疏】旄丘者,《詩》傳云:"前高後下曰旄丘。"《釋文》引《字林》作"堥"。……《爾雅》釋文引《字林》作"蝥"。……可知今本作"旄",假借字耳。《釋名》作"髦",因云"前高曰髦丘,如馬舉頭垂髦也",殆望文生訓矣。

關乎其他訓詁的如:

楔,荆桃。(釋木)【郭注】今櫻桃。【疏】《月令》:"羞以含桃。"鄭注:"含桃,櫻桃也。"……《釋文》:"含,本作函。"高誘注《呂覽·仲夏紀》及《淮南·時則》篇並云:"含桃,鶯桃;鶯鳥所含〔食〕,故言含桃。"此説非也。"含"與"函"、"鶯"與"櫻"俱聲同假借之字,高注未免望文生訓矣。

葵,蘆萉。(釋草)【郭注】"萉"宜爲"菔"。【疏】《說文》云:"菔,蘆菔,似蕪菁,實如小未者。"《繫傳》云:"即今之蘿蔔也。"……蘆菔又爲蘿蔔,又爲萊菔,並音轉字通也。《埤雅》乃云"萊菔,言來麰之所服,謂其能制麪毒",失之鑿矣。

次説缺點。

1. 對《爾雅》一書的性質理解有誤。《釋詁》題下疏:"《爾雅》之作主於辨別文字,解釋形聲。"[①]其實《爾雅》是主於義訓,既不辨別文字,也不解釋形聲。

2. 對詞的完整性、定形性缺乏認識,妄加割裂、拼湊。例如:

蔜繞,棘蒬。(釋草)【疏】《說文》:"蔜,艸也",引《詩》"四

---

① 參看《爾雅郝注刊誤》。胡樸安《中國訓詁學史》(商務印書館,1939年)論《爾雅》宗旨,沿襲了郝氏這一錯誤説法(第16頁)。

月秀葽"。……《説文》"葽"不言"繞",《詩》傳與《説文》同。
　　"葽""繞"叠韻,《爾雅》古本無"繞"字。

截取雙音詞"葽繞"的一個成分以比附單音詞"葽"("繞"爲衍字之説了無依據,不能成立),甚誤。段玉裁曾説:"凡合二字爲名者,不可删其一字以同於他物。"①又説:"凡物以兩字爲名者,不可因一字與它物同,謂爲一物。"②又説:"凡兩字爲名,一字與他物同者,不可與他物牽混。"③又説:"凡單字爲名者,不得與雙字爲名者相牽混。"④可惜段氏反覆强調的這一點郝氏未曾措意,以致書中這類失誤不少。

　　　　遏、遾,逮也。(釋言)【郭注】東齊曰遏,北燕曰遾⑤。
　　【疏】證以《易》之"噬嗑",食相逮也,"噬嗑"倒轉即"遏遾"矣。

雙音節詞"噬嗑"義爲"咬合",不可任意倒轉來牽合訓"逮"的單音節方言同義詞"遏""遾"。再説,"嗑""遏"二字古音聲韻皆異,無從通轉。

　　3. 對詞的多義性認識不足。例如:

　　　　罹,憂也。(釋詁)【疏】罹者,《詩》:"逢此百罹,""無父母
　　貽罹。"……《書》:"不罹於咎,""罹其凶害。"

"罹"是個多義詞。《王風・兔爰》"逢此百罹"和《小雅・斯干》"無父母貽罹"的"罹"訓"憂",引作《爾雅》本條書證是恰當的。但《洪範》"不罹於咎"和《湯誥》"罹其凶害"的"罹"却並非此義,郝氏漫不區别,一并引用,實爲欲益反損。

　　　　儵儵、嘒嘒,罹禍毒也。(釋訓)【郭注】傷已失所遭讒賊。
　　【疏】"罹,憂"已見《釋詁》。……郭注訓"罹"爲"遭",失其義也。

---

① 段玉裁《説文解字注》一下艸部"苦"字條。
② 《説文解字注》四下鳥部"鴠"字條。
③ 《説文解字注》十三下黽部"鼅"字條。
④ 《説文解字注》十三上蟲部"蛸"字條。
⑤ 《方言》卷七:"蝎、噬,逮也。東齊曰蝎,北燕曰噬,逮通語也。"

"罹"有"憂"義,亦有"遭"義。"罹禍毒"的"罹"同於郝疏上條所引《湯誥》"罹其凶害"的"罹"①,正當訓"遭"②。失其義的不是郭璞而是郝氏自己。

> 窕,閒也。(釋言)【郭注】窈窕,閒隙。【疏】閒者,《釋文》:"音閑,或如字。"蓋因郭注"閒隙",故存此音,即實非也。閒,暇也,靜也,寬也……是皆"閒"音"閑"之義也。

"窕"本指空間的間隙,引申爲時間的閑暇③;郭注"閒隙"、陸音"如字",不誤。郝氏襲用王念孫説④,專主"閒音閑之義",可謂知其一不知其二。

4. 實詞虛詞分辨不清,釋義流於穿鑿。例如:

> 郡、仍、侯,乃也。(釋詁)【疏】"郡"者,"君"之假借也⑤。……然則"君"與"侯"義近。通作"窘"。……"窘"訓"困",與"乃"訓"難"義又近⑥。

> 斯,此也。(釋詁)【疏】"斯"者,《説文》云:"析也。""分析"與"此"義近。

> 憎,曾也。(釋言)【疏】曾者,《説文》云:"詞之舒也。"蓋

---

① 僞孔傳:"罹,被也。""被"也是"遭"的意思。
② 邢疏:"罹,遭也。"是。
③ 參看楊樹達《爾雅窕閒説》,《積微居小學金石論叢》第 215—216 頁;聞一多《爾雅新義》,《聞一多全集》第 2 册,開明書店,1948 年,第 218—219 頁。
④ 《經義述聞》卷二十七"爾雅中""窕,閒也"條。
⑤ 此説非是。《爾雅郝注刊誤》:"《法言·孝至》篇曰:'龍堆以西、大漠以北,郡勞王師,漢家不爲也。'郡者,仍也;仍者,重也(《晉語》注),數也(《周語》注)。言數勞王師於荒服之外,漢家不爲也。李軌注以'郡'爲郡縣之郡,非是。"
⑥ 郝氏蓋據《公羊傳》及何休注爲説。如《公羊傳·宣公八年》:"冬十月己丑,葬我小君頃熊,雨,不克葬,庚寅日中而克葬。……'而'者何? 難也。'乃'者何? 難也。曷爲或言'而',或言'乃'?'乃'難乎'而'也。"又:"夏六月,公子遂如齊,至黄乃復。其言'至黄乃復'何? 有疾也。"又《昭公二年》:"冬,公如晉,至河乃復。其言'至河乃復'何? 不敢進也。"後二例何注並云:"乃,難辭也。"這些傳注解釋的是虛詞"而"和"乃"的用法的差異,意在説明"乃"的語意比"而"較重較強,而不是訓"乃"爲"難"。郝氏誤解。

曾之言增,增者重累,故其詞舒①。

勿念,勿忘也。(釋訓)【疏】勿者與無同。無念者,《詩》"無念爾祖"傳:"無念,念也。"②按:"無"古讀如"模","模"猶"摹"也;"無念"者,心中思念,手中揣摹,故曰"無念"。

5. 隨意牽合詞義,附會訓詁。例如:

宜,事也。(釋詁)【疏】"宜"訓"事"者,作事得宜,因謂之"宜"。

利用訓釋字和被訓釋字編造一句話,藉以證明《爾雅》的訓詁,這種辦法郭注常用。如《釋詁》:"珍,獻也。"注云:"珍物宜獻",故"珍"可訓"獻"。又:"苦,息也。"注云:"苦勞者宜止息",故"苦"可訓"息"。《釋言》:"矜,苦也。"注云:"可矜憐者亦辛苦",故"矜"有"苦"義。又:"服,整也。"注云:"服御之令齊整",故"服"有"整"義。郝氏每每仿傚,極穿鑿附會之能事,實在不足爲訓。"作事得宜",因而謂"事"爲"宜"。如若"作事不得宜"呢?

揚,續也。(釋詁)【疏】"揚"訓"續"者,蓋飛揚輕舉亦有連續之形。

觀,多也。(釋詁)【疏】"觀"訓"示也",示人必多於人,故訓"多"矣。

飛揚何以便有連續之形,示人何以必多於人,"飛揚"與"連續"、"觀""示"與"多"意義如何相通,殊不可解。郝疏顯係隨意牽合。

道,直也。(釋詁)【疏】《詩》云:"周道如砥,其直如矢。"逸《詩》云:"周道挺挺。"是皆"道"訓"直"之義也。

《詩》句中上有"道"字而下有"直"字或"挺挺"字,並不能證明"道"有"直"義。郝疏往往把古書上下文中甲詞的意義引渡給乙詞,藉

---

① 此說本於《說文解字注》二上八部"尚"字條。其實段說不可取。
② 【補】參看俞敏《漢藏語虛字比較研究》,《中國語文學論文選》,東京:光生館,1984年,第320—321頁。

以疏通《爾雅》的訓詁,其實不足爲訓。

> 秩秩,清也。(釋訓)【疏】《書》:"汝作秩宗。"下云:"直哉惟清。"是"秩"有"清"義也。

所引《舜典》文爲"汝作秩宗,夙夜惟寅,直哉惟清。""秩"與"清"邈不相關,無從得出"'秩'有'清'義"的論斷。再說,《尚書》的單音詞"秩"與《爾雅》的疊字詞"秩秩"完全是兩碼事,不能相提而並論。

6. 誤用書證、斷句取義,造成誤解和曲解。例如:

> 吾,我也。(釋詁)【疏】《管子·海王》篇:"吾子食鹽二升少半。"……按:"吾子"猶言我子也。

《管子》原文爲"終月大男食鹽五升少半,大女食鹽三升少半,吾子食鹽二升少半。"①"吾"通"牙","吾子"猶言幼子②。郝氏當是從《經籍籑詁》"吾"字條查得《管子》此句,又不覆按原書,審辨上下文義,貿然以"吾子"爲"我子",引來證《爾雅》的訓詁,實爲大誤。

> 强、事,勤也。(釋詁)【疏】《曲禮》云:"四十曰强仕。""强仕"即"强事"。

所引《禮記·曲禮上》文爲"四十曰强,而仕。"郝氏爲了牽合《爾雅》的"强""事",故意刪去"而"字③,這是很不嚴肅的;即使如此,仍然不能用來說明《爾雅》的訓詁,因爲《曲禮》的"强"義爲"堅强,强健"④,"仕"義爲"仕宦",與《爾雅》訓"勤"的"强""事"迥不相侔。

7. 疏於校勘,不辨文字衍誤。例如:

> 鞫、訩、溢,盈也。(釋詁)【疏】"訩"者,《說文》作"詾"……云:"訟也。"……蓋"詾"從"匈"聲,言語爭訟,其聲匈匈,故又訓"盈"。

---

① 參看郭沫若、聞一多、許維遹《管子集校》,科學出版社,1956年,第1039頁。【補】cf. 馬非百《管子輕重篇新詮》,中華書局,1979年,第194—195頁。
② 參看《爾雅郝注刊誤》。
③ 郝氏是經學家,還著有《禮記箋》,不會連《禮記》第一篇人所習知的文句都不熟悉。
④ 孔穎達疏:"'强'有二義:一則四十不惑,是智慮强;二則氣力强也。"

今本《爾雅》"諏"字是由郭注引《詩·小雅·節南山》"降此鞠訩"以證"鞠"字之義而誤衍,阮元《爾雅注疏校勘記》考校甚明,郝氏穿鑿爲説,實爲無的放矢。

8. 對古書訓詁之誤未能辨正。例如：

> 履,禮也。(釋言)【疏】"履"訓"禮"者……《詩》"履我即兮""率履不越"傳並云:"履,禮也。"

《商頌·長發》"率履不越"的"履"爲名詞,訓"禮","率履"猶言"循禮";《齊風·東方之日》"彼姝者子,履我即兮"的"履"爲動詞,不可訓"禮",當依朱熹《集傳》訓"躡"或從《大雅·生民》毛傳訓"踐"①。郝氏未辨。

> 蘘,除也。(釋言)【疏】蘘,通作攘。《離騷》云:"忍尤而攘詬。"……並以攘爲除也。

"蘘"可通"攘","攘"可訓"除",如《詩·鄘風·墻有茨》:"墻有茨,不可蘘也。"但《離騷》此句"攘詬"與"忍尤"互文,"攘"當通"囊",訓"含"②,郝氏從王逸注訓"除",未是。

> 偏高,阿丘。(釋丘)【疏】《釋名》云:"偏高曰阿丘;阿,何也,如人儋何物,一邊偏高也。"

《釋名》説"阿丘"名義顯係附會,郝氏亦未辨。

9. 論證推理常欠嚴密。例如：

> 侯,乃也。(釋詁)【疏】"侯"訓伊。……"乃"者汝也。……古人謂汝爲"乃",今人謂彼爲"伊"。"伊"亦"乃"也。"乃"亦"侯"也。

由"古人謂汝(第二身)爲乃"、"今人謂彼(第三身)爲伊"推導不出

---

① 參看楊樹達《詩履我即兮履我發兮解》,《積微居小學述林》,中國科學院,1954年,第227頁。【補】cf. 于鬯《香草校書》卷十三"詩三·履我即兮",中華書局,1984年,第251—252頁。

② 參看《説文通訓定聲》壯部第十八"攘"字條。

"伊亦乃也"的結論。

> 終,牛棘。(釋木)【疏】《士喪禮》云:"決用正王棘若檡棘。"鄭注:"世俗謂王棘矵鼠。"然則"矵""檡"音同。

俗名爲"矵鼠"的是"王棘",不是"檡棘",因而根本談不上"矵""檡"音同與否的問題。

> 未成鷄,健。(釋畜)【疏】健者,《方言》三云:"凡人畜乳而雙産,秦晉之間謂之健子。"……然則"健"爲少小之稱。

由《方言》此文只能引出"健爲雙産之稱"而不是"健爲少小之稱"的推論。

> 嫠婦之笱謂之罶。(釋器)【疏】"嫠婦"二字合聲爲"罶"。

《爾雅》説的是"(嫠婦之)笱謂之罶",不是"嫠婦謂之罶"。郝氏"合聲"之説未免驢脣不對馬嘴。

10. 失於照應,自相牴牾。例如《釋草》"蕭,萩"條和《釋木》"槐"條郝疏同引《左傳·襄公十八年》"伐雍門之萩"一語爲證,但前條把引文中的"萩"解爲草本植物"萩蒿"而後條則把它解爲木本植物"楸樹",令人無所適從。

11. 貪多務得,枝蔓蕪雜。這是郝疏一個突出的缺點,無煩舉例。邵晉涵曾説:爲《爾雅》作疏"不難博證,而難於別擇之中能割所愛"①。看來郝疏正是沒有做到這一點。本來郝氏在嘉慶十二年着手著此書時寫給孫星衍的信裏曾説他自己"性喜簡略",故名其書爲《爾雅略義》②,但是後來却寫成了如此繁冗的一部著作,這也許與他次年"購得《經籍籑詁》一書,絕無檢書之勞,而有引書之樂"不無關係。《學海堂經解》刊本郝疏對原書繁蕪不當之處作了很好的芟治(據説出自王念孫之手),我們如果取芟本和足本對

---

① 黃雲眉《史學雜稿訂存·邵二雲先生年譜》(山東人民出版社,1961年)"乾隆五十年"條引《邵與桐別傳》章貽選按語(第61頁)。
② 《曬書堂文集》卷二《與孫淵如觀察書》。

讀,可以從中得到不少啓發①。

12. 襲舊而不明舉②。郝疏襲用成説的地方很多。以關於事物名義的解釋爲例,如説"梧丘"(釋丘)本於王念孫③,説"莝"(釋木)和"杚蟷"(釋蟲)本於王引之④,説"椏"(釋木)本於段玉裁⑤、王念孫⑥,説"蜆"(釋蟲)本於王念孫⑦、阮元⑧,都是十分明顯的。但是郝氏在這種場合對其人其書一般是絶口不提。至於襲用邵疏之處自然更多⑨。但是書中正面稱述邵氏只有極少幾處(如《釋獸》"威夷"條),其餘全是暗襲。而當其以邵説爲誤而加以批駁時,則無不指名道姓,如《釋山》"河南,華"條、《釋水》"河出崐崘"條、《釋草》"荼,苦菜"條、"秬,黑黍"條、《釋木》"輔,小木"條。其實邵説有誤郝氏不知而暗中據爲己説者不少,如《釋詁》"汱,墜也"條以"汱"爲"汰"之訛,"元、良,首也"條以"元、良"爲"元首"之訛,《釋木》"髡,梱"條説"梱"即"楎",《釋鳥》"鶌,沈鳧"條説"沉鳧"名義,等等。郝氏在《與孫淵如觀察書》中曾説他對邵疏的態度是"不相因襲",是"不欲上掩前賢",實際未必如此。

總起來説,郝懿行的《爾雅義疏》一書内容雖然豐富但並不完美,是一部瑕瑜互見、得失相參的著作⑩。我們今天爲進行古漢語和漢語史的研究而研讀這部書,應當"集其菁英"而"搴其蕭稂"。

---

① 【補】参看俞敏《王刪郝疏議——評郝氏〈爾雅義疏〉的足本和節本》,《河北師範學院學報》1984年第4期,第40—44頁。
② 這是借用黄侃《爾雅略説》評郭注語。
③ 《經義述聞》卷二十七"爾雅中""當途,梧丘"條。
④ 《經義述聞》卷二十八"爾雅下""蕴,莝"條、"蠤,杚蟷"條。
⑤ 《説文解字注》六上木部"椏"字條。
⑥ 王念孫《廣雅疏證》卷八上《釋器》"丹,赤也"條。
⑦ 《經義述聞》卷二十八"爾雅下""蜆,縊女"條。
⑧ 阮元《揅經室一集》卷一"釋罄";又:《爾雅注疏校勘記》卷九。
⑨ 如王念孫説:"是書用邵説者十之五六"(《爾雅郝注刊誤》);黄侃説:"凡邵所説幾於囊括而席捲之"(《爾雅略説》)。
⑩ 胡樸安《中國訓詁學史》説郝疏"足與王氏之《廣雅疏證》同其精博"(第56頁),《辭海》(試行本)第10分册(1961)説郝疏"由聲音以通訓詁,……極爲精審"(第243頁),評價均嫌過當。

《續方言新校補·方言別錄·蜀方言》點校本前言

　　《續方言新校補》二卷、《方言別錄》四卷和《蜀方言》二卷,是清末民初學者張慎儀(1846—1921)撰寫的三部輯錄考證方言詞語的著作。張慎儀字淑威,號芋圃,晚年又號屍叟,四川成都人,原籍江蘇常州。他生平著述不少,一部分匯刊爲《箋園叢書》[①],一稱《張淑威著述》,其中除上列三種外尚有《詩經異文補釋》十六卷、《廣釋親》一卷、《屍叟撼筆》四卷、《今悔庵詩》二卷、《今悔庵文》一卷、《今悔庵詞》一卷。未刊稿有《爾雅雙聲叠韻譜》《忍默宧尺牘》等,已佚。

　　《續方言新校補》是杭世駿《續方言》(二卷)、程際盛《續方言補正》(一卷)的訂補本,內容是見於六朝以前(含六朝)古籍的方言詞語和方音資料的匯集,作者自謂"是正杭、程書者十之七八,芟補者十之四五",故較二家原書詳審。《方言別錄》原擬名《唐宋元明方言·國朝方言》,實際就是前一書的續編,內容是唐代以來見於載籍的方言、方音資料的輯錄,取材範圍頗爲廣泛。《蜀方言》原擬名《今蜀俚語類錄》,主要收錄見於記載而當代仍然行用的四川方言詞語,一一考其本字,注其出處,徵引相當廣博;其見於記載而當代口語中已經不用的古蜀俚語,則著錄於前二書,不入此編[②]。此書是繼明清之際李實(1597—1674)《蜀語》之後記錄

---

*　原載張慎儀著、張永言點校《續方言新校補·方言別錄·蜀方言》(四川人民出版社,1987年)卷首。
①　《中國叢書綜錄》第1冊,中華書局,1959年,第546頁。
②　《方言別錄》所收詞語也有可入《蜀方言》的,如:打没(迷去聲)頭(卷上之一,六上/116)、坦(卷上之二,五上/159)、樸桥(卷上之二,十二下/174)、不俅不睬（轉下頁）

四川方言詞語的又一專著,從中可以看到二百多年間語言的傳承和演變①;二書宗旨的差異在於李書主於記録口語詞彙,不論其是否見於載籍,而張書則主於以書本記載印證方言口語②,"無徵不信"。

這三種書所搜采的當然基本上都是漢語,但是前兩種也收録了一些非漢語詞,包括國内民族語和外國語;特别是《方言别録》,涉及較廣,計有獠語、壯語、苗語、瑶語、羌語、吐蕃語、西夏語、南詔語、匈奴語、鮮卑語、突厥語、蒙語、滿語、朝鮮語、闍婆語、波斯語、梵語、拂林語、拉丁語、英語等。

這三種書所收集的材料對於我們今天研究漢語方言和語言歷史都能有所裨益,以下分四點略加說明。

一、有助於考求方言本字。例如《蜀方言》卷下:"鑄銅鐵器曰鑄,下'鑄'字今音若'到'。古從'壽'得聲之字有作'到'音者,如'翿''擣''禱'諸字是也。"(五下/326③)又:"蟲螫人曰蠚。《集韻》〔入聲下、十九鐸〕:'蠚,黑各切。'"(十四下/347)又:"蕀麻曰蠚麻。《杜詩詳注》〔卷十四《除草》詩注引李實曰:'蕀,葉如苧蔴,川北(按:'北'字衍)人名曰蕀麻,毛刺蠚人,亦曰蠚麻。'"(十下/338)

二、有助於探討古今方言詞語。例如近年曾引起國内外語言學者注意的閩方言詞"治"(義爲"剖〔魚〕")④,在《續方言新校補》

(接上頁)(卷下之一,三下/194),牙鱗(卷下之一,七下/201),入贅(卷下之一,九下/207),穿衣(卷下之一,十六下/220),蠚麻(卷下之二,六下/235)等。

① 【補】日本學者坂井健一曾就二書的異同與一些方言詞語的沿革進行比較研究。見《〈蜀語〉與〈今蜀俚語類録〉》,《沼尻〔正隆〕博士退休記念中國語學論集》,東京:汲古書院,1990年,第39—56頁。

② 【補】參看李行健《〈李實學術研討會文集〉前言》,《李實學術研討會文集》,語文出版社,1996年,第1—2頁。

③ 斜綫前爲原刊本頁數,後爲點校本頁數。

④ 參看劉堅《語詞雜説》,《中國語文》1978年第2期,第116頁;郭在貽《古漢語詞義札記》,《中國語文》1979年第2期,第125頁;潘榮生《治魚》,《中國語文》1983年第2期,第125頁;羅傑瑞(Jerry Norman):"The Verb 治 — A Note on Min Etymology",《方言》1979年第3期,第179—181頁。【補】cf. 劉堅《〈治魚〉補説》,《中國語文》1987年第6期,第419—423頁。

卷上就收有見於《説文》〔四下刀部〕的最早記録："劍，楚人謂治魚也。"（二十三下/49）又如《蜀方言》卷上："疥瘡曰乾疙瘩。《集韻》〔上聲、三十二皓〕：'瘑瘩，疥瘡也（按：'瘩'當作'疾'或'病'，'也'字衍）。'"（十三下/294）這對於解釋《水滸傳》第一回所説"招納四方乾隔澇漢子"的"乾隔澇"一詞的語源就是有啓發的①。

三、有助於研究語音演變。例如《續方言新校補》卷上引三國魏李登《聲類》，謂蜀土及關中稱竹蔑的"篾"爲"彌"（十七上/37）。《方言別録》卷上之一引北宋沈括《補筆談》〔卷一〕，稱河朔人謂"肉"爲"脌"（按：當作揉），謂"贖"爲"樹"（二十二上/149）。這都是古入聲字在方言口語裏轉爲舒聲的例子。又如《續方言新校補》卷上引三國魏如淳《漢書注》："陳宋之俗'桓'聲如'和'。"（二上/8）又引東漢鄭玄《周禮注》："獻，讀爲摩莎之莎，齊語。"及《禮記注》："獻，讀當爲莎，齊語，聲之誤也。"（二下/9）又引鄭玄《周禮注》："个，讀如齊人擖幹之幹。"（十六下/36）這都是説明古方音"歌""寒"二韻部"陰陽對轉"的資料②。

四、有助於考證古代民族語言。例如《續方言新校補》卷上引《後漢書·西南夷傳·哀牢夷》："謂背爲'九'，謂坐爲'隆'。"（二十四上/51）據聞宥先生研究，這是兩個藏緬語族的詞③。這就可以作爲考定古代哀牢夷族屬的一個參證。又如《方言別録》卷上之一引《廣韻》〔上聲、銑韻〕："鹼，蜀人呼鹽。"④（二十二上/148）據聞先生研究，這與屬於藏緬語族的白語稱鹽的詞相合⑤。這對於

---

① 參看孫楷第《〈水滸傳〉舊本考》，《滄州集》上册，中華書局，1965年，第139頁；高島俊男《〈水滸傳〉語彙辭典稿（G之部）》，《中國語學》第226號，1979年，第100頁。

② 參看林語堂《陳宋淮楚歌寒對轉考》，《慶祝蔡元培先生六十五歲論文集》（《歷史語言研究所集刊》外編第一種）上册，1933年，第425—428頁；又《燕齊魯衛陽聲轉變考》，《語言學論叢》，開明書店，1933年，第82—87頁。

③ 聞宥《哀牢與南詔》，《邊政公論》第1卷第2期，1941年，第24—26頁。

④ "鹼"字已見於三國魏張揖《廣雅·釋器》。比較唐樊綽《蠻書》卷八："鹽謂之'賓'。"

⑤ 今白語（劍川方言）稱鹽爲pī（＜pin）。參看聞宥《論〈蠻書〉所記白蠻語》，《史學季刊》（四川大學）第1卷第1期，1940年，第51頁。

瞭解古代四川的民族、語言情況也是頗有啓發的。

自然,由於各種局限,這三種書中都不免有這樣那樣的疏誤,讀者在使用時宜加審辨。

此次進行點校,體例大略如下:

一、書中所用不習見的古體字和異體字,一般改爲通行的正體字,以便閱讀。因避清諱而用的代替字,一律回改爲原字。

二、書中引文常有刪改,有時只是述意,不符原文,今加標點不用引號,也不用省略號。例如《蜀方言》卷上"膚生黑子曰誌"條引《史記・高祖紀》注:"吴楚俗謂黑子爲誌,通呼黶黑了。"(一四下/296)此"注"爲張守節《正義》,原作"許北人呼爲黶子,吴楚謂之誌。"

三、書中引文頗有脱誤,今酌加補正,爲免煩瑣,一般不另加符號或説明。例如《續方言新校補》卷上引《楚辭章句》:"蓀茅,靈草也,小折竹也。"(十五下/34)今補正爲"蓀茅,靈草也。筳,小折竹也。"又引《釋名》:"韡,蔽也。"(二十下/44)今於"蔽"下補"膝"字。《方言別録》卷下之一引《説文通訓定聲》:"楷,底也。"(十二下/212)今於"底"上補"柱"字。又如《續方言新校補》卷下引《述異記》:"璅蛣,似小蚌,有一小蟹在腹中,蛣出求食,淮海之人呼爲蟹奴。"(十七下/86)"蛣出求食"上脱"爲"字,文意遂不可通,今爲補入,並於"淮海"上補"故"字。又如《蜀方言》卷下"棺前後曰脒頭"條引《戰國策》:"昔王季葬渦山之尾,欒水嚙其墓,見棺前和。"(三下/321)①今據《戰國策・魏策三》原文,於"王季"下補"歷"字,"葬"下補"於"字,"棺"下補"之"字,"渦"改爲"楚","欒"改爲"灓"。同卷"驢父馬母贏"條引《漢書・霍去病傳》:"單于遂乘六贏,牡騎數百,直潰漢圍。"(十二下/342)②今據原書,改"贏"爲"驘","牡"爲"壯","潰"爲"冒"。其引證有誤而不便徑行更改之處,則酌加按語,以方括號爲記。如《方言別録》卷上之二引《唐

---

① 這是據翟灝《通俗編》(卷二十六"和頭"條)轉引沿誤。
② 這是據《康熙字典》(亥集上馬部十三畫'驘'字條)轉引沿誤。

書・南蠻傳》:"蠻人謂州爲瞼。"(五上/159)今加[按:《舊唐書・南蠻傳》無此文,《新唐書・南蠻傳》作"夷語瞼若州。"]《方言別錄》卷下之一(三下/194)、《蜀方言》卷上(十三上/293)引《説文》:"偕,他迭反。侊,他活反。"今加[按:《説文》本身無反切,且亦無此二字,當引《廣韻》入聲、十六屑:"偕,他結切",入聲、十三末:"侊,他活切。"]《蜀方言》卷上引《史記・霍光傳》注:"菜食無肉曰素。"(二十一下/313)今加[按:《史記》不會有《霍光傳》,當作《漢書・霍光傳》注:"素食,菜食無肉也。"]又卷下引《宋書》孔顗《鑄錢議》:"五銖錢,周郭其上下,令不可磨取鋊。"(五下/327)今加[按:《宋書》無此文,《南齊書・劉悛傳》載孔顗《鑄錢均貨議》無此語。當引《史記・平準書》:"乃更請諸郡鑄五銖錢,周郭其下,令不可磨取鋊焉。"]

四、書中引文有節取不當之處,今酌加修正。例如《續方言新校補》卷下引《爾雅》郭璞注:"鷑,鵊也,江南呼之爲鵊,善促(按:當作'捉')雀,因名云。"(十九下/90)郭注"善捉雀,因名云"是對《爾雅》原文"鷑,負雀"的"負雀"一名所作的解説;今既不出"負雀"一詞,注文此語即無所附麗,今依本卷引《爾雅》通例,加以增補。《蜀方言》卷上"署門户曰扁"條引《説文》:"扁,署也。户冊者,署門户之文也。"(十六下/301)《説文》原文"户冊者"上有"從户、冊"三字,此處刪去,以致文意不屬,今爲補入。又卷下"藷曰甘蔗"條引《説文》:"藷,蔗也。"(十一上/339)《説文》原文作"藷,藷蔗也","藷蔗"是一個詞,不可割裂。今於引文"蔗"上補"藷"字。又同卷"斗櫟實曰皁筴(按:當作'莢')。"(十一上/339)《説文》:"草,草斗,櫟實也。""草斗"連文,不可截取"斗"字,與下文拼湊爲"斗櫟實"。今於引文"斗"上補"皁"字。其牽涉較多不便增改之處,則姑仍其舊。例如《續方言新校補》卷上引《公羊傳注》:"是月邊也,魯人語也。"(一下/7)按《春秋公羊傳・僖公十六年》:"春王正月……是月六鶂退飛過宋都。……'是月'者何?僅逮是月也。"何休注:"是月邊也,魯人語也;在月之幾盡,故曰劣及是月也。"引文節略太甚,又脱離了上下文,以致意義不明。今亦不作增補。

五、書中引文有失於剪裁之處，今酌加刪削。例如《續方言新校補》卷上引玄應《一切經音義》卷十："篾，蔓也，今蜀土及關中皆謂竹篾爲蔓，音彌。析，音思歷反。"（十七上/37）"析，音思歷反"是玄應爲所引《埤蒼》"析，竹膚也"的"析"字作音。本書既未錄《埤蒼》此語，這五個字就無所繫屬，成了贅文，今爲刪去。同卷又引同書卷十八："瓢，瓠勺也。江南曰瓢櫼，蜀人言櫼蠡。下又作勺，同是若反。"（十八上/39）"下又作勺，同是若反"是玄應對他書中"瓢杓"一詞的"杓"字所作的說明。本書既未錄此詞，這八個字就成了贅文，今爲刪去。

六、書中引文出處時有錯誤，今酌加按語或徑行訂正。例如《續方言新校補》卷上引《列子·黃帝篇》張湛注引《纂文》："吳人呼瞬目爲䀏目。"（十上/23）張湛爲東晉中期人，不可能引用南朝宋何承天的《纂文》。今加［按：張湛注當作殷敬順《釋文》①。］同卷又引《宋書·河南國傳》："虜名奴婢貨。"（十二上/27）《宋書》無《河南國傳》，今加［按：《宋書》當作《南齊書》］。又卷下引《爾雅·釋鳥》郭璞注："伊洛而南……西方曰鷃。"（二十下/93）此爲《爾雅》本文，今刪"郭璞注"三字。同卷又引《爾雅·釋獸》郭注："今江東呼駁馬爲駫。""今青州呼犢爲牰。"（二十二下/97）今改《釋獸》爲《釋畜》。《方言別錄》卷下之一引《康熙字典》亻部："今江南北猶呼兄爲況。"（九上/205）實則《康熙字典》此語不見於亻部及二部"况"字下，而見於儿部"兄"字下。今改"亻"爲"儿"。《蜀方言》卷上"喉曰嗓，曰胡嚨"條引《後漢書·息夫躬傳》注（九下/285）。今改"俊漢書"爲"漢書"。又"貨不與錢曰賒"條引《漢書·劉盆子傳》（十五上/298）。今改《漢書》爲《後漢書》。又卷下"憒不曉事曰糊涂"條引《宋史·李端傳》（二十二上/364）。今改"李端"爲"呂端"。又"聚食之盒曰儹盒"條引《儀禮·喪大記》注（七

---

① 顧廣圻疑今傳唐殷敬順《列子釋文》爲宋人陳景元僞託。見黃丕烈《士禮居藏書題跋記》卷四。

下/331)。今改《儀禮》爲《禮記》。又"羽族所乳曰㝅"條引《爾雅》:"獸(按:此字衍)鷄雉所乳謂之㝅。"(十一下/340)今改《爾雅》爲《小爾雅》。又"失勢曰蹭蹬"條引《説文》:"蹭,蹬也。"(二十上/360)今改爲《説文新附》:"蹭,蹭蹬失道也。"

七、書中稱引書名時有删略,不便於讀者覆按原書,今酌爲補全。例如《齊書》補爲《南齊書》(《蜀方言》卷上,十九下/309),《新書》補爲《紀效新書》(《蜀方言》卷下,六上/327),《景物略》補爲《帝京景物略》(《蜀方言》卷下,八上/332),《伽藍記》補爲《洛陽伽藍記》(《蜀方言》卷下,十二上/341),《朝野雜記》補爲《建炎以來朝野雜記》(《蜀方言》卷下,十七上/353),《可談》補爲《萍洲可談》(《方言別録》卷上之一,二下/101),《漫録》補爲《能改齋漫録》(《方言別録》卷上之一,四上/113),《嘉話録》補爲《劉賓客嘉話録》(《方言別録》卷上之二,七上/163),《西湖志餘》(《蜀方言》卷上,十五上/298)《遊覽志餘》(《蜀方言》卷下,十六上/351)並補爲《西湖遊覽志餘》,《委巷叢談》補爲《西湖遊覽志餘·委巷叢談》(《方言別録》卷上之二,二上/114)。此外,書中有時采用非通行書名或沿用前人杜撰書名,不便於讀者覆按。今未便更改,姑仍其舊。前者如《蜀方言》卷上"乳婦曰乃母"條引《直語類録》(五上/274)①。所謂《直語類録》乃是梁同書《直語補證》(見梁氏《頻羅庵遺集》卷十四)未刊初稿之名。後者如《蜀方言》卷下"熏篝曰烘籃"條引《南史(按:當作"宋")市肆記》(四下/323)。所謂《南宋市肆記》本無其書,乃是陶珽本《説郛》從周密《武林舊事》中摘取一部分而妄題的書名。

八、書中引用韻書,只標韻目,不著四聲,今爲補出,以便尋檢。例如《方言別録》卷上之一"江南呼欺爲譴"條引"《集韻》十五灰,又十五海。"(三上/111)兩個"十五",殊嫌混淆。今補爲"《集韻》平聲二、十五灰,又上聲上、十五海"。

九、書中論述時有疏失,以不屬點校範圍,今不作修正,也不

---

① 這一條是據《通俗編》類三十六"乃"字條轉引。

加按語。以《蜀方言》爲例,如據《説文》"草斗,櫟實也"謂"皂斗櫟實曰皂莢"(卷下,十一上/339)。實則"草斗"並非今之皂莢。又如"暖酒曰湯"條:"《廣韻》:'湯,他浪切,音儻。'今讀去聲。"(卷上,十九上/307)實則所引《廣韻》之文正在去聲宕韻,此"儻"並非上聲蕩韻的"儻"。又"相邀曰招呼"條:"《書》'吁俊'疏:'招呼賢俊之人,與共立於朝'。"(卷下,二十二下/365)實則《書·立政》"吁俊尊上帝"僞孔傳"猶乃招呼賢俊,與共尊事上天"已出"招呼"一詞,不宜舍《傳》而引《疏》。又如説"宅加切"的"涂"讀"怕平聲"(卷上,二十下/311),"乎乖切"的"裹"讀"揣平聲"(卷下,十八上/356),説"'載''蓋'叠韻"(卷下,一上/315),説"撒脱"的"撒"當作"他達反"的"偖"(卷上,十三上/293),"樹梢"的"梢"字當作"杪"(卷下,十一上/340)。立説皆有未當。若此之類,今均一仍其舊。

由於點校者學識有限,檢核不周,工作中一定存在着不少缺點、錯誤,希望讀者不吝指正。

古典詩歌"語辭"研究的一些問題*
——評張相著《詩詞曲語辭匯釋》

一

古典詩歌是我國文化的寶藏，其中蘊涵的有益有用的東西是取之不盡、用之不竭的。但是人們在閱讀中往往會遇到各種障礙，首先是語言上的隔閡。古典詩歌要求語言精練含蓄，因此有的作家喜歡"用事"；古典詩歌又要求語言清新活潑，因此有的作家多用口語。典故和古語固然理解爲難，但是歷代注家已經做了很多疏釋，各種詞典類書也能提供不少幫助。至於口語詞彙，當時雖然明白易曉，但是時移世異，語言起了變化，後代讀者就會覺得陌生難懂了。這類口語詞彙，特別是其中的一些虛詞，就是所謂詩詞曲的"語辭"。因爲舊來的字典辭書不加著錄詮釋，而注家也略而不論，這些語辭往往難於索解，這就需要專門的研究。

研究古典詩歌的語辭具有多方面的意義。首先，語辭是語言的關節脈絡，正確認識語辭對於瞭解和鑒賞作品是十分重要的。例如李商隱《夜雨寄北》詩："君問歸期未有期，巴山夜雨漲秋池。何當共剪西窗燭，却話巴山夜雨時？"這是一首膾炙人口的小詩。但是如果我們不明白其中"何當"和"却"這兩個語辭的意義①，就

---

* 原載《中國語文》1960 年第 4 期。
① "何當"是專指未來的時間疑問詞，猶言"多早晚"。詳見丁聲樹《"何當"解》，《歷史語言研究所集刊》第 11 本，1944 年，第 449—463 頁。"却"是"回、返"的意思，猶言"回過頭來"。詳見張相《詩詞曲語辭匯釋》，中華書局，1953 年，第 66—67 頁。

不能很好理解這首詩回環含蓄、親切明快、精練而不失自然的高度藝術性。

其次,古典詩歌語辭研究能提供大量的語言史料,有助於闡明漢語史上許多問題。比如關於疑問代詞"哪"的來源,學者們曾有不同的見解。唐鉞認爲來自"爾"①,章炳麟和呂叔湘先生主張來自"若"②。看來後一説法較爲可信。可是章氏固然語焉不詳,呂先生也僅僅舉出"若"字《廣韻》有上聲馬韻"人者切"一讀爲證。現在如果我們把眼光放到詩歌語辭上,就不難發現,唐詩裏常見的"若個"的"若"正相當於現代漢語的"哪"③。例如王績《在京思故園見鄉人問》:"宗多弟侄,若個賞池臺?"王勃《九日》:"九日重陽節,門門有菊花。不知來送酒,若個是陶家?"東方虬《春雪》:"春雪滿空來,觸處似花開。不知園裏樹,若個是真梅?"王維《愚公谷》三首之一:"不知吾與子,若個是愚公?"張籍《胡山人歸王屋因有贈》:"君歸與訪移家處,若個峰頭最較幽?"李賀《南園》十三首之五:"請君暫上凌煙閣,若個書生萬户侯?"胡曾《咏史詩·云云亭》:"萬年松樹不知數,若箇虯枝是大夫?"(以上諸例《詩詞曲語辭匯釋》"若個"條[347—348]④未引。)這樣,"哪"來自"若"就有了足夠的證據。

再次,既然古典詩歌語辭研究對於語言和文學的瞭解都非常重要,那麼它跟語文教學自然有着密切的關係。不能正確理解詩歌中的語辭,在教學實踐中就會產生這樣那樣的錯誤。例如初中《文學》課本第 1 册入選的杜牧《山行》詩:"遠上寒山石徑斜,白雲生處有人家。停車坐愛楓林晚,霜葉紅於二月花。"其中的"坐"是"爲(wèi),因爲"的意思⑤。有的教師把它講成"坐着,坐下來",並

---

① 唐鉞《國故新探》卷二"白話字音考原"。
② 章炳麟《新方言》卷一。呂叔湘《"這""那"考原》,《國文月刊》第 61 期,1947 年;收入《漢語語法論文集》,科學出版社,1955 年。
③ 嚴復《英文漢詁》(商務印書館,1904 年)以"若個"釋 which(第 38 頁),極確。【補】參看洪誠《工力〈漢語史稿〉語法部分商榷》,《中國語文》1964 年第 3 期,第 192 頁。
④ 括號内數字指原書頁碼,下同。
⑤ 【補】參看高橋良行《杜牧〈山行〉詩における"坐"字の解釋について》,《愛知淑德大學論集》11,1986。

對句意加以闡釋説:"這裏有心平氣和、不慌不忙的意思,作者把車停了,坐下來,懷着愉快的心情觀賞楓林"①,這顯然是欠妥的。至於像吳小如所舉②,有人由於不懂"怎生"這個語辭,把李清照《聲聲慢》詞的"獨自怎生得黑"講成了作者埋怨自己容貌不漂亮的話:唯獨自己怎麽生得這麽黑③,那恐怕只是個別極端的例子罷了。

二

古典詩歌的語辭大多屬於口語詞彙。口語詞彙研究在我國有悠久的歷史,遠在周秦時代就開始了方言俗語的搜集著録工作。但是由於後世學者崇古輕今,這個優良傳統没有得到很好的繼承和發揚。古典詩歌的語辭又大多是虚詞。對於虚詞在詩歌語言裏的重要作用,宋人已經很有認識,在詩話、筆記一類著作裏時有論及,但這些談論都是零星的,而且多半不是從語文學角度來看問題的。較多地采集詩詞裏的語辭加以語文學的解釋的著作當以清初劉淇的《助字辨略》爲最早。自然,劉氏的書不專取材於詩詞,資料既不夠豐富,解釋也未盡詳確。但是他在那個時代研究"助字",能在經傳雅言之外旁及詩詞語辭④,也就難能可貴了。可惜的是劉氏之後嗣響乏人⑤。王引之的《經傳釋詞》固然是

---

① 徐靖方《關於"停車坐愛楓林晚"》,《語文教學》1957年第6期,第37頁。錢謙益《列朝詩集》丁集卷五謂:《陌上桑》"但坐猶云'只爲'也,今訛爲行坐之坐。"是明朝人已有誤解這類"坐"字的。
② 吳小如《略談古典詩歌中的詞義》,《語文學習》1957年第1期,第30頁。
③ 張惠言《詞選》以"獨自"屬上讀,可從。【補】俞平伯《唐宋詞選釋》(人民文學出版社,1979年)也以爲"在'獨自'下分逗,意較好","倒裝句法,猶言獨自守着窗儿"(第153頁)。
④ 《助字辨略》未涉及金元戲曲。劉淇在《自序》裏説:"至於元曲助字,……他日别爲一編。"可惜這個計劃没有實現。
⑤ 剽襲《助字辨略》的書(如李調元《方言藻》)和考證常言俗語出處的書(如錢大昕《恒言録》、翟灝《通俗編》)不在内。

古典詩歌"語辭"研究的一些問題

研究漢語虛詞的不祧之宗,但是它的取材局限於先秦和西漢的經傳①。《釋詞》的繼踵者倒很不少,跟《辨略》的長期冷落寂寞恰相對照。這一方面是由於舊時學者存在着貴遠賤近、重雅輕俗的思想,另一方面也是由於詩詞曲的材料非常浩瀚,又缺少前人的研究成果可以憑藉,比較難於着手。長久以來人們都殷切企盼一部該博翔實的考釋古典詩歌語辭的專書出現。直到 1953 年張相(1877—1945)的遺著《詩詞曲語辭匯釋》(以下簡稱《匯釋》)問世,這才滿足了大家的期望。《匯釋》的作者繼承並發揚了我國訓詁學的優良傳統,以嚴肅認真的態度,通過長期的努力鑽研,寫成這樣一部內容充實的書,對漢語言文學的研究作出了卓越的貢獻,這真是值得歡迎和感謝的。如果說在古典詩歌語辭研究的領域裏《助字辨略》還只是篳路藍縷以啓山林,那麼《匯釋》就已經是開疆拓土蔚爲大國了。無怪本書一出版就受到中外學人的一致讚揚,如仲穎(葉聖陶)先生說這是一部"方法謹嚴,工力精到"的"很值得推崇的書"②,日本入矢義高教授也稱道本書是"劃時期的成果"③。

《匯釋》之所以取得空前巨大的成就,主要在於材料的豐富和方法的縝密。就材料說,作者基本上掌握了全部唐詩、宋詞和元曲,這就跟零星摭拾者不同;就方法說,作者考求語辭的意義,除了體會聲韻、辨認通假、玩繹章法文意、揣摩情節語氣以外,特別注重從上下文和同類語句推尋,不僅以詩證詩、以詞證詞、以曲證曲,而且以詩詞曲三者互證,這就跟主觀臆斷者不同。經過對這樣豐富的材料的羅列比較和參互推考,自然就能作出各個語辭的準確釋義,使向來的許多疑滯渙然冰釋。

《匯釋》對語辭所作的愜當解釋展卷即是,這裏只舉兩個簡單

---

① 《經傳釋詞》偶爾也引用西漢以後的材料,如卷六"那"字條引文欽《與郭淮書》,但畢竟是例外。
② 仲穎《介紹〈詩詞曲語辭匯釋〉》,《中國語文》1953 年第 11 期,第 30 頁。
③ 入矢義高《書評:張相〈詩詞曲語辭匯釋〉》,《中國文學報》(京都大學)第一册,1954年,第 138 頁。

的例子以見一斑。

總/終 縱也，雖也（122—123）。"總""終"和"縱"在這裏音近義通①，《匯釋》把它們貫串起來加以解釋，驗之用例，往往切合。用"總"的如李益《度破訥沙》詩二首之一："莫言塞北無春到，總有春來何處知？"李商隱《代贈》詩二首之二："總把春山掃眉黛，不知供得幾多愁。"②用"終"的如李商隱《籌筆驛》詩："管樂有才終不忝，關張無命欲何如？"方干《贈信州高員外》詩："膺門若感深恩去，終殺微軀未足酬。"

不甫(付)能 "不"字特以加強語氣，無意義；"不甫能"仍爲"方才"義，亦可以"好容易"解之（268）。"甫能"之於"不甫能"正如今語"好容易"之於"好不容易"。驗之元曲用例，就知道《匯釋》的解釋十分恰切。如王實甫《西厢記》第五本第四折："受了些活地獄，下了些死工夫，不甫能做得妻夫。"鄭光祖《倩女離魂》第四折："都做了一春魚雁無消息，不甫能一紙音書盼得。"關漢卿《單刀會》第四折："兩朝相隔數年別，不付能見者，却又早老也！"

如果拿《匯釋》跟前人的著作相比較，就更能看出它釋義的準確周密。例如：

殊 《助字辨略》卷一"殊"字條引江淹《雜體詩·休上人怨別》"日暮碧雲合，佳人殊未來"，釋"殊"爲"了辭"。（李調元《方言藻》卷下"殊"字條襲此。）此解殊不甚明瞭，也不適用於其他許多用例，現在《匯釋》釋爲"猶也"（196），就明確妥貼多了。例如曹丕《秋胡行》："朝與佳人期，日夕殊不來。"孟浩然《題融公蘭若》詩："談玄殊未已，歸騎夕陽催。"白居易《早蟬》詩："西風殊未起，秋思

---

① 【補】錢鍾書《談藝錄》（中華書局，1984年）引張謂《長沙失火後戲題蓮花寺》詩："樓殿縱隨煙焰盡，火中何處出蓮花？"疑"縱"爲"總"之誤（第608—609頁）。實則二字可通，"縱"字不誤。

② 《匯釋》引劉禹錫《傷愚溪》詩三首之三："總有鄰人解吹笛，山陽舊里更誰過？"又《遊桃源》詩："總無西山姿，猶免長戚戚。"今檢《四部叢刊》影宋本《劉夢得文集》及《全唐詩》，"總"並作"縱"，張氏所引不知何據。

古典詩歌"語辭"研究的一些問題　　　　　　　　　　57

先秋生。"

　　故　《助字辨略》卷四"故"字條釋爲"有心之辭"。《方言藻》卷下"故"字條本此,釋爲"特地"。這個解釋用於許多詩句都扞格難通。《匯釋》的釋義就完備得多,一共列了四條,從第二條可以知道"故"有"常"義(480)。這樣,我們讀《孔雀東南飛》"三日斷五匹,大人故嫌遲",杜甫《羌村》詩三首之二"憶昔好追涼,故繞池邊樹",又《彭衙行》"小兒強解事,故索苦李餐"等詩句(《匯釋》皆未引),就能正確瞭解其中的"故"字,而不致誤解爲"特地"。

　　此外,《匯釋》的精確釋義對於匡正舊注也很有貢獻。例如杜甫《麗人行》"後來鞍馬何逡巡,當軒下馬入錦茵"兩句,描寫的是楊國忠縱馬馳驟的驕恣之態,仇兆鰲《杜少陵集詳注》(卷二)把鞍馬逡巡解釋爲"按轡徐行",這顯然是不正確的。現在《匯釋》以充分的論據證明"逡巡"爲"迅速"義(598—600),這就糾正了仇注的錯誤,使我們能準確地理解杜甫的詩句。

三

　　自然,《匯釋》也有不少值得商榷之處。爲了今後在前人業績的基礎上把這方面的研究工作做得更好,這裏試提出如下一些問題來加以討論。

　　1. 關於詞目和義項的去取　所謂"語辭"本來沒有一個明確的界説,《匯釋》作者所下的定義是"詩詞曲語辭者,即約當唐宋金元明間流行於詩詞曲之特殊語辭,自單字以至短語,其性質泰半通俗,非雅詁舊義所能賅,亦非八家古文所習見也"(《叙言》第1頁)。就本書所收條目看,大部分是虛詞,小部分是實詞,還有少數是詞組即作者所稱"短語",這就比舊來所謂"詞"或"助字"的範圍廣闊得多。大抵"匯釋"一類著作采錄從寬,爲用更大,收辭稍泛,不足爲病。與此相反,依本書所定範圍,倒是有不少應收的"語辭"失收了。例如:

何事① 爲何，爲什麽。慧皎《高僧傳》卷十"宋京師杯度"載張奴《槐樹歌》："何事迷昏子，縱惑自招殃？"梁簡文帝蕭綱《和人愛妾換馬》詩："功名幸多種，何事苦生離？"李白《春思》詩："春風不相識，何事入羅幃？"又《山中答俗人問》詩："問余何事棲碧山？笑而不答心自閑。"高適《除夜作》詩："旅館寒燈獨不眠，客心何事轉淒然？"錢起《静夜酬通上人問疾》詩："何事沉疴久？含毫問藥王。"杜牧《寄湘中友人》詩："匹馬計程愁日盡，一蟬何事引秋來？"柳宗元《聞黃鸝》詩："鄉禽何事亦來此？令我生心憶桑梓。"李商隱《瑶池》詩："八駿日行三萬里，穆王何事不重來？"又《宋玉》詩："何事荆臺百萬家，惟教宋玉擅才華？"胡曾《咏史詩·長城》："祖舜宗堯自太平，秦皇何事苦蒼生？"又《漢宫》："何事將軍封萬户，卻令紅粉爲和戎？"汪藻《桃源行》："何事區區漢天子，種桃辛苦求長年？"

無事② 無須，不用。庾信《和趙王看伎》詩："懸知曲不誤，無事畏周郎。"又《燕歌行》，"蒲桃一杯千日醉，無事九轉學神仙。"李白《梁甫吟》："白日不照吾精誠，杞國無事憂天傾。"楊慎《春興》詩二首之一："虚擬短衣隨李廣，漢家無事勒燕然。"

---

① "何事"一詞，古已有之。如《韓非子·内儲説下》："刑餘之人何事乃敢乞飲長者？""何事"猶言"怎麽"。六朝以降，"何事"爲用漸廣，義爲"怎麽，爲什麽"。如《太平御覽》卷二百十四"職官部十二·吏部尚書"引裴啓《語林》："袁真爲監軍，范玄平作吏部尚書，大坐語袁：'卿此選還不失護軍。'袁曰：'卿何事人中作市井？'"《南齊書》卷三十三《王僧虔傳》："僕於尚書，人地本懸，至於婚宦，不至殊絶。今通塞雖異，猶忝氣類，尚書何事乃爾見苦？"又卷四十三《謝瀹傳》："君亦何事一朝至此？"庾信《枯樹賦》："桂何事而銷亡？桐何爲而半死？""何事"與"何爲"互文，其爲詢問原因之義甚明。《南史》卷五《齊廢帝東昏侯紀》："張欣泰嘗謂舍人裴長穆曰：'宫殿何事頓爾？'"又卷七十三《丘傑傳》："死止是分别耳，何事乃爾荼苦？"

② "無事"漢末已有用例，如《後漢書》卷八十八《臧洪傳》(惠棟《後漢書補注》謂此傳全用王粲《英雄記》)："洪自度不免，呼吏士謂曰：'……洪於大義不得不死，念諸軍無事空與此禍，可先城未破將妻子出。'"《三國志·魏志·臧洪傳》同；"軍"作"君"，是。"無事"與"不得不"對文，其爲"用不着"之義甚明。《三國志·吴志·魯肅傳》載劉曄遺肅書："急還迎老母，無事滯於東城。"又《蜀志·諸葛亮傳》裴注引張儼《默記》："自可閉關守險，君臣無事空勞師旅，無歲不征。"唐代散文中亦習見，例如段成式《酉陽雜俎》續集卷二"支諾皋中"："爲語五娘，無事速歸也。"

古典詩歌"語辭"研究的一些問題　　　　　　　　　　　　　　59

真成① 　真個,真的(是)。蕭綱《和人愛妾换馬》詩:"真成恨不已,願得路傍兒。"杜甫《上牛頭寺》詩:"無復能拘礙,真成浪出遊。"韓愈《過鴻溝》詩:"誰勸君王回馬首,真成一擲賭乾坤。"聶夷中《聞人説海北事有感》詩:"海隅久已無春色,地底真成有劫灰?"蘇軾《余去金山五年而復至,次舊詩韻贈寶覺長老》詩:"舊事真成一夢過,高譚爲洗五年忙。"黄庭堅《送陳氏女弟到石塘河》詩:"人言離别愁難遣,今日真成始欲愁。"又《王充道送水仙花五十枝,欣然會心,爲之作咏》詩:"坐對真成被花惱,出門一笑大江横。"陸游《雨晴》詩:"老子真成無一事,抱孫負日坐芽簷。"

無將② 　别以爲,不要認爲。司空曙《留盧秦卿》詩:"無將故人酒,不及石尤風。"韋應物《新秋夜寄諸弟》詩:"無將别來近,顔鬢已蹉跎。"又《示全真元常》詩:"無將一會易,歲月坐推遷。"

對於同一語辭的不同意義,《匯釋》因爲"意在括囊",所以搜羅辨析力求完備詳盡,但是"凡屬於普通義者,除有聯帶關係時,不復闌入"(《叙言》第1頁)。其實,解釋一個語辭,最好是把它在詩詞曲裏所有的意義通統加以論列,對於"普通義"可以只作簡單交代,但不宜棄置不顧,因爲一個詞語的各個意義之間一般總是有某種"聯帶關係",必須兼顧才能見其全,也才能使讀者不致以偏概全而產生誤解。例如"誰家",本書釋爲"怎樣,怎能,爲什麽,什麽"(348),但詩歌裏的"誰家"另有"誰,何人"、"何家,哪家"、

---

① 《助字辨略》卷一"真"字條出"真個"、"真成"二詞,一并釋爲"方言,真如此也";卷二"成"字條出"真成",釋爲"成,語助也;真成,猶云真個"。詩歌以外的用例如徐陵《鴛鴦賦》:"天下真成長合會,無勝比翼兩鴛鴦。"張文成《游仙窟》:"向來劇戲相弄,真成欲逼人。"

② "將"義爲"以爲,認爲"。例如慧立、彦悰《大慈恩寺三藏法師傳》卷一:"胡人曰:'弟子將前途險遠,又無水草,唯五烽下有水,必須夜到,偷水而過,但一處被覺,即是死人,不如歸還,用爲安穩'。"這個"無將"是詞組(即本書《叙言》所稱"短語"),與古漢語選擇連詞"無(亡)將"不同。後者例如王充《論衡·亂龍》:"匈奴敬畏郅都之威,刻木象都之狀,交弓射之,莫能一中。不知都之精神在形象邪,亡將匈奴敬鬼、精神在木也。"《漢書》卷九十一《貨殖傳》"故曰寧爵無刁"孟康注:"奴自謂寧欲免去作民有爵邪,無將止爲刁氏作奴乎?"

"何處,哪兒"等義,也應一并提及。如漢樂府《梁甫吟》:"問是誰家墓,田疆古冶子。"江總《東飛伯勞歌》:"誰家可憐出窗牖,春心百媚勝楊柳。"謝靈運《東陽溪中贈答》詩二首之二:"可憐誰家郎,緣流乘素舸。"張若虚《春江花月夜》:"誰家今夜扁舟子,何處相思明月樓?"杜甫《絶句六首》之五:"鳥棲知故道,帆過宿誰家?"張籍《成都曲》:"萬里橋邊多酒家,遊人愛向誰家宿?"又如"大都",本書釋爲"不過"(366),但詩詞裏的"大都"常常還是"大抵"的意思①,也應略作交代。例如白居易《慕巢尚書以詩相報,因而和之》詩:"富貴大都多老大,歡娱太半爲親賓。"又《簡簡吟》:"大都好物不堅牢,彩雲易散琉璃碎。"又《遊雲居寺贈穆三十六地主》詩:"勝地本來無定主,大都山屬愛山人。"周邦彦《荔枝香近》詞:"大都世間最苦唯聚散。"

2. 關於論證詞義的材料和方法 《匯釋》的研究對象是詩詞曲的語辭,用來論證語辭意義的材料也是詩詞曲,即所謂以詩證詩,以詞證詞,以曲證曲,和以三者或二者互證。這自然是順理成章的好辦法。不過也還可以補充一條,即以散文證詩詞曲。因爲詩歌語言雖然具有自己的特點,但是絶不能跟其他文體的語言截然分開;彼此聯繫起來考察,可以互相印證,相得益彰。例如:

乍可─ 本書釋爲"寧可",引唐宋詩詞例(91)。這個詞也見於散文。例如溫大雅《大唐創業起居注》卷一:"乍可絕好蕃夷,無有從其所勸。"

解─ 本書釋爲"會"、"能",引唐宋詩詞例(129—130)。這個詞也見於散文。例如樊綽《蠻書》卷七:"俗不解織綾羅,自大和三年……虜掠巧兒及女工非少,如今悉解織綾羅也。"敦煌本勾道興《搜神記》:"'有何所解也?'答曰:'會織絹子。'"又《破魔變文》:"我解看家守舍。"

消─ 本書釋爲"須",引宋人詩詞例(206)。這個詞也見於散

---

① 唐以前"大都"已有此義,例如謝玄《與兄書》:"居家大都無所爲,正以垂綸爲事,足以永日。"

文,字亦作"銷"。例如《太平廣記》卷二百六十二"三妄人"條引孫光憲《北夢瑣言》:"閣公止於都頭已來,只銷呼爲貔貅。"沈括《夢溪筆談》卷九"人事一":"懷德應之曰:'我得打乳姥關節,秀才只消如此待之。'"

爭 本書釋爲"差",引唐宋詩詞例,又引元曲"'爭'與'差'聯用"例(238—239)。這也都見於散文。例如洪适(kuò)《隸續》卷十六"跋北海相景君碑陰":"'偣''脩'二字,隸法只爭一畫。"汪大淵《島夷志略》"天堂"條:"有回回曆,與中國授時曆前後只爭三日。"《水滸傳》第十一回:"杜遷道,'山寨中那爭他一個!'"吳白牧《夢梁錄》卷十六"米鋪":"雖米市中搬運混雜,皆無爭差。"

能 本書釋爲"這樣"(宜增"那麼")[①],引唐宋詩詞及元曲例(324—325)。這個詞也見於散文。例如周去非《嶺外代答》卷七"蕃梔子"條:"今廣州龍涎所以能香者,以用蕃梔子故也。"

和 本書釋爲"連",引宋詞例[②](128)。這個詞也見於散文。例如《太平廣記》卷三百九十四"陳鸞鳳"條引裴鉶《傳奇》:"逡巡復有雲雷,裹其傷者,和斷股而去。"鄭文寶《江南餘載》卷上:"徐知訓在宣州,聚斂苛暴,百姓苦之。入覲。……對曰:'吾主入覲,和地皮掘來。'"

若個 本書釋爲"那(nǎ)個",引唐詩例(347—348)。這個詞也見於散文。例如《舊唐書》卷一百十二《李巨傳》:"國忠頗忌,對奉庭謂巨曰:'比來人多口打賊,公不爾乎?'巨曰:'不知若個軍將能與相公手打賊乎?'"《新唐書》卷七十九《高祖諸子·虢王鳳附子巨傳》把李巨這句話改寫爲"誰爲相公手打賊者乎?""誰"正是"若個"的注脚[③]。

---

① "能"爲程度副詞,下列互文可證。梁蕭綸《車中見美人》詩:"語笑能嬌媚,行步絕逶迤。"唐賈島《病蟬》詩:"拆翼猶能薄,酸吟尚極清。"
② 這個當"連,連同"講的"和"唐詩中已不乏用例。如杜荀鶴《山中寡婦》詩:"時挑野菜和根煮,旋斫生柴帶葉燒。"又《旅舍遇雨》詩:"半夜燈前十年事,一時和雨到心頭。"貫休《秋末長興寺作》詩:"栗不和皺落,僧多到骨貧。"
③ 參看豐田穰《新唐書の文章》,《東方學報》(東京)第十三册之二,1942年。

若爲 本書釋爲"怎,怎麽",引唐詩例(97—98)。這個詞也見於散文。例如《六祖壇經·行由品》:"大師遂責惠能曰:'汝是嶺南人,又是獦獠,若爲堪作佛?'"《神會和尚遺集·語録第一》:"侍御史王維在臨湍驛中問和上若爲修道。"

剗地 本書釋爲"依舊,照樣"、"一派,一味",引宋人詩詞及元曲例(453—455)。這兩個意義的"剗地"也都見於散文①。前者如《朱子語類》卷六十七"易三·綱領下":"六十四卦,只是'上經'説得齊整,'下經'便亂董董地。……《論語》後十篇亦然,《孟子》末後却剗地好。""剗地好"猶言"依舊(或照樣)好"。後者如《水滸傳》第三十四回:"你兀自不下馬受縛,更待何時?剗地花言巧語,扇惑軍心!""剗地花言巧語"猶言"一派(或一味)花言巧語"②。這都比韻文用例意義更爲顯豁。

自然,《匯釋》偶爾也徵引散文用例來印證詩詞曲,如引《目連救母變文》(266)、《法華文句》(即智顗《妙法蓮華經文句》)(561)、《五燈會元》(355、366)、《朱子語類》(131、441、443、448)、《京本通俗小説》(70、71)等。但《匯釋》共收語辭537個,而引用散文爲證的不過寥寥十幾處,足見作者對此没有給以足夠的重視。我們今後研究古典詩歌語辭,必須從各類典籍中發掘資料,廣徵而博證。

在論證詞義的方法上,《匯釋》常用的方法是排比同類用例,利用互文和異文。排比用例無疑是推考詞義的基本方法,適當利用互文也很有助益。《匯釋》作者在這兩方面用力甚多,成績很大,但有待擴展的地方仍所在多有。例如本書説"可"有"那(nǎ)"義(78—80),下列唐詩裏的幾組同類用例和互文就是很好的參證③:

潛夫自有孤雲侣,可要王侯知姓名?(方干《山中言

---

① 参看入矢義高《元曲助字雜考》,《東方學報》(東京)第十四册之一,1943年。
② "剗地"的"一派,一味"義疑即由"剗"的"光,只"義引申而來;"剗地花言巧語"猶言"光是(只是)花言巧語"。
③ 参看豐田穰《唐詩の助辭に就いて》,《東方學報》(東京)第十二册之一,1941年。

事》)/此中是處堪終隱,何要世人知姓名?(杜荀鶴《送項山人歸天台》)

可能塵土中,還隨衆人老?(白居易《仙娥峰下作》)/何能隨衆人,終老於塵土?(白居易《和我年》三首之一)
睡輕可忍風敲竹,飲散那堪月在花?(鄭谷《多情》)
那堪流落逢搖落,可得清然是偶然?(鄭谷《江際》)

至於利用異文來推求詞義,則應當特別審慎,因爲異文的產生原因很複雜,不一定可以用同義關係來解釋。《匯釋》利用異文有時失之於濫,以致得出不可靠的結論。例如據孟浩然詩"愁君此去爲仙尉,便逐行雲去不回",王維詩"楊子談經去,淮王載酒過",史達祖詞"臨斷岸新綠生時,是落紅帶愁流去"三處的"去"一本作"處",就斷定"去"有"處"義(709),顯然可疑。

3. 關於詞和詞義的溯源 研究詞和詞義,必須追溯早期用例,才談得到它們的發生和發展,而探討語言現象發生和發展的歷史正是語言科學的重要任務之一。雖然金兆梓在《匯釋》的"跋"裏說"是書固不惟明其訓詁,抑亦兼溯其沿革"(770),但實際上作者並沒有很好地做到"溯其沿革"這一點。因爲一則本書考釋語辭一般都不求其朔,這樣要談它們的沿革就缺少了張本;二則本書儘管有時也羅列不同時代的材料,但只限於作平面的叙述,並沒有就詞和詞義的歷史發展進行探討。這後一方面留待下節討論,這裏先說前一方面。我們認爲本書的研究對象雖然主要是唐代及以後的詩詞曲的語辭,但是既然要"溯其沿革",就不能不取證於前代文獻,而本書除偶一及之而外①,並沒有追溯各個語辭的早期用例。如:

是四 本書釋爲"該括辭,猶凡也",猶言任何,引唐宋詩詞用

---

① 例如釋"敢"(59)、"解"(130)、"稍"(182)、"與"(400)引陶潛詩,釋"況"(96)引謝靈運詩,釋"底"(101)引《讀曲歌》,釋"暫"(187)引何遜詩,釋"始"(193)引江淹詩、王筠詩、《孔雀東南飛》,釋"不分"(421)引《南史·王僧虔傳》載僧虔《論書》,釋"可念"(540)引《世說新語》。

例(43—45)。這個意義的"是"六朝已有。例如梁武帝蕭衍《贈逸民》詩十二章之三:"惟河出圖,唯嶽降神。是代皆有,何代無人?"《通典》卷三"食貨三"載沈約天監初上書:"臣又以爲巧僞既多,並稱人士,百役不及,高卧私門,致命(嚴可均《全梁文》二十七引作'令')公私闕乏,是事不舉。"顔之推《顔氏家訓·書證》:"〔荇菜〕今是水悉有之。"又《風操》:"吕尚之兒如不爲'上',趙壹之子倘不作'一',便是下筆即妨,是書皆觸也。"

若爲 本書釋爲"如何,怎樣",引唐宋詩詞用例(97—98)。這個詞南北朝已經通行。例如謝靈運《東陽溪中贈答》詩二首之二:"但問情若爲①,月就雲中墮。"梁鼓角橫吹曲《隔谷歌》:"弓無弦,箭無栝,食糧乏盡若爲活?"《宋書》卷八十五《王景文傳》:"居貴要,但問心若爲耳。"《南齊書》卷五十四《明僧紹傳》:"僧遠問僧紹曰:'天子若來,居士若爲相對?'"《魏書》卷十九中《任城王澄傳》:"高祖曰:'朕昨入城,見車上婦人冠帽而着小襦襖者。若爲如此?尚書何爲不察?'"《太平廣記》卷一百三十七"陳仲舉"條引劉義慶《幽明録》(卷三百十六"陳蕃"條引同):"又問曰:'後當若爲死?'答曰:'爲人作屋,落地死。'"慧皎《高僧傳》卷十《釋慧通傳》:"又於江津路值一人,忽以杖打之,語云:'可駛歸去,看汝家若爲。'此人至家,果爲延火所及,舍物蕩盡。"

會 本書釋爲"應,當",引唐宋詩用例(126)。這個意義的"會"晉宋已見。例如西晉白法祖譯《菩薩逝經》:"若小兒當何等知,若所索不止,會得我捶杖乃止。"又:"我求佛道,會不止。"劉義慶《世説新語·賢媛》:"不須極哀,會止便止。"

會當 本書引唐宋詩用例(126)。這個詞東漢末已見,魏晉南北朝時通行,義爲"總歸(要)"②。例如《漢書》卷九十六下《西域傳下》"匈奴欲大侵,要死"如淳注:"言匈奴來侵,會當死耳。"《三國志·魏志·崔琰傳》裴松之注引韋昭《吳書》:"男兒居世,會當

---

① "若爲"一作"若何",當是後人所改,但亦可證"若爲"爲"如何"義。
② 本書所引杜甫《望嶽》詩"會當凌絶頂"的"會當"即是此義,釋爲"應須"欠確切。

得數萬兵、千匹騎著後耳。"又《蜀志·楊洪傳》裴注引陳壽《益部耆舊傳》:"〔何祇〕嘗夢井中生桑,以問占夢趙直,直曰:'桑非井中之物,會當移植。……'"西晉竺法護譯《生經》卷二"迦旃延無常經第十七":"雖復安隱,會致疾病;年少當老,雖復長壽,會當(明本無'當')歸死。"又《無量清淨平等覺經》卷三:"求道不休,會當得之,不失其所欲願也。"西晉白法祖譯《菩薩逝經》:"我常持善心,精進思維不懈,會當得佛。"又:"卿持心志堅,乃念欲求佛不止,卿亦會當得佛。"又:"我持慈心,精進不懈求佛者,會當得作佛。"東晉失譯《天尊説阿育王譬喻經》:"今日雖不用,會當有用時。"失譯《那先比丘經》卷中:"其泥不能自成爲器,會當須人工,有薪火,乃成爲器耳。"又卷下:"人心雖明,會當得是六事共成智耳。"後秦竺佛念譯《出曜經》卷二"無常品第二":"此瞎鼈身會當與孔相值不耶?"西秦聖堅譯《太子須大拏經》:"人有財物,不可常保,會當壞散。"又:"我終不能相遠離也,會當與太子相隨去耳。"元魏吉迦夜共曇曜譯《付法藏因緣傳》卷四:"眼者無常,會當摩(一作'磨')滅,不可恃怙。"《世説新語·規箴》:"公獵,好縛人士,會當被縛[①]。"《顔氏家訓·勉學》:"人生在世,會當有業。"

爲當 本書釋爲"抑或,還是",引唐變文爲證(266)。這個詞南北朝已有。例如失譯《須摩提女經》:"邠池於是往問佛:'世尊,今須摩提女爲滿富城中滿財長者所求爲婚,爲當可與,爲當不可?'"《顔氏家訓·書證》:"殷仲堪《常用字訓》亦引服虔《俗説》,今復無此書,未知即是《通俗文》,爲當有異?"《魏書·任城王澄傳》:"任城在省,爲舉天下綱維,爲當署事而已?"

許二 本書釋爲"這樣,如此",引唐宋詩詞用例(319—320)。這個意義的"許"六朝已見。例如梁昭明太子蕭統《擬古》詩:"念人一去許多時。"

爾許 本書所引最早用例爲唐杜荀鶴詩:"九華山色真堪愛,

[①] 吕叔湘《筆記文選讀》(古典文學出版社,1957年)注:"會當,總有一天要。"(第11頁)甚確。

留得高僧爾許年。"(320)這個詞唐代以前已見。例如《三國志・吳志・吳主傳》裴注載曹丕詔:"此鼠子自知不能保爾許地也。"後魏慧覺等譯《賢愚經》卷五"長者無耳目舌緣品第二十四":"白言:'大兄,是估客子從我舉錢,入海來還,應得爾許。兄爲明人,我若終亡,證令子得。'"

能 本書釋爲"這樣,如此",引唐宋詩詞例(324—325)。這個詞唐代以前已有。例如《詩・小雅・節南山》"有實其猗"鄭箋:"言南山既能高峻,又以草木平滿其旁。"失譯《舊雜譬喻經》卷上:"我念女人能多欲,便詐腹痛,還入山。"晉《拂舞歌・淮南王》:"少年窈窕何能賢,揚聲悲歌音絶天。"梁邵陵王蕭綸《車中見美人》詩:"語笑能嬌媟,行步絶逶迤。"庾肩吾《詠美人看畫應令》詩:"欲知畫能巧,喚取真來映。"

大都 本書釋爲"不過",引宋詞用例(336)。這個詞東晉已有。例如王羲之《雜帖》:"吾服食久,猶爲劣劣,大都比之年時,爲復可耳。""大都比之年時"猶言"不過比起當年來"。

年時 本書釋"年時"爲"當年",引宋詞用例(698—699)。這個詞六朝已有,如上引王羲之《雜帖》。又如陳後主叔寶《東飛伯勞歌》:"年時二七猶未笄,轉顧流眄鬟鬢低。"江總《東飛伯勞歌》:"年時二八新紅臉,宜笑宜歌羞更斂。"

顧藉 本書釋爲"顧惜",引宋詞用例(525—526)。這個詞唐代已有。例如韓愈《上留于鄭相公啓》:"不啻如棄涕泗唾,無一分顧藉心。"又《柳子厚墓志銘》:"子厚前時少年,勇於爲人,不自貴重顧藉。"

可憐 本書釋爲"可愛,可喜",引唐詩宋詞用例(541—542)。這個意義的"可憐"六朝已見。例如謝靈運《東陽溪中贈答》詩二首之一:"可憐誰家婦,緣流洒素足。"劉遵《繁華應令》詩:"可憐周小童,微笑摘蘭叢。"《世説新語・言語》:"松樹子非不楚楚可憐,但永無棟梁用耳。"

4. 關於詞義的引申發展 這是"溯其沿革"的另一方面。瞭解詞義的引申關係,理清其發展綫索,對於訓釋語辭是極其重要的；只有這樣，才能做到執簡馭繁，有條不紊。清代優秀的訓詁學家能在詞義研究上取得卓越的成就，原因之一就是他們能掌握詞義引申發展的規律。《匯釋》作者雖然也説他的研究方法受清代諸訓詁大師的啓示(《叙言》第 7 頁)，並曾申論"字義隨時代而變遷"(598)，但實際上在重視詞義的引申關係這一點上他並没能很好地繼承發揚前代學者的優良傳統，因而在解釋多義詞的時候往往只是彼此孤立地羅列若干義項，令人看不出聯繫，抓不着要領。例如"却"字，本書列舉了八條十四義(64—72)，但是却没有説明這些意義之間的内部聯繫，排列也淩亂無序：

却一　語助辭，用於動辭之後。有"掉"、"了"、"得"、"着"等義。

却二　猶於也。

却三　猶正也。於語氣加緊時用之。

却四　猶倒也，反也。此爲由"正"字義加強其語氣者，於語氣轉折時用之。

却五　猶返也，回也。此由退却之本義引申而來。

却六　猶還也，仍也。

却七　猶再也，意義有時與作"還"字解者略近。

却八　猶豈也。

照我們的看法，"却"本是動詞，意義爲"退"，演變而爲"返"、"還"，隨後詞性由動詞向副詞轉變，趨於虚化，這就是"却五"。這是詩詞裏語辭"却"的中心義。由這個意義再向三方面發展：(1)由尚帶動詞性的"返"變爲純粹副詞"反"、"倒"，這就是"却三"的前半(唐詩諸例)和"却四"；這個"倒"義的"却"用於反詰語氣，有時可以譯釋爲"豈"，這就是"却八"。(2)由尚帶動詞性的"還"變爲純粹副詞"還"(huán＞hái)，這就是"却三"的後半(宋詞諸例)和"却六"；由這個"還"可以很自然地演變爲"再"，這就是"却七"。(3)"退"、"返"、"還"都含有"去"的意思，用在另一動詞後面時，可進而虚化爲近似詞尾的"去"、"掉"、"了"，這就是"却一"。至於本書釋爲"正"的"却三"，這一義項其實可以不立，用例分别歸入

"却_四"和"却_六",因爲凡本書釋爲"正"的"却"字都應當或可以釋爲"反,倒"或"還(hái)";"却_六"的"仍"義也是蛇足,凡釋爲"仍"的都可以用"還"義兼賅。經過這樣一番爬梳,除"却_二"的性質和來源待考以外,本書雜亂無章地羅列的"却"字的各個意義,先後演變的軌跡就比較清楚了。這樣,各個條目和義項的排列次序,也就應當據此作相應的調整。綜上所述,"却"字意義的嬗變可以圖示如下①:

事實上,本書中許多詞目的釋義都需要重加爬梳,使紛繁的一詞多義現象條理化,以便讀者系統地理解詞義,並爲漢語詞彙學和詞典編纂提供有用的材料。

探討詞義的發展,最重要的是掌握詞的本義和中心義這一環,而本書對此顯然注意不夠。例如"剗"字條共列"只"、"還"、"返"、"無端"四義(452—453),顯得支離而不確切,這就是由於作者不了解這個詞的本義是"光,白"②,未能認清詞義的引申關係,從而執簡以馭繁之故。又如"鬥"字下共列七條十一義(216—222),但是却沒有從這個詞的中心義"對"、"遇"出發來加以疏通,從而把一些分離的意義貫串起來。

5. 關於釋義的準確性　解釋詞義必須力求準確,而要做到這一點,首先得仔細推敲原文。本書在這方面做得很出色,但是也

---

① 【補】參看郭在貽《訓詁學》,湖南人民出版社,1986年,第59—60頁;蔣冀騁《近代漢語詞彙研究》,湖南教育出版社,1991年,第55—57頁;蔣冀騁、吳福祥《近代漢語綱要》,湖南教育出版社,1997年,第221—223頁。

② 參看沈兼士《袒裼、但馬、剗襪》,《輔仁學志》第11卷第1—2期(合刊),1942年,第81—85頁;張心逸《〈元曲選釋〉補證(二)》,《橫濱市立大學紀要》第11卷第1號,1959年,第11—12頁。

有疏失。例如"須₆"條(36)引曹松《送僧入蜀過夏》詩:"五月峨眉須近火,木皮嶺裏只如冬",釋爲"言峨眉雖熱,木皮嶺則不熱"。其實"須"當訓"須要","近火"猶言"偎火";詩意是説峨眉不熱,宜於"過夏"。又如"惡"字條(17)引柳永詞:"惡發姿顔歡喜面,細追想處皆堪惜",釋爲"發即發妝之發,惡發姿顔即濃妝之意"。其實"惡發"乃是"發怒,生氣"的意思①,這裏跟"歡喜"相對,分指嗔和喜兩種情態,所以下句説"皆堪惜"。作者誤解詞義,因而作出牽強附會的解釋。又如"那"字條(272)引杜甫《北征》詩:"那無囊中帛,救汝寒凜慄",又《季秋蘇五弟纓江樓夜宴崔十二評事禁少府侄》詩三首之三:"對月那無酒,登樓况有江",釋"那無"爲"奈無"。其實"那"(nǎ)在這裏用於反詰語氣,"那無"猶言"豈無",表示肯定,若如本書所釋表示否定,就跟原詩語意大相徑庭了。《北征》下文云"衾裯稍羅列",證明杜甫囊中有帛;夜宴豈會無酒,下句"况"字正説明當時賓主既對月把酒,又登樓臨江。又如"與₇"條(400)引陶潛詩:"清吹與鳴彈",馬莊父詞:"除此外,吾誰與",釋"與"爲"舉",也欠妥當。

揣摩語意是《匯釋》作者所留意的,但是就在這方面本書也頗有可商之處。例如"漸₃"的釋義是"到也,向也"(186)。但我們揣摩所引例證,覺得這類"漸"字表示的是一種繼續進行的狀態,可以釋爲"向",而不宜釋爲"到"。又如"稍₁"的釋義是"頗也,深也。甚辭"(177)。"稍"作副詞本訓"漸",就本條引例看,解釋爲"頗"是可以的,但説它是"甚辭"解釋爲"深",甚至把"稍寒"講成"嚴寒",就不切合了。

解釋詞義必須注意一致性,即對於同一詞語的同一意義或用法解釋應當相同,這是釋義準確與否的標志之一。在這方面本書頗有疏忽。例如"底₁"條的釋義是"何也,甚也",引杜甫詩:"花飛(《匯釋》誤爲'飛花')有底急",釋"有底急"爲"有甚急或有何急"

---

① 參看吕叔湘《語文雜記·惡發》,《國文月刊》第43—44期(合刊),1946年,第36—37頁;蔣禮鴻《敦煌變文字義通釋》,中華書局,1959年,第49—50頁。

(101—102),"有底₋"條引同一詩句,又釋"有底急"爲"有如許之急"(112),而"如許"乃是作者所定的"底₌"的釋義(103)。彼此糾纏不清。尋其根源,則是由於"自設多義,治絲益棼"(《叙言》第8頁);所謂"底₋"和"底₌"當爲同一義項,不應分立。又如"信道","信"條釋爲"知道"(539),而"道₋"條却釋爲"信得"(422)。就兩處所引例句看,"信道"實爲同詞同義,應作同樣解釋。又如副詞"稍","稍₋"條說它的本義是"小,少"(177),而"稍ㅅ"條又說是"漸"(182),自相牴牾。由此可見,如果對詞義的客觀性認識不足,釋義又缺少必要的概括,而只是揣摩文意,隨宜詮釋,就容易帶上主觀隨意性。

解釋詞義必須適當注意其發展綫索或傳承關係。如果可能,不妨寓詞源於釋義之中。例如"若"(96),徑釋爲"怎",不如先釋爲"哪";"若爲"(97),徑釋爲"怎能,怎堪",不如先釋爲"哪能,哪堪";"能"(324),徑釋爲"這樣",不如先釋爲"那麼";"大都"(366),徑釋爲"不過",不如先釋爲"攏總";"諸餘"(386),徑釋爲"一切,種種",不如先釋爲"其餘"。對於這一點本書作者顯然未曾措意。

解釋詞義還必須堅持以今釋古的原則。只有這樣,釋義才能達到較高的準確性和明確性。雖然本書作者也説他是"以今語譯古語"(《叙言》第8頁),但實際上書中以文言詞語作釋的居多。由於文言不是活語言,用它來解釋富於口語色彩的語辭,既不能鮮明生動,也未必準確貼切,有時甚至是以難釋易,曖昧不明。例如以"許,如許,何其"釋"底₌"(103);以"底,何"釋"得₋"(108);以"已而"釋"旋₋"(172);以"知得"釋"知道"(422);以"焉,也"釋"賒"(586);以"無恙"釋"好在"(692)。諸如此類的語辭,如果以現代口語作釋,有時就會明確得多。例如"旋₋"條釋"旋……旋"爲"還又"(172),不如說這就是現代漢語的"旋(xuàn)……旋(xuàn)",更爲直捷了當①。自然,有時候爲了照顧語源或別的原

---

① "旋"字這一用法也見於唐代散文。例如《太平廣記》卷六十六"謝自然"條引《集仙錄》:"只尋常柏葉……旋采旋食。"

因,先用一個古漢語詞或者帶古語成分的詞作釋,作爲過渡到現代語釋義的橋梁,這也是可取的。

6. 關於釋義的概括性 由於本書作者一方面對詞義的引申關係注意不够,另一方面又對辭書釋義要求較高的概括性認識不足①,往往濫用"隨文而異其解"的方法,結果使得一些語辭的釋義流於支離繁碎,難於掌握。"着"和"賒"是兩個突出的例子。"着"字下共列二十二條四十四義(279—299),而令人詫異的是在這四十四個釋義之中"着"的本義兼中心義"傅(口語'巴'),附着"却没有占到一個地位。"賒"字只有一條,但是在這一條之中就包含了"遠,長,空闊,多,寬,遲,緩,高,豪,殷,劇甚,渺茫,疏,少,短,衰,低,差違,消,無,空缺,空閑"等二十二個釋義(583—587),其中有"長"又有"短",有"高"又有"低",有"多"又有"少",五光十色,撲朔迷離,令人驚嘆不置。

我認爲正確的處理方法應當是:凡可用一義概括的,就不必節外生枝,"設爲多義";凡可用本義、中心義、普通義作釋的,就無須求之過深,另立新義。例如:

暫 "暫一"的釋義爲"且"(187),"暫五"的釋義爲"一"(190)。就所引例證看,兩者實際上是一回事。如韓愈《戲題牡丹》詩"長年是事皆抛盡,今日欄邊眼暫明"的"暫",白居易《又聞微之卧病,以藥寄之》詩"到時想得君抬得,枕上開看眼暫明"的"暫",意義和用法完全相同,但本書却把前者釋爲"且",歸入"暫一";把後者釋爲"一",歸入"暫五"。所謂"設爲多義""隨文異解"的主觀隨意性在這裏表現得十分清楚。

遮莫 "遮莫" 至二條共立"儘(jǐn)教;不論,不問;假如"數義(143—146)。宋嚴有翼《藝苑雌黄》:"遮莫,蓋俚語,猶言儘教也。"羅大經《鶴林玉露》丙編卷一:"詩家用'遮莫'字蓋今俗語所

---

① 鄭奠等《中型現代漢語詞典纂法》第三章"釋義"節(邵榮芬執筆)(《中國語文》1956年第8期):"分析詞義時不要被詞運用於個别語句中的具體環境所拘,必須抽出詞義的最大概括。"(第42頁)

謂'儘教'者也。"①這一釋義既正確又概括,譯成現代漢語就是"儘管"。《匯釋》所立"遮莫"諸義(其中"假如"宜改爲"即使")可以合而爲一,儘管在具體的上下文中不妨采用不同的譯法。辭書釋義有別於翻譯,《匯釋》作者沒有認識到這一點,是造成釋義煩瑣的原因之一。

早晚 "早晚_"的釋義爲"何日"(704),"早晚_五"的釋義爲"那得,何曾"(706)。其實二者同爲"何時,什麼時候"的意義②,只不過前者用於詢問,後者用於反詰③,無須分爲二條三義。詞的意義和詞的用法是有區別的,《匯釋》作者對此缺少認識,也是造成釋義煩瑣的原因之一。

底 "底_"的釋義爲"何,甚"(101),"底_三"的釋義爲"許;如許;何其"(103)。其實可以概括爲"什麼;哪麼;那麼"三義,再説明用例中一類是疑問語氣而另一類是感嘆語氣就行了。

得 "得_"條共立"底,何,怎,那,豈"數義(108)。其實這就是普通義的"得",不過因爲用於反詰語氣而帶上了"豈得,哪得"的涵義,無須"設爲多義",徒滋紛擾。就中"底,何"義尤爲不妥,宜删。

更 "更_"的釋義爲"豈"(62)。其實這就是"更"的普通義"還"(hái),用於反詰語氣;特爲立一新義,既不必要,也欠妥貼。"更_二"就是普通義"再",不必釋爲"不論怎樣,雖,縱,絕"(63),徒增繳繞。

纔 "纔"條共有"一,但,如其"三個釋義(191)。其實這就是普通義的"纔",平淡無奇。解釋爲"一",反不明瞭;解釋爲"但",更嫌迂遠。除《張協狀元》一例而外,"纔"字都不宜或無須講成"如其"。

---

① 羅氏又説:"而乃有用爲禁止之辭者,誤矣。"《匯釋》"遮莫_五"條"莫要"義項下所舉宋代諸用例(146)正屬於羅氏所指摘的誤用之列。
② 參看丁聲樹《"早晚"與"何當"》,《歷史語言研究所集刊》第 20 本下册,1949 年,第 61—66 頁。
③ 【補】參看吕叔湘《近代漢語指代詞》,學林出版社,1985 年,第 357—360 頁。

旋　"旋₂"的釋義爲"急;新,現;便"(173)。其中"便"義可以不立,引例中解釋爲"便"的"旋"都應當或可以解釋爲"新,現"。如陸游《錢道人不飲酒食肉,囊中不蓄一錢,所須飯及草履二物皆臨時乞錢買之,非此雖强與不取也》詩:"食時無飯芒鞋破,只向街頭旋乞錢。"詩中的"旋"就相當於題中的"臨時",亦即今語的"旋"(xuàn)。

好在　"好在"的解釋是"存問之辭。玩其口氣,仿佛'好麼',用之既熟,則轉而義如'無恙'"(692)。其實"好麼"和"無恙"只是口語和文言的差別,以"好麼(嗎)"釋"好在"已很完足,無須多此一"轉",另設一義。

7. 關於引例的妥貼性　解釋一個語辭,每個意義和用法都應當有貼切的例證;對於多義詞語的例證的選擇和安排尤其需要仔細斟酌,使之各得其所,不相雜厠。本書對此頗爲留意,但也有值得商酌之處。例如:

旋₃　本條的釋義爲"屢,頗"(174)。但所引杜荀鶴《山中寡婦》詩"時挑野菜和根煮,旋斫生柴帶葉燒"的"旋"應是"現,臨時"的意思,當入"旋₂"(172)。

與₆　本條的釋義爲"得"(399)。但例證裏杜甫《寄李十二白二十韻》詩"乘槎與問津"的"與"應是"爲"(wèi)的意思,當入"與₃"(397);蘇軾《書鄢陵王主簿所畫折枝》詩二首之一"詩畫本一律,天工與清新"的"與"應是"助"的意思,當入"與₅"(398)。

與₁₁　本條的解釋是"語助辭,用於句中,不爲義"(403)。但所引張籍《寄王侍御》詩"有田多與種黃精"、楊萬里《次韻昌英叔晴望韻》詩"猶須鏟千嶂,剩與放雙明"、趙長卿《水龍吟·梅》詞"壽陽宮,應有佳人,待與點,新妝額"的"與"都應是"爲"(wèi)的意思,當入"與₃"(397)。

坐₄　本條的釋義爲"聊,且"(409)。但所引王維《桃源行》"坐看紅樹不知遠"的"坐"應是"爲,因爲"的意思,當入"坐₉"(413)。

8. 關於語法與釋義　詞的意義和用法跟語法有密切的關係,而所謂語辭又多半是虛詞或語法成分,要正確加以解釋更不能不從語法着眼。本書對此注意不足,可商之處不少。除上文第6節已涉及的語氣問題外,這裏再略說三點。

第一,未從語法的角度來看詞性和詞的句法功能。例如"能₁"的解釋是"摹擬辭,猶云這樣也"(342),其實這一類"能"就詞性說是程度副詞,就句法功能說是作狀語,而不是什麼"摹擬"。比如"能早"就是"那麼早","能深"就是"那麼深"。這樣,它跟別條詞性爲動詞或助動詞的"能"就區別開來了。由此也可以看出:所謂"能₁"和"能₂"(326)實際上是一回事,不必強爲分別;同時,一些應當歸屬"能₁"的例子(如杜甫詩"多才依舊能潦倒"、白居易詩"櫱能苦芬梅能酸"、李之儀詞"游絲到地能長")被歸入"能₅"(328)也是不恰當的。又如"定₂"的解釋是"疑問辭,猶云究竟也"(302)。其實這一類"定"雖然常用於疑問句,它本身卻並不是疑問詞。這也是由於語法觀念不清而產生的混淆。

第二,未分清虛詞和實詞的界限。例如"看₂"的解釋是"嘗試之辭,如云試試看"(312)。這一類"看"是虛詞,表示一種"體"(aspect)。但所引杜甫《空囊》詩"囊空恐羞澀,留得一錢看(kān)"的"看"卻是實詞,義爲"看守"。

第三,未辨明句子的不同類型。例如"爲是"的釋義爲"抑或,還是"(266),用於抉擇問句,但是卻引《孟子》的一個原因問句"爲是其智弗若與?"以證其淵源,顯然齟齬不合①。

9. 關於語音與釋義 詞是音義結合體,解釋詞義常常需要顧及語音。首先,辨認詞的同一性得憑語音而不受文字的拘限。本書注意到了這一點,一些寫法有異而語音相同相近可以看作同一個詞或同一個詞的變體的形式都給類聚起來加以詮釋。例如釋"遮莫"而兼及"折莫"、"折摸"、"折末"、"折麼"、"者莫"、"者末"、"者麼"、"者磨"(143);釋"一向"而兼及"一晌"、"一餉"、"一曏"(374)。但是也有疏漏。例如:"抵"(105)和"底₁"(101)、"底₃"

---

① 《孟子》這個"爲"當訓"謂"。參看王引之《經義述聞》卷二十五"春秋穀梁傳""執爲"條;又:《經傳釋詞》卷二"爲"字條。

(103)音義並同，是同一個詞，可以合爲一條加以解釋。"着處"和"觸處"(710)音近義同，是同一個詞的變體，也可以并爲一條。又如"逗₂"(212)和"投"(210)、"逗₃"(213)和"鬥₅"也是如此①。

其次，以音同音近的同源詞作釋有助於闡明詞與詞之間的音義相關性。本書以"透"釋"逗₄"(214)，以"陡"釋"鬥₆"(220)，以"恍"釋"況₂"(96)，即是其例。不足之處是都沒有從音韻上作必要的說明。類似的例子還不少。

再次，釋義同時注音往往能使意思更加顯豁。這一點本書全未顧及，不能不說是一個缺憾。例如上文第 4 節提到的"還"(huán)和"還"(hái)，如果加注今音，就能免去一些糾葛。又如"着"字，說解極爲紛繁，有的意義不同，讀音也有差異，如果分別注出 zhuó/zháo/zhāo/zhe 等現代讀音，就能幫助讀者聯繫今語來理解詞義。

10. 關於方言與釋義　詩詞曲語辭很多是當時的方言口語，由於語言的繼承性，有的在現代方俗語裏還有留存。在可能情況下用現代方言詞語來對某些語辭作補充性的解釋，這是很有益處的。本書間或也引用方言來印證釋義，如引蘇杭語"啥個"、"啥格"來說明"誰家"(350)，但是在這方面顯然還做得遠遠不够。就拿四川方言來說，可以跟本書所釋語辭相印證的詞語就不少。例如：

消　(206)　當"須"講。如"只消三天"、"不消說得"。
爭　(238)　當"差"講。如"還爭好多？還爭一斤"。
能　(324)　當"那麽"、"這樣"講。如"能大"、"能長"。"能"唸去聲②。
鬥　(217)　當"拼，并，合；對"講。如"鬥攏"就是并攏或合攏，"鬥七巧板"就是拼合七巧板，"鬥頭"就是對頭(合適，正確)。

---

① "投"字如取去聲一讀，就跟"逗"同音。"鬥"爲端母字而"逗"爲定母字，聲母本有清濁之別，但在當時有的方言中可能已經不分。
② "能"有去聲一讀。如吴文英《過秦樓·咏芙蓉》詞"能西風老盡"，"能"字下自注"去聲"。

本書在這方面比較欠缺有客觀原因。新中國成立前(《匯釋》寫成於 1945 年)我國方言調查工作做得很少,可供利用的資料不多。目前漢語方言的調查研究正在廣泛展開,將來各地的方言詞彙材料積累多了,必將大有助於詩詞曲語辭的探討。

11. 關於前人學術成果的利用 研究學問好比接力賽跑,後繼者必須以前人的終點作爲自己的起點。只有這樣,研究工作才能推進到更高的水平。前人著述中的精華固然應當吸取,就是缺點錯誤也可以作爲借鑒。本書作者對前代有關學術成果似乎不夠注意,儘管他在《叙言》裏也説到"諸家詮評所及……東鱗西爪,要皆不佞參考之資"(第 9 頁)。

關於古典詩歌語辭,前此雖然沒有專書,但是在總集別集的注釋之外其他各類典籍也時有論及,值得參考利用。本書除偶爾引到《容齋隨筆》、《鶴林玉露》、《升庵詩話》、《南詞叙錄》、《助字辨略》、《通俗編》等少數幾種書籍而外,其餘有關資料幾乎全未涉及。例如:釋"遮莫"(143)失引嚴有翼《藝苑雌黃》、羅大經《鶴林玉露》丙編卷一、胡仔《苕溪漁隱叢話》後集卷八、王楙《野客叢書》卷二十四、范晞文《對床夜語》卷二,釋"匹如"(252)失引胡震亨《唐音癸籤》卷二十四,釋"若個"(347)失引《對床夜語》卷二,釋"不忿"(420)失引徐樹丕《識小錄》卷一,釋"剗騎"(453)失引桂馥《札樸》卷九,釋"煞(殺)"(486)失引楊慎《俗言》,釋"冥子裏"(503)失引張耒《明道雜志》,釋"餺饦"(626)失引慧琳《一切經音義》卷三十七、李匡乂①《資暇集》卷下、楊慎《丹鉛新錄》卷四、胡應麟《少室山房筆叢》卷八,釋"生分"(648)失引黃生《義府》卷下,釋"好在"(691—692)失引胡三省《資治通鑒注》唐紀三十七"肅宗上元元年六月"條,釋"早晚"(704)失引姚元之《竹葉亭雜記》卷七,釋"點湯"(749)失引朱彧《萍洲可談》卷一,等等。有時有所稱引,又未得其朔。例如釋"僅"(191)"根據段玉裁説",其實王士禛在《香祖筆記》(卷二)中早已論及。現代學者有關詩詞曲語辭的考

---

① 余嘉錫考定此書作者之名爲李匡文。見《四庫提要辨證》卷十五"資暇集"。

釋自然更有價值,因爲無論在研究的觀點方法上,還是在資料的掌握運用上,都比前人大爲進步,可惜本書作者也完全忽略了。

以上試就張氏《匯釋》一書談了古典詩歌語辭研究中的一些問題,目的僅僅在於指出今後從事這方面的工作有諸如此類的問題值得考慮。所提意見未必正確,所舉資料不免有誤,尚望讀者批評指正。

讀《敦煌變文字義通釋》偶記[*]

近讀蔣禮鴻先生《敦煌變文字義通釋》增訂本（中華書局，1962年），覺得有些條目在"縱的、橫的串連"上還頗有"展延"的餘地。現在札錄幾條，以供參考。

阿郎／郎（第7—8頁）　《通釋》引《大唐世說新語》、《李娃傳》和《景德傳燈錄》，證明唐代奴僕稱主人爲"郎"。這基本上是橫的串連。王貞珉撰《讀增訂本〈敦煌變文字義通釋〉》[①]，補引胡三省《資治通鑒注》兩條，證明宋代還有這種稱呼。這是往下的縱的串連。缺少的是往上的串連。今按，《太平廣記》卷四百十五"董奇"條引劉義慶《幽明錄》："奇後適下墅，其僕客三人送護，言：'樹材可用，欲貨之，郎常不聽，今試共斬斫之。'"《搜神後記》卷三："須臾，奴子自外來，云：'郎求鏡。'婦以奴詐，乃指床上以示奴。奴云：'適從郎間來。'"酈道元《水經注》卷三十六"溫水"："文爲奴時，山澗牧羊，於澗水中得兩鯉魚，隱藏挾歸，規欲私食，郎知，檢求。文大慚懼，起，託云：'將礪石還，非爲魚也。'郎至魚所，見是兩石，信之而去。"可見南北朝時代"郎"已有與奴僕相對待的"主人"一義。通行辭書解釋這一詞義，多引《舊唐書》卷九十六《宋璟傳》爲書證，這自然是未得其朔，而程穆衡著《陶詩程傳》釋陶淵明《示周續之祖企謝景夷三郎》詩題，說"至隋唐乃定〔郎〕爲奴僕稱主人之辭"，也不免是疏於考證了。再就橫的旁證說，《通釋》只舉了用"郎"的三條，其中《大唐世說新語》一例用法不典型，《傳燈錄》已是宋人之作，而用

---

[*]　原載《中國語文》1964年第3期。
①　見《文學遺產增刊》第8輯，1961年。

"阿郎"的則一條也沒舉①,似乎稍嫌不足,特別是因爲變文只用"阿郎",不用"郎"。試爲各補幾條例證如下。《太平廣記》卷七十七"杜生"條引牛肅《紀聞》:"乃見亡奴伏於樹下,擒之,問其故,奴曰:'適循道走,遥見郎,故潛於斯。'"又卷三百七十五"韋諷女奴"條引陳劭《通幽記》:"言是郎君祖之女奴也,名麗容,初有過,娘子多妒,郎不在,便生埋於園中。"又卷十六"張老"條引李復言《續玄怪録》:"孃子令送與大郎君,阿郎與王老會飲於此酒家,大郎且坐,崑崙當入報。"又卷五十三"麒麟客"條引同書:"將及門,引者揖曰:'阿郎何來?'"又卷七十六"田良逸"條引趙璘《因話録》:"使還,曰:'報汝阿郎,勿深憂也。'"從上下文看,後三例中的"阿郎"也都是指稱主人。

手力(第22頁) 《通釋》釋《廬山遠公話》"我要你作一手力"的"手力"爲奴僕,沒有引旁證,也未加討論。今按,六朝時代"力"有今天"勞動力"這樣一個意義,指奴僕、雇工。例如蕭統《陶淵明傳》(《全梁文》卷二十):"送一力給其子,書曰:'汝旦夕之費,自給爲難,今遣此力,助汝薪水之勞。'"《水經注》卷三十九"贛水":"力於渚次聚石爲洲,長六十餘丈。"以這個"力"爲中心語構成的複合詞有好些,"手力"就是其中之一,指奴僕、僕役或差役。例如干寶《搜神記》卷五"蔣山祠"條:"貴人乘船,手力十餘。"《宋書》卷五十三《庾炳之傳》:"先取人使,意常未安,今既有手力,不宜復留。"又卷五十六《孔琳之傳》:"尚書令省事倪宗又牽引威儀、手力擊臣下人。"唐代用例,除變文外也見於其他文獻。如慧立、彦悰《大慈恩寺三藏法師傳》卷一:"給馬三十匹、手力二十五人。"又卷二:"至發日,王給手力、駝、馬。"《太平廣記》卷一百三十一"僧曇歡"條引寶維鋆《廣古今五行記》:"敷州義陽寺僧曇歡有羊數百口,恒遣沙彌及奴放於山谷。後沙彌云:'頻有人來驅逐此羊。'歡乃多將手

---

① 徐復曾補引薛調《無雙傳》一例。見《評〈敦煌變文字義通釋〉(增訂本)》,《中國語文》1961年第10—11期(合刊),第89頁。

力,自往伺之。"又卷四百五十"嚴諫"條引戴君孚《廣異記》①:"諫後忽將蒼鷹、雙鵰、皁雕、獵犬等數十事,與他手力百餘人,悉持器械,圍遶其宅數重。"此指奴僕、僕役。《太平廣記》卷二百六十三"李宏"條引張鷟《朝野僉載》:"唐李宏,汴州浚儀人也,兇悖無賴,狠戾不仁。……任正理爲汴州刺史,上十餘日,遣手力捉來,責情決六十,杖下而死。"又卷四十四"蕭洞玄"條引薛漁思《河東記》:"既而有黄衫人領二手力至,謂無爲曰:'大王追,不願行,但言其故即免。'無爲不言。黄衫人即叱二手力:'可拽去!'"又卷一百二十七"盧叔敏"條引盧肇《逸史》:"鄭君與縣宰計議,至其日五更,潛布弓矢、手力於西郭門外。"此指差役。

共事(第 22—23 頁) 《佛説阿彌陀經講經文》:"見夫出後便私行,只是街頭覓共事。"《通釋》釋"共事"爲"不正當的男女關係,猶如俗間語説'姘頭'",對詞義來源未加討論。今按,"共事"本是動詞,意思是"一塊兒生活(或工作),相處"。例如《後漢書》卷六十九《劉趙淳于江劉周趙列傳·序》②:"既而弟子求分財異居,包不能止,乃中分其財,奴婢引其老者,曰:'與我共事久,若不能使也。'"王羲之《雜帖》(《全晉文》卷二十二):"虞安吉者,昔與共事,當念之。"《宋書》卷四十七《劉敬宣傳》:"大人與恭親無骨肉,分無君臣,雖共事少時,意好不協。"《南齊書》卷四十九《王奐傳》:"興祖門生劉倪到臺辨問,列:'興祖與奐共事,不能相和。'"在一定的上下文裏,"共事"的意思稍稍專化,就指"一塊兒過夫婦生活"。例如《孔雀東南飛》:"共事二三年,始爾未爲久。"《太平廣記》卷三百二十二"周義"條引《述異記》:"婦房宿,義乃上床,謂婦曰:'與卿共事雖淺,然情相重。'"變文所見"共事"的詞義似乎就是由這類用法的"共事"名詞化而來,本來並不含貶義,解釋爲"男女關係,猶如現代語説'對象'"也許還妥當一些,至少是概括一些。

爲/爲是/爲復/爲當(第 175—176 頁) 這一組詞《通釋》釋

---

① 《廣異記》作者戴君孚已入宋,但此書時代仍與變文相若。
② 李賢注謂此序爲華嶠《後漢書》之詞。

讀《敦煌變文字義通釋》偶記

爲"就是'還是',用在選擇問句中的連詞"。其説甚是,但引證似嫌不足,今爲分别補證如次。

爲 "爲"是這一組詞裏的基本形式。《通釋》引《漢書》卷七十八《蕭望之傳》顔師古注和《景德傳燈録》爲證①,這基本上是橫的串連。今按,"爲"作選擇連詞,六朝已見。張相《詩詞曲語辭匯釋》卷二曾引王融《永明十一年策秀才文》一例。其他的例子有《三國志·魏志·董卓傳》裴松之注:"不知乎爲瓊之别名,爲别有伍乎也。"劉義慶《世説新語·紕漏》:"覺有異色,乃自申明云:'向問飲爲熱爲冷耳。'"劉孝標《廣絶交論》(《文選》卷五十五):"朱公叔《絶交論》爲是乎,爲非乎?"又如《北史》卷八十二《何妥傳》:"助教顧良戲之曰:'汝姓何,是荷葉之荷,爲河水之河?'妥應聲答曰:'先生姓顧,是眷顧之顧,爲新故之故?'"這如果是當時對話實録,就也可作唐以前口語用"爲"的例證。至於唐代用例,在正統古文及經疏中也可以見到。如韓愈《諱辨》:"今賀父名晉肅,爲犯二名律乎,爲犯嫌名律乎? 賀舉進士,爲可邪,爲不可邪?"徐彦《春秋公羊傳疏·僖公二年》:"言直置寢自不安與,爲侍御之人有不在側者與?"

爲是 《通釋》僅引《世説新語·賢媛》一例,作了縱的串連。類似的例子有《水經注》卷十六"穀水"引《晉中州記》:"惠帝爲太子,出,聞蝦蟆聲,問人:'爲是官蝦蟆,私蝦蟆?'"這兩例時代雖較早,用法却不典型。因爲其中的"爲是"並非用在兩個選擇項之間。徐震堮曾引張衡《髑髏賦》:"張平子悵然而問之曰:'……爲是上智,爲是下愚? 爲是女人,爲是丈夫?'"以證"爲是"早見於東漢②。此賦始見於《古文苑》卷五,疑出後人依託,但時代當在唐以前。此外,六朝的用例有陳慧思《大乘止觀法門》卷三:"問曰:'妄執五塵爲實者,爲是五意識,爲是六意識?'"早於變文的唐代用例

---

① 《漢書》顔注一例劉淇《助字辨略》卷一"爲"字條已引,此外劉淇還引了《晉書·謝道韞傳》一例。
② 徐震堮《〈世説新語〉裏的晉宋口語釋義》,《華東師範大學學報》1957年第3期,第61頁。

有《隋書》卷七十五《何妥傳》："助教顧良戲之曰：'汝既姓何，是荷葉之荷，爲是河水之河？'"

爲復　《通釋》引《唐摭言》和《景德傳燈錄》爲旁證。前此《詩詞曲語辭匯釋》卷二已引唐代二例（王維詩與《文選》五臣李周翰注）、宋代五例（楊萬里詩、劉辰翁詞）。這裏再補充幾個例子，作爲橫的串連的資料。《太平廣記》卷二百八十八"姜撫先生"條引陸長源《辨疑志》："不審先生梁朝出仕，爲復隱居。"《列子・天瑞》"終進乎，不知也"盧重玄《解》："假設問者言：天地有終盡乎，爲復不知也？"司馬光《資治通鑒考異》"唐紀六十九""僖宗廣明元年正月"條引韋昭度《續寶運錄》載侯昌業上疏："莫是唐家合盡之歲，爲復是陛下壽足之年？"徐夢莘《三朝北盟會編》卷一百四十二"炎興下帙四十二"："幹辦公事郭弈應聲曰：'不知是怎麼地一掃。用苕帚掃，爲復用掃帚掃？'"《朱子語類》卷六十七"易三・綱領下"："'上經'猶可曉易解，'下經'多有不可曉難解處。不知是某看到末稍懶了，解不得，爲復是難解。"由此可見，從唐代到南宋"爲復"都是一個活的口語詞。

爲當　這在變文中用得頗多，但《通釋》既沒有作橫的串連，也沒有作縱的串連。現在試各補數例，以供參證。失譯《須摩提女經》："今須摩提女爲滿富城中滿財長者所求爲婚，爲當可與，爲當不可？"《魏書》卷十九中《任城王澄傳》："任城在省，爲舉天下綱維，爲當署事而已？"顏之推《顏氏家訓・書證》："殷仲堪《常用字訓》亦引服虔《俗說》。今復無此書，未知即是《通俗文》，爲當有異。"《北齊書》卷二十五《王紘傳》："行臺侯景與人論掩衣法，爲當左，爲當右？"孔穎達《毛詩正義・周頌・思文》："《太誓》之注不解'五至'，而《合符後》注云：'五至猶五來。'不知爲一日五來，爲當異日也。"

着/戀着/貪着（第103—104頁）　這一組詞《通釋》釋爲"貪戀，迷戀"。其說甚是，但引證稍嫌不足，今略爲補充如次。

着　"着"是這一組詞裏的基本形式。《通釋》引韓愈詩和李公佐《南柯太守傳》爲證，這只是橫的串連。今按，這個意義的

"着"自晚漢迄六朝已經通行①,佛典用例尤多。如東漢安世高譯《長阿含十報法經》卷上:"亦有道弟子是身不着愛着樂。"東漢曇果共康孟詳譯《中本起經》卷上"轉法輪品第一":"佛告比丘:'行有二事,爲墮邊際:一者念在色欲,無清淨志;二者猗愛着貪,不能清志行。'"失譯《佛開解梵志阿颰經》:"沙門不得安卧好床,衣不文綵,食不着味。"西晉竺法護譯《生經》卷三"閑居經第十三":"其有沙門、梵志,眼着妙色,耳貪五音。"北涼曇無讖譯《佛所行贊》卷一"離欲品第四":"毗尸婆梵仙,修道十千歲,深著於天后,一日頓破壞。"

戀着/貪着 這都是並列關係的複合詞。"戀着"《通釋》引白居易詩一例爲證,而"貪着"旁證缺如。今按,此二詞佛典中都不乏用例,如後秦鳩摩羅什譯《妙法蓮華經》卷二"譬喻品第三":"諸子幼稚,未有所識,戀着戲處。"又《大寶積經》卷七十八"富樓那會第十七之二·具善根品第四":"菩薩於山種種供養,不應生愛,令心貪着。"劉宋求那跋陀羅譯《過去現在因果經》卷二:"此人在此,貪着五欲,愛惜錢財。"

惡發(第117—118頁)　《通釋》釋爲"發脾氣",引張鷟《朝野僉載》"忍惡不得"爲證,説"'忍惡'的'惡'就是'惡發'的'惡'。"就我所知,最早討論"惡發"這個詞並作出準確解釋的是吕叔湘先生。他在1946年發表的《語文雜記》一文的"惡發"條中説:"唐宋間人稱'怒'爲'惡'"②,所引早期用例也是《朝野僉載》此條。今按,稱"怒"爲"惡"疑非始自唐人。後漢曇果共康孟詳譯《中本起經》卷上"轉法輪品":"王覺,求諸妓女,而見坐彼道人之前,王性妒害,惡心内發。""惡心"猶言"怒心,惱怒之心","惡"當即"惡發"

---

① 韓愈《贈張籍》詩:"吾老著讀書。"錢仲聯《韓昌黎詩繫年集釋》(古典文學出版社,1957年)引何焯《義門讀書記》:"東方朔《答客難》:'著於竹帛,脣齒腐落(言按:當作"脣腐齒落"),服膺而不失(言按:當作"釋")。'此'著'字所本也。"(第362—363頁)若如此説,則"著(着)"字此義西漢時已有。

② 《國文月刊》第43—44期(合刊),1946年,第36—37頁。【補】參看吕叔湘《語文雜記》,上海教育出版社,1984年,第16頁。

之"惡"。看來,"惡"字此義不但源遠,而且流長。宋人《五代史平話・梁》、《張協狀元》戲文第一齣、元尚仲賢《漢高皇濯足氣英布》雜劇第二折、明人《水滸傳》第三十回都有"怒從心上起,惡向膽邊生"之語。"惡"與"怒"爲互文。又《西遊記》第五十八回[①]:"當面説出,恐妖精惡發,搔擾寶殿。"是"惡發"一詞在明代方言口語中猶有遺存。

【附記】蔣先生《通釋》第四次增訂本(上海古籍出版社,1988年)"阿郎"條(第 14 頁)、"手力"條(第 54 頁)、"共事"條(第 57—58 頁)、"爲當、爲復、爲是"條(第 481—484、486 頁)並稱引拙説,有所商榷。請讀者參看。

---

① 《西遊記》此例《辭源》修訂本"惡發"條已引。

讀王力主編《古代漢語》札記*

一、關於文選

古代漢語教科書的"文選"是供廣大讀者特別是初學者誦習的本子，因此擇本和校文是一個值得注意的問題。作爲語言材料選録古代作品，首先應當在底本的抉擇和異文的去取上仔細斟酌，力求作品文字符合原貌。本書在這方面頗有可商之處。例如《戰國策》，鮑彪注本常常臆改舊文，而本書選録却一依鮑本，時有未當。如《趙策三》："曷爲久居此圍城之中而不去也？"（117）①"此"原作"若"。鮑彪不知"此""若"同義②，强與本篇上文和《史記》卷八十三《魯仲連鄒陽列傳》一律，改"若"爲"此"，實不可從。又《楚策四》："方將修其碆盧。"（112）"碆"原作"䔻"。"䔻"爲"苻"的異體字。苻是製箭的材料，這裏借指箭。稱矢爲"苻"，猶如稱矢爲"箭"，都是以製器所用材料的名稱作爲器物的名稱③。不宜

---

* 原載《中國語文》1981 年第 3 期，所論以原書 1978 年印本爲準；今改以 1981 年修訂本爲準，舉例作了相應的刪補。
① 引文後括弧内數字指原書頁碼。下同。
② 參看王念孫《讀書雜志・戰國策二》"久居若圍城之中"條；又《史記四》"此若言"條；又《墨子四》"此若言"條；王引之《經義述聞》卷十五"禮記中""以此若義也"條；又卷三十二"通說下""語詞誤解以實義"條、"經傳平列二字上下同義"條；又：《經傳釋詞》卷七"若"字條。
③ 沈括《夢溪筆談》卷二十二"謬誤"："今採箭以爲矢，而通謂矢爲'箭'者，因其材名之也。"王筠《說文釋例》卷十二"挩文"："'筱'下云：'箭屬，小竹也。'……呼矢爲'箭'，猶《左傳》呼矢爲'蒲'，皆以其質名其器。"

依據鮑本,改"芽"爲"砮"①。又如司馬遷《報任安書》,見於《漢書》卷六十二《司馬遷傳》和《文選》卷四十一,文字頗有異同。總的説來,《漢書》所載比較接近原本,而《文選》"此篇原文多經後人增改"②。選録此文自應主要根據《漢書》,而本書却"基本上依照《昭明文選》"(901),似有未妥。如:"念父母,顧妻子。"又:"今僕不幸,早失父母。"(910)兩處的"父母"《漢書》分別作"親戚"、"二親"。上古漢語習稱父母爲"親戚"③、"二親"④,《文選》作"父母"當是後人所改,似不可從。又:"出則不知其所往。"(915)"其"字未安。當從《漢書》作"出則不知所如往"。李善引《莊子〔•庚桑楚〕》"不知所如往"爲注,疑《文選》原亦與《漢書》一致,本或作"其所往"當是因上句"所亡"而誤改。又:"幸勿爲過。"(900)《漢書》無"爲"字。"過"訓"責備","幸勿過"猶言"希望不要見怪"。而"勿(無)爲"則是晚漢以降通行的一個詞⑤。增一"爲"字當是後人依當時語所改。又如李密《陳情表》,見於《三國志•蜀志•楊戲傳》裴松之注、《晉書》卷八十八《李密傳》、《文選》卷三十七。三本相較,《三國志注》和《晉書》所載魏晉口語成分較多,當更爲符合原本,而本書選録却全依《文選》,未必恰當。如:"祖母劉愍臣孤

---

① 參看黃丕烈《戰國策札記》卷中。
② 王念孫《讀書雜志•餘編下•文選》"若望僕不相師而用流俗人之言"條。關於文選樓中學士改易原作情事,參看錢鍾書《管錐編》第 3 册,中華書局,1979 年,第 1067 頁。
③ 參看《經義述聞》卷十九"春秋左傳下""親戚"條。
④ 例如《商君書•君臣》:"農不離廛者,足以養二親,治軍事。"《韓詩外傳》卷一:"二親之壽,忽如過客。"《説苑•建本》:"賢者欲養,二親不待。"又《善説》:"不若少失二親,兄弟別離。"
⑤ 例如《古詩十九首》之四:"無爲守窮賤,轗軻長苦辛。"《三國志•魏志•明帝紀》裴注引魚豢《魏略》:"亮又使詳重説昭,言:人兵不敵,無爲空自破滅。"又引王沈《魏書》:"議者以爲亮軍無輜重,必不繼,不擊自破,無爲勞兵。"《莊子•大宗師》"無怛化"郭象注:"將化而死亦宜,無爲怛之也。"陶淵明《移居》二首之二:"此理將不勝,無爲忽去兹。"《世説新語•假譎》:"治此計,權救饑爾,無爲遂負如來也。"又《方正》:"黃吻年少勿爲評論宿士。"《太平廣記》卷三百十九引劉義慶《幽明録》:"鬼語云:'勿爲罵我,我當打汝口破。'"《南史》卷十三《宋彭城王義康傳》:"身不讀書,君無爲作才語見向。"

弱,躬親撫養。"(921)"躬親",《三國志注》和《晉書》作"躬見"。這個"見"就是上文"慈父見背"的"見"。"躬"訓"親自","見撫養"猶言"撫養我"①。多用這類"見"字是魏晉時代接近口語的散文的一個特點,改"見"爲"親"當是出諸後人之手,似不可從。

其他某些選文在異文的去取上也有可議之處。例如王勃《滕王閣序》:"遥吟俯暢,逸興遄飛。"(1173)"遥吟俯暢"宜依一本作"遥襟甫暢"。"遥襟"猶言"遠懷"(闊大的胸懷),跟"逸興"同爲偏正式名詞性詞組,"甫"和"遄"同爲狀語,上下句同爲主謂結構,對仗工穩。如果作"遥吟俯暢",則文義既欠妥適,對偶也有未合。又如柳宗元《段太尉逸事狀》:"鄰人偷嗜暴惡者,卒以貨竄名軍伍中。"(1035)"卒"本亦作"率"。"率"義爲"大率,大都"。按文尋義,作"率"爲長。一本作"卒"當是因字形相似兼涉上句"縱士卒"而致誤。

此外還有同一篇同一詞而異文取舍前後不一致的情況。例如司馬遷《報任安書》:"斯已奇矣。"(905)又:"及以至是。"(910)又:"僕誠以著此書。"(914)三處都是《漢書》作"已"而《文選》作"以"。枚乘《上書諫吳王》:"人性有畏其景而惡其迹者。"又:"迹愈多,景逾疾。"又:"影滅迹絶。"(898)三處都是《漢書》作"景"而《文選》作"影"②。本書或從此,或從彼,殊不統一。

在選文的校勘方面,本書對前人的有關研究成果頗能博觀約取,擇善而從,但是也不乏可商之處。

第一,清儒和近人所作校勘有當采而失采的。例如《墨子·非攻上》:"至殺不辜人也,扡其衣裘,取戈劍者。"(370)王念孫云:"'也'即'扡'字之誤而衍者。"③其説可取。本書以"也"爲語氣詞,未當。又如《戰國策·楚策四》:"將加己乎十仞之上,以其類爲招。晝游乎茂樹,夕調乎酸鹹。倏忽之間,墜於公子之手。"(111)

---

① 參看吕叔湘《見字之指代作用》,《漢語語法論文集》,科學出版社,1955年,第46—50頁。
② 本書注釋説《漢書》作"影"(898),非。
③ 《讀書雜志·墨子二》"也"條。

本書用王念孫説，以"倐忽……之手"爲衍文①。删字過多，論據不足，其説可疑。金正煒以爲這是錯簡，當移置"晝游"句之前②，這樣就跟下段末"將加己乎百仞之上，……故晝游乎江河，夕調乎鼎鼐"文例正相一致，合於本文排比體裁。此説殊有理致，較爲可取。

　　第二，舊時校勘家有兩個通病，本書也未能盡免。其一是原文可通，無事自擾。例如《韓非子・五蠹》："然則爲匹夫計者，莫如修行義而習文學。行義修則見信。"（408）本書采王先愼説，謂"'行'當作'仁'"。其實原文"行義"不誤。"行義"即"行誼"，典籍習見③。如《墨子・非儒下》："行義可明乎民。"《晏子春秋・内篇問上・十八》："明其教令而先之以行義。"④又《問下・二十八》："古者嘗有上不諫上，下不顧民，退處山谷，以成行義者也。"《韓非子・八經》："行義示則主威分，慈仁聽則法制毁。"又："臣不得以行義成榮。"《戰國策・趙策二》："御道之以行義。"《賈子新書・時變》："胡以行義禮節爲？家富而出官耳。"桓寬《鹽鐵論・險固》："誠以行義爲阻⑤，道德爲塞，……則莫能入。"《漢書》卷七《昭帝紀》："賜郡國所選有行義者……帛人五十匹。"又卷四十八《賈誼傳》："天子春秋鼎盛，行義未過，德澤有加焉。"洪适（kuò）《隸釋》卷九《堂邑令費鳳碑》："行義高邵，卓不可及。"王氏之説實不可取。又如《五蠹》："事大未必有實，則舉圖而委，效璽而請兵矣。……救小未必有實，則起兵而敵大矣。"（411）本書用俞樾説，以二"未"字和前一"兵"字爲衍文（412）。其實原文並無誤衍。"實"謂實惠、實利，"請兵"是爲了增强自己的軍事力量，"則"爲轉折連詞。文義本甚通順。俞氏以意删改，似不可從。其二是過求

---

① 《讀書雜志・戰國策二》"以其類爲招"條。
② 金正煒《戰國策補釋》卷三，第 54 頁上。
③ 朱起鳳《辭通》卷十六"行義"條引有多例（第 1657 頁）。凡朱氏所已引，此不重複。
④ 吳則虞《晏子春秋集釋》（中華書局，1962 年）謂"'義'字後人所增"（第 222 頁），非是。
⑤ 【補】王利器《鹽鐵論校注（定本）》（中華書局，1992 年）據誤本改"行"爲"仁"（第 525 頁），非是。

一律，強此從彼。例如《戰國策·趙策三》："勝請爲紹介而見之於先生。"此句《戰國策》原作"勝請爲（wèi）召而見之於先生"，《史記·魯仲連鄒陽列傳》作"勝請爲（wéi）紹介而見之於先生"。二者語意一致而各自成文，無須依據後者來"校正"前者。又如賈誼《論積貯疏》："遠方之能疑者，並舉而爭起矣。"本書注："'能'字是衍文。"（885）此爲王先謙説。其實此處有助動詞"能"不僅文義可通，而且文理較勝①，不應強《漢書》以從今本《新書》。又如《史記》卷一百七《魏其武安侯列傳》："不仰視天而俯畫地。"本書注："'不'字當是衍文（《漢書》無'不'字）。"（741）其實"不"字並非衍文。"而"猶"則"也②，"不……而……"猶言"不是……就是……"。文從字順，不應強《史記》以從《漢書》。又如《史記》卷九十二《淮陰侯列傳》："百姓不親附，特劫於威，彊耳。"（700）本書注："彊，勉強。《漢書》作'彊服'。這裏可能是脱了一個'服'字。"（701）此爲王念孫説。其實《史記》自作"特劫於威彊（qiáng）耳"，意爲"只不過是被威勢强力所脅迫罷了"③；《漢書》自作"特劫於威，彊（qiǎng）服耳"，意爲"只不過是被威勢所脅迫，勉強服從罷了"。二者文意相通，並行不悖，無須强此從彼，歸於一律。

　　第三，本書自訂的校勘條例未能充分貫徹。如《凡例》七："有些明顯的錯字就根據其他版本和後人的校訂改了，……都在注中略加説明。"但實際上有時不作交代，徑改原文。例如《吕氏春秋·察傳》："求聞之若此，不若無聞也。"（404）前一"聞"字原本作"能"，本書據孫星衍疑似之説改字，未加任何説明，而這個"能"又並非明顯的錯字，徑行更改，令初學不辨本真，實爲未妥。

---

① 司馬遷《報任安書》："夫僕與李陵俱居門下，素非能相善也。"（905）一本亦無"能"字，本書不從，是。
② 《經傳釋詞》卷七"而"字條。
③ 瀧川龜太郎《史記會注考證》（卷九十二）亦謂"'威彊'字連讀"，但無所舉證。今按：上古漢語有"威彊"一詞。例如《荀子·富國》："威彊足以捶笞之。"《晏子春秋·内篇問下·十一》："敢問長保威彊勿失之道若何？"又："不以威彊退人之君。"劉師培《晏子春秋補釋》訓"威彊"爲"威力"，是。

第四，選文校讎不精，訛衍脱文皆有，初學據此誦習，易被貽誤。訛文如《左傳·宣公二年》："孔子曰：'趙盾，古之良大夫也。'"(30)"趙盾"當作"趙宣子"。誤爲"趙盾"，既不合孔子稱呼前輩大夫的慣例，也違反《左傳》記事記言的通則。《史記·淮陰侯列傳》："齊必從風而靡。"(708)注："靡，倒下。"(709)正文"靡"當作"服"，注文無的放矢。又《魏其武安侯列傳》："非爲大惡。"(741)"爲"當作"有"。揚雄《解嘲》："有建婁敬之策於成周之世，則乖矣。"(1255)"乖"當作"繆"或"悖"①。《文心雕龍·鎔裁》："善敷者辭殊而意顯。"(1143)"意"當作"義"。衍文如《史記·魏其武安侯列傳》："天下士郡國諸侯愈益附武安。"(731)"國"字衍。脱文如《魏其武安侯列傳》："夫身中創十餘。"(733)"中"後脱"大"字。又："遣吏分曹逐捕灌氏支屬。"(739)"捕"後脱"諸"字。又："且帝寧爲石人邪？""寧"後脱"能"字。又："武安侯爲太尉時迎至霸上。"(745)"迎"後脱"王"字。司馬遷《報任安書》："僕之先非有剖符丹書之功。"(909)"先"後脱"人"字。又："無乃與私心刺謬乎？"(915)"與"後脱"僕"字。揚雄《解嘲》："故默然守吾《太玄》。"(1255)"然"後脱"獨"字。《漢書·藝文志》："相反而相成也。"(754)"而"後脱"皆"字。

此外，在屬讀或句讀上也間有可商之處。例如《左傳·成公二年》："臣不任受怨，君亦不任受德。"(36)注："我擔當不了受怨，您也擔當不了受德。這是説我没什麽可恨你的，你也不值得我感激。"(37)"任受"二字連文。注者把"任受｜怨（德）"誤讀爲"任｜受怨（德）"，以致所作解釋繳繞難通。"我擔當不了受怨"是説我知營受人怨，"我没什麽可恨你的"又是説知營怨人，自相矛盾。又如《戰國策·齊策四》："遣太傅賫黄金千斤，文車二駟，服劍一。封書謝孟嘗君。"(103)"遣太傅賫……服劍一"語意未完，不當句絶。"封書"當是跟"黄金"、"文車"、"服劍"並列的偏正式結構，同

---

① 《漢書》卷八十七下《揚雄傳下》、《文選》卷四十五並作"繆"，《藝文類聚》卷二十五"嘲戲"引作"悖"。

作"賫"的賓語。全句宜標點爲"遣太傅賫黃金千斤、文車二駟、服劍一、封書①,謝孟嘗君。"又如《莊子·養生主》:"手之所觸,肩之所倚,足之所履,膝之所踦,砉然響然。奏刀騞然,莫不中音:合於桑林之舞,乃中經首之會。"(384)"莫不中音……"是總承"手之所觸,……奏刀騞然",不當在"砉然響然"句絶。

二、關 於 注 釋

本書選文的注釋一般采用舊注(見《凡例》五),這個原則很好。但在對舊注的取舍上却不乏可商之處。例如《詩·鄭風·風雨》:"既見君子,云胡不夷?"(482)注:"夷,平。"(483)本篇毛傳:"夷,説也。"《召南·草蟲》:"亦既見止,……我心則夷"。毛傳:"夷,平也。"比較之下可以看出《毛傳》兩處訓釋用字的恰切。"我心則夷"主語是"心",宜於説"平"(平静);"云胡不夷"主語是省略的"我",宜於説"説"(喜悦)。本書舍當篇確詁而求别解,似有未當。又如《左傳·隱公元年》:"無使滋蔓。"(9)注:"滋,滋長。蔓,蔓延。"(10)此注是采用孔穎達疏,以"滋蔓"爲並列結構。但服虔注則以"滋蔓"爲偏正結構,解爲"益延長"②。就《左傳》全書用例看③,單音節動詞和單音節形容詞前面的"滋"全都是用作狀語,當訓"益,更加";再從本文下句"蔓,難圖也"單承"蔓"字申説,也可看出"滋蔓"應是以"蔓"爲中心語的偏正式詞組。服注較爲可取。又如《論語·公冶長》:"願無伐善,無施勞。"(180)注:"無施勞,不把勞苦的事加在别人身上。"(181)何晏《論語集解》引僞孔安國注:"不以勞事置施於人。"皇侃《論語義疏》:"又願不施勞役之事於天下也。"本書注釋本此。增字爲訓,扞格難通。實則"施"跟"伐"爲互文,當用朱熹注解爲"張大",即"張揚、夸大"④。"勞"當

---

① 鮑本於"封書"下補"一"字,不必。
② 玄應《一切經音義》卷二"滋蔓"條引。
③ 参看哈佛燕京學社編《春秋經傳引得》,第1811頁。
④ 楊伯峻《論語譯注》(中華書局,1980年):"《禮記·祭統》注云:'施猶著也。'(轉下頁)

訓"功勞,功績",不是"勞苦"。又如司馬遷《報任安書》:"僕賴先人緒業。"(903)注:"緒業,事業。"(904)釋"緒"爲"事"雖於故訓有據①,但此處"緒業"解爲"事業",並不確切,當用《文選》本篇李善注:"司馬彪《莊子注》曰:緒,餘也②。"楊惲《報孫會宗書》云"幸賴先人餘業",可爲參證。

在對故訓的利用上也有不充分或不恰當之處。例如《詩·周南·桃夭》:"有蕡其實。"注:"蕡,果實多的樣子。"(471)"蕡"通"墳"。《爾雅·釋詁》:"墳,大也。"陳奐《詩毛氏傳疏》:"言桃之實蕡然大也。"是。注中"多"字宜作"大"。又如《左傳·隱公元年》:"穎考叔,純孝也,愛其母,施及莊公。"(12)注:"純,篤厚。"(13)"純"通"奄"。《説文》十下大部:"奄,大也。從大,屯聲。讀若純。"《爾雅·釋詁》:"純,大也。""純孝"猶言"大孝",正惟其大,所以能"施及"他人。釋"純"爲"篤厚"並不恰切。又如《左傳·成公二年》:"余病矣!"(31)注:"病,等於現在説重病、病厲害了。"(32)這裏説的是郤克因流血甚多而疲憊不堪,當用《孟子·公孫丑上》"今日病矣"趙岐注:"病,罷也。""余病矣"猶言"我疲乏極啦",而不是如本書所釋"我重病或病厲害了"。又如同篇:"從左右。"注:"站在左邊和右邊。"(33)"從"無"站(在)"義,當用《廣雅·釋詁三》:"從,就也",解爲"走向"。"和"當作"或"。"從左右,皆肘之"是説綦毋張無論走向車箱的左邊或右邊,韓厥都用肘制止他。又如《戰國策·齊策四》:"不拊愛子其民。"(101)注:"子其民,以其民爲子。子,用如動詞。"(102)"拊愛子"三字連文③。

(接上頁)即表白的意思。"(第53頁)今按:《祭統》:"施於烝彝鼎。"鄭玄注:"施,猶著也,……刻著於烝祭之彝鼎。""著"是附著之"著"(zhuó)而不是顯著之"著"(zhù),不訓"彰顯"、"顯露"。楊説疑非。

① 《爾雅·釋詁》:"緒,事也。"
② 《楚辭·九章·涉江》"欸秋冬之緒風"王逸注,又玄應《一切經音義》卷十九"由緒"條引《廣雅》,並云:"緒,餘也。"
③ 古書有此辭例。如《書·多方》:"爾曷不夾介乂我周王享天之命?"《墨子·迎敵祠》:"其出入爲流言,驚駭恐吏民。"《楚辭·離騷》:"覽相觀於四極兮。"

《禮記·中庸》"子庶民也"鄭玄注:"子,猶愛也①。"是"子"與"字"、"慈"通,本身就是動詞,並非名詞"用如動詞"。又如《吕氏春秋·察傳》:"宋之丁氏家無井,而出溉汲。"注:"溉,灌注。"(404)"溉"當用《詩·檜風·匪風》毛傳"溉,滌也",訓爲"洗滌"。"出溉汲"是説出去洗東西和打水,不是出去灌注和打水。

對於清儒和近人的説解本書也有去取未當之處。例如《詩·周南·卷耳》:"采采卷耳。"注:"采采,采了又采。"(470)《詩經》裏的"采采"都是形容詞而不是及物動詞,早經丁聲樹先生論證明白②,此處宜用戴震《詩經補注》和馬瑞辰《毛詩傳箋通釋》的説法,解爲"茂盛鮮明的樣子"。又如《論語·先進》:"以吾一日長乎爾,毋吾以也。"(185)注:"不要因爲我的年紀比你們大,就不敢回答我的問題。"(186)此解本於僞孔注,脱離原文,增字爲訓,殊不可信。"毋"用同"莫"③。全句當據劉寶楠《論語正義》"言此身既差長,……無人用我也",注爲"因爲我比你們年紀稍長,没人用我了"。這樣才能跟原文字詞對上號,也才能跟下文"居則曰:'不吾知也④!'如或知爾,則何以哉?"語意相貫。又如《老子》:"埏埴以爲器。"注:"埏,造陶器的模子,這裏用如動詞。"(373)"埏"即"挻",本來就是動詞,並非名詞"用如動詞"。陸德明《經典釋文》卷二十五"老子道經音義"作"挻",云:"河上云'和(huó)也。'……《聲類》云:'柔也。'"朱駿聲《説文通訓定聲》乾部第十四:"挻"字條:"《老子》:'挻埴以爲器。'注:'和也。'字亦誤作'埏'⑤。《字

---

① 參看《經義述聞》卷十五"禮記中""孝弟睦友子愛"條。王氏謂"乃鄭注於'子'字皆無訓釋",誤。
② 丁聲樹《詩卷耳芣苢采采説》,《北京大學四十周年紀念論文集(乙編)》,1940年,第1—15頁。參看聞一多《匡齋尺牘·芣苢》,《聞一多全集》第1册,開明書店,1949年,第344—345頁;吴小如《詩三百篇臆札》,《文史》第9輯,1980年,第145—146頁。
③ 例如《史記·魏其武安侯列傳》:"上察宗室諸竇,毋如竇嬰賢。"又《高祖本紀》:"相人多矣,無(=毋)如季相。"
④ 《論語》中"不吾知"、"莫我知"、"人不知"的"知"都含有"瞭解而任用"的意思。
⑤ "挻埴"的"挻"字或從土作"埏"當是受"埴"字類化的結果。

林》:'挻,柔。'按:今字作'揉'①。……凡柔和之物,引之使長,摶之使短②,可析可合,可方可圓,謂之'挻'。"朱氏申述故訓極爲明晰,其説可從。又如《左傳•僖公三十二年》:"勤而無所,必有悖心。"(23)注:"無所,指無所得。"(24)此注似本於林堯叟《春秋左傳句讀直解》,疑非。"無所 V"只能省説爲"無 V",不能説成"無所"。比如《戰國策•趙策三》:"而無所取也。"(123)"無所取"可以説成"無取"(《史記•魯仲連鄒陽列傳》即作"無取"),絶不可説成"無所"。"勤而無所"的"所"應是名詞,即處所的所,指定所或目的地③。朱駿聲《春秋左傳識小録》云:"所,處也。"訓釋甚確。"勤而無所,必有悖心"意思是説:戰士們行軍勞苦而又没有明確的目的地,必然會產生惶惑之心。又如《戰國策•楚策四》:"而載方府之金。"注:"方府之金,四方所貢、納於國庫之金。"(113)"四方所貢"不能説成"方","納於府(國庫)"不能説成"府"。此注疑非。或徑釋"方府"爲"國庫",也不確切。因爲"方"雖有"國"義,却無此種用法。金正煒云:"方府,楚藏(zàng)名,猶魯之'長府'"④,都是以形命名。其説殊有理致,宜若可取。又如《史記•魏其武安侯列傳》:"請語魏其侯帳具。"(736)注:"帳,用如動詞,設置帷帳。具,備辦酒宴。"(737)此注可商。吴國泰《史記解詁》:"帳者,'張'之借,〔帳具〕謂張設食具也。"本篇下文"早帳具"的"帳",《漢書》卷五十二《竇田灌韓傳》即作"張"。"張"訓"張設"。如《漢書》卷三十四《英布傳》:"張御食飲從官。"顔師古注:"張,音竹亮反,若今言'張設'。"《史記》中"帳具"跟"治具"(見本篇)、"爲具"(見卷一百十七《司馬相如列傳》)、"修具"和"共具"(並見卷五

---

① 玄應《一切經音義》卷十三"挻七"條引《淮南子〔•精神〕》許慎注:"挻,揉也。"是此義之"揉"古已有之。
② "摶"和"挻"上古音同屬定母元部,音近義通,當是同源詞。《周禮•考工記》:"摶埴之工二。"《釋文》:"李音團。""摶埴"即"挻埴"。阮元《周禮注疏校勘記》卷三十九以"摶"爲"摶"之誤,未必。
③ 例如《詩•魏風•碩鼠》:"爰得我所。"《孟子•萬章上》:"得其所哉!"
④ 《戰國策補釋》卷三,第54—55頁。

十一《荆燕世家》》義近,都是述賓結構。此處注文宜酌采吳説,作"帳,通'張',設置,備辦。具,肴饌,酒席。"又如《史記·淮陰侯列傳》:"常山王背項王,奉項嬰頭而竄,逃歸於漢王。"(715)注:"項嬰,項王派往常山國的使臣。"(717)以項嬰爲人名,出於臆測。《漢書·蒯通傳》:"常山王奉頭鼠竄,以歸漢王。""奉頭"即爲"奉項嬰頭"(吳國泰謂當作"奉頭嬰項")的簡略説法①。"嬰"義爲"(用雙手)環繞",與"奉"互文。

此外,本書注釋中還有其他一些值得商榷的問題。其中有關於語法的。例如《左傳·成公二年》:"自始合,而矢貫余手及肘。"(31)注:"箭射進我的手,一直穿到肘。"(32)一支箭由手穿到肘,似乎不合事理。《史記》卷三十二《齊太公世家》記同一事,作"我始入,再傷。"可見解張當時是兩度中箭。"及肘"的"及"應是連詞而不是動詞。注文宜作"箭射穿了我的手和肘。"又如《史記·魏其武安侯列傳》:"梁孝王朝,因昆弟燕飲。"(724)注:"這是説梁孝王以兄弟身份參加宴飲。"(725)此注誤解"因"字詞性。"因"可訓"以",但"以……身份"義的"以"不可説成"因"。即如本篇"魏其武安由此以侯家居"(730)就不可説成"魏其武安由此因侯家居"。"因昆弟燕飲"的"因"不是介詞而是連詞,義爲"於是"②。"昆弟"(哥哥和弟弟)是分句的主語,不是介詞的賓語。有關於構詞法的。例如《戰國策·趙策三》:"彼又將使其子女讒妾爲諸侯妃姬。"注:"子女,這裏專指女。"(123)古代漢語"子"統指男女。這個"子女"就是《漢書》卷六十九《趙充國傳》"設以子女、貂裘"、《後漢書》卷八十四《楊震傳》"〔王聖〕子女伯榮出入宮掖"的"子女",義爲"女孩子",在構詞法上跟《漢書》卷五十四《李廣蘇建傳》"〔蘇〕武子男元與〔上官〕安有謀"、卷五十八《卜式傳》"臣願與子

---

① 松平康國譯"奉項嬰頭"爲"首をかかへこ"(抱着脖梗子/腦袋),見《史記國字解》,東京,1919年,第201頁;德範克(John DeFrancis)譯爲"with his head between his hands",見"Biography of the Marquis of Huai-yin",*Harvard Journal of Asiatic Studies*,Vol. 10,No. 2,1947,p. 205。理解不誤。
② 比較《漢書》卷五十二《竇田灌韓傳》:"因燕昆弟飲。""因"也是連詞。

男……請行"、《東觀漢記》(吳樹平輯校本)卷七《彭城靖王恭》"恭子男丁前妻物故"、《後漢書》卷七十五《周榮傳》"除子男興爲郎中"、卷八十六《南蠻西南夷傳》:"其先有婦人名沙壹……産子男十人"的"子男"相同,都是"大名冠小名"①,而不是"偏義複詞"。正如"子男"不宜注爲"專指男","子女"也不宜注爲"專指女"。又如《論語·先進》:"可使足民。"(186)注:"足民,即使民富足。"若如此注,則"可使足民"成了"可使使民富足",顯不可通。"足民"跟《顔淵》篇的"足食,足兵"一樣,"足"指數量充足,非謂富足;"足民"猶言"足於民",即有足够的民(爲政有方就可使"庶民子來")。《子路》篇説"既庶矣……既富矣",《先進》篇這裏説的是庶而不是富。有關於詞義的。例如《孟子·梁惠王上》:"誠有百姓者。"(287)注:"的確有像百姓所説的情況。"(288)"像百姓所説的情況"不能説成"百姓者"。"者"是指别詞,義爲"這樣的人"。注文宜作"的確有百姓這樣(認爲我吝嗇)的人"。此句可以比較《論語·述而》的"得見君子者"。"君子者"義爲"君子這樣的人",而不是"像君子所V的情況"。又如《戰國策·楚策四》:"不知夫穰侯方受命乎秦王,填黽塞之内。"(113)注:"填,指布滿軍隊。"(114)這是望文生義,增字爲訓。"填"通"鎮",當訓"鎮守"。如《史記》卷五十一《荆燕世家》"填江淮之間",《漢書》卷三十五《荆燕吴傳》"填"作"鎮";《漢書》卷一下《高帝紀》"填國家,撫百姓",《史記》卷八《高祖本紀》"填"作"鎮";《漢書》卷三十四《韓信傳》"不爲假王以填之",《史記》卷九十二《淮陰侯列傳》"填"作"鎮"。並可爲證。又如司馬遷《報任安書》:"恭儉下人。"(905)注:"恭儉,是偏義複詞,着重在恭。"(907)注者似乎是把"儉"理解爲"儉省"義,故有此説。其實這個"儉"義爲"檢束"即"不敢放侈之意"(見段玉裁《説文解字注》八上人部"儉"字條),"恭儉"就是《論語·學而》"夫子温良恭儉讓以得之"的"恭儉"。"恭""儉"各表一義而二義並重,並非偏義複詞。又如庾信《哀江南賦序》:"鋤櫌棘

---

① 參看俞樾《古書疑義舉例》卷三"以大名冠小名例"。

矜者,因利乘便。"(1164)注:"棘矜,即戟柄。"(1165)"棘"就指棘木,不當讀爲"戟"。《方言》卷九:"矜謂之杖。"棘矜即棘木杖①。《淮南子·兵略》:"伐棘棗而爲矜。"可爲參證。又如《文心雕龍·情采》:"蓋風雅之興,志思蓄憤,而吟咏情性,以諷其上。"(1136)注:"風雅,這裏指全部《詩經》。"(1137)"志思蓄憤"云云只適用於《詩經》裏的"國風"和"小雅",特別是其中的所謂"變風""變雅",這在《詩大序》裏是講得明明白白的:"變風變雅作矣,……吟咏情性,以風其上。"說劉勰這裏所用的"風雅"指全部《詩經》,顯然不妥。又如王勃《滕王閣序》:"望長安於日下,指吳會於雲間。"注:"日下,指京都。雲間,地名,古屬吳郡。"(1174)若如此注,原文就成了"望長安於京都,……"顯然不詞。"日下"、"雲間"應當照字面講成"太陽底下"、"雲氣中間",儘管這只是想象之辭。又如同篇:"窮且益堅,不墜青雲之志。"(1174)注:"青雲,比喻有德行,有聲望。《史記·伯夷列傳》:'閭巷之士,欲砥行立名者,非附青雲之士,惡能施於後世哉!'"(1176)"青雲之士"的"青雲"是比喻有很高的德行、聲望,"青雲之志"的"青雲"却不是;"有德行、有聲望之士"可通,"有德行、有聲望之志"却不可通。注文宜作"青雲,比喻高遠。青雲之志,指高遠的志向"。又如柳宗元《答韋中立論師道書》:"不意吾子……乃幸見取。"注:"見取,被〔你〕取法。"(1029)"見取"的主語是"吾子"。若如此注,原文豈不成了"不意您……乃幸被您取法"。本篇下文"吾子……直見愛甚"(1032)與此句句法相同。"見愛"猶言"愛我","見取"亦猶言"取我"。在本書選文中,《陳情表》"慈父見背"、《哀江南賦序》"受連城而見欺"、《進學解》"宰臣不見斥"的"見"也都是這個"見"。有關於文意的。例如《莊子·逍遥遊》:"野馬也,塵埃也,生物之以息相吹也。"(376)注:"大小之差雖然懸殊,但都是純任自然而動。"(378)此注不符合莊子原意。莊子這裏的意思不是說這些事物無論大小都是純任自然而動,而是說大至鯤鵬,小至塵埃,它們的運動全都是

---

① 參看《讀書雜志·漢書八》"棘矜"條。

"有所待"而然。注文宜作"大小之差雖然懸殊,但都是要有所憑藉才能運動"。又如韓愈《山石》詩:"安得至老不更歸!"注:"歸……指歸隱。"(1429)"安得至老不更歸隱",顯然不合詩意。"歸"指(從山中)歸家,不指歸隱。有關於文字考訂及文獻知識的。例如《漢書》卷六十八《霍光傳》:"禮曰:'爲人後者,爲之子也。'"(769)注:"見於《公羊傳·成公十五年》,'之'作'其'。"(722)其實《公羊傳》原文正作"爲人後者,爲之子也"。注者説"之"作"其",不知何據。又如韓愈《送孟東野序》:"周公鳴周。"(1013)注:"指周公曾作《大誥》《嘉禾》《康誥》等文,今僞古文《尚書》有《大誥》《康誥》等。"(1014)《尚書》中的《大誥》《康誥》,自來學者公認爲真今文,不知注者何以屬之僞古文。如果説"今僞古文《尚書》"是指的今本《尚書》全書,則其中既有僞古文,也有真今文,如此稱謂顯然不當。有關於引證的。例如李清照《永遇樂》詞:"如今憔悴,風鬟霧鬢,怕見夜間出去。"注引蘇軾《題毛女真》詩:"風鬟霧鬢木葉衣。"(1561)蘇詩爲七絶,頭兩句是"霧鬢風鬟木葉衣,山川良是昔人非。"此注引文錯誤,詩句就平仄不調了。有關於年代的①。例如《史記·魏其武安侯列傳》:"〔元光〕五年十月……十二月晦……其春……"(744)注:"〔其春〕元光四年的春天。"(745)在前的事發生在元光五年的十月和十二月,在後的事反倒發生在元光四年的春天。初學讀了這條注釋,一定會迷惑不解。其實,如以本傳原文"五年十月"爲準,則"其春"應注爲"元光五年的春天";如以本書注文"元光四年的春天"爲準,則原文"五年"應加注:"據《漢書·武帝紀》,事在元光四年。"這才不至於自相牴牾。還有關於科學知識的。例如《詩·豳風·七月》:"六月食鬱及薁。"注:"薁,一種野葡萄。"(494)此爲一説②。但也有果樹

---

① "題解"中也有年代錯誤。例如説《左傳》的"訖年比《春秋》晚28年,即止於公元前453年"(7)。28年當爲13年(依公、穀二家《春秋》經)或11年(依左氏《春秋》經),453年當爲468年。

② 【補】參看繆啓愉《齊民要術校釋》,農業出版社,1982年,第593頁。

專家認爲,《豳風》的"薁"是所謂"棣屬",爲郁李或李之品種①,並非野葡萄。

本書注釋以求詳爲原則(見《凡例》和《編後記》)。按照這個原則,選文的注釋看來還大有增補的餘地。其中有應增詞目的。例如《荀子·勸學》:"順風而呼,聲非加疾也,而聞者彰。"(397)"疾"字無注,初學容易誤解爲"疾速,迅速",以致文義難通。《爾雅·釋言》:"疾,壯也。"又《釋詁》:"壯,人也。"《山海經·大荒西經》:"疾呼無響。""疾呼"猶言"大呼"。《荀子》此文宜增注:"疾,大。"又如《史記·淮陰侯列傳》:"亦已罷極。"(704)又:"百姓罷極怨望。"(714)柳宗元《永州韋使君新堂記》:"疲極人力。"(1042)本書於"極"字均未出注。初學不知此"極"字古義,容易把並列結構"罷(疲)極"當作述補結構,產生誤解。並宜增注②。有應補注文的。這可以分爲幾點來談。

(1) 關乎詞句解析的。例如《論語·先進》:"則何以哉?"(185)注:"等於說:你們打算做些什麼事情呢?"(186)注文跟原文距離太大。爲使讀者對原文字詞瞭解得較爲落實,最好是先直解,後達旨,注爲"就怎麼辦(或怎麼樣)呢? 等於說……"又如《史記·淮陰侯列傳》:"無所事信。"注:"無所事,等於說用不著。"(699)注文似嫌籠統,爲了幫助讀者確切理解原文的詞義和句法,宜補充爲"事,用③。無所事信,沒有用韓信的地方,即用不著韓信"。

(2) 關乎文字通假的。例如《左傳·隱公元年》:"若闕地及泉。"注:"闕,挖。"(12)"闕"字本無"挖"義,注文可補"闕,通'掘'④。"又如《韓非子·五蠹》:"聚沸糜之財。"(414)注."沸糜(當

---

① 辛樹幟《中國果樹歷史的研究》,農業出版社,1962年,第24—25頁。
② 參看郭在貽《〈古代漢語〉文選部分若干注釋的商榷》,《中學語文教學》1980年第7期。
③ 上古漢語"事"有"用"義。例如《商君書·算地》:"故事《詩》《書》談說之士,則民遊而輕其君;事處士,則民遠而非其上;事勇士,則民競而輕其禁。"《韓非子·亡徵》:"境內之傑不事,而求封外之士。"
④ 《釋文》:"闕,其月反,音同'掘'。"

作'靡'),奢侈揮霍。"(415)注文可補"沸,通'費'①。"
　　(3)關乎古代辭例的。例如柳宗元《段太尉逸事狀》:"公誠以都虞候命某者。"(1035)注:"某,段秀實自稱。"(1037)注文還應當説明這一類"某"是撰文者或記言者所用的某人自稱其名的代替字(這裏就是段秀實口中"秀實"二字的代替字),並非其人當時自稱爲"某"。這一點初學極易誤會,故宜注明。
　　(4)關乎引證的。例如庾信《哀江南賦序》:"鍾儀君子,入就南冠之囚。"(1161)注引《左傳·成公七年》范文子語:"楚囚,君子也。"(1163)范文子的話必須引全:"楚囚,君子也。言稱先職,不背本也;樂操土風,不忘舊也。"這才看得出來庾信運用這個典故還含有表白自己不背本、不忘舊的心迹的意思。又如王勃《滕王閣序》:"鍾期既遇,奏流水以何慚?"(1177)注:"鍾期,即鍾子期,春秋時楚人。見本册901頁注[14]。"兩處注文都未涉及"流水"。此處當引《吕氏春秋·本味》:"伯牙鼓琴,鍾子期聽之。方鼓琴而志在太山,鍾子期又曰:'善哉乎鼓琴,巍巍乎若太山。'少選之間而志在流水,鍾子期曰:'善哉乎鼓琴,湯湯乎若流水。'"(《韓詩外傳》卷九、《説苑·尊賢》、《列子·湯問》並襲此②。)這樣原文用典之意始明。
　　(5)關乎名物的。例如《詩·周南·關雎》:"關關雎鳩。"(468)注:"雎鳩,一種水鳥。"(469)宜依據《禽經》、邵晉涵《爾雅正義·釋鳥》等書注明"雎鳩"即魚鷹。古籍中草木鳥獸蟲魚之名最好是注出現在通行的俗名,以便讀者聯繫生活實際,獲得感性認識。"一種鳥""鳥名"式的注釋對讀者並無多少幫助,甚至是多餘的。又如《漢書·霍光傳》:"太后被珠襦。"(769)注:"襦,短衣,短襖。"(770)釋"襦"不及"珠",而"珠襦"又有異解。顔注:"如淳曰:'以珠飾襦也。'晉灼曰:'貫珠以爲襦……'師古曰:'晉説是也。'"

---

① 比較《荀子·君道》:"故天子諸侯無靡費之用。"《淮南子·齊俗》:"於是百姓糜費豪亂,暮行逐利。""沸(費)靡"猶"靡(糜)費"。
② 《列子》當是晉人作品。參看 Hiän-lin Dschi(季羨林):"*Lieh-tzŭ* and Buddhist Sūtras", *Studia Serica*, Vol. 9, pt. 1, 1950, pp. 18-32。

證以出土文物①,晉、顏説是。注文宜補"珠襦,用珠子串綴而成的一種短褂兒"。

（6）關乎古代制度的。例如《左傳‧宣公二年》："過三爵,非禮也。"注："爵,古代飲酒器。"(28)這裏涉及當時禮制,單注"爵"爲"飲酒器",不惟意義未明,而且有欠準確,宜據《詩‧小雅‧賓之初筵》鄭玄箋"三爵者,獻也,酬也,酢也",注明"三爵"的涵義。又如《漢書‧霍光傳》："光兩女婿爲東西宮衛尉。"(779)注："范爲未央宮衛尉,鄧爲長樂宮衛尉。"(780)這裏至少應當在"未央宮"後加括注"西宮","長樂宮"後加"東宮",否則初學讀了注釋仍然不知道哪是東宮,哪是西宮,或者竟依注文先後次第誤以東宮爲未央宮,西宮爲長樂宮。

關於注釋的行文用語,也頗有可以商酌之處。約舉三點如次。

（1）依本書《凡例》十一,注文應當儘量使用跟原文語法結構相同或相近的現代漢語。但實際上這個原則並未充分貫徹。例如《左傳‧僖公五年》："勳在王室。"注："在王室有功勳。"(17)注文和原文句法不符,容易讓初學誤以爲"勳"用如動詞而"在"是介詞。又如《宣公二年》："善莫大焉。"(25)注："沒有任何善事比這個更大的了。"(27)注文和原文句法不符。最好是扣緊原文,字字落實,注爲："善,指善事。莫,沒有……的。焉,於是（於此）。善莫大焉,善事沒有比這個更大的了。"又如《論語‧學而》："就有道而正焉。"注："在學業上有弄不清楚的地方,向有道德的人請教,以正定其是非。"(178)這種脫離原文的達旨式注釋對初學掌握古代漢語的虛詞和句法幫助不大。此句可以注爲"接近有才學的人並向他正定是非",既緊扣原文,也較爲簡明。又如《韓非子‧五蠹》："事成則以權長重。"(412)注："長重,……得到長期重用。"(413)"長重"是動詞性詞組,義爲"長久（或長期）被重用",不宜增加"得到"二字,變更其句法。又如《楚辭‧九歌‧山鬼》："執華

---

① 參看劉銘恕《試説近年出土的兩組珠子》,《考古通訊》1956年第6期,第93頁。

予?"注:"能有誰使我年輕呢?"(558)原文"主—述—賓"語序不宜加以改變,注中"能有誰"當作"誰能"。

(2) 注中常有贅文冗語,宜從删汰。例如《左傳·隱公元年》:"厚將得衆。"(9)注:"衆,百姓,這裏指民心。"(10)"衆"是指作爲勞動力和兵源的民衆,不指民心。"這裏指民心"一語實爲贅文。又如《襄公三十一年》:"然猶防川。"(40)注:"但是就像堵大川一樣。川,河流。"(41)原文只説"川",無須添加"大"字。全注宜作"但是就像堵河流一樣"。寓詞訓於串講之中,較爲簡捷。又如《史記·淮陰侯列傳》:"諸將行道亡者數十人。"注:"行,等,輩。"(699)"行"可訓"輩",不可訓"等"。如《漢書》卷八十一《孔光傳》:"定陶王……於帝子行。"又卷九十四上《匈奴傳上》:"漢天子,我丈人行。""子行"、"丈人行"就是"子輩"、"丈人輩",不是"子等"、"丈人等"。注中"等"字實爲蛇足。又如李密《陳情表》:"州司臨門。"(922)注:"州司,等於説州官衙門。"(923)"臨門"的顯然只能是州官而不是州官衙門,注中"衙門"二字宜删。

(3) 注中用字時有歧異,宜加劃一。例如《孟子·梁惠王上》:"則無望民之多於鄰國也。"又:"無失其時。"(284)注中説前一個"無"通"勿",後一個"無"通"毋",而依本書《通論(九)》的説法(262—263),"勿"和"毋"是有區别的。現在分别爲注,就會引起讀者的疑惑。注文應統一爲"同'毋'"①。

最後,在注釋的體例上也存在一些罅漏,有待補苴。如:

(1) 依《凡例》五,注中采用跟一般解釋不一樣的説法,應注明"依某人説"。但實際上常有依例當注而失注的。例如《戰國策·趙策四》:"太后盛氣而揖之。"注:"揖,當是'胥'字傳寫之誤。'胥'通'須',等待。"(125)應説明"依吴師道、王念孫説"。《孟子·梁惠王上》:"狗彘食人食而不知檢。"(284)注:"檢,通'斂',收積,儲藏。"(285)應説明"依羅大經、錢大昕説"。又《公孫丑上》:"而子爲我願之乎?"(297)注:"爲,通'謂',以爲。"(298)應説

---

① 參看吕叔湘《論毋與勿》,《漢語語法論文集》第12—35頁。

明"依王念孫說"。還常有數典而忘祖的。例如《左傳·僖公四年》:"唯是風馬牛不相及也。"(13)注:"馬牛牝牡相誘也不相及(依孔穎達說)。"(14)此爲賈逵、服虔舊注之說。又《宣公二年》:"舍于翳桑。"(28)注:"翳桑,地名(依王引之說)。"(29)江永《春秋地理考實》先有此說①。《論語·爲政》:"思而不學則殆。"注:"殆,疑惑(從王引之說,見《經義述聞·通說上》)。"(178)王念孫《讀書雜志·史記五》"疑殆"條已有此說。《莊子·逍遙遊》:"未數數然也。"(380)注:"數數,等於說'汲汲'(依成玄英說)。"(381)司馬彪《莊子注》早有此說。又《養生主》:"善刀而藏之。"(385)注:"善,等於說'拭'(依《經典釋文》)。"(387)郭象《莊子注》早有此說。《楚辭·離騷》解題:"'離騷'即罹憂,亦即遭到憂愁的意思(依班固說,見《離騷贊序》)。"(549)司馬遷《史記·屈原賈生列傳》先有此說。《離騷》:"恐皇輿之敗績。"(551)注:"敗績,車覆(依戴震說)。"(552)王夫之《楚辭通釋》已有此說。《史記·魏其武安侯列傳》:"跪起如子姪。"注:"姪,當依《漢書》作'姓'。子姓,等於說子孫(參用王引之說,見《讀書雜志》)。"(728)吳仁傑《兩漢刊誤補遺》、姚範《援鶉堂筆記》已有此說。又:"生貴甚。"(731)注:"生出來就很顯貴(參用王先謙說,見《漢書補注》)。"(732)司馬貞《史記索隱》已作此解。(司馬貞用"尊貴",較"顯貴"爲妥。)《漢書·藝文志》:"墨家者流,蓋出於清廟之守。"注:"'守'字是'官'字之誤(依余嘉錫說)。"(751)宋翔鳳《過庭錄》早有此說。

(2)同詞同義不在第一次出現時作注。這既不合注書通例,也不便於教學。例如第13頁"齊侯以諸侯之師侵蔡","以"字未注詞義,到第19頁"宮之奇以其族行"句下才注爲"率領"。第103頁"遣使者……往聘孟嘗君","使者"無注,到第105頁"齊王使使者問趙威后"句下才注爲"奉使命的人"。第107頁"故遂與之行,獸見之皆走","行""走"無注,到第125頁"曾不能疾走"、第126頁"已行"句下才分別注"走"爲"跑","行"爲"走"。第128頁"豈

---

① 馬宗槤《春秋左傳補注》亦主此說。

人主之子孫則必不善哉","人主"無注,到第 406 頁"而人主兼禮之"句下才注爲"指國君"。第 710 頁"即其臥內上奪其印符","臥內"無注,到第 758 頁"皆拜臥內床下"句下才注爲"臥室"。第 712 頁"發書","發"字無注,到第 759 頁"發書以從事"句下才注爲"打開"。第 738 頁"坐皆避席伏","坐"字無注,到第 739 頁"坐乃起更衣"句下才注爲"指座上的人"。第 905 頁"接殷勤之餘懽","懽"字無注,到第 1047 頁"衆賓懽也"句下才注爲"同'歡'"。第 906 頁"誰可告愬(＝訴)者","告愬"無注,到第 922 頁"則告訴不許"句下才注爲"報告、訴說"。

(3) 注釋的方式不劃一。例如注使動用法和意動用法,本書用了多種不同的方式。根據筆者的教學經驗,注使動用法一律用"甲乙,使乙甲"式,注意動用法一律用"甲乙,以乙爲甲"式,初學最容易領會、掌握;至於在不同的上下文裏要怎樣譯釋文意才更順適,學者是能夠自行斟酌的。

三、關於常用詞

本書"常用詞"部分一般説來內容是很精粹的。但是在某些語文事實的論述上仍不無可商之處,例如:

【語】在古代漢語裏……"語"字的"告訴"這一意義是"言"字所不具備的。(43)其實不然。試以《史記》爲例,如卷八《高祖本紀》:"沛公左司馬曹無傷……使人言項羽。"又卷九十二《淮陰侯列傳》:"信度何等已數言上。"又:"使人言漢王。"又卷九十九《酈生陸賈列傳》:"走復入言沛公。"又卷一百七《魏其武安侯列傳》:"將軍壯義之,恐亡夫,乃言太尉。"又卷一百二十《汲鄭列傳》:"弘爲丞相,乃言上。"又卷一百二十二《酷吏列傳》:"其所爲不先言縱,縱必以氣凌之。"其中的"言"字就都是"告訴"的意義。

【假】在上古漢語中……"假道於虞"不能説"借道於虞"。(420)其實不然。如《春秋穀梁傳·僖公二年》:"君何不以屈産之乘、垂棘之璧而借道乎虞也?"説的正是"借道"。

【期】一周年。……也稱"期月"。(436)應當指出一周月(即一個月)也稱"期月",以免初學知其一不知其二而產生誤解。如《禮記·中庸》:"擇乎中庸而不能期月守也。"(參孔穎達疏)《太平廣記》卷一百八十三"崔昭矩"條引王定保《唐摭言》:"脫白期月,無疾而卒。"

【略】在上古時代……通常表示"稍微"的意義的就只有一個"略"字。(811)實際上還有一個更通常更典型的"少"字。用例習見,無煩引列。

【書】圖書(漢以後的意義)。(823)"書"的"圖畫"義漢以前就有。如《儀禮·鄉射禮》:"大夫布侯,畫以虎豹;士布侯,畫以鹿豕。"《莊子·田子方》:"宋元君將畫圖,眾史皆至。"又:"可矣!是真畫者也。"《韓非子·外儲說左上》:"客有爲齊王畫者,齊王問曰:'畫孰最難者?'"

【涕】上古沒有"淚"字,凡"淚"的意義都說成"涕"。(1095)事實上"淚"的意義上古還常常說成"泣"。如《呂氏春秋·長見》:"吳起抿泣而應之。"又《觀表》:"吳起雪泣而應之。"《韓非子·和氏》:"泣盡而繼之以血。"東方朔《非有先生論》:"於是吳王穆然,俛而深惟,仰而泣下交頤。"《史記》卷九《呂太后本紀》:"太后哭,泣不下。"《漢書》卷九十七上《外戚傳上》:"太后發喪,哭而泣不下。"《楚辭》劉向《九嘆·憂苦》:"泣下漣漣。"《文選》卷十六江淹《恨賦》李善注引《尸子》:"曾子每讀喪禮,泣下沾衿。"王充《論衡·明雩》:"鬼谷先生泣下沾襟。"又:"夫泣不可請而出,雨安可求而得?"

在例證的選擇和解釋上也有未盡妥善之處。例如:

【道】引導。《左傳·襄公三十一年》:"小決使道。"(235)《左傳》這個"道"是不及物動詞,訓"通",不適合作"引導"義的例證。

【幸】天子所愛或得到天子的寵愛也叫"幸"。《史記·項羽本紀》:"有美人名虞,常幸從。"又:"財物無所取,婦女無所幸。"(519)此處例證和釋義全不相應。似可改爲:君王寵愛或被君王寵愛也叫"幸"。《戰國策·楚策四》:"君王卒幸四子者不衰。"《史記·佞幸列傳》:"趙同以星氣幸。"

【目】用如動詞時表示注視或以目示意。《國語·周語上》:"國人莫敢言,道路以目。"(592)《國語》這個"目"是名詞,作動詞"以"的賓語,並非用如動詞。

【案】官府的文書,案卷。嵇康《與山巨源絕交書》:"堆案盈几。"(822)嵇文"而人間多事①,堆案盈几(一作"机")"的"堆案"當指"(文書)堆積於几案"。《文選》五臣呂延濟注:"机亦案也。""几""案"同義互文。"堆案盈几"的"堆案"猶如李諤《上隋文帝書》(《隋書》卷六十六本傳)"連篇累牘,不出月露之形;積案盈箱,唯是風雲之狀"的"積案",也就是段成式《酉陽雜俎》續集卷二:"蔣見堆案繞壁皆涅楮朱書"、劉禹錫《題竇員外新居》詩"莫言堆案無餘地"的"堆案"。"案"不指"文書、案卷"。大約南北朝以後才有把"案"用爲"文書、案卷"義的。如顏之推《顏氏家訓·風操》:"郡縣民庶競修箋書,朝夕輻輳,几案盈積。"②《魏書》卷八十五《邢昕傳》:"既有才藻,兼長几案。"《北史》卷四十三同。劉知幾《史通·忤時》:"府無堆案。"杜甫詩題:"早秋苦熱,堆案相仍。"

【戒】戒除,革除不良的習慣。《論語·季氏》:"少之時,血氣未定,戒之在色。""戒"又用如名詞。《論語·季氏》:"君子有三戒。"(1065)《論語》這兩個"戒"都是"警戒"義,不是"戒除"義。

【彌】滿。《楚辭·離騷》:"芳菲菲其彌章。"(1081)據王逸《楚辭章句》、《文選》五臣劉良注、朱熹《楚辭集注》,這個"彌"是"愈,更加"的意思,並不訓"滿"。可改引本書入選的姜夔《揚州慢·序》:"夜雪初霽,薺麥彌望。"

【覈】謹嚴。《後漢書·第五倫傳》:"峭覈爲方。"(1196)原文全句爲"第五倫峭覈爲方,非夫愷悌之士。""覈"是貶義的"苛察,苛刻",不是褒義的"謹嚴"。

---

① 【補】魏晉南北朝時代"事"有"文書"一義。參看周一良《魏晉南北朝史札記》,中華書局,1985年,第456—460頁。
② 【補】參看王利器《顏氏家訓集解》(增補本),中華書局,1993年,第61、64頁。

【輸】繳納。杜甫《今夕行》："家無儋石輸百萬。"(1323)杜詩上下文爲"咸陽客舍一事無,相與博塞爲歡娛。……君莫笑劉毅從來布衣願,家無儋石輸百萬。""輸"是"輸贏"的"輸"①,不是"輸租(稅)"的"輸",不宜釋爲"繳納"。

【和】又指與樂器相和。蘇軾《前赤壁賦》："倚歌而和之。"宋玉《對楚王問》："國中屬而和者數千人。"(1336)《前赤壁賦》："客有吹洞簫者,倚歌而和之。""和"指樂器按着歌的曲調伴奏。《對楚王問》："有歌於郢中者,……國中屬而和者數千人。""和"指和者歌聲唱。兩例中的"和"都不是"與樂器相和"的意思。

【棧】棚車。《詩經·小雅·何草不黃》："有棧之車,行彼周道。"(1490)《何草不黃》："有芃者狐,率彼幽草;有棧之車,行彼周道。"上下二句相對成文。"棧"和"芃"都是形容詞②。"棧"通"嶘",義爲"高貌",不是"棚車"。若如本書所釋,"有棧之車"就成了"有棚車之車",顯然不詞。

【志】"得志"二字連用……特指仕宦,得高位。《莊子·繕性》："今之所謂得志者,軒冕之謂也。"(1094)《莊子》上下文爲"古之所謂得志者,非軒冕之謂也;……今之所謂得志者,軒冕之謂也"。後一"得志"和前一"得志"必須同訓爲"得遂志願",否則前後兩句話就連貫不起來;即使僅就後一句孤立而論,"得志"也不得如本書所釋,否則句意就成了"今之所謂仕宦(或得高位)者,軒冕之謂也",顯不可通。

【面】面向,面對着。《論語·雍也》："雍也可使南面。"(古代君主面向南而坐,這是說仲弓的道德足可以爲君。)(590)"君子思不出其位。"(《論語·憲問》)孔子不可能說仲弓可以當君主這樣僭越的話。括注宜作:古代君主和臨民之官面向南而坐,這是說

---

① 六朝時代"輸"已有此義。例如《世說新語·任誕》："桓宣武少家貧,戲大輸,債主敦求甚切。"《南齊書》卷三十三《王僧虔傳》載僧虔《誡子書》："談故如射,前人得破,後人應解,不解即輸賭矣。"
② 有的學者認爲"有"是形容詞詞頭。

仲弓按他的德行來說足可以做臨民之官①。

【以】用。《論語·爲政》："視其所以。"又《先進》："如或知爾，則何以哉？"(1074)這兩個例句很難懂，"以"又都是抽象義，不如改用本書"文選"中的《論語·憲問》："桓公九合諸侯，不以兵車。"

按照《凡例》二十二，常用詞各個義項的例證應儘量從本書"文選"中采取。但事實上這個原則並未充分貫徹。例如：

【享】鬼神享受祭品。引《孝經·孝治》。(53)當引《左傳·僖公五年》："神不享矣。"

【餓】挨餓。引《孟子·公孫丑上》。(146)當引《左傳·宣公二年》："宣子田於首山，舍于翳桑，見靈輒餓。"

【義】意義，意思。引《論衡·自紀》、《世說新語·文學》。(235)當引《文心雕龍·鎔裁》："善敷者辭殊而義顯。"

【明】用如副詞，表示"明白地"。引《孟子·公孫丑下》。(440)當引《戰國策·趙策四》："太后明謂左右。"

【遣】派遣，差使，打發。引《史記·項羽本紀》。(788)當引《戰國策·齊策四》："於是梁王……遣使者，黃金千斤、車百乘，往聘孟嘗君。"

【陽】日光。引《詩經·小雅·湛露》。(814)當引《孟子·滕文公上》："秋陽以暴之。"

【諂】巴結，奉承。引《論語·學而》、《八佾》。(925)當引《左傳·襄公三年》："稱其讎，不爲諂。"

此外，"常用詞"中有不少說解缺少相應的例證，也應適當補充。例如：

【姑】公婆並稱時……也稱"姑嫜"。(64)可引杜甫《新婚別》："妾身未分明，何以拜姑嫜？"

【化】變是改變，變換；化是由某一物轉化爲另一物。(1068)可引《楚辭·離騷》："蘭芷變而不芳兮，荃蕙化而爲茅。"

【惡】跟"美"相對。(227)可引鄒陽《獄中上梁王書》："故女無

---

① 參看《經義述聞》卷三十一—"通說上""南面"條。

美惡,入宮見妒。"

【勸】與"沮"相對。(416)可引《墨子·非命中》:"明賞罰以勸沮。"又《尚賢下》:"使國爲善者勸,爲暴者沮。"《莊子·逍遥遊》:"且擧世而譽之而不加勸,擧世而非之而不加沮。"

【窮】跟"通"相對。(428)可引《莊子·讓王》:"古之得道者,窮亦樂,通亦樂。"《荀子·榮辱》:"通者常制人,窮者常制於人。"

【與】跟"取"相對。(803)可引《孟子·萬章上》:"非其義也,非其道也,一介不以與人,一介不以取諸人。"

【歲】在表示年齡的時候,"年"字多放在數目字的前面,……"歲"字則放在數目字的後面。(340)可引《漢書·霍光傳》:"時年十餘歲。"

此外,在引文的節取上也間有失當之處。例如:杜甫《無家別》:"雖從本州役,内顧無所携。近行止一身,遠去終轉迷。"本書"常用詞"【止】字條引作"内顧無所携,近行止一身。"顯然未當①。

四、關於通論

本書"通論"中的論述一般說來是謹嚴、周密的。但是也有不够精確、完善之處。例如"通論(一)"說:《經籍籑詁》"是一部專門收集唐代以前各種古書注解的字典","對我們閱讀唐以前的古書很有幫助。"(76)此說似欠準確。第一,《籑詁》所收集的古書注解不只是唐代以前的,也有不少唐代的,以及個別唐代以後的(如宋孫奭《孟子音義》)。第二,此書不僅收集古書注解,也

---

① 漢語史論著引用詩句,時有類似情況,故舉以爲例。如杜甫《遭田父泥飲美嚴中丞》:"回頭指大男,渠是弓弩手。名在飛騎籍,長番歲時久。"呂叔湘先生撰"The Third Person Pronouns and Related Matters in Classical and Modern Chinese"(《華西協合大學中國文化研究所集刊》第 1 卷第 3 號,1940 年)引作"渠是弓弩手,名在飛騎籍"。杜甫《韋諷錄事宅觀賞將軍畫馬圖》:"霜蹄蹴踏長楸間,馬官廝養森成列。可憐九馬爭神駿,顧視清高氣深穩。"王力先生著《漢語史稿》下册(中華書局,1980 年)引作"馬官廝養森成列,可憐九馬爭神駿"(第 560 頁)。

收集小學專書(如《爾雅》、《方言》、《説文》等)中的訓詁。第三，此書不僅對閲讀唐以前的古書很有幫助，而且對閲讀唐以後歷代文言文著作同樣很有幫助，因爲這些著作基本上還是沿用的古詞古義。又如"通論(十七)"介紹古書注解常用的術語(608—611)①，簡明扼要，但不够完備。比如説"當爲(當作)"、"斥"和"言"這幾個很常見的術語就應當補入。試擬如下，以供讀者采擇：(1)"當爲(當作)"是用來明白地糾正誤字。其中由於字形相似而致誤的，就説明是"字之誤"；由於字音相同或相近而致誤的，就説明是"聲之誤"。前者例如《禮記·緇衣》："唯君子能好其正，小人毒其正。"鄭玄注："'正'當爲'匹'，字之誤也。"後者例如《禮記·檀弓下》："人喜則斯陶，陶斯咏，咏斯猶。"鄭玄注："'猶'當爲'搖'，聲之誤也。""當爲"和"讀爲"的區別是："凡言'讀爲'者，不以爲誤；凡言'當爲'者，直斥其誤。"②(2)"斥"跟"謂"相似，是"指"的意思。例如《詩·魏風·伐檀》："彼君子兮，不素餐兮。"鄭箋："彼君子者，斥伐檀之人。"又《碩鼠》："碩鼠碩鼠，無食我黍。"鄭箋："大鼠大鼠者，斥其君也。"又《小雅·南有嘉魚》："君子有酒，嘉賓式燕以樂。"鄭箋："君子，斥時在位者也。"又《周頌·雝》："假哉皇考。"鄭箋："〔皇考，〕斥文王也。"(3)"言"相當於現代漢語"説的是"，一般用於隨文立訓，申明詞語在特定的上下文中的涵義，也用於申講句義或闡發文意。前者例如《詩·鄘風·君子偕老》："鬒髮如雲。"毛傳："如雲，言美長也。"又《大雅·韓奕》："諸娣從之，祁祁如雲。"毛傳："如雲，言衆多也。"後者例如《楚辭·九歌·山鬼》："若有人兮山之阿，被薜荔兮帶女蘿。"王逸章句："言山鬼仿佛若人，見於山之阿，被薜荔之衣，以兔絲爲帶也。"《詩·大雅·旱麓》："豈弟君子，干禄豈弟。"毛傳："言陰陽和，山藪殖，故君子得以干禄樂易。"

"通論"中的舉例一般都很恰當。但是也有可酌之處，例如

---

① 本書此節基本上采自蔣禮鴻《傳注訓詁例述略》，《中國語文》1960年第5期。
② 段玉裁《經韻樓集》卷二"周禮漢讀考序"。

"通論(四)"講清代文字學家善於説明字的本義和引申義的關係，舉段玉裁《説文解字注》"理"字條爲例(91)。其實這個例子未必合適。因爲段氏在這裏全用他老師戴震的哲學著作《孟子字義疏證》中的説法，講得有點玄妙，並不容易理解。又如"通論(十三)"講引進原因、在意義上等於現代"因爲"的"以"，舉例有《莊子·秋水》："今子欲以子之梁國而嚇我邪？"(451)實際上這個"以"不是引進原因而是表示憑藉，在意義上並不等於"因爲"。在對引例的解説上也有未妥之處。例如"通論(四)"説《荀子·非十二子》的"閉約而無解"是説解釋古書中難懂的話也正像解結(95)。其實荀子這是在批評子思、孟軻的學説，與解釋古書全然無關。又如説《辭海》"解"字條"達也"義項所引《莊子·秋水》"奭然四解"的"四解"是"四面開放"的意思，因此"達也"義項應與"開放也"義項合併(95)。其實"奭然"是"裂解貌"或"離散貌"①，"解"當訓"離散"而不訓"開放"，"達也"義項應與"離散也"義項合併才對。又如"通論(二十一)"説諡法"亂而不損曰靈"的"靈"是無道昏君的諡號，所謂"亂而不損"只是帶着隱諱的説法(967)。這似乎是把"損"字理解成了"損害"的"損"。其實這個"損"是"減殺"的意思，"亂而不損"是説其人恣爲暴虐而不稍減殺，意在彰顯其惡，而不是爲之隱諱。

五、關於音讀

關於本書注音，存在着三方面的問題。

(1) 注音有誤。例如"馮驩(xuān)"(98)，"驩"字當據《史記集解》、《史記索隱》"音'歡'"及《廣韻》"呼官切"注爲 huān，而不能因爲此人之名別本異文作"諼/煖"就音爲 xuān，異文是不一定同

---

① "奭然"即"赫然"、"謋(磔)然"。參看《經義述聞》卷二十四"春秋公羊傳""赫然"條；《莊子·養生主》"磔然已解"王先謙注；楊樹達《積微居讀書記》，中華書局，1962年，第151—152頁；何善周《〈莊子·秋水篇〉校注辨正》，《社會科學戰綫》創刊號(1978年)，第99頁[9]。

音的。又如"梌(shū)"(494),此字當依《經典釋文》"敕書反"及《廣韻》"丑居切"音 chū。又如"閼與(yù yǔ)"(704),《史記集解》引徐廣曰:"與,音'余'。"《索隱》:"閼,音'曷',又音'嫣'。與,音'余',又音'預'。"《漢書》顏注:"閼,一曷反。與,音'預'。"本書注音與諸家舊音全然不合。歸納而言,本書注音有聲母之誤,如"皲(jūn)"(959)當音 cūn;有韻母之誤,如"㧐(zhuǎi)"(664)當音 zhuǐ;有聲調之誤,如"枋(fáng)"(379)當音 fāng,"憺(dān)"(558)當音 dàn;有聲韻並誤,如"頿(sī)"(647)當音 xū;有聲韻調並誤,如"鬻(lì)"(663)當音 ěr。凡此並宜訂正,以利初學。

(2)注音待補。本書選文中有些字應當補注讀音,以便讀者由音知義。例如《左傳·隱公元年》:"若闕地及泉。"(12)"闕"字應據《釋文》"其月反"音 jué,以明其通"掘"。《論語·顏淵》:"君子敬而無失。"(189)"失"字應注音 yì,以示其通"佚"①,訓"放縱,隨便",爲"敬"的反義詞。《詩·豳風·七月》:"三之日納于凌陰。"(495)"凌"字應據《釋文》"力證反"音 lìng,以便讀者聯繫方言口語瞭解古詞古義②。

(3)異讀去取不當。第一,經籍中專有名詞的字音應以《經典釋文》等音義書爲準。例如"公叔禺(yú)人"(206)的"禺"當依《釋文》"音'遇'"注爲 yù,"汪踦(qí)"(207)的"踦"當依《釋文》"魚綺反"音 yǐ③。第二,專名(包括所謂"寓名")有取義的應依義作音。例如"長沮(jū)"(200)的"沮"取沮洳之義④,當依《廣韻》"將預切"音 jù。第三,古多音多義詞應依義作音。例如"徹其環瑱(zhèn)"(106)的"瑱"當用《廣韻》"他甸切""音'田'"二讀注爲

---

① 《國語·周語下》:"昔共工棄此道也,虞於湛樂,淫失其身。"《荀子·大略》:"君子隘窮而不失,勞倦而不苟。""失"並通"佚"。楊倞《荀子注》釋"失"爲"不失道",增字爲訓,非是。《管子·五輔》:"貧富無度則失。"王念孫云:"失,讀爲'佚',謂放佚也。古字多以'失'爲'佚'。"見《讀書雜志·管子二》"失"條。
② 現在不少方言(四川、湖北某些地區)都還管"冰"叫"凌"(去聲)或"凌冰兒"。
③ 據《經典釋文·莊子音義》和《廣韻》,"踦"字還有 jǐ(居彼反、居綺反)和 qī(去奇反)二音,但無 qí 音。汪踦的"踦"《左傳·哀公十一年》作"錡",《釋文》亦音"魚綺反"。
④ 據金履祥《論語集注考證》(卷九)之說。參看俞樾《古書疑義舉例》卷二"寓名例"。

tiàn 或 tián。第四，今音有異讀的字應據《普通話異讀詞審音總表》及其條例注音。例如"度(duò)"(289、503、699)當作 duó，"危微(wéi)"(1766)當作 wēi，"坳(ào)"(327)當作 āo，"帶累"義的"累(lèi)"(934)當作 lěi。

此外，本書説古音也間有可商之處。例如説"中古'飢''饑'讀音相同"(327)。據《廣韻》，"飢"在脂韻而"饑"在微韻。二字中古讀音並不相同。

六、關於引書

本書在引書方面疏誤頗多，約舉四端如次。

(1) 引證未得其朔。例如：江淹《别賦》"驚駟馬之仰秣，聳淵魚之赤鱗"(1279)、庾信《哀江南賦序》"必有去故之悲"(1164)、李白《夢遊天姥吟留别》"日月照耀金銀臺"(1423)，本書分别引《韓詩外傳》(卷六)、班昭《東征賦》、《漢書·郊祀志》爲注。似以引時代較早的《荀子·勸學》、宋玉《九辯》、《史記·封禪書》爲宜。

(2) 文字錯訛。其中有誤文。例如《詩·唐風·椒聊》："實大且篤。"(810)"實"當作"碩"。又《衛風·考槃》："永矢弗去！"(526)"去"當作"告/過/諼"。《戰國策·齊策四》："寡人愚陋，守齊國，唯恐夫擅之①。"(264)"擅"當作"抍"②。《孟子·盡心上》："孩提之童，莫不知愛其親者。"(1086)"莫"當作"無"。《莊子·大宗師》："利澤施於萬世。"(516)"世"當作"物"。《荀子·子道》："故勞苦彫瘁而能無失其政。"(172)"瘁"當作"萃"，"政"當作"敬"。《吕氏春秋·權勛》："達子又率其殘卒。""殘"當作"餘"③。《論衡·問孔》："案聖人之言。"(822)"人"當作"賢"。鄒

---

① "夫"一本作"失"，是。
② "抍"通"撜"，訓"墜"。例如《戰國策·楚策四》："折清風而抍矣。"參看《説文》十二上手部"抍"字條及段注。
③ 本書以此不含"殘"字的句子作爲"殘"的"殘餘，剩餘"義的書證，殊誤。

陽《獄中上吴王書》(788)"吴"當作"梁"。《漢書・賈誼傳》:"誼追傷屈原。"(172)"屈原"當作"之"。又:"猶度江河,亡舟楫。"(961)"舟"當作"維"。《三國志・孫權傳》:"二十三年〔十月〕權將入吴。"(1545)"入"當作"如"。曹操《短歌行》:"幽思難忘。"(1603)"幽"當作"憂"。陸機《歎逝賦》:"十年之内,索然已盡。"(1604)"内"當作"外"。《文心雕龍・鎔裁》:"剪裁浮辭謂之裁。"(1206)"剪裁"之"裁"(1255誤同)當作"截","辭"當作"詞"。李煜《浪淘沙》:"壯志蒿萊。"(1184)"志"當作"氣"。柳永《雨霖鈴》:"暮藹沉沉楚天闊。"(1184)"藹"當作"靄"。有倒文。例如《詩・小雅・節南山》:"昊天不弔。"(927)當作"不弔昊天。"《左傳・昭公二年》:"宿不敢封殖此樹。"(572)"不敢"當作"敢不"。《周禮・天官・冢宰》:"辨正方位。"(1204)"正方"當作"方正"。《孝經》:"孝子之親喪也。"(1135)"親喪"當作"喪親"。《史記・平原君列傳》:"乃脱穎而出。"(1347)"脱穎"當作"穎脱"。有倒文兼誤文。如《漢書・孔光傳》:"於法以説解。"(95)"以説"當作"無以"。有衍文。例如(衍文加圓括號)《戰國策・齊策四》:"乃有意欲爲(文)收責於薛(者)乎?"(130)《史記・滑稽列傳》:"(優孟)常以談笑諷諫。"(1058)《西京雜記》〔卷二〕:"(揚)雄著《太玄經》。"(1170)庾信《春賦》:"面共桃(花)而競紅。"(1199)有脱文。例如(脱文補在六角括號内)《易・益卦》:"君子〔以〕見善則遷。"(574)《周禮・春官》:"大宗伯〔之職〕掌〔建邦之〕天神、人鬼、地示之禮。"(650)《左傳・成公三年》:"晉人歸〔楚〕公子穀臣與連尹襄老之尸于楚。"(506)《荀子・性惡》:"〔故〕枸木必將待櫽栝烝矯然後直。"(798)《説文》〔三下臤部〕:"堅,〔堅〕立也①。"(96)《史記・廉頗藺相如列傳》:"廉頗爲之〔一〕飯斗米。"(1575)《漢書・藝文志》:"相反而〔皆〕相成也。"(1364)又《李廣蘇建傳》:"欲因此〔時〕降武。"(343)《後漢書・宦者蔡倫傳》:"倫〔乃〕造意用樹膚麻頭及敝布魚網爲紙。"(1135)《三國志・周瑜傳》:"瑜觀術終無所成,〔故〕求爲居

---

① 大徐本作"堅,立也",段改爲"堅立也"。

巢長。"王粲《登樓賦》："登兹樓以四望〔兮〕,聊暇日以銷憂。"(1202)謝莊《月賦》："隔千里兮〔共〕明月。"(1547)《文心雕龍·物色》："然物有恒姿,〔而〕思無定檢。"有脱文兼倒文。例如《小雅·無雨》(86)《無雨》當作《雨無正》。有脱文兼誤句讀。如曹植《求通親親表》："若葵藿之傾太陽,雖不爲之回光,然終向之者,誠也。"(1411)當作"若葵藿之傾葉,太陽雖不爲之回光,然終向之者,誠也"。

(3)篇題錯誤。例如《易·説卦上》："有大而能謙必豫。"(1200)當爲《序卦》。又《繫辭》："修辭立其誠。"(1206)當爲《乾·文言》。《詩·鄘風·柏舟》："汎彼柏舟。"(1612)當爲《邶風》。又《大雅·文王》："經始靈臺。"又:"經之營之。"(1204)當爲《靈臺》。《左傳·僖公十一年》："吾先君新邑於此。"(947)當爲"隱公"。又《僖公三十二年》："及諸河。"(1216)當爲"三十三年"。又《襄公二十八年》："臧紇斬鹿門之關以出。"(335)當爲"二十三年"。又《昭公二年》："信其鄰國。"(437)當爲"二十三年"。《禮記·喪服大記》："凡主人之出也,徒跣。"(1181)當爲《喪大記》(據今本《禮記》)。《論語·季氏》："求也退,故進之。"(443)當爲《先進》。《孟子·公孫丑上》："夫環而攻之,必有得天時者矣。"(449)又《離婁上》："君子之澤,五世而斬。"(436)"上"並當爲"下"。韓愈《進學解》："争妍而取憐。"(927)當爲《送李願歸盤谷序》。此外還有作者錯誤的。例如:蘇軾《六國論》(1063)。當爲蘇洵。蘇軾《快哉亭記》(1067、1071)。當爲蘇轍。"黄叔琳校本"(1141)。當爲黄丕烈。有誤注文爲正文的。例如《公羊傳·宣公十五年》："勞者歌其事。"(1167)語出何休《解詁》,非傳文。

(4)篇名、卷次脱漏。例如(篇、卷補在六角括號内)《爾雅〔·釋畜〕》:"犬(當作'狗')四尺爲獒。"(28)《孟子〔·梁惠王上〕》:"百畝之田,勿奪其時。"(263)《淮南子〔·人間〕》:"夫車之〔所以〕能轉千里所者,〔以〕其要在三寸〔之〕轄。"(990)《白虎通〔·嫁娶〕》:"嫁者,家也。"(974)《鶡冠子〔·環流〕》:"物極必(當作'則')反。"(1159)《方言》〔卷三〕:"荊淮海岱雜齊之間……凡民男

〔而〕婿婢謂之臧。"(913)《西京雜記》〔卷二〕:"董仲舒夢蛟龍入懷。"(1170)《古今注》〔卷上"輿服"〕:"吳大皇帝有〔……〕寶劍六。"(1170)《詩品》〔卷上〕:"晉平原相陸機。"(1179)《水經注》〔卷二十四"睢水"〕:"睢水又東南流。"(1173)《洛陽伽藍記》〔卷四"城西開善寺"〕:"而河間獻王琛最爲豪首。"(598)班婕妤〔《怨歌行》〕詩:"裁爲合歡扇。"(1289)陸雲《贈顧尚書》詩:"謙光自抑,厥輝彌(當作'愈')揚。"(794)王維〔《送別》〕詩:"日暮掩柴扉。"(659)杜甫〔《麗人行》〕詩:"白馬嚼嚙黃金勒。"(660)杜甫〔《前出塞》〕詩〔九首之六〕:"挽弓當挽強。"韓愈《元和聖德》詩:"天兵四羅。"(660)《經典釋文》〔卷十三"樂記"〕:"雷讀上至安絕句,樂音岳,〔以樂〕二字爲句。"(1117)《古書疑義舉例》〔卷五"二字誤爲一字例"〕:"'夫'字衍文也,'二人'兩字合爲'夫'〔字〕。"(617)此外還有只出篇名而失舉作者的。例如:宋孝武宣貴妃誄。(1483)初學會誤解爲宋孝武《宣貴妃誄》,應作謝莊《宋孝武宣貴妃誄》。還有稱引古籍文句不著出處的。例如:"吾從衆。"(523)出《論語‧子罕》。"南容三復白圭。"(433)出《論語‧先進》。"赫胥氏之時。"(436)出《莊子‧馬蹄》。"田鼠化爲鴽。"(1068)出《呂氏春秋‧季春紀》、《淮南子‧時則》、《禮記‧月令》。"芳澤無加,鉛華弗御。"(1068)出曹植《洛神賦》。"山公出何許?往至高陽池。日日(當作"日夕")倒載歸,酩酊無所知。"(1553)出《晉書》卷四十三《山簡傳》①。

七、關於內部矛盾

本書頗多自相牴牾之處,易令讀者不知所從。
(1)解釋上的牴牾。有關乎詞義的②。例如《左傳‧莊公八

---

① 這首晉時兒歌又見《世說新語‧任誕》,"出何許"作"時一醉","往至"作"徑造","夕"作"莫","酩酊"作"茗艼";又見《水經注》卷二十八"沔水","許"作"去","夕"作"暮"。
② 釋義互有出入但可並行不悖的不在此列。如《荀子‧性惡》:"故枸木必將待檃栝烝矯然後直。""烝"一釋"烤"(786),一釋"烘"(798)。《文心雕龍‧情采》:"心纏幾務。""幾務"一釋"官府中的事務"(1138),一釋"行政事務"(1220)。

年》:"豕人立而啼。""啼"一釋"啼哭"(347),一釋"叫"(1327)。
《詩·王風·君子于役》:"君子于役。""役"一釋爲"服勞役或兵
役"(482),一釋爲本書區別於"兵役"、"勞役"義的"戍守邊疆"
(1323)。《戰國策·趙策四》:"願及未塡溝壑而託之。""壑"一釋
爲"山溝"(127),一釋爲本書區別於"山溝"義的"一般的水溝"
(1088)。《莊子·養生主》:"依乎天理。""天理"一釋"組織結構"
(386),一釋"規律"(1345)。賈誼《過秦論》:"鉏櫌棘矜,非銛於鉤
戟長鎩也。""櫌"一釋"鋤柄"(218),一釋"摩平田地的一種農具"
(1165)。鄒陽《獄中上梁王書》:"豈移於浮辭哉?""移"一釋"轉
移"(890),一釋"動搖"(1189)。司馬遷《報任安書》:"顧自以爲身
殘處穢。""穢"一釋爲"指污穢可恥的地位"(901),一釋爲"用於抽
象的意義,表示醜惡"(942)。《史記·淮陰侯列傳》:"魚鱗雜遝。"
揚雄《解嘲》:"魚鱗雜襲。""雜遝"即"雜襲"。但本書以前者爲動
詞,釋爲"聚積,聚積在一起"(716);以後者爲形容詞,釋爲"紛紜
衆多的樣子,密密麻麻"(1249)。《宋書·謝靈運傳論》:"低昂互
節。""節"一釋"調節"(1128),一釋"制約"(960)。《文心雕龍·鎔
裁》:"立本有體,意或偏長。""偏"一釋"偏頗"(1141),一釋"偏於"
(939)。有關乎語法的。例如《詩·小雅·小明》:"嗟爾君
子,……靖共爾位,……介爾景福。"本書釋頭一個"爾"爲複數"你
們",後兩個"爾"爲單數"你"(397)。前後不一。《禮記·禮運》:
"以功爲己。"據注[5],"以"是介詞,後面省略賓語"之"(210)。這
就是以"功爲己"("爲己"猶言"爲己者")爲動賓結構。但注[11]
又把"以功爲己"解爲"立功作事,只是爲了自己"(210)。這就是
以"以功"爲介賓結構,"爲己"爲動賓結構。前後矛盾。《韓非
子·五蠹》:"故令尹誅而楚姦不上聞。"注:"聞,使動用法。"(407)
據本書"通論(十一)"的規定,使動用法是指"主語所代表的人物
並不施行這個動詞所表示的動作,而是使賓語所代表的人或事物
施行這個動作"(342)。"上聞"的"聞"後面既然不帶賓語,就説不
上是使動用法。又如《史記·淮陰侯列傳》"不及以聞"的"聞"
(699),"大丈夫不能自食"的"食"(697),《楚辭·卜居》"寧廉潔正

直以自清乎"的"清"(566),本書注釋都認爲是"使動用法",也與"通論"所說齟齬不合。

(2)文字上的牴牾。這主要有兩種情況。一是別本異文錯出。例如《墨子·非攻上》:"則以此人不知白黑之辯矣。"(371)"人"後一有"爲"字①(544)。賈誼《吊屈原賦》:"豈能容夫吞舟之巨魚②?"(1243)一無"夫""巨"二字(1268)。又《論積貯疏》:"安有爲天下阽危者若是而上不驚者?"③(884)一無前"者"字(807)。鄒陽《獄中上梁王書》:"今人主沈於諂諛之辭,牽於帷牆之制。"(895)一無二"於"字④(826、935、1097)。司馬遷《報任安書》:"陪外廷末議。"(903)"陪"後一有"奉"字⑤(1057、1110)。又:"而世又不與能死節者比。"⑥(909)"世"後一有"俗"字,"與能"作"能與"(960)。又:"而文采不表於後也。"⑦(911)"後"後一有"世"字(942)。王勃《滕王閣序》:"川澤紆其駭矚。"(1172)"紆"一作"盱"(1096)。一是古今字、異體字錯出。例如"通論(十三)"着重指出:上古漢語中(尤其是《左傳》中)"于"和"於"是有區別的,在《左傳》等書中"如果所介的是地名,一般用'于'不用'於'⑧"(456)。但是本書選文中《左傳·隱公元年》"遂寘姜氏於城潁"(22),《僖

---

① 孫詒讓《墨子閒詁》:"'人'下當有'爲'字。"
② 此據《文選》。《史記》無"夫""巨"二字,《漢書》無"能""夫""巨"三字。王念孫以無"巨"字爲是。見《讀書雜志·餘編下·文選》"豈能容夫吞舟之巨魚"條。
③ 此據《漢書·食貨志》。《賈子新書·無蓄》無前"者"字,"是"作"此"。
④ 《漢書》無二"於"字,《史記》、《文選》有。
⑤ 《漢書》無"奉"字,《文選》有。
⑥ 此據《漢書》。《文選》作"而世俗又不與能死節者次比。""能與"誤。
⑦ 此據《漢書》。《文選》有"世"字。
⑧ 本書論"于""於"之別大體本於高本漢(Bernhard Karlgren):"On the Authenticity and Nature of the *Tso-chuan*", Göteborgs Högskolas Årsskrift, No. 32, 1926。(陸侃如譯《左傳真偽考》,《左傳真偽考及其他》,商務印書館,1936年,第36—95頁。)其說未必可靠。【補】參看聞宥《"于""於"新論》,《中國語言學報》第2期,1985年,第44—48頁;蒲立本(Edwin G. Pulleyblank):"The Locative Particles *yu* 于, *yu* 於, and *hu* 乎", *Journal of the American Oriental Society*, Vol. 106, No. 1, 1986, pp. 1-12.

公四年》"次於陘"(48),《成公三年》"晉人歸楚公子穀臣與連尹襄老之尸於楚"(324),所介的是地名,却又全都用"於"不用"于"。又如"通論(九)"説:"無"字《莊子》大多數地方寫作"无"(266)。但是在本書中《莊子·胠篋》"天下平而无故矣"(387),"无"又作"無"(447);又"法之所无用也"(390),"无"又作"無"(366);《徐无鬼》"吾无以爲質矣"(393),"无"又作"無"(452)。令初學不清楚《莊子》原書究竟用的哪個字。

　　此外,在古書標點上本書自相牴牾之處也不少。同一文句在不同的地方出現往往就有不同的標點法。事涉瑣屑,無煩羅列,姑舉二例,以見一斑。王勃《滕王閣序》的"奉宣室以何年"在三處出現,標點分別爲:奉宣室以何年。(1226)奉宣室以何年?(1174)奉宣室以何年!(1060)《論語·爲政》的"曰思無邪"在四處出現,標點分別爲:曰思無邪。(130)曰:思無邪。(42)曰"思無邪"。(317)曰:"思無邪。"(1613)

上古漢語有送氣流音聲母説[*]

漢字不規則諧聲現象中有一種情形是某些鼻音和邊音聲母字跟清喉擦音聲母(曉母)字 h-或 x-通諧。例如：
1. m-～h-　如：每～悔
2. n-～h-　如：難～漢[①]
3. ɳ-～h-　如：兒～鬩[②]
4. ŋ-～h-　如：虐～獻
5. l-～h-　如：樂～爍

其中最突出的 m-～h-的現象早就引起了漢語音韻學家的注意和討論。高本漢(Bernhard Karlgren)把一些跟明母相諧的曉母字的上古聲母構擬爲"擦音＋流音"式的複輔音 xm-[③]。別的歐美漢學家，如西門華德（Walter Simon）[④]、卜弼德（Peter A. Boodberg）[⑤]，也持同樣的看法。

李方桂在早年的研究中就接觸到了這個問題，認爲這一組字

---

[*] 原載《音韻學研究》第 1 輯，中華書局，1984 年。
[①] 《説文》十一上水部："漢，从水，難省聲。"
[②] 《説文》三下鬥部："鬩，从鬥从兒。"鈕樹玉云："當是'从鬥，兒聲'，後人疑'兒'聲不近，故生穿鑿。"王煦説同。段玉裁、朱駿聲、苗夔、孔廣居、宋保、林義光以爲當是"兒亦聲"。詳見丁福保輯《説文解字詁林》，第 1126 頁以下。
[③] B. Karlgren:"Word Families in Chinese", *Bulletin of the Museum of Far Eastern Antiquities*, No. 5, 1933, p. 43; Idem:"Grammata Serica", ibid., No. 12, 1940; Idem:"Grammata Serica Recensa", ibid., No. 29, 1957.
[④] W. Simon: Tibetische-chinesische Wortgleichungen, ein Versuch, 1930, S. 44.
[⑤] P. A. Boodberg:"Some Proleptical Remarks on the Evolution of Archaic Chinese", *Harvard Journal of Asiatic Studies*, Vol. 2, Nos. 3 and 4, 1937, p. 337, n. 11.

的上古聲母也不妨假定爲 mx-或 m-①。隨後董同龢對此進一步加以論證，否定了高本漢的構擬，在上古漢語的聲母體系中正式設定了一個m-②。

高本漢的主張確乎是不妥當的，他本人也沒有提出過多少理由，而董同龢的擬定則有充分的根據，是比較可信的。所以直到最近邵榮芬在講到上古音時也大體依據董氏的論證，重新肯定了m這樣一個雙唇清鼻音聲母③。

不過，從語音的系統性看來，董氏的整個構擬還是有缺陷的。對此林燾在評介董書時發表過中肯的見解。他説："一種語言的語音系統大致都有他自己的一套的規律：像舌根音有清音的 k-，唇音就大半會有 p-，舌尖音也就大半會有 t-，這是分析一個語言必須有的認識。現在董先生給上古音擬出了一個清的唇鼻音m-，可是並沒有n-/l-/ɲ-這一類音跟m相配，按一般語言的習慣來説，似乎過於特殊。董先生擬m的旁證是因爲李方桂先生所調查的貴州苗語裏有m。這些材料還沒有發表，可是據我所知道，李先生所調查的苗瑶語裏，只要是有m的，一定也有l跟n之類的音，這是不違背一般語言的習慣的，跟上古僅僅有一個m很不相同。這並不是承認高本漢所擬的 xm-是對的，也許到將來會發現上古確實也有l跟n一類的音，那麼董先生的擬測豈不更有了先見之明。"④

的確，如果在上古漢語裏濁的流音聲母有 m-/n-/ɲ-/ŋ-/l-一整套，而清化的流音聲母却只有孤零零的一個m，從一個語言的語音的系統性來看，是難於理解的，林燾的質疑提得很對。但是筆者認爲這個疑問是可以解答的。因爲，如本文開頭所指出的，在

---

① Li Fang-kuei：" Archaic Chinese *-ĭwəng, *-ĭwək, and *-ĭwəg"，《歷史語言研究所集刊》第 5 本第 1 分，1935 年，第 71 頁，注 1。
② 董同龢《上古音韻表稿》，《歷史語言研究所集刊》第 18 本，1948 年，第 12—14 頁。（《表稿》石印單行本出版於 1944 年。）臺灣學者龍宇純有《上古清唇鼻音聲母説檢討》一文，載《屈萬里先生七秩榮慶論文集》，聯經出版事業公司，1978 年。筆者未見。
③ 邵榮芬《漢語語音史講話》，天津人民出版社，1979 年，第 22—25 頁。
④ 《燕京學報》第 36 期，1949 年，第 314—315 頁。

《說文》諧聲字裏跟 h- 通諧的流音聲母除 m- 以外還有 n-/ȵ-/ŋ-/l-；既然可以根據 m-～h- 的現象構擬出 m，那麼原則上也就可以從 n-～h- 等現象構擬出 n 等。這就是說，上古漢語的清化流音聲母不僅有 m，而且有 n-/ȵ-/ŋ-/l- 跟它相配，形成一個完整的系統①，如同某些苗瑤語的情況一樣，並不違背一般語言的習慣。以下試分別舉證加以說明。

（一）關於 m- 和 h- 相通，我們首先可以從諧聲關係上看到一系列的證據。

　　a) m-～h-，如：

　　　　每～悔姏晦誨海　　　亡～肓衁肓
　　　　無～憮膴幠鄦　　　　勿～忽㫚
　　　　微～徽徽②　　　　　尾～焜
　　　　民～昏　　　　　　　毛～秏
　　　　冒～勖　　　　　　　曹～薨③
　　　　靡～摩　　　　　　　閔～熳

　　b) h-～m-，如：
　　　　昏(昬)～啓錉揹顝鴟　䰟～䰟墾
　　　　黑～嚜纆默墨④　　　蒿～耄⑤
　　　　威～滅搣　　　　　　肓～𦨴𦨧

其中還有同一個字而有 m-/h- 兩讀的，如"膴"、"嚜"、"𦨧"。

其次，從古書異文和古字通假上也能找到可供印證的材料，如：

1. "昏"(h-)聲字的異文或異體有從"文"(m-)得聲的。如

---

① 筆者在這次整理舊稿時才讀到李方桂的《上古音研究》（商務印書館，1980 年），該書"上古聲母系統表"清流音項下除 hm 外還列有 hn、hng、hngw、hl（第 21 頁）。李氏的 hm 即是他 1935 年論文中的 mx(=m)，而不同於高本漢的 xm。
② 《說文》七下巾部："徽，從巾，微省聲。"又十三上糸部："徽，從糸，微省聲。"
③ 《說文》四下死部："薨，從死，曹省聲。"
④ 《說文》十三下土部："墨，從土從黑，黑亦聲。"
⑤ 《說文》八上老部："耄，從老，從蒿省（段校改爲'蒿省聲'）。"

《書·康誥》"昬不畏死"的"昬",《孟子·萬章下》引作"閔";《書·立政》"其在受德昬"的"昬",《説文》十下心部引作"忞"。《説文》十三下蛆部"蟁"字或作"蚊"。

2.《書·盤庚上》:"不昏作勞。"鄭玄注:"昏,讀爲暋。"

3.《説文》十二上耳部"閅"(m-)聲的"聞"古文作"昏"(h-)聲的"䎽"。

4.《吕氏春秋·本生》:"上爲天子而不驕,下爲匹夫而不惛。"高誘注:"惛,讀優悶之悶。"

5.《管子·大匡》:"昏牛無醜也。""昏生"當讀爲"泯姓"①。

6.《書·微子》:"天毒降災荒殷國。"《史記·宋微子世家》作"天篤下災亡殷國。"

7.《周禮·考工記》:"設色之工,畫繢鍾筐㡛。"鄭衆注:"㡛,讀爲'芒芒禹迹'之芒。"《説文》七下巾部作"㡛",云:"巟聲,讀若荒。"

8.《詩·周南·汝墳》"王室如燬"的"燬",《説文》十上火部引作"尾"聲的"煋"②。

9.《詩·小雅·正月》"赫赫宗周,褒姒威之"的"威",《左傳·昭公元年》、劉向《列女傳》卷七、《吕氏春秋·疑似》高誘注並引作"滅"。

10.《説文》六下邑部:"䣞,从邑,無聲,讀若許。"金文《許子鐘》、《許子簠》字作"䣞",《史記·鄭世家》作"鄦",而先秦古籍通作"許"。

11.《淮南子·覽冥》、《漢書》卷二十《古今人表》記黄帝時人"力牧",《論語摘輔象》作"力墨",而《詩含神霧》則作"力黑"③。

---

① 戴望《管子校正》卷七;于省吾《雙劍誃諸子新證》,中華書局,1962 年,第 14 頁。
② "煋""燬""火"(三字上古音同屬微部)是同根詞,跟某些親屬語言如藏語的 me 和羌語、獨龍語、納西語的 mi 等應有同源關係。參看《瓊州府志》卷三"風俗":"瓊西鄉'火'音'微'(m-),東鄉音'喜'(h-)。"(第 10 頁上)見波多野太郎編《中國方志所録方言匯編》第一篇,1963 年,第 45 頁。
③ 梁玉繩《漢書人表考》卷二。

此外,從上古方音通轉中也可以窺見一些迹象。如《方言》卷一:"娥、㜷,好也。自關而東河濟之間謂之媌。"郭璞注:"今關西人呼'好'爲'媌'。"

(二)關於 n-/n̪- 跟 h- 互諧,有如下幾組字可爲例證:

n-～h-,如:

難鸛魌①～漢嘆灘蘶　　　　　毃～榖殼穀
鐃譊～曉膮曉嘵　　　　　　　煖暖～諼楥暖覤
說～閱　　　　　　　　　　　柚貁～欪
猱～敗

n̪-～h-,如:

橈蟯饒繞～曉膮曉嘵　　　　　辱蓐～薅②
狃鈕紐衄～敗　　　　　　　　甇～奐③
兒～閱　　　　　　　　　　　厽～旭

其中還有同一個字而有 n-(n̪-)/h- 兩讀的,如"嘆"、"嬈"、"撓"、"煖"、"暖"等。在古書異文、古字通假上也有例證,如《論語·鄉黨》"鄉人儺",鄭玄注"魯讀爲獻"。

(三)關於 ŋ 和 h- 相通,諧聲字方面有較多例證。

a) ŋ-～h-,如:

牙芽訝迓雅枒～呀岈谺閜閜　　午～許汻
喗僤齳～揮暈煇暉鞬韗　　　　玉～頊
沂听狋斷䂂～訴昕忻欣　　　　虐～謔
气釖圪虩～氕汽吃炁芞　　　　䖒～獻
研妍跠羿弄～訮　　　　　　　義～羲④

---

① 《說文》九上鬼部:"魌,从鬼,難省聲。"
② 《說文》一下蓐部:"薅,从蓐,好省聲。"但動詞"薅(茠)"與名詞"耨(槈鎒)"是同根詞。《說文》六上木部:"槈,薅器也。"《國語·晉語五》韋昭注:"耨,茠也。"(參汪遠孫《國語明道本異》卷三)"薅"字聲母跟鼻音應有關涉。
③ 《說文》三下甇部:"甇,从北,从皮省,从夐省(段校改爲'夐省聲'),讀若奐。"【補】參看何九盈《〈說文〉段注音辨》,《國學研究》第一卷,1993年,第247頁。又三上开部:"奐,从廾,夐省(段增'聲'字)。"
④ 《說文》五上兮部:"羲,从兮,義聲。"

上古漢語有送氣流音聲母説　　　　　　　　　　　125

　　　岸犴䍐～軒罕䍐　　　　　　　犨～脝
　　　垚堯～嘵膮曉饒　　　　　　　硍～䫥
　　　顑齫～險嶮　　　　　　　　　娙～脛
　　　嚴巖儼～獫玁　　　　　　　　兀～阢
　　　譌偽～撝隓　　　　　　　　　樂～㰛
　　　疨聏～欿　　　　　　　　　　艾～䬻
　b) h-～ŋ-，如：
　　　匕化貨傀～吡囮鈋　　　　　　獻～譏巚瓹
　　　厂～户彦雁鴈
還有同一個字而有 ŋ-/h- 兩讀的，如"兀"、"伬(仡)"、"嶮"、"嚚"等。
　此外，在古書異文和古字通假上也有可資參證的材料，如：
　1.《書・大誥》"民獻有十夫"，《尚書大傳》（卷二）"獻"作"儀"；《書・皋陶謨》"萬邦黎獻"，漢《田君碑》、《孔宙碑》、《費鳳碑》"獻"作"儀"（大抵據今文《尚書》）；《周禮・春官・司尊彝》："鬱齊獻酌。"鄭衆注："獻，讀爲儀。"
　2.《詩・大雅・下武》"昭兹來許"，謝沈《後漢書》（司馬彪《續漢書・祭祀志下》劉昭注引）引作"昭哉來御"。
　（四）關於 l- 和 h-，相通，在諧聲關係上也有明顯的迹象①。
　a) l-～h-，如：
　　　荔珕～脅協　　　　　　　　　翏～嘐
　　　隸隷～鼸　　　　　　　　　　樂～㰛
　　　斂～險
　b) h-～l-，如：
　　　虍～虜虜虙②　　　　　　　　喙～蠡
　　　犛～鰲斄氂　　　　　　　　　虢～𧊶
　　　嚆～厲瘌蠣　　　　　　　　　歔～瓀③

---

① 高本漢在"Grammata Serica"中把一部分這類字的上古聲母構擬爲複輔音 xl-，這也是隨意的。
② 《説文》十二下甾部："虙，从甾，虍聲，讀若盧同。"
③ 《説文》一上玉部："瓀，从玉，㲉聲，讀若冐。"大徐音"郎擊切"。

訶抲問～砢

此外，在古書異文、古字通假和方音對應以及聲訓上也有可供印證的材料。如：

1.《詩·小雅·雨無正》"淪胥以鋪"，《漢書·敘傳下》："烏呼史遷，薰胥以刑。"顏師古注："《韓詩》'淪'字作'薰'。"《後漢書》卷六十下《蔡邕傳》載邕《釋誨》："下獲熏胥之辜。"李賢注引《詩·小雅》作"勛胥以痡"，云"見《韓詩》"。

2.《詩·周頌·思文》"貽我來牟"，《漢書》卷三十六《劉向傳》載向上封事引《周頌》作"飴我釐麰"，而《文選》卷四十八班固《典引》李善補注引《韓詩外傳》則作"貽我喜麰"①。

3.《左傳》"周僖王"、"魯僖公"的"僖"，《史記》皆作"釐"；《國語·晉語四》載黃帝之子二十五宗有僖姓，王符《潛夫論·志氏姓》"僖"作"釐"；又，"受禧""祝禧"的"禧"，古籍也通作"釐"(h-/l-)"。

4.《禮記·樂記》："胎生者不殰而卵生者不殈。"鄭玄注："殈，裂也。今齊人語有殈者。"孔疏："齊語稱'裂'爲'殈'。"

5.《方言》卷二："嫽，好。青徐海岱之間或謂之嫽。"又卷二的"逞、苦、了，快也"即是卷三的"逞、曉、苦，快也"。"嫽"和"好"、"了"和"曉"可能有語音通轉的關係②。

可以跟 l-和 h-通諧聯繫起來考察的是 l-和 s-/ş-通諧的現象。

a) l-～s-/ş-，如：

丽(麗)～灑曬躧纚釃鱺籭　　立～颯
婁～數藪籔　　　　　　　　率～膟
廅歛撿～憸譣嬐　　　　　　彎～孿
逮隸～隸肆　　　　　　　　樂～鑠

b) s-/ş-～l-，如：

---

① "喜"字原誤作"嘉"，從王念孫說校正。見王引之《經義述聞》卷七"毛詩下""貽我喜麰"條。
② 現代漢語方音也有 l-/h-通轉的例子。如"艦"，潮州方言爲 l-，四川成都等地方言舊音爲 h-。

史～吏① 虎～綟

帥～膂

還有同一個字而有 l- 和 s-/ʂ- 兩讀的如"攦"、"率"、"欒"、"薮"、"獫"等②。

由以上列舉的例證我們可以看到上古漢語一部分 m-/n-/ȵ-/ŋ-/l- 跟 h- 相通的痕跡,儘管事例多寡不一,而且時有錯綜③。對於這一現象的比較合理的解釋是假定上古漢語的聲母體系中曾經有過跟 m-/n-/ȵ-/ŋ-/l- 相對應的 m-/n-/ȵ-/ŋ-/l-,在語音上具有嚴整的系統性。

至於這一套清化流音聲母的精確的語音性質,自然難以確定,但不妨試加說明。如所周知,在現代漢藏系語言裏,m- 這一類聲母通常是一種送氣兼清化的流音,清化(devocalization)是較強的送氣作用(aspiration)造成的結果,在發音上送氣應是主要的因素。可以推想,上古漢語裏這一類音的性質也與此相似,即是說,它們的發音應是 mh-/nh- 等,因此在標寫上與其寫作 m-/n- 等,不如寫作 mh-/nh-(或 mh-/nh-)等更能表現它們的特點。

其中 l- 組的一些跟 s-/ʂ- 通諧的字,情形又較爲特殊④。它們很自然地使我們聯想到現代苗語方言中 l- 跟 ɬ-/ɬh- 對應的現象。也許可以假定,上古漢語裏這一類字的聲母是 ɬ-/ɬh- 這樣的邊擦音,也就是取 l- 的發音部位(place of articulation)和 s-/ʂ- 的發音方法(manner of articulation)的一種音,又由較強的送氣作用而

---

① 《説文》一上一部:"吏,从一从史,史亦聲。"

② 現代漢語方音也有 l-/s- 通轉的例子。如"卵"等來母字,有些閩北方言爲 s。參看梅祖麟、羅傑瑞(Jerry Norman)《試論幾個閩北方言中的來母 s-聲字》,《清華學報》(新竹)新 9 卷第 1—2 期(合刊),1971 年,第 96—105 頁。【補】參看李如龍《閩西北方言"來"母字讀 s-的研究》,《中國語文》1983 年第 4 期,第 264—271 頁;平田昌司《漢語閩北方言の來母 s 化現象》,尾崎雄二郎・平田昌司編《漢語史の諸問題》,京都大學人文科學研究所,1988 年,第 305—328 頁。

③ 例如"垚"聲字有 ŋ-/n-(ȵ-)～h-,"僉"聲字有 ŋ-/l-～h-(s-),"樂"聲字有 l-/ŋ-～h-(ʂ-),等等。

④ 關於 l 和 s/ʂ 能有交替關係,參看 Edward Sapir: *Language*, 1921, p.214。

造成濁輔音清化的結果。高本漢在"Grammata Serica"中把一部分這類字的上古聲母構擬爲複輔音 sl-,看來也未必可信。

上古漢語裏 m-/n-等跟 h-通轉的現象在漢語的親屬語言苗語的方音對應裏可以得到很好的印證;這裏略舉黔東苗語的幾個例子[①],以供參較,並即以結束這篇短文。

	劍河	雷山	台江	黄平	凱里(爐山)
牙齒	mi^3	hi	mi[②]	mi	mi
晚上	$maŋ^5$	hɤ	maŋ	maŋ	maŋ[③]
太陽	na^1	ha	na	na	nɛ
觸動	na^1	ha	nɛ	na	na
聽見	$naŋ^3$	hɤ	naŋ	naŋ	naŋ
汗	$ȵaŋ^7$	hɤ	ȵaŋ	ȵaŋ	ȵaŋ
重	$ȵoŋ^3$	hou	ȵoŋ	ȵoŋ	ȵoŋ

【附記】這篇小文作於 1956 年,題即爲"上古漢語有送氣流音說",曾於 1957 年 2 月在四川大學第二次科學討論會的分組會上報告過,並有油印稿散發。關於本文内容要點的報道見於中國科學院語言研究所編《語言研究通訊》第 8 期(1957 年 4 月出版),第 34 頁。後提交"中國音韻學研究會"第一次學術討論會,文中除補注幾種新刊文獻外,其餘基本仍舊。(1980 年 7 月)

---

① 見馬學良、喻世長、王輔世《苗語方言調查報告》(油印本),1955 年,第 29—30 頁。
② 也可寫作 mhi,以表示帶有較强送氣作用,餘仿此。
③ 湘西苗語也是 mhaŋ。見凌純聲、芮逸夫《湘西苗族調查報告》,商務印書館,1947 年。苗語這個詞跟漢語"昏"(*mh-)也許有同源關係。

《水經注》中語音史料點滴

後魏酈道元(470?—527)的《水經注》裏常常涉及語言問題，蘊含着不少有價值的語言史料和語言學史料，值得探討。本文僅就其中有關漢語語音演變和古代方音的材料略舉例證，以見一斑。

1. 書中有些材料顯示出當時漢語聲母的某些歷史發展情況，例如①：

  其水屈而西南流，右合大富(pĭəu)水②，俗謂之大泌(pi)水也。（卷三十一，湧水）

  河北有漯沃城，故縣也，魏改爲後部(bʻuɛ)亭，今俗遂名之曰右輔(bʻiu)城。（卷五，河水）

  漢水又東，徑漢廟(mĭɛu)堆下，……傳呼乖實，又名之爲漢武(mĭu)堆③。（卷二十七，沔水）

這些例子表明當時方言裏輕唇音聲母還没有從重唇音分化出來。

  水南有汾(bʻĭuən)阪，俗音糞(pĭuən)。（卷三十一，灉水）

這個例子顯示當時有的方言裏濁塞音聲母已有清化的迹象。

---

* 原載《中國語文》1983年第2期。
① 本文引《水經注》基本上依據楊守敬、熊會貞《水經注疏》，科學出版社，1957年。
② 括弧裏所注《切韻》音構擬依據王力先生所定的系統。見《漢語史稿》上册（修訂本），中華書局，1980年，第50—54頁。
③ 參照卷七"濟水"：無(mĭu)辟邑亦曰馬(ma)辟城；卷十三"漯水"：燕語呼無(mĭu)鄉爲毛(mau)鄉。

一水又東，徑一百五十里入猪（ȶio）野，……通謂之都（tu）野矣①。（卷四十，都野澤）

又南過女（nio）陽縣北，縣故城南有汝（nẓio）水枝流，故縣得厥稱矣。（卷二十二，潁水）

這些例子表明當時方言裏舌上音聲母還沒有從舌頭音分化出來。

洱（nẓio）水又東南流，注於淯水，世謂之肄（ji）水。（卷三十一，淯水）

這個例子顯示當時有的方言裏"日"母已有失去鼻音成分而變爲 j/ɀ 的傾向。

河北有潔沃城，……魏改爲後（ɣəu）部亭，今俗遂名之曰右（jiəu）輔城。（卷五，河水）

這是古音"喻三入匣"的一個佳證②。楊守敬不諳音韻學，謂"后""右"形近而誤，非是。

沭水又南，徑東海郡即（tsiək）丘縣，故《春秋》之祝（tɕiuk）丘也。（卷二十六，沭水）

溠水又東，犨（tɕʻiəu）水注之，俗謂之秋（tsʻiəu）水。（卷三十一，溠水）

衡漳又東，徑東昌（tɕʻiaŋ）縣故城北，……俗名之曰東相（siaŋ）。（卷十，濁漳水）

這些例子表示在介音 i 前面的舌尖音聲母 ts/tsʻ/s 已有腭化的趨勢。

河水又徑茌（dʒʻiə）平城東，……世謂之時（ʒiə）平城。（卷五，河水）

---

① 比較《禮記·檀弓下》"洿其宮而猪焉"鄭玄注："南方謂'都'爲'猪'。"
② 關於"喻三入匣"，參看 Ku Ye-ching（葛毅卿）：" On the Consonantal Value of 喻-class Words", *T'oung Pao*, Vol. 29, 1930, pp. 101－103；又：《喻三入匣再證》，《歷史語言研究所集刊》第 8 本第 1 分，1939 年，第 91 頁。

這是當時北人"崇(床二 dʒ‛)""俟(ʒ)"二紐相混的例子,可以跟顏之推(513—591?)所說當時南人"船(床三 dʑ‛)""常(ʑ)"二紐不分的現象相比較①,看來都是塞擦音聲母擦音化的結果。

2. 書中有些材料涉及當時漢語韻母的某些變化情況,例如:

〔溴水〕又南,徑無辟(mǐu pǐɛk)邑西,……亦曰馬髀(ma pīe)城。(卷七,濟水)

老百姓把"無辟"說成"馬髀",這是所謂民間詞源(folk etymology),同時也表示當時當地"虞"韻字的主元音可能還近乎 a/ɑ②,以及入聲韻尾 k 趨於失落的傾向③。

又東徑鄲(tɑn)縣故城南,王莽更之曰單城也,音"多"(tɑ)。(卷三十,淮水)

其水又南,徑蠻(man)城下,……俗謂之麻(ma)城。(卷三十一,滍水)

俗謂之澮(kuɑi)口,非也,斯決灌(kuɑn)之口矣。(卷三十二,決水)

菏水又東,徑泥(niei)母亭北,《春秋左傳・僖公七年》秋盟於寧(nieŋ)母。(卷八,濟水)

淇水又東北,徑并(pǐɛŋ)陽城西,世謂之辟(pǐɛk)陽城。(卷九,淇水)

濟水於此又兼邲(b‛ǐĕt)目。《春秋・宣公十二年》晉楚之戰,楚軍於邲,即是水也,音"卞"(b‛ǐɛn)。(卷七,濟水)

---

① 《顏氏家訓・音辭》:"南人……以石爲射,……以是爲舐。""石""射"同在昔韻,但"石"屬常母而"射"屬船母;"是""舐"同在紙韻,但"是"屬常母而"舐"屬船母。參看周祖謨《〈顏氏家訓・音辭篇〉注補》,《問學集》上冊,中華書局,1981 年,第 412—413 頁;李新魁《論〈切韻〉系統中"床""禪"的分合》,《中山大學學報》1979 年第 1 期,第 51—52 頁。

② 參看汪榮寶《歌戈魚虞模古讀考》,《國學季刊》第 1 卷第 2 號,1923 年,第 241—263 頁。

③ 參照卷十一"滱水":賈復(b‛ǐuk)城世謂之寡婦(b‛ǐuə)城;卷九"淇水":界(kɐi)城橋世謂之罔(kæk)城橋。

以上這些都是漢語語音演變中的"陰/入""陽"對轉的例子。

> 一水東南流,俗謂之衍(jiɛn)水,即沇(jiwɛn)水也。(卷七,濟水)

> 東南徑建(kiɛn)城東,"建"當爲"卷",字讀誤耳。《郡國志》云:葉縣有卷(kiwɛn)城。(卷三十一,潕水)

> 湘水又北,徑南津城西,西對橘(kiuĕt)洲,或作吉(kiĕt)字①。(卷三十八,湘水)

> 其城東側,因阿仍墉築一城,世謂之寡(kwa)婦城,賈(ka)復從光武追銅馬五幡於北平所作也,世俗音轉,故得是名矣。(卷十一,滱水)

這些都是語音演變中開口合口相轉的例子。

3. 關於一般音變規律,《水經注》也供給我們一些有趣的例子,如:

> 湟水又東,與閤門(kɒp muən)河合,即浩亹(kau muən)河也。……闞駰曰:"浩"讀"閤"也,故亦曰閤門②。(卷二,河水)

> 韓侯(ɣan ɣəu)城,世謂之寒號(ɣan ɣau)城。(卷十二,聖水)

> 參合(tsʻɒm ɣɒp)陘,……北俗謂之倉鶴(tsʻaŋ ɣak)陘。(卷三,河水)

這三個例子中,"浩亹"變"閤門"、"韓侯"變"寒號"(鳥名)、"參合"變"倉(=蒼)鶴",都是所謂民間詞源。從語音學的角度

---

① 這也是酈氏所謂"字從聲變"的一個例子。
② 《漢書》卷二十八《地理志下》"金城郡浩亹":"浩亹水出西塞外。"顏注:"孟康曰:'浩(ɣau)亹,音合(ɣɒp)門。'師古曰:'浩,音誥(kau)。今俗呼此水爲閤門河,蓋疾言之浩爲閤耳。'""疾言之"就是説"浩""亹"兩個字音緊接着唸。"浩"本爲陰聲,但"浩亹"的"浩"韻書又有入聲"古沓切"一讀,音同"閤"(見《廣韻》合韻),這是根據連讀同化的結果作爲。參看俞敏《古漢語裏面的連音變讀(sandhi)現象》,《燕京學報》第 35 期,1948 年,第 36—37 頁。

看,第一個例子中前一音節的韻尾 u 受後一音節聲母 m 的影響而變爲 p,是後退的近同化;第二個例子中後一音節的韻腹 ə 受前一音節韻腹 ɑ 的影響而變爲 ɑ,是前進的遠同化;第三個例子中前一音節的韻尾 m 受後一音節聲母 ɣ 的影響而變爲 ŋ,是後退的近同化,而 ŋ 又影響後一音節的韻尾 p 變爲 k,則是前進的遠同化[①]。

> 洈水又東南,徑辰亭(ẓǐĕn dʻien)東,俗謂之田城(dʻien ẓǐĕn)。(卷二十二,洈水)

> 望州(mǐwaŋ tɕǐəu)山……上有故城……登城望見一州之境,故名望州山,俗語訛,今名武鍾(mǐu tɕǐwoŋ)山。(卷三十七,夷水)

這兩條都是語音學上所謂"換位"(metathesis)的例子[②]:前一例是相鄰兩個音節的聲母 ẓ 和 dʻ 互換了位置,即所謂"首音互換"或"首音誤置"(spoonerism, contrepèterie, Schüttelreim)[③];後一例是陽聲韻和陰聲韻互換了位置。

4. 此外,《水經注》裏還有一些漢語音韻學史的資料,下面一個著名的例子是顧炎武在《音論》卷下"南北朝反語"節提到過的[④]:

> 〔河東〕郡多流雜,謂之徙民。民有姓劉名墮者,宿擅工釀,採挹河流,醞成芳酎,懸食同枯枝之年,排於桑落之辰,故酒得其名矣。……自王公庶友牽拂相招者,每云:索郎有顧,思同旅語。"索郎",反語爲"桑落"也。(卷四,河水)

"索郎"反語爲"桑落",就是說"索(sak)郎(laŋ)反"爲"桑"(saŋ)而

---

① 關於"同化"的語音學原理,看羅常培、王均《普通語音學綱要》,科學出版社,1957年,第 152—158 頁。
② 關於"換位",看羅常培、王均《普通語音學綱要》,第 173—175 頁。
③ 參看 J. Vendryes: *Language* (Eng. tr. by Paul Radin), 1925, p.69;趙元任《方言性變態語音三例》,《歷史語言研究所集刊》第 5 本第 2 分,1935 年,第 242 頁。
④ 顧炎武《音學五書》,中華書局,1982 年,第 53 頁。

"郎(laŋ)索(sak)反"則爲"落"(lak)①。

---

① 關於南北朝這類"反語",參看劉盼遂《六朝唐代反語考》,《清華學報》第 9 卷第 1 期,1933 年;周法高《〈顏氏家訓〉〈金樓子〉"伐鼓"解》,《歷史語言研究所集刊》第 13 本,1948 年,第 163—164 頁;王利器《顏氏家訓集解》,1982 年,第 258 頁;錢鍾書《管錐編》第 2 册,中華書局,1979 年,第 758—759 頁。

酈道元語言論拾零*

後魏酈道元(470？—527)撰《水經注》①，其中頗有涉及語言學理論的地方。比如他在研究地名的時候就接觸到如下三個語言學問題：(1) 名稱是怎樣成立的？(2) 名稱是怎樣改變的？(3) 語音和文字是怎樣交互影響的？對於這些問題，他都結合語言事實作出了正確的解答。

1. 名稱是怎樣成立的？或者説，山川是怎樣得名的？關於這個問題，酈道元結合地名的研究提出來一個原理，即山川"以物色受名"②；其中有的是"因聲以納稱"，有的是因色以納稱，有的是因形以納稱，等等。例如③：

> 左屬白澗溪。水有二源，合注一川，川石皓然，望同積雪，故以物色受名。(卷十二，巨馬水)

> 洛水又東，合白馬溪水，水出宜陽山，澗有大石，厥狀似馬，故溪澗以物色受名也。(卷十五，洛水)

---

* 原載《中國語文》1964 年第 3 期。
① 【補】關於酈道元生年，諸家之說略有出入。丁山以爲酈"或生於皇興元年(467)"，見《酈學考序目》，《歷史語言研究所集刊》第 3 本第 3 分，1932 年；趙貞信先生以爲生於和平六年(465)或皇興元年，見《酈道元之生卒年考》，《禹貢》半月刊第 7 卷第 1—3 期(合刊)，1937 年；趙永復以爲生於皇興四年(470)左右，見《酈道元生年考》，《復旦學報》歷史地理專輯，1980 年；段熙仲以爲生於皇興三年(469)，見《水經注六論》，楊守敬、熊會貞《水經注疏》(江蘇古籍出版社，1989 年)。關於《水經注》的著作年代，丁山謂在延昌、神龜間(512—520)；岑仲勉謂在延昌、孝昌間(512—527)，見《隋唐史》，中華書局，1982 年，第 625 頁。又，關於酈之生年與《水經注》成書年代，並可參看吳天任《酈學研究史》，臺北：藝文印書館，1991 年，第 17—22 頁。
② "物色"本指犧牲的毛色，引申爲指一般事物的顏色、聲音、形狀等，再引申爲泛指事物或對象的特徵。
③ 本文引《水經注》基本上依據楊守敬、熊會貞《水經注疏》，科學出版社，1957 年。

水右合魚水,水出北平縣西南魚山,山石若巨魚,水發其下,故世俗以物色名川。(卷十一,滱水)

又南與灑灑水合①,水出東北巨駿山,乘高瀉浪,觸石流響,世人因聲以納稱。(卷九,沁水)

這裏提到的各條河流都是以它的某種特徵而得名。由於事物都具有不止一個特徵,人們一般是選擇它的某一個比較突出的特徵來作爲命名的根據。

2. 名稱又是怎樣改變的?酈道元在考察地名的時候十分注意這個問題,多方進行探討,提出各種解釋。他認爲"民俗語訛"或者"俗語訛謬"是地名改變的原因之一。這就是説,流俗語源(popular etymology)往往導致名稱的變化。例如:

高奴縣,……民俗語訛,謂之高樓城也。(卷三,河水)

水有二源,奇導於賈復城,……俗語訛謬,謂之寡婦城。(卷二十一,汝水)

洛水又東,……注於公路澗②,但世俗音訛,號之曰光祿澗③,非也。上有袁術固。(卷十五,洛水)

縣西北四十里漢水中有洲,名滄浪洲,庾仲雍《漢水記》謂之千齡洲,非也,是世俗語訛,音與字變矣。(卷二十八,沔水)

酈道元更着重指出,由於方俗語音的歧異或一般的字音相近而"傳呼失實",也是名稱改變的一個重要原因。例如:

今防門北有光里,齊人言"廣"音與"光"同,即《春秋》所謂"守之廣里"者也。(卷八,濟水)

---

① 楊守敬云:《廣韻》〔下平聲幽韻〕:灑,音彪。(言按:又見宵韻,音飆。)又據下文"因聲以納稱",疑"灑"爲"驁"之誤。《玉篇》〔卷二十三馬部〕:驁,音獨。
② 參看卷二十二"潁水":"潁水又東,側潁有公路城,袁術所築也,故世因以術字名城矣。"又:"汝水別瀆,又東徑公路臺北,臺臨水,方百步,袁術所築也。"
③ 從語音學上看,"路"(lu)"澗"(kan)連讀變爲"祿""澗"(lukkan)是所謂 enclitic,即前一音節受後一音節影響,末尾添出一個音來;這裏實際上不過是 k 音的持阻略爲延長而已。

酈道元語言論拾零

　　灅水又東,徑無鄉城北,《地理風俗記》曰:燕語呼"毛"爲"無"①。(卷十三,灅水)

　　一水東南流,俗謂之衍水,即沈水也,"衍""沈"聲相近,傳呼失實也。(卷七,濟水)

　　紹將麴義破瓚於界城橋。……世謂之鬲城橋,蓋傳呼失實矣。(卷九,淇水)

　　澧水又東,合黄水,時人謂之狂水,蓋"狂""黄"聲相近,俗傳失實也。(卷二十五,泗水)

　　睢水又東,徑横城北,……世謂之光城,蓋"光""横"聲相近,習傳之非也②。(卷二十四,睢水)

　　俗謂之澮口,非也,斯決灌之口矣。……蓋"灌""澮"聲相倫,習俗害真耳。(卷三十二,決水)

　　漢水又東,徑漢廟堆下,昔漢女所游,側水爲釣臺,後人立廟於臺上,……因謂之漢廟堆,傳呼乖實,又名之爲漢武堆。(卷二十七,沔水)

　　雍水又東,徑邵亭南,世謂之樹亭川,蓋"邵""樹"聲相近誤耳。(卷十八,渭水)

　　甘水東一十許里洛城南有故甘〔洛〕城焉③,世謂之鑒洛城,"鑒""甘"聲相近。(卷十六,甘水)

　　洱水又東南流,注於濟水,世謂之肆水。"肆""洱"聲相近。(卷三十一,濟水)

3. 對於語言發展過程中語音(詞的聲音形式)和文字(詞的書寫形式)交互影響的現象,酈道元作了細緻的觀察,揭示出這一現象的兩個方面:一方面是"字隨讀改"或者説"字從聲變"④,另一

---

① 楊守敬引趙一清云:無鄉,似舊俗呼爲"毛鄉",酈故引《地理風俗記》之文以釋之。
② 比較卷十九"渭水":"北出西頭第一門本名横門。……如淳曰:音光,故曰光門。"
③ "洛"字據卷十五"洛水"補。
④ 關於這種語文現象,前此學者也有論及。例如《史記》卷五十五《留侯世家》:"以良爲韓申徒。"裴駰《集解》:"徐廣曰:即今徒耳,但語音訛轉,故字亦隨改。"《三國志·蜀志·簡雍傳》裴松之注:"或曰:雍本姓耿,幽州人語謂'耿'爲'簡',遂隨音變也。"

方面是"讀隨字改"或者説"音從字變"①。前者是語言影響文字，詞的聲音變了，寫法會跟着變；後者是文字影響語言，詞的寫法變了，語音也會跟着變。前者例如：

> 又南過女陽縣北，縣故城南有汝水枝流，故縣得厥稱矣。……"汝""女"乃方俗之音，故字隨讀改。（卷二十二，潁水）
>
> 東流入溳水，時人謂之㳵水，非也，"㳵""溳"音相類②，故字從聲變耳。（卷二十二，溳水）
>
> 沭水又南，徑東海郡即丘縣，故《春秋》之祝丘也。……闞駰曰："即祝，魯之音③。"蓋字承讀變矣。（卷二十六，沭水）
>
> 棘水自新野縣東，而南流入於淯水，謂之爲力口也，"棘""力"聲相近④，當爲棘口也，又是方俗之音，故字從讀變，若世以棘子木爲力子木是也。（卷三十一，淯水）
>
> 漼水即桂水也，"漼""桂"聲相近，故字隨讀變。（卷三十九，鍾水）
>
> 北灌安風之左，世謂之安風水，亦曰窮水，音戎，並聲相近，字隨讀轉。（卷三十，淮水）
>
> 商河首受河水，亦曰小漳河⑤，"商""漳"聲相近，故字與讀移耳。（卷五，河水）

後者例如：

---

① 以現代漢語爲例，如"癥結"（zhēngjié）因簡化寫成"症結"之後，現在一般人就都説 zhèngjié 了；"据"作爲"據"的簡化字之後，"拮据"（jiéjū）一詞一般人都説成 jiéjù 了。
② 楊守敬引《淮南子·本經》高誘注："溳讀燕人强春言勅之勅。"
③ 楊守敬云：謂魯音以"祝"爲"即"。
④ 【補】參看李格非《釋"芀""棘"》，趙秉璇、竺家寧編《古漢語複聲母論文集》，北京語言文化大學出版社，1998年，第221—224頁。
⑤ 水名之"商"甲骨文已有，字作"啇"，即後日之"漳"。參看葛毅卿《説啇》，《歷史語言研究所集刊》第7本第4分，1938年，第545—546頁；楊樹達《釋啇》，《積微居甲文説·卜辭瑣記》，中國科學院，1954年，第47—48頁。

《地理志》:"千乘有延鄉縣。"世人謂故城爲從城,"延""從"字相似,讀隨字改。(卷二十四,瓠子河)

城東北二十里有丹山,世謂之凡山。……"丹""凡"字相類,音從字變也。(卷二十六,巨洋水)

東徑洈陽故城南,俗謂之復陽城,非也,蓋"洈""復"字類,音讀變。(卷二十二,洈水)

《地理風俗記》曰:"扶柳縣西北五十里有西梁城,故縣也。"世以爲五梁城,蓋字狀致謬耳。(卷十,濁漳水)

語音和文字交互影響的問題在漢語史研究中迄今沒有受到應有的注意。早在一千四百多年前酈道元就能夠比較全面地提出來"字隨讀改"("字從聲變")和"讀隨字改"("音從字變")的理論並用許多實例加以說明,這是很值得漢語史和中國語言學史的研究者重視的。

關於詞的"内部形式"*

0.1　詞的"内部形式"是西方近代語義學的一個術語[①],最先由德國語言學家洪堡特(Karl Wilhelm von Humboldt,1767—1835)提出。但是關於這個問題的研究我國訓詁學家也早就開始注意,這就是對所謂"名義"即事物的"得名之由"的探討。清代以來,從段玉裁(1735—1815)、王念孫(1744—1832)、王引之(1766—1834)到劉師培(1884—1920)、楊樹達(1885—1956),在這一學術領域用力甚多,取得的成果非常豐碩。只是近年來在我國語言學界這方面的研究顯得頗爲沉寂。現在筆者不揣淺陋,擬就此略申管見,以爲引玉之資。

1.1　所謂詞的内部形式又稱詞的詞源結構或詞的理據,它指的是被用作命名依據的事物的特徵在詞裏的表現形式,也就是以某種語音表示某種意義的理由或根據[②]。探究詞的内部形式的目的在於闡明一些事物或現象爲什麼獲得這樣那樣的名稱,藉以幫助我們認識語言裏詞與詞之間的語義聯繫和語言詞彙的系統性,進而尋求詞義演變和詞彙發展的某些規律。

1.2　每一種客觀事物或現象都具有多方面的特徵或標志,比如一定的形狀、顔色、聲音、氣味等,但是人們在給它命名的時候却只能選擇其中的某一種特徵或標志來作爲根據,而這種選擇在一定程度上又是任意的。因此,在不同的語言或方言裏,或者在同一語言的不同發展時期,同一事物或現象獲得其名稱的根據

---

* 原載《語言研究》創刊號,1981 年。
① 參看 В. А. Звегинцев:*Семасиология*,1957,стр. 186 - 214.
② 參看嚴學宭《論漢語同族詞内部屈折的變换模式》,《中國語文》1979 年第 2 期,第 88 頁。

都可能有所不同；也就是説，表達同一概念的詞可能具有不同的內部形式。比如蚯蚓這種動物，漢語"蚯蚓"得名於它行動的特點①，古漢語方言"歌女"得名於它的鳴聲②，德語 Regenwurm（雨蟲）和英語方言 rainworm 得名於它出現時的天氣，英語 earthworm（方言 mudworm）、法語 ver de terre（土蟲）和俄語 земляной червь（土蟲）得名於它的生活環境，而英語方言 fishworm 和 angleworm 則得名於它的一種用途。又如蜘蛛這種昆蟲，漢語"蜘蛛"得名於它的形狀③，而德語 Spinne（＜spinnen"紡績"）、英語 spider（方言 spinner）和日語 kumo（＜kumu"編織"）則得名於它的行爲特點。又如鴨這種家禽，漢語"鴨"（ʔap）④得名於它的鳴聲，而英語 duck（＜古英語 ducan"潛水"）則得名於它的一種習性。以上幾個例子就可以説明不同的語言或方言選擇同一事物的不同特徵來作爲命名的依據的情況。

1.3 語言的詞彙是不斷地發展豐富的，發展的主要途徑是創造新詞，而新詞的創造多半是在已有的語言材料和構詞方法的基礎上進行的。因此新造的詞的語音形式和意義內容之間的關係一般説來並不是偶然的；也就是説，除了一些"原始名稱"以外，語言裏的詞往往有可能考出其內部形式或者理據。

最常見的構詞方法是詞根複合法和加綴派生法。以現代漢語爲例，如：青菜、白菜，毛筆、鋼筆，茶杯、酒杯，汽車、電車，讀者、

---

① "蚯蚓"得名於"曲伸"。詳見俞敏《釋蚯蚓名義兼辯"胸忍"二字形聲》，《國學季刊》第 7 卷第 1 號，1950 年，第 28—30 頁；又：《古漢語裏面的連音變讀（sandhi）現象》，《燕京學報》第 35 期，1948 年，第 38—39 頁。
② 古人相信蚯蚓能鳴。崔豹《古今注》卷中"魚蟲"："蚯蚓……善長吟於地中，江東謂之'歌女'。"
③ "蜘蛛"即"蝃（蝥）"，得名於形短。見王念孫《廣雅疏證》卷二下《釋詁》"侏儒"條；劉師培《左盦外集·物名溯源》；又：《爾雅蟲名今釋》。
④ 上古音構擬據高本漢（Bernhard Karlgren）："Grammata Serica Recensa"，*Bulletin of the Museum of Far Eastern Antiquities*，No. 29，1957. 所用音標據該書第 3—4 頁的説明改爲國際音標。

編者、作家、畫家。這類詞的內部形式是顯而易見的。在這種情況下語義學上詞的內部形式的分析和構詞法上語素的分析是重合的。

此外,還有所謂語義學構詞法,即由一個詞的語義分化而形成新詞的方法,例如:卓＞卓(桌)、倚＞倚(椅)、螺螄＞螺絲,和語音-形態學構詞法,即利用語音手段(包括音素交替、重音轉移、聲調變換等)造成詞形變化以孳生新詞的方法,例如:入＞枘、執＞贄、結＞髻①。在古漢語裏這兩種方法用得較多。這樣孳生出來的新詞跟原詞一起構成一個詞族(word family)。漢語訓詁學稱這原詞爲"語根"。

通過語義學構詞法派生的詞跟語根的關係有時比較地明顯,比如由語根 lwo(義爲黑色)孳生出"壚"(黑土)、"瀘"(黑水)、"矑"(黑瞳子)、"獹"(一種黑犬)、"鸕"(一種黑鳥)②;有時不那麼明顯,比如由語根 Gəu-ləu/Gləu(義爲弓曲貌)孳生出"曲僂""疴瘦""踽僂""傴旅""偏僂"(人弓腰曲背)、"枸簍""姑婁"(弓起的車篷)、"甌窶"(隆起的田地)、"岣嶁""岣嵧"(隆起的山)③、"栝樓""苽瓠"(彎曲的王瓜)。

這類單純詞(單音的和雙音的)的內部形式可以用匯集同根詞或同族詞進行綜合考察的方法來加以闡明。這就是說,當語素分析法無能爲力的時候,詞的內部形式仍然能通過其他方法進行探討。把詞的內部形式這個語義學概念跟構詞法上的語素分析混爲一談,認爲"詞的內部形式指詞的內部構成方式","單純詞說不上有什麼內部形式"④,這種看法是不妥當的。

1.4 在語言發展過程中,由於一些詞和語素消亡了或者它

---

① 參看俞敏《論古韻合怗屑没曷五部之通轉》,《燕京學報》第 34 期,1948 年,第 29—48 頁;梅祖麟《四聲別義中的時間層次》,《中國語文》1980 年第 6 期,第 427—443 頁。
② 參看沈兼士《盧字之字族與義類》,天津《大公報·文史周刊》第 12 期,1947 年。
③ 參看《廣雅疏證》卷七下《釋器》"枸簍"條;卷九下《釋山》"岣嶁"條;蕭璋《考老解》,《説文月刊》第 4 卷,1944 年,第 79—82 頁。
④ 洪篤仁《詞是什麼?》,新知識出版社,1957 年,第 14、20 頁。

們的形、音、義有了變化，有的詞可能跟它所由形成的詞失去語義聯繫而孤立起來，從而其內部形式也就變得曖昧不明，以致爲人們所遺忘。這種現象就是所謂詞的理據磨滅或"詞源中斷"（deetymologisation）①。儘管如此，我們藉助於歷史語言學和歷史比較語言學的研究方法，諸如古音的重建、音變規律的確立、同根詞或同族詞的比勘、親屬語言裏同源詞的證合（identification），這類詞的已經消失或趨於消失的內部形式往往還是可以重新探明的。

1.5₁ 一般說來，合成詞的內部形式是明顯的，但是有時候由於它的一個或幾個組成部分從語言裏消失了，它的內部形式也會模糊起來。例如：英語 neighbour（鄰居）＜nēah（近的）+gebūr（同住者），nightingale（夜鶯）＜nihte（夜）+gala（歌唱者）②。隨着 nēah、gebūr 和 gale 的消逝，neighbour 和 nightingale 這兩個詞的內部形式也就模糊不明了。

有時候一個複合詞由於語音和結構發生了較大變化而成爲單純詞，它的內部形式也會從人們的語言意識裏消失。例如：英語 barn（穀倉）＜bere-ærn（大麥房）③、lady（主婦）＜hlāf-dige（捏麵包的）、lord（家主）＜hlāford（＜hlāf-weard"看守麵包的"）④。這種過程就是所謂語素融合。語素融合的結果是新的單純詞和新的詞根的出現。

派生詞也會發生語素融合。例如：俄語 образ＜об（四周）+раз（打），本義是"在四周打磨而成的東西"，引申爲"偶像"、"神像"、"形象"等義，同時前綴 об 和詞根 раз 融爲一體，形成一個新的詞根。這樣 образ 就跟它的同族詞 разить（打）、ог-раз-ить（打

---

① Л. А. Булаховский：*Введение в языкознание*，1954，стр. 80－81.
② Eric Partridge：*Origins: A Short Etymological Dictionary of Modern English*，3rd ed.，1961，pp. 430, 435.
③ E. Partridge：op. cit.，p. 39.
④ 參看 J. Vendryes：*Language*（Eng. tr. by Paul Radin），1925，p. 222；E. Partridge：op. cit.，p. 361.

退)等失去語義聯繫,而它自身的内部形式也就模糊了①。

由語素融合引起的詞的内部形式的消失跟詞義和詞彙的發展都有密切的關係。例如:隨着其内部形式的消失,barn 的詞義擴大爲泛指貯藏穀物的處所;образ 詞義抽象化並成爲構成一系列詞(如 образ-ец、образ-ование、из-образ-ить)的詞根。由於同樣的原因,lord 也成了構成一些新詞(如 land-lord、war-lord)的語素。

詞的内部形式在逐漸模糊的過程中往往會跟詞的現實意義發生矛盾,例如:紅—墨水兒、綠—粉筆、小—大門兒。人們平常說的詞的字面意義跟實際講法不一樣有時候就是指的這類情況。這種矛盾能推動詞義發展,而矛盾克服的結果就是詞義進一步概括化。比如"墨水兒"不專指黑色的,"粉筆"不限於白色的,只要是正門不論大小都叫"大門兒"了②。

由此可見,詞的内部形式的變化往往會促成詞義的演變和詞彙的豐富,研究詞的内部形式對於探討語言發展的規律具有重要的意義。

1.5$_2$ 至於單純詞,特別是一些淵源古遠的詞,它們的内部形式一般說來比較難於明瞭。漢語裏的單純詞大部分是單音節詞,許多是從古沿用的"根詞",探討它們的内部形式就較爲困難。比如"鶴"和"蝦"這兩個詞的内部形式或者說這兩種動物的"得名之由"是什麽,這就不是一目瞭然的。但是如果我們運用歷史語言學的方法進行探討,就能發現"鶴"和"蝦"的内部形式分別爲"白"和"紅"③。

此外,古漢語裏還有相當數量的雙音單純詞,它們的内部形

---

① 參看楊雋《俄語説文解字新篇》,《華中師範學院學報》(外國語言版)1960 年第 4 期,第 90 頁。
② 正如古漢語"華""榮"得名於"紅",而可以説"白華"(《詩·小雅·白華》)、"素榮"(《楚辭·九章·橘頌》);"葩"得名於"白",而可以説"紅葩"(張衡《西京賦》、何晏《景福殿賦》)。
③ 參看本書《論上古漢語的"五色之名"兼及漢語和台語的關係》一文。

式也是已經隱晦而有待闡明的。以傳說中的兩個專名爲例。如《孟子·滕文公下》:"周公相武王,誅紂伐奄,……驅飛廉於海隅而戮之。"趙岐注:"飛廉,紂諛臣。"《史記》卷五《秦本紀》:"蜚廉善走,……以材力事殷紂。""飛廉"這個詞的内部形式是什麽,似乎難於稽考。但是如果我們知道"飛廉"又是神話中最能奔馳的"風伯"①,而"風"的前上古音* plum 正是"飛""廉"二字的合音,就可以推測"飛廉"當是形容此人能跑得風一般快的綽號,詞的内部形式爲"(疾)風"②。又如見於《孟子·離婁上》、《商君書·弱民》《禁使》、《韓非子·姦劫弑臣》等古籍的著名的明目者"離婁",其實就是得名於"麗廔",猶言"玲瓏",其内部形式爲"穿通透明之貌"③。關於傳說、神話中這類專名的内部形式,前人也作過一些有價值的考證,比如王念孫論"干將""莫邪"得名於"鋒刃之利"④,顧炎武論"鍾馗"的理據是"終葵"⑤,聞一多論"望舒"的理據是"方諸"(蚌蛤)⑥,就都是很好的範例,只可惜爲數尚少。此外,歷史上某些現實的人名,其内部形式也是值得加以闡明的。比如秦末起事首領彭越,並非姓彭名越,而是得名於"蟛蟣(蚏)""彭蝟"。《古今注》卷中"魚蟲":"蟛蚏,小蟹也,生海邊。""彭越"乃是這位漁民因其職業(或者還有形貌)而得的綽號。《史記》卷九十《魏豹彭越列傳》:"彭越者,昌邑人也,字仲,常漁鉅野澤中,爲群盜。""仲"猶言

---

① 《楚辭·離騷》:"前望舒使先驅兮,後飛廉使奔屬。"王逸注:"飛廉,風伯也。"又《遠遊》:"前飛廉以啓路。"王注:"風伯先導以開徑也。"又:"風伯爲余先驅兮。"王注:"飛廉奔馳而在前也。"《漢書》卷八十七上《揚雄傳上》載雄《反離騷》:"鸞皇騰而不屬兮,豈獨飛廉與雲師?"顔師古注引應劭曰:"飛廉,風伯也。"《文選》卷三十五張協《七命》:"豐隆儐椎,飛廉扇炭。"李善注:"王逸《楚辭注》曰:'飛廉,風伯也。'"
② 【補】參看尉遲治平《"風"之謎和夷language走廊》,《語言研究》1995年第2期,第27頁;又:《從"風、雷、雨、電"論夷語、楚語、羌語和雅言》,《語言研究》1996年增刊,第160頁。
③ 參看《説文》七上囗部"囧"字、九下广部"廔"字説解,徐鍇《繫傳》及段注。
④ 《廣雅疏證》卷八上《釋器》"龍淵"條。
⑤ 顧炎武《日知録》卷三十二"終葵"條。參看陳友琴《從終葵説到鍾馗》,《思想戰綫》1979年第4期。
⑥ 聞一多《〈天問〉釋天》,《古典新義》下册,古籍出版社,1956年,第331頁。

"老二",也不是什麼正規的字。他的名和字正顯示了他的階級出身和草莽英雄本色。又如《史記》卷八十六《刺客列傳》:"荆軻既至燕,愛燕之狗屠及善擊筑者高漸離。""漸離"即"螹離(螭)",是水族中一種魚或介蟲的名字(見司馬相如《上林賦》、許慎《説文解字》),被用爲形容這位出身下層的樂工的相貌的稱號①。這類材料不僅在語義研究上有它的價值,而且對社會、文化史研究也具有一定的意義②。

1.6 關於詞的内部形式,前代和當代訓詁學家已經作過不少有益的探索。他們依據"音義相關"、"音近義通"的原理,運用匯集同根詞或同族詞進行分析綜合的方法,揭示出了許多詞的業已模糊的内部形式。如上所述,内部形式的消逝會使本來互相關聯的詞失去聯繫,那麽内部形式的再現自然就意味着這些詞之間的聯繫的重新恢復。顯然這對我們認識語言詞彙的系統性以及詞彙和語義的發展都是很有裨益的。

以下筆者擬就漢語裏幾個古老名稱的得名之由加以考索,作爲不僅通過同根詞或同族詞的比勘而且藉助親屬語言裏同源詞的證合來探討單音根詞的内部形式的例證。

葚 ɖˆiəm/ɖ- 《説文》一下艸部:"葚,桑實也。"《詩·衛風·氓》:"無食桑葚。"字亦作"黮"。《魯頌·泮水》:"食我桑黮。""葚"的内部形式爲"黑色",有下列同族詞可證:"黕"təm,"黲"tsˆəm,"黵"ȶiəm,"黵"tam,"點"tiam/-iem,"玷"tiem,"䐱"tiem,等等。此外,親屬語言裏同源的黑義詞也可爲旁證。如泰語'dam,阿含語dām,壯語dam,傣語dām,儂語dam,黎語dam。

葩 pˆa/p- 《説文·艸部》:"葩,華也。从艸,皅聲。"《文選》卷十九宋玉《高唐賦》:"葩葉覆蓋。"字亦作"芭"。《大戴禮記·夏小正》:"三月……拂桐芭。"《楚辭·九歌·禮魂》:"傳芭兮代舞。"

---

① 參看桂馥《札樸》卷三"彭越"條、"漸離"條,卷十"彭蜡"條。
② 參看卜弼德(Peter A. Boodberg):"Chinese Zoographic Names as Chronograms", *Harvard Journal of Asiatic Studies*, Vol. 5, No. 2, 1940, pp. 134 – 135, n. 28;聞宥《銅鼓上幾種花紋的試釋》,《思想戰綫》1978年第6期,第41—42、45頁。

戴震《屈原賦注》卷二："華之初秀曰芭。""苞"的内部形式爲"白色",有下列同族詞可證:"皅"p'ɑ,"皤"pwa,"畢"pīe,"貔"pi,等等。此外,親屬語言裏同源的白義詞也可爲旁證。如彝語 p'ɑ,白語 pɔ,納西語 pɔ,羌語 p'i。

銅 d'uŋ 《説文》十四上金部:"銅,赤金也。""銅"的内部形式爲"紅色",有下列同族詞可證①:"彤"d'oŋ,"烔"d'oŋ,"融"dioŋ,"虹"d'ieŋ,"赬(䞓)"t'ieŋ,"桯"t'ieŋ,等等。此外,親屬語言裏同源的紅義詞也可爲旁證。如泰語 'deŋ,阿含語 diŋ,壯語 de:ŋ/diŋ,傣語 dɛŋ,布依語 diŋ,儂語 diŋ,沙語 deŋ,苗語 t'ieŋ。

1.7 至於雙音單純詞的内部形式,上文已經涉及,這裏再專就聯綿詞問題略作補充説明②。聯綿詞大抵由兩個具有雙聲、叠韻關係的字組成,多數是形容詞,也有一些是物名。探索聯綿詞的内部形式及語源義的主要方法是:以上下字的聲紐爲鏈索,廣泛繫聯音近義通的同根詞或同族詞③,歸納出一個個模式,進而追溯其語源,闡釋其理據。例如:

伴奐 《詩·大雅·卷阿》:"伴奐爾游矣,優游爾休矣。"試依據古音,鈎稽文獻,匯集"判涣"、"判援"、"盤桓(洦桓、磐桓)"、"徘徊"、"屏營"這一系列同根詞,加以參較,就可以歸納出 b'-g'-(ɣ-) 這樣一個聯綿詞模式即"聯綿詞格";再就其語義加以考索,就可

---

① 岑仲勉《周鑄青銅器所用金屬之種類及名稱》(《兩周文史論叢》,商務印務館,1958年)云:"'銅''彤'一義",銅之"得名,蓋示其赤色"(第 116 頁)。其説甚是。又云:藏語 gdong-dmar 應譯爲"彤面",彤"正與藏音 dong 相當","泰語和壯語都呼紅爲 deng","與藏語差不多,可見藏緬族及泰族對紅之呼法很相近","漢語之'紅'得與藏音 g(d)ong 相當。"(第 119 頁)其説並誤。藏語 gdong-dmar(古譯"赤面"或"赭面",不應譯爲"彤面")中 gdong 爲"面",dmar 爲"紅";dmar 與漢語的"彤"或"紅"、泰語和壯語的 deng 全都不相當。藏緬族對紅的呼法也全都與泰族對紅的呼法毫不相近。
② 【補】參看馮蒸《古漢語同源聯綿詞試探》,《寧夏大學學報》1987 年第 1 期,第 26—33 頁。
③ 在一組同源聯綿詞中,各個詞的上字與上字、下字與下字應同聲紐(包括"旁紐"),而每個詞的上字與下字一般應同韻部(包括可以通轉的相鄰韻部)。

以推求出"伴奂"的內部形式（語源義）——回轉往復的樣子①。

望洋　《莊子·秋水》："望洋向若而嘆。"試依據古音古義，廣徵文獻，匯集"望羊（望佯、望陽）"、"茫洋（汒洋、盲羊）"、"潢蕩"、"潢瀁"、"罔養"、"潢浪"、"莽買"、"罔良（罔浪、罔閬）"、"罔兩"、"網蜽"、"罔兩"、"魍魎"、"酩酊"、"沐腫"、"懵懂"這一系列同根詞，加以考索，就可以歸納出 M-NG D-NG 這樣一個模式②，並推考出"望洋"的內部形式（語源義）——迷迷糊糊或模糊不清的樣子③。

運用同樣的方法，我們可以把"漫（曼）澷"、"漫（曼、縵）胡"、"漫洭"、"萠胡"、"模糊"、"濛澒（鴻）"、"溟涬"、"冥莖"這一系列同根詞歸納爲一個聯綿詞格，並推考出其內部形式（語源義）爲"渾淪不分或界劃不明的樣子"④。

2.1　人們都願意知道一個事物或對象爲什麼是這麼叫法的，因此可以説詞的内部形式問題是人人都感興趣的，而對於理據不明的詞往往要想法給找出或造出一個講法來。比如五代十國時吳越王錢鏐用周公一沐三握髮的典故命名的"握髮殿"⑤，老百姓不懂得它的得名之由，就給説成了"惡發殿"。"惡發"是當時口語詞，義爲"發怒，生氣"⑥。莊季裕《雞肋編》卷中："錢氏時'握髮殿'，吳人語訛，乃云'惡發殿'，謂錢王怒即升此殿也。"陸游《老學庵筆記》卷二："錢王名其居曰'握髮殿'，吳音'握''惡'相亂，錢塘人遂謂其處曰：此錢大王'惡發殿'也。"又如四川省綿陽、三台

---

① 參看葛毅卿《釋判奂》，《中國文化研究匯刊》第 6 卷，1947 年，第 19—20 頁。
② M 代表雙唇鼻音，NG 代表舌根鼻音，D 代表舌頭音。關於用大寫字母代表輔音音類，見卜弼德（P. A. Boodberg）："Some Proleptical Remarks on the Evolution of Archaic Chinese", *HJAS*, Vol. 2, Nos. 3 and 4, 1937, p. 337, n. 11.
③ 參看黃生《義府》卷下"酩酊"條、"茗柯"條；俞敏《古漢語裏的俚俗語源》，《燕京學報》第 36 期，1949 年，第 53 頁。
④ 參看蔣大沂《漢代戈戟考》，《華西協合大學中國文化研究所集刊》第 3 卷，1942 年，第 51—52 頁。
⑤ 《韓詩外傳》卷三記周公語："吾於天下亦不輕矣，然一沐三握髮，一飯三吐哺，猶恐失天下之士。"
⑥ 參看呂叔湘《語文雜記·惡發》，《國文月刊》第 43—44 期（合刊），1946 年，第 36—37 頁。

間有個地名叫"塘汛"(tángxùn),由於常常誤寫爲"塘汛",於是"音從字變",許多人就説成了 tángfàn,但又覺得這 tángfàn 没個講法,於是現在索性説成並寫成"糖房"了。又如四川大學的一所職工宿舍"濤鄰村",本來是取"與薛濤爲鄰"的意思,後來人們不再知道它的得名之由,於是就説成並寫成了"桃林村"。又如成都的一些街巷名稱:在一般人的語言意識裏"珠市街"成了"猪市街","工化橋"成了"黄瓜橋","楞伽庵"成了"林檎庵",並且有的已經"字從音變"了。像這樣子去尋找詞的内部形式,只不過是根據語音的近似和錯誤的聯想,以熟悉的語素或音節取代了不熟悉的①,結果是歪曲了一個詞原來固有的詞源結構。這種語文現象就是所謂"民間詞源"或"流俗詞源"。

民間詞源導致詞的語音和内部形式的訛變,這在其他語言裏也很常見。比如古英語管新郎叫 brȳd-guma(新娘子+男人)＞ bride-grome(新娘子+小伙子),後來語素 guma/grome 從語言裏消失了,人們覺得這個詞不好講,就給説成 bridegroom(新娘子+馬夫)了。又如古英語 sam-blind(視力極差的),其中的 sam-是"半"的意思(比較拉丁語 semi-,古希臘語 hemi-),後來 sam 從語言裏消失了,於是人們就把這個合成詞説成 sand-blind,而詞的内部形式就從"半盲"變爲"沙盲"了②。

在借用外語詞的時候也容易出現民間詞源現象。比如英語借古法語的 crevisse(小龍蝦),把它變成了 crawfish(嗦子+魚);拉丁語 asparagus(蘆笋),借到英語裏變成了 sparrow grass(麻雀+草)③。

民間詞源有時候還會導致修辭性新詞語的産生。比如英語裏 sand-blind 的存在使得莎士比亞(William Shakespeare)造出來

---

① 參看 Henry Sweet: *A New English Grammar Logical and Historical*, Part I, 1930, p. 191; Ferdinand de Saussure: *Cours de linguistique générale*, 1931, p. 239。
② 參看 Leonard Bloomfield: *Language*, 1955, p. 423。
③ 參看 Leonard Bloomfield: *Language*, 1955, p. 423。

high-gravel blind(礫盲,石頭子兒瞎),在喜劇《威尼斯商人》第二幕第二場(The Merchant of Venice II：ii, 37 – 38)裏就有"more than sand-blind, high-gravel blind"這樣的話。漢語裏由於"望洋"一詞的內部形式被誤解而產生"望天興嘆"之類,也是這方面的例子。

民間詞源是古今中外的語言都有的現象,在過去人民群衆缺少文化修養的情況下尤爲常見。今後隨着教育的普及,這種語文現象將會趨於衰微。但是在歷史上民間詞源對語文演變有不小的影響,值得語言學者給予適當的注意。

2.2 民間詞源不但會改變詞的内部形式,而且有時候還會由誤會而附會,導致民間傳說的產生。這樣,民間詞源學(folk etymology, Volksetymologie)就跟民俗學(folklore, Volkskunde)掛上了鉤。比如杜甫的官號"杜拾遺",通過民間詞源訛變爲傳說中的"杜十姨",祠廟中的"神"像也是女像①。又如四川豐都縣"陰王廟",本是奉祀仙人陰長生、王方平的廟宇,民間詞源把"陰王"誤解爲"陰間之王"即冥王,於是"陰王廟"也隨着訛傳爲"閻羅天子祠",從而產生了豐都爲鬼都的一套民間傳說。又如古人稱老鴉爲慈烏,"慈烏"猶言"黑烏",本是依據這種鳥的顏色特徵來命名的。"慈"dzʻiəg 有"黑"義,有以下同族詞可證:"玆"tsīəg,"黝"tsīəg,"鶿(鷀)"tsīəg/dzʻ-,"鰦"tsīəg,"嶒"tsīəg,等等。可見"慈烏"即"鶿(鷀)烏"。《大戴禮記·夏小正》:"十月……黑鳥浴。黑鳥者何也？烏也。"《廣雅·釋鳥》:"慈烏,烏也。"可爲佐證。但是後來由於"慈"的這一意義的消逝,"慈烏"原來的內部形式趨於磨滅。於是人們就有意無意地把"慈"講成了"慈孝"的"慈"②,把"慈烏"理解爲"孝烏",更進一步又根據孝烏的語象給動物生活加以倫理化的解釋,從而產生了有名的烏鴉反哺孝親的傳說。

---

① 參看錢鍾書《管錐編》第 3 册,中華書局,1979 年,第 1014 頁。
② "慈"有"孝"義。例如《國語·齊語》:"慈孝於父母。"《墨子·非命上》:"是以入則孝慈於親戚,出則弟長於鄉里。"《孟子·離婁上》:"雖孝子慈孫,百世不能改也。"《禮記·内則》:"昧爽而朝,慈以旨甘。"參看王引之《經義述聞》卷三十一"通說上""孝慈"條。

論上古漢語的"五色之名"
兼及漢語和台語的關係*

　　上古漢語裏同義詞極其紛繁,而迄今缺乏系統的搜集和清理。無論對漢語詞彙史本身的研究還是對漢語與鄰近語言的歷史比較來說,這都是一個有待彌補的缺陷。由於我國自古就是一個多民族的國家,在廣大的疆域上語言和方言非常複雜,彼此交融,關係密切,因而上古漢語同義詞的繁衍既是漢語自身積累的結果,也是不同語言融合的結果①。與此相應,我們整理上古漢語同義詞,就需要從多種角度着眼,除了就詞論詞,分析其意義、用法的異同而外,還應當從時間上考察其縱向的承傳,從空間上探索其橫向的淵源,而操作的第一道程序則是:確定若干基本的或大或小的義類(semantic group),就上古文獻鈎稽有關詞彙,"經以同訓,緯以聲音"②,歸納爲一個個詞族(word familie),以此作爲進行其他各種研究的張本(data)。基於這一設想,本文試就"色彩"這一義類對上古漢語裏有關的詞彙作一番初步的搜集排比的工作,目的在於爲上古漢語同義詞和詞族的研究、構詞法的研究、詞的理據的研究以及漢語與鄰近語言關係的研究提供一份材料。文中"五色之名"③的每項之末附列一部分鄰近語言的材料,作爲

---

*　原載《漢語論叢》("四川大學學報叢刊"第 22 輯),1984 年。
①　參看呂叔湘《〈簡明同義詞典〉序》,《呂叔湘語文論集》,商務印書館,1983 年,第 193 頁。
②　章炳麟《國故論衡・轉注假借說》。
③　【補】"在顏色科學領域中,中國自遠古(約在公元前七世紀)至今一直不變地認爲一切顏色是由青、赤、黃、白、黑五種正色(現代色度學稱爲基色)合成的。"見董太和、金文英《中國古籍中有關基本顏色科學的最早記載》,《中國科技史料》第 11 卷第 2 期,1990 年,第 3 頁。

從事比較研究的參考①;本文只試圖以古漢語與台語作一初步比較②,看看其間有無"關係詞"可尋③。

一、黑

A. 喉牙音字

1. 黑 xək④ 《說文》十上黑部:"黑,火所熏之色也。"
2. 黥(剠) g'ian 《說文·黑部》:"黥,墨刑在面也。"
3. 黸 g'ia(-iag) 《說文》五下皀部:"黸,黑黍也。"字亦作"秬"。《詩·大雅·生民》:"維秬維秠。"王引之云:"《左傳〔·昭公四年〕》曰:'黑牡秬黍以享司寒。'秬亦黑也。《素問·五常政大論》曰:'⋯⋯其穀黔秬。'⋯⋯是古謂黑爲秬也。"⑤
4. 虔 g'ian 春秋時孔子弟子伯虔字子析。"析(晳)"爲白,"虔"爲黑,這是所謂以"對文"(反義詞)命字⑥。
5. 玄 ɣiwen 《說文》四下玄部:"玄,⋯⋯黑而有赤色者爲玄。"《禮記·檀弓上》:"夏后氏尚黑,⋯⋯牡用玄。"鄭玄注:"玄,

---

① 【補】參看馮蒸《論漢語和藏語進行比較研究的原則與方法》,《詞典研究叢刊》10,四川辭書出版社,1989年,第 190—191頁。
② 這自然並非嚴格的歷史比較,因爲正如高本漢(Bernhard Karlgren)早已指出的,那得是拿重建的原始台語(Proto-T'ai)和能够追溯的最古階段的漢語相比較。見"Tibetan and Chinese", *T'oung Pao*, Vol. 28, 1931, p. 52。
③ 這樣的"關係詞",如果借用馬提索夫的用語,可以稱爲 candidates for cognacy。馬氏在評介 G. H. Luce 的 *A Comparative Word-list of Old Burmese, Chinese and Tibetan*(1981)一書時說:"事實上 Luce 從未宣稱他類列的這些形式構成了一組組真實的同源對應詞。他所做的勿寧說是把我們不妨稱之爲'同源關係候選者'的詞匯集攏來而已。"見 James A. Matisoff: "Translucent Insights: A Look at Proto-Sino-Tibetan through Gordon H. Luce's *Comparative Word-List*", *Bulletin of the School of Oriental and African Studies*, Vol. 46, pt. 3, 1983, p. 464。本文作者所做的工作也類乎此。
④ 上古音構擬用王力《漢語史稿》的系統,但陰聲韻部字另行括注董同龢《上古音韻表稿》的構擬,以供參考。
⑤ 王引之《經義述聞》卷二十八"爾雅下""苊,白苗;秬,黑黍"條。
⑥ 《經義述聞》卷二十二"春秋名字解詁上"。

黑類也。"

6. 袆 ɣiwen 《玉篇·衣部》："袆,黑衣也。"

7. 黔 g'ĭəm 《說文·黑部》："黔,黎也①。……秦謂民爲黔首,周謂之黎民。"《左傳·襄公十七年》："築者謳曰:'澤門之皙,實興我役;邑中之黔,實慰我心。'"可見"黔"是先秦口語詞。

8. 黚 g'ĭəm/-ĭam 《說文·黑部》："黚,淺黃黑也。"《易·說卦》："爲黔喙之屬。"馬融注:"黔,黑也。"鄭玄本"黔"作"黚",當是同詞異寫。

9. 紺 kam 《說文》十三上糸部："紺,帛深青揚赤色。"

10. 黅 kĭəm 《說文·黑部》："黅,黃黑也。"

11. 黬 keəm 《說文·黑部》："黬,雖皙而黑也。从黑,箴聲。古人名黬字皙。"字亦作"箴"。春秋時人曾箴字皙,奚容箴字子皙。這也是以對文命字②。許慎的説解當是誤反義關係爲同義關係而強爲之辭。

12. 黰 keəm 《莊子·庚桑楚》："有生,黰也。"《釋文》引《字林》："釜底黑也。"

13. 黯 eəm 《說文·黑部》："黯,深黑也。"春秋時人蔡黯字子墨,"黯""墨"同訓③。

14. 黡 eam 《說文·黑部》："黡,青黑也。"

15. 黬 eam 《說文·黑部》："黬,果實黬黯黑也。"徐鉉本"黬"爲"黡"的重文。

16. 崦(崟)ĭam 《楚辭·離騷》："望崦嵫而勿迫。"王逸注:"崦嵫,日所入山也。"《山海經·西山經》："〔鳥鼠同穴山〕西南三百六十里曰崦(原本《玉篇·山部》引作'崟')嵫之山。"郭璞注:"日沒所入山也。"字亦作"弇"。《穆天子傳》卷三:"天子遂驅,升於弇山。"郭璞注:"弇兹山,日所入也。""崦""嵫"同義連文。

---

① 王筠、朱駿聲、張文虎、徐灝並訓"黎"爲"黑"。詳見丁福保輯《說文解字詁林》本條。本文引述諸家説解凡未另標出處者均據此書。
② 參看《經義述聞》卷二十二"春秋名字解詁上"。
③ 參看《經義述聞》卷二十二"春秋名字解詁上"。

17. 黡 ĭam　《説文·黑部》：" 黡，中黑也。"玄應《一切經音義》卷九及十二引作"面中黑子也。"《漢書·高帝紀》"左股有七十二黑子"顔師古注："黑子，今中國通呼爲黡子。"

18. 陰 ĭəm　《説文》四下皀部："陰，闇也。"

19. 黫 ĭɛn/ean　《史記·天官書》："黫然黑色。"《廣韻》上平聲山韻引《字林》："黫，黑色。"《玉篇·黑部》："黫，黑也。"

20. 羫 ĭɛn　《説文》四上羊部："羫，……一曰黑羊。"朱駿聲云："此以煙熏得訓。"《廣雅·釋器》："羫，黑也。"

21. 煙 ĭən/ien　《説文》十上火部："煙，火氣也。"當指黑色的煙氣。

22. 殷 ĭən/ean　《左傳·成公二年》："左輪朱殷。"杜預注："血色久則殷，今人謂赤黑爲殷色。""殷"與"黫"音義並同。

23. 燕 ien　《説文》十一下燕部："燕，玄鳥也①。""燕"當有黑義②。《小爾雅·廣鳥》有"燕烏"。"燕烏"猶"慈（鷀）烏"，"燕""慈"並言其色。

24. 乙（鳦） ĭet/eăt　《説文》十二上乙部："乙，燕燕，玄鳥也，齊魯謂之乙。""乙"（ĭet）與"燕"(ien)僅韻尾輔音發音方法小異，爲一聲之轉，可能只是方音的差別。比較下條"黝"字兩音。

25. 黝 eăt/ean　《玉篇·黑部》："黝，深黑也。"

26. 黦（黫） ĭwăt　《説文·黑部》："黦，黑有文也。從黑，宛聲。"《廣雅·釋器》："黫，黑也。"此詞語音由-n 轉-t③，正如"燕"-n 之轉"乙"-t。

27. 黳 iei(ied)　《説文·黑部》："黳，小黑子。"《廣雅·釋器》："黳，黑也。"

---

① 沈括《夢溪筆談》卷三"辨證一"："玄乃赤黑色，燕羽是也，故謂之玄鳥。"
② 參看卜弼德（Peter A. Boodberg）："Two Notes on the History of the Chinese Frontier", *Harvard Journal of Asiatic Studies*, Vol. 1, Nos. 3 and 4, 1936, p. 304.《經義述聞》卷二十八《爾雅下》"白州，驠"條："蓋古者謂白色爲燕也。"實不盡然。
③ 參看陸志韋《〈説文解字〉讀若音訂》，《燕京學報》第 30 期，1946 年，第 274 頁。

28. 鷖 《説文》四上鳥部:“鷖,鳧屬。”段玉裁注據《周禮·春官·巾車》“鷖總”鄭衆注,謂此鳥得名於青黑色。

29. 緊 《説文·糸部》:“緊,一曰赤黑色繒。”《周禮》“鷖總”故書“鷖”或爲“緊”,鄭衆訓爲青黑色繒。

30. 礐 王念孫《廣雅疏證》卷八上《釋器》“黝”條:“《玉篇》:‘礐,黑石也。’字或作‘瑿’。《唐本草》云:‘瑿,狀似玄玉而輕……’義並與‘黳’同。”

31. 堅 《説文》十三下土部:“堅,塵埃也。”當亦得名於黑。

32. 翳(以上九字音並同“黳”) 《説文》四上羽部:“翳,華蓋也。”《方言》卷六:“翳,薆也。”又卷十三:“翳,掩也。”“翳”訓陰暗、隱蔽,亦與黑義相因。

33. 黟 iei(ied)/i(ĭed) 《説文·黑部》:“黟,黑木也。”《廣雅·釋器》:“黟,黑也。”

34. 黝 iəu(ĭog) 《説文·黑部》:“黝,微青黑色。”《周禮·地官·牧人》:“陰祀用黝牲。”鄭衆注:“黝,讀爲幽;幽,黑也。”

35. 泑 iəu(ĭog) 《山海經·西山經》:“北流注於泑水。”郭注:“音黝,水色黑也。”

36. 幽 iəu(ĭog) 《説文》四下丝部:“幽,隱也。”林義光云:“幺,古玄字。從二玄,猶從玄也。玄,黝黑也。”《詩·小雅·隰桑》:“其葉有幽。”毛傳:“幽,黑色也。”《禮記·玉藻》:“一命緼韍幽衡。”鄭玄注:“幽讀爲黝,黑謂之黝。”

37. 黦 uɑt 《説文·黑部》:“黦,沃黑也。”

38. 嬒 uɑt 《説文》十二下女部:“嬒,女黑色也。”

B. 舌齒音字

39. 卢(盧)lɑ(-âg)[1] 《書·文侯之命》:“盧弓一,盧矢百。”僞孔傳:“盧,黑也。”字亦作“旅”。《左傳·僖公二十八年》:“旅弓矢千。”《漢書》卷五十七上《司馬相如傳上》載《上林賦》:“於是乎

---

① 沈兼士云:“盧聲字多有黑義。”見《盧字之字族與義類》,天津《大公報·文史周刊》第12期,1947年。

盧橘夏孰。"顏注:"盧,黑色也。"《説文》四上目部:"矑,盧童子也。""盧童子"即黑瞳子。因色黑而名"盧"的事物不少。如:易爲煙氣熏黑的飯器叫"盧"。《説文》五上皿部:"盧,飯器也①。"黑色的爐子叫"盧"。《漢書·司馬相如傳上》:"乃令文君當盧。"一種黑犬叫"盧"。《戰國策·秦策三》:"譬若馳韓盧而逐蹇兔也②。"《文選》卷二張衡《西京賦》:"韓盧噬於緤末。"薛綜注:"韓盧,犬,謂黑色毛也。"《漢書》卷九十九下《王莽傳下》:"是猶紲韓盧而責之獲也。"顏注:"韓盧,古韓國之名犬也。黑色曰盧。"一種黑鳥叫"盧"。司馬相如《上林賦》:"箴疵鵁盧。"黑瞳子叫"盧"。《漢書》卷八十七上《揚雄傳上》載《甘泉賦》:"玉女無所眺其清盧兮。"黑土叫盧。《釋名·釋地》:"土黑曰盧。"黑水也叫"盧"。《水經注》卷十一"滱水":"盧奴城内西北隅有水,淵而不流。……水色正黑,俗名曰黑水池。或云:水黑曰盧,不流曰奴,故此城藉水以取名矣③。"

40. 黸 《説文·黑部》:"黸,齊謂黑爲黸④。"張文虎云:"古本謂黑爲盧,黸乃後起字⑤。"揚雄《法言·五百》:"彤弓黸矢。"《方言》卷二:"黸童子謂之矑。"郭璞注:"黸,黑也。"

41. 壚 《説文》十三下土部:"壚,〔黑〕剛土也⑥。"《書·禹貢》:"下土墳壚⑦。"《楚辭》劉向《九嘆·思古》:"倘佯壚坂。"

42. 鑪(鑢)⑧ 《説文》十四上金部:"鑪,方鑪也。"徐灝云:

---

① 徐灝《説文段注箋》:"盧爲火所熏,色黑,因謂黑爲盧。"這是因果倒置的説法。
② 《孔叢子·執節》:"申叔問曰:'犬馬之名皆因其形色而名焉,唯韓盧、宋鵲獨否,何也?'子順答曰:'盧,黑也;鵲,白黑色。非色而何?'"
③ 《夢溪筆談》卷二十四"雜志一":"大抵北方水多黑色,故有盧龍郡,北人謂水爲'龍','盧龍'即黑水也。"趙彥衛《雲麓漫鈔》卷一:"盧龍河在北方。《唐書》云:'狄人謂黑爲盧,謂水爲龍。'……古人皆以'盧'爲黑,非北狄語也。"
④ 《説文》以"黸"爲齊方言,可能是因《詩·齊風·盧令》稱黑犬爲"盧"之故,但韓國特產的黑色獵犬也稱"盧",可見"謂黑爲黸(盧)"不限於齊人。
⑤ 段玉裁謂經典中訓黑的"盧"本當作"黸",借"盧"爲之。這顯然是本末倒置。
⑥ 段注:"各本無'黑'字,依《韻會》則小徐有,《尚書正義》所引同,今補。"
⑦ 《漢書》卷二十八上《地理志上》:"下土墳壚。"顏注:"壚,謂土之剛黑者也。"
⑧ 參看陳偉《爐與盧》,《文物》1984年第7期。

"古衹作盧,相承增金旁。"

43. 玁 《廣雅•釋畜》:"韓玁。"《初學記》卷二十九引《字林》:"玁,韓良犬也。"

44. 矑 《文選》卷七揚雄《甘泉賦》:"玉女亡所眺其清矑兮。"

45. 鸕(以上六字音並同"盧") 《說文》四上鳥部:"鸕,鸕鷀也。"段注:"鸕者,謂其色黑也。"《文選》卷四張衡《南都賦》李善注引《倉頡篇》:"鸕鷀,似鶂而黑。"

46. 黎 liei(-ied) 《說文》上七黍部:"黎,履黏也。"段注:"古亦以爲黧黑字。"徐灝云:"古與黧通。"《書•禹貢》:"厥土青黎。"《呂氏春秋•求人》:"顏色黎黑。"《史記》卷八十七《李斯列傳》:"面目黎黑。""黎黑"同義連文。

47. 黧 玄應《一切經音義》卷二十二引《字林》:"黧,黃黑也。"《玉篇•黑部》:"黧,黑也。亦作黎。"

48. 雞(鷙) 《說文》四上隹部:"雞,雞黃也。……其色黎黑而黃。"

49. 犁(以上三字音並同"黎") 《說文》二上牛部作"犂",經籍作"犁",借爲"黎(黧)"。《論語•雍也》:"犁牛之子騂且角。"王鳴盛謂"犁牛"爲黑牛。《戰國策•秦策一》:"面目犁(一作黧)黑。"

50. 驪 lie(-ieg) 《說文》十上馬部:"驪,馬深黑也。"段注:"《魯頌〔•駉〕》傳曰:'純黑曰驪。'按:引申爲凡黑之稱。"《禮記•檀弓上》:"夏后氏尚黑,……戎事乘驪。"《史記》卷二《夏本紀》:"其土青驪。"

51. 鸝 lie(-ieg) 《方言》卷八:"鸝黃……白關而西謂之鸝黃。"郭注:"其色黧黑而黃,因名之。"《文選》卷十九宋玉《高唐賦》:"王雎鸝黃。"

52. 癃 lie(-ieg) 《說文》七下疒部:"癃,……一曰瘦黑。"

53. 黮 d'əm/t'- 《說文•黑部》:"黮,桑葚之黑也。"《廣雅•釋器》:"黮,黑也。"《文選》卷六左思《魏都賦》張載注引《聲類》:"黮,深黑色也。"《楚辭•九辯》:"尚黯黮而有瑕。""黯黮"同義連文。

54. 葚 dʻiəm　《說文》一下艸部："葚,桑實也。"《詩·衛風·氓》："無食桑葚。"字亦作"椹"。《魯頌·泮水》："食我桑黮。""葚"得名於黑①,顯而易見。

55. 黮 tʻiəm　見上文喉牙音"黮"字條。

56. 黕 təm　《說文·黑部》："黕,滓垢也。""滓垢"猶言黑垢。《楚辭·九辯》："或點點而污之。"《廣韻》上聲感韻："黕,黑也。"王念孫《廣雅疏證》卷八上《釋器》"黝"條："黕⋯⋯義與黮同。"

57. 黲 tsʻəm/-am　《說文·黑部》："黲,淺青黑也。"《廣雅·釋器》："黲,黑也。"

58. 黵 tam　《說文·黑部》："黵,大污也。"《廣韻》上聲敢韻："黵,大污垢黑。"

59. 點 tiam　《說文·黑部》："點,小黑也。"春秋時人曾點字子晳,也是以"對文"命字②。

60. 玷 tiam　《詩·大雅·抑》："白圭之玷,尚可磨也。""玷"指白玉上的黑斑。

61. 耊 tiam　《說文》八上老部："耊,老人面如點也。"

62. 黷 dʻiən　《說文·黑部》："黷謂之垽;垽,滓也。""滓"有黑義,見下。

63. 黗 tʻuən　《說文·黑部》："黗,黃濁黑。"《廣雅·釋器》："黗,黑也。"

64. 純 ziwən　《儀禮·士冠禮》："純衣,纁帶。"《禮記·玉藻》："大夫佩水蒼玉而純組綬。""純"指黃黑色的絲帛③。

65. 纂 tsʻiwan/tʃʻiwăt　《說文·黑部》："纂,⋯⋯一曰短黑。讀若以芥爲虀名曰芥荃也④。"《廣韻》入聲鎋韻："纂,黑也。"

---

① 參看王念孫《廣雅疏證》卷八上《釋器》"黝"條。
② 參看《經義述聞》卷二十二"春秋名字解詁上"。
③ 參看《廣雅疏證》卷八上"黝"條。
④ 參看陸志韋《〈說文解字〉讀若音訂》,《燕京學報》第 30 期,第 201 頁。"荃"有-n/-t 兩讀,可比較《漢書》卷五十三《景十三王傳》"繇王閩侯亦遺建荃葛"顏注:"字本作綷,音千全反(tsʻiwan),又音千劣反(tsʻiwăt)。"

66. 駽 ts'iwan 《爾雅·釋畜》:"白馬黑脣,駽。"

67. 顓 tien 《左傳·昭公二十八年》:"昔有仍氏生女,顓黑而甚美,……名曰玄妻。"

68. 鬒 tien 《詩·鄘風·君子偕老》:"鬒髮如雲。"毛傳:"鬒,黑髮也。"《左傳·昭公二十六年》:"鬒鬒眉。"《釋文》:"鬒,黑也。"字亦作"縝"。《廣雅·釋器》:"縝,黑也。"

69. 鐵 t'iĕt 《說文·金部》:"鐵,黑金也。"金屬多以其色得名。參看下文"銀"、"金"、"銅"各條。《禮記·月令》:"孟冬駕鐵驪。"

70. 驖 t'iĕt/d'- 《說文·馬部》:"驖,馬赤黑也。"《詩·秦風·駟驖》:"駟驖孔阜。"毛傳:"驖,驪也。"

71. 黮 d'ăt 《文選》卷六左思《魏都賦》:"榱題黮黮。"李善補注:"黮亦黑也。"

72. 涅 niĕt 《說文》十一上水部:"涅,黑土在水中也。"《山海經·北山經》:"其下多黃垩,多涅石。"《淮南子·說山》:"流言雪污,譬猶以涅拭素也。"高誘注:"涅,黑也。"

73. 泥 niĕt/niei 《史記》卷八十四《屈原賈生列傳》:"泥而不滓。"即《論語·陽貨》的"涅而不緇。"揚雄《太玄·更》:"化白於泥淄。"

74. 蛤(炱) d'ə(-əg)/t'- 《爾雅·釋魚》:"玄貝,貽貝。"《釋文》:"本又作胎,……《字林》作蛤,云:黑貝也。"王念孫云:"胎,黑色也。《呂氏春秋·任數》篇:'台煤入甑中。'高注讀台爲炱,云:'炱煤,煙塵也。'《家語·在厄》篇'炱煤'作'怡墨'。"①參看《廣韻》上平聲咍韻:"䵆黕,人黑之貌。"

75. 黱 d'ə(-əg) 《說文·黑部》:"黱,畫眉〔黑〕也。"

76. 黛 d'ə(-əg) 《楚辭·大招》:"粉白黛黑。"

77. 纔 dz'ə(-əg) 《說文》十三上糸部:"纔,帛雀頭色,一曰微黑色。"

---

① 《經義述聞》卷二十八"玄貝,貽貝"條。

78. 貽 dīə(-īəg)　《爾雅·釋魚》："玄貝，貽貝。"見上"蛤"字條。

79. 玆 tsīə(-īəg)　《説文》四下玄部："玆，黑也。从二玄。《春秋傳》曰：'何故使吾水玆？'"

80. 滋 tsīə(-īəg)　《左傳·哀公八年》："何故使吾水滋？"杜注："滋，濁也。"《釋文》引《字林》："黑也。"《史記·屈原賈生列傳》："不獲世之滋垢。"參看《廣韻》上平聲之韻："黳，染黑。"

81. 鶿 tsīə(-īəg)/dzʻ-　《説文·鳥部》："鶿，鷀鶿也。从鳥，玆聲。"桂馥云："玆聲者，《爾雅翼》云：盧與玆皆黑，故名。"王筠云："玆者黑也，盧鶿色黑，盧亦黑色。"字亦作"鷀"。玄應《一切經音義》卷十九引《字林》："鷀鶿，似鶂而黑。"

82. 鰦 tsīə(-īəg)　《爾雅·釋魚》："鮦，黑鰦。"①郝懿行謂"鮦"即《説文》之"鱉"。今按："虩"爲黑虎，"鱉"當是一種黑魚。

83. 嵫 tsīə(-īəg)　見上文"崦"字條。

84. 緇 tʃʻīə(-īəg)　《説文》系部："緇，帛黑色也。"《詩·鄭風·緇衣》："緇衣之宜兮。"毛傳："緇，黑色。"《儀禮·士冠禮》："純衣，緇帶。"鄭玄注："緇帶，黑繒帶也。"字亦作"紂"，見《禮記·檀弓上》。

85. 淄　揚雄《太玄·更》："化白於泥淄。"范望注："淄，黑也。"

86. 鷀　《爾雅·釋鳥》："鷀，鵧軌。"以字的形音求之，"鷀"當是一種黑鳥。

87. 滓（以上三字音並同"緇"）　《釋名·釋綵帛》："緇，滓也，泥之黑者曰滓。"楊樹達云："文從宰聲者，宰之爲言玆也。……大抵玆聲音近之字多爲黑。"②《史記·屈原賈生列傳》的"泥而不滓"即是《論語·陽貨》的"涅而不緇"。

88. 黓 dīək　《爾雅·釋天》："太歲在壬曰玄黓。""玄黓"同義

———————

① 《爾雅》此條舊讀如此，疑當與"榆白，枌"（釋木）之類一例，讀作"鮦黑，鰦。"
② 楊樹達《釋滓》，《積微居小學金石論叢》（增訂本），科學出版社，1955年，第12頁。

連文。按五行學説,壬爲水,水色黑,故稱。字亦作"弋"。《漢書》卷四《文帝紀》:"身衣弋綈。"如淳注:"弋,皁也。賈誼曰:'身衣皁綈。'"顔注:"弋,黑色也。"

89. 黰 diən 《廣雅·釋器》:"黰,黑也。"《玉篇·黑部》:"黰,面黑〔子〕也。"

90. 蠅 diəŋ 《詩·小雅·青蠅》:"營營青蠅。"疑"蠅"得名於黑[①]。音轉爲"羊"(diaŋ)。《方言》卷十一:"蠅,東齊謂之羊。"

91. 緆 diəŋ 《説文·黑部》:"緆,赤黑也。"

92. 虪 ɕiəuk 《爾雅·釋獸》:"虪,黑虎。"《釋文》作"儵"。《説文》五上虎部:"虪,黑虎也。"

93. 黷 d'ŏk 《説文·黑部》:"黷,握持垢也。"玄應《一切經音義》卷六引《聲類》:"黷,黑也。"

94. 辱 nǐwŏk 《儀禮·士昏禮》鄭玄注:"以白造緇曰辱。"《廣雅·釋詁》:"辱,污也。"《國語·晉語一》:"精潔易辱。"朱駿聲以"辱"爲"黷"的假借字,實即同源詞。

C. 唇音字

95. 墨 mək 《説文》十三下土部:"墨,書墨也。从土从黑,黑亦聲。"《廣雅·釋詁》:"墨,黑也。"《儀禮·士喪禮》:"乘墨車。"

96. 黴 muət 《説文》十上黑部:"黴,〔物〕中久雨,青黑。"《廣雅·釋器》:"黴,黑也。"《淮南子·修務》:"堯瘦臞,舜黴黑。"《楚辭》劉向《九嘆·逢紛》:"顔黴黧以沮敗兮。""黴黑(黧)"同義連文。字亦作"黣"。《列子·黄帝》:"肌色奸黣。"

97. 穖 muət 《列子·黄帝》殷敬順釋文引《埤蒼》:"穖,謂禾傷雨而生黑斑也。"

【備考】漢語鄰近語言裏的黑義詞:

1. 藏語 nag-po;彝語 anɔ,na̱,ni̱;傈僳語 nɛ,nia;哈尼語 na̱;拉祜語 na̱;納西語 nɑ;基諾語 a na;白語 xə;羌語 n̠iq;嘉絨語 kə-

---

[①] 《説文》十三下黽部:"蠅,蟲之大腹者也。从黽、虫。"段注:"此蟲大腹,故其字从黽、虫,會意,謂腹大如黽之蟲也。"此乃説其形態,非釋其名義。

nɐk；緬甸語 nak，nɛ'；載瓦語 no'；獨龍語 nɑ'；景頗語 tʃaŋ；門巴語 tʃa̠ŋlu。

2. 壯語 dam；傣語 dām，lam，kam；泰語 'dam；阿含語（Ahom）dām；黎語 dam；臨高話 lam；拉伽瑤語 lam；儂語 dam；布依語 fon，wa:n，lu；沙語 fɯan；侗語 nam，teŋ；水語 'nam；毛難語 nam；仫佬語 nam；莫語 nam。

3. 仡佬語 lan。

4. 苗語 lɛ，tlo，tɬu，ma qwe；布努瑤語 tɬuŋ；勉瑤語 kie；標敏瑤語 kia。

5. 京語 dɛŋ；越南語 dɛŋ。

6. 佤語 luŋ。

7. 柬埔寨語 khmāu，kalei。

8. 占語（Cham）hatam，hitam。

這裏面藏緬語的 nag/nak 和漢語的"辱"niwōk（＜n-）有無關係，由於"辱"不宜視爲黑義的代表詞，可以存疑。苗語 tlo/tɬu 和漢語"盧"（lɑ＞lu）有無關係，未能確定。可以注意的是從"慮"（l-）得聲的字有"攄"（t'ïo＞t̢'ïo），而"慮"與"盧"同從"虍"聲。（《說文》以"慮"爲"从思虍聲"，疑非。）總的看來，能同古漢語黑義詞相比較的還是台語的詞。布依語惠水話的 lu 和漢語的"卢"有無關係，不能斷定。（惠水話另有一個調類不同的 lu，義爲"青"，當是借自漢語西南話的"綠"。）可以初步肯定的是台語的 dam 和漢語的"黮"（dˊəm＞dˊam）組詞的相似不是偶合。就台語說，分佈在廣大地區的多數語言和方言的一致性表明這個詞（及其語音變體）是表示黑義的代表詞；就漢語說，這一組詞的同族詞之多足以證明它曾經是具有優勢的黑義詞[①]，再從"甚"這個古老的詞的得

---

① 後藤朝太郎在比較漢語和泰語的黑義詞時僅以漢語的"曇"和泰語的 dam 相比。見《文字の研究》，森北書店，1942年，第1251頁。"曇"字不見於《說文》和上古典籍，鄭珍《說文新附考》謂其本字爲"黕"。後藤氏所舉未當，泰語 'dam 應與本文所列"黮"組字（53—61）相比。

名又可推知它的起源之早。可見漢台兩語詞彙上的這一相合不是由於借用,而是出於同源。

二、白

A. 喉牙音字

1. 皓(暠) ɣəu(-ôg)/k- 《小爾雅·廣詁》:"皓,素也。"《文選》卷十三班固《幽通賦》曹大家注:"皓,白也。"《吕氏春秋·本生》:"靡曼皓齒。"《史記》卷五十五《留侯世家》:"鬚眉皓白。""皓白"同義連文。

2. 暭 ɣeu(-ôg) 《説文》七上日部:"暭,皓旰也。"《廣雅·釋訓》:"暭暭,白也。"

3. 菒 kəu(-ôg) 《説文》一下艸部:"菒,葛屬,白華。"

4. 臭 kəu(-ôg) 《説文》十下大部:"臭,大白澤也。"

5. 杲 kəu(-ôg) 《廣雅·釋訓》:"杲杲,白也。"《詩·衛風·伯兮》:"杲杲出日。"

6. 縞 kau(-ôg)/x- 《後漢書》卷六《順帝紀》李賢注引《爾雅》:"縞,皓也。"《小爾雅·廣詁》:"縞,素也。"《説文》十三上糸部:"縞,鮮色也。"此"鮮"爲漢代口語詞,義爲白。參看下文"斯"字條、"玼"字條。

7. 皐 kau(-ôg)/ɣeǎuk 《文選》卷十六潘岳《懷舊賦》李善注引《埤蒼》:"皐,白也。"

8. 皜 ɣau(-ôg) 《孟子·滕文公上》:"皜皜乎不可尚已。"趙岐注:"皜皜,白甚也。"

9. 滈 ɣau(-ôg) 《文選》卷八司馬相如《上林賦》:"鼜乎滈滈。"郭璞注:"滈滈,水白光貌。"

10. 顥 ɣau(-ôg) 《説文》九上頁部:"顥,白貌。……《楚詞〔·大招〕》曰:'天白顥顥。'南山四顥,白首人也。"《吕氏春秋·有始》:"西方曰顥天。"高注:"金色白,故曰顥天。"《文選》卷二十九李陵《與蘇武詩》李注引《聲類》:"顥,白首貌。"

11. 皎（晈）kiau(-iəg)　《説文》七下白部："皎，月之白也。"①《廣雅・釋器》："皎，白也。"《穆天子傳》卷五："有皎者駱。"郭注："皎，白貌。"

12. 皦 kiau(-iəg)　《説文・白部》："皦，玉石之白也。"《詩・王風・大車》："有如皦日。"毛傳："皦，白也。"

13. 璬 kiau(-iəg)　《説文》一上玉部："璬，玉佩。"段注："璬之言皦也，玉石之白曰璬。"

14. 皛 kiau(-iəg)/ɣ-　《文選》卷二十六陶淵明《辛丑歲七月赴假還江陵夜行涂口》詩李注引《説文》："通白曰皛。"《廣雅・釋器》："皛，白也。"

15. 皢 xiau(-iəg)　《説文・白部》："皢，日之白也②。"

16. 曉 xiau(-iəg)　《説文・日部》："曉，明也。"

17. 鷽 ɣāuk/ɣeāuk/x-　《説文》四上羽部："鷽，鳥白肥澤貌。"《廣雅・釋器》："鷽，白也。"《詩・大雅・靈臺》："白鳥鷽鷽。"司馬相如《上林賦》："鷽乎滴滴。"

18. 鶴（鸖）ɣāuk　《孟子・梁惠王上》引《詩》："白鳥鶴鶴。"《楚辭》劉向《九嘆・遠游》："騰群鶴於瑶光。"王逸注："鶴，白鳥也。"

19. 雈 ɣāuk/ɣeāuk　《説文・白部》："雈，鳥之白也。"王筠云："從雀之字多有白義。"③

20. 駽 ɣāuk/ɣeāuk　《説文》十上馬部："駽，一曰馬白額。"

21. 㹀 ŋeāuk　《説文》二上牛部："㹀，白牛也。"

22. 沃 āuk　《淮南子・墜形》："西方曰金丘，曰沃野。"高誘

---

① 俞樾《兒笘錄》卷三"皢"條："'曉''皢'一字，皢即曉之俗體也，凡從日之字俗或從白。……許君以'皢''皎'二篆相次，訓'皢'爲日之白，訓'皎'爲月之白，其義實近附會。'皎'爲月之白雖有《詩〔・陳風・月出〕》'月出皎兮'之文可據，然次章云'月出皓兮'，'皓'實從日，《説文・日部》：'晧，日出貌，''晧'之義不〔專〕屬日，'皎'之義豈必專屬於月乎？《廣雅・釋詁》曰：'皎，明也，'是'皎'字古有從日作'晈'者。"'皎'字之義不限於月白，徐灝《説文段注箋》亦言之。

② 同上。

③ 參看楊樹達《釋雈》，《積微居小學述林》，中國科學院，1954年，第75頁。

注：“沃猶白也，西方白，故曰沃野。”

23. 鋈 āuk 《説文》十四上金部：“鋈，白金也。”《詩·秦風·小戎》：“陰靷鋈續。”① 毛傳：“鋈，白金也。”鄭箋：“鋈續，白金飾續靷之環。”

24. 堊 ǎk 《説文》十三下土部：“堊，白涂也。”玄應《一切經音義》卷十一引《蒼頡篇》：“堊，白土也。”《周禮·春官·司巫》：“其桃則守桃幽堊之。”鄭玄注：“堊，白也。”

25. 芑 kʻiə(-ieg) 《説文·艸部》：“芑，白苗嘉穀也。”《詩·大雅·生民》：“維穈維芑。”毛傳：“芑，白苗也。”字亦作“杞”，見《管子·地員》。

26. 玘 kʻiə(-ieg) 《説文·玉部》：“玘，玉也。”“芑”爲白苗，“玘”當爲白玉。

27. 騹 ɣie(-ieg)/k- 《爾雅·釋畜》：“前足皆白，騹。”《釋文》：“舍人本作雞。”參看下文“斯”字條。

28. 皚 ŋəi(-əd) 《説文·白部》：“皚，霜雪之白也。”《廣雅·釋器》：“皚，白也。”漢樂府《白頭吟》：“皚如山上雪，皎若雲間月。”“皚”“皎”同義互文。劉歆《遂初賦》：“漂積雪之皚皚兮。”字亦作“溰”“磑”，見枚乘《七發》。“漂”亦白義，見下文“漂”字條。

29. 銀 ŋiən 《爾雅·釋器》：“白金謂之銀。”《説文·金部》：“銀，白金也。”“銀”當是得名於白色②。

30. 珢 ŋiən/kən 《説文·玉部》：“珢，石之似玉者。”“銀”爲白金，“珢”當爲白色美石。

31. 盰 kan 《説文》四上目部：“盰，目多白也。”

32. 睅 ɣɑn 《廣雅·釋器》：“睅，白也。”

33. 翰 ɣɑn 《易·賁·六四爻辭》：“白馬翰如。”《禮記·檀弓上》：“殷人尚白，……戎事乘翰。”鄭玄注：“翰，白色馬也。”

---

① 參看徐中舒《古代狩獵圖像考》，《慶祝蔡元培先生六十五歲論文集》（《歷史語言研究所集刊》外編第一種）下册，1933年，第588頁；張子高《從鍍錫銅器談到"鋈"字本義》，《考古學報》1958年第3期，第73—74頁。

② 參較阿細彝語 tʻo（白/銀），撒尼彝語 pi（白/銀），傈僳語（i）pʻu（白）/pʻu（銀）。

34. 騽(瞯)ɣean 《說文·馬部》:"騽,馬一目白曰騽。"段注:"《廣韻〔·上平聲山韻〕》曰:'瞯,人目多白(也)。'是則人目白曰瞯,馬目白曰騽。'騽'即從'瞯'省。《爾雅·釋畜》'騽'作'瞯'。"

B. 舌齒音字

35. 鐐 liau(-iɔg) 《爾雅·釋器》:"白金謂之銀,其美者謂之鐐。"《說文》十四上金部:"鐐,白金也。"

36. 璙 liau(-iɔg) 《說文》一上玉部:"璙,玉也。""鐐"爲白金,"璙"當爲白玉。参看《廣韻》上聲小韻:"醽醽,面白。"

37. 潐 tsīau(-īɔg) 《荀子·不苟》:"其誰能以己之潐潐受人之掝掝者哉!""潐潐"即"皭皭"。

38. 皭 tsīau(-īɔg)/dzˋiăuk 《廣韻》入聲藥韻引《埤蒼》:"皭,白色也。"《廣雅·釋器》:"皭,白也。"《史記·屈原賈生列傳》:"皭然泥而不滓者也。"《韓詩外傳》卷一:"莫能以己之皭皭容人之混污然。"

39. 的(旳)tiăuk 《易·說卦》:"爲的顙。"虞翻注:"的,白。"《詩·秦風·車鄰》"有馬白顛"毛傳:"白顛,的顙也。"《小雅·賓之初筵》:"發彼有的。"孔疏:"的者,謂熊侯白質者也。"

40. 馰 tīauk 《說文》十上馬部:"馰,馬白額也。……《易》曰:'爲馰顙。'"《爾雅·釋畜》:"馰顙,白顛。"

41. 玓 tiăuk 《說文·玉部》:"玓,玓瓅,明珠也。"

42. 䌠 diăuk 《說文》十三上素部:"䌠,白䌠,縞也。"《廣雅·釋器》:"縞謂之䌠。"

43. 雡 dˋeăuk/t-/teau(-ɔg) 《爾雅·釋鳥》:"雡雉。"郭璞注:"亦名白雉。"《廣韻》去聲效韻:"雡,今白雉也。"

44. 晳 siĕk 《說文》七下白部:"晳,人色白也。"《左傳·襄公十七年》:"築者謳曰:'澤門之晳,實興我役;邑中之黔,實慰我心。'"可見"晳"是先秦口語詞。春秋時鄭公孫黑字子晳,狄黑字晳,都是以對文命字。引申爲泛指白。《左傳·定公九年》:"晳幘而衣狸制。"字亦作"析"。《周禮·地官·大司徒》:"其民析而瘠。"鄭玄注:"析,白也。"春秋時衛公子黑背字析,孔子弟子伯虔字子析。

45. 斯 sīe(-ieg)　《詩·小雅·瓠葉》:"有兔斯首。"鄭箋:"斯,白也。今俗語斯白之字作鮮,齊魯之間聲近斯。"①《呂氏春秋·報更》"斯食之",《墨子·魯問》作"鮮而食之"。楊樹達云:"'斯''鮮'古音義並同也。"②劉劭《趙都賦》:"良馬則飛兔奚斯。"③"奚"即"騱"(見上),亦有白義。字亦作"雞"。《淮南子·道應》:"得驥虞雞斯之乘。"④

46. 玼 ts'ie(-ieg)/-iei(-ieg)　《說文·玉部》:"玼,玉色鮮也。""鮮"有白義,見上文"縞"字條、"斯"字條。

47. 樆 tsiei(-ieg)　《爾雅·釋木》:"樆,白棗。"

48. 思 sīe(-iəg)　《左傳·宣公二年》:"于思于思。"《釋文》引賈逵注:"白頭貌。"《詩·瓠葉》"有兔斯首"孔疏:"《左傳》曰:'于思于思。'服虔云:'白頭貌。'字雖異,蓋亦以'思'聲近'鮮'故爲白頭也。"杜預釋"思"爲"多鬚之貌"。惠士奇、洪亮吉並以賈、服義爲長。說見洪氏《春秋左傳詁》。

49. 瑳 ts'a　《說文·玉部》:"瑳,玉色鮮白。"

50. 縒 sa　字見《說文》十三上糸部。《廣韻》上聲哿韻:"縒,鮮潔貌也。""瑳"爲玉色鮮白,"縒"當爲帛色鮮白。

51. 醝 dz'a　玄應《一切經音義》卷九引《通俗文》:"白酒曰醝。"

52. 素 sɑ(-âg)　《說文·素部》:"素,白致繒也。"《詩·召南·羔羊》:"素絲五紽。"毛傳:"素,白也。"《山海經·海內經》:"帝俊賜羿彤弓素矰。"《楚辭·九章·橘頌》:"綠葉素榮。"

---

① 【補】王引之《經傳釋詞》卷八"斯"字條:"斯,語助也。《瓠葉》曰:'有兔斯首。'鄭箋以'斯首'爲白首,非。"今按:王駁未是。說見俞敏《經傳釋詞札記》,湖南教育出版社,1987年,第138頁。

② 見楊伯峻《列子集釋》,中華書局,1979年,第166頁。

③ 據《文選》卷十四顏延之《赭白馬賦》李注引。《藝文類聚》卷六十一"居處部一"載《趙都賦》亦作"奚斯"。嚴可均校輯《全三國文》卷三十二作"裏斯",誤。

④ 參看胡元玉《駁"春秋名字解詁"》"晉祁奚字黃羊"條。見《皇清經解續編》卷一千四百二十七。

53. 獡 sa(-âg) 《玉篇·犬部》:"獡,牲白也。"

54. 鷺 la(-âg) 《説文》四上鳥部:"鷺,白鷺也。"《詩·周頌·振鷺》:"振鷺于飛。"毛傳:"鷺,白鳥也。"

55. 璐 la(-âg) 《説文·玉部》:"璐,玉也。""鷺"爲白鳥,"璐"當爲白玉。

56. 駱 lak 《爾雅·釋畜》:"白馬黑鬣,駱。"王引之云:"駱馬,白馬也;駱者,白色之名。……《月令》:'秋乘白駱。'猶'赤騥'之騥爲赤色,'鐵驪'之驪爲黑色也。"① 比較《廣雅·釋畜》:"白馬朱鬣,駱。"可見"駱"義主於白。參看《穆天子傳》卷五:"有皎者駱。"

C. 唇音字

57. 白 bʻeāk 《説文》七下白部:"白,西方色也。"②《儀禮·士喪禮》:"冬白屨。"周策縱云:"'白'的本義應是白色的獸皮。"③

58. 貘 meak 《爾雅·釋獸》:"貘,白豹。"王引之云:"貘之爲言猶白也。"④

59. 皅 pʻea(-ăg) 《説文·白部》:"皅,艸華之白也。从白,巴聲。"

60. 葩 pʻea(-ăg) 《説文》一下艸部:"葩,華也。"⑤ 宋玉《高唐賦》:"葩葉覆蓋。"字亦作"芭"。《大戴禮記·夏小正》:"三月……拂桐芭。"《楚辭·九歌·禮魂》:"傳芭兮代舞。"戴震《屈原賦注》卷二:"華之初秀曰芭。"

61. 骿 pʻeŋ 《廣雅·釋器》:"骿,白也。"

62. 皏 pʻieŋ 《説文》九上色部:"皏,縹色也。"字亦作"頩"。《楚辭·遠遊》:"玉色頩以脕顔兮。"

---

① 《經義述聞》卷二十八"青驪繁鬣,駱"條。
② 參看陳世輝《釋白》,《歷史教學與研究》1959 年第 6 期。
③ 周策縱《中國古代的巫醫與祭祀、歷史、樂舞及詩的關係》,《清華學報》(新竹)新 12 卷第 1—2 期(合刊),1979 年,第 5 頁。
④ 《經義述聞》卷二十八"貘,白豹"條。
⑤ "葩""華"同義而詞的理據不同,"葩"得名於白,而"華"得名於紅。

63. 薜 pěk　《爾雅·釋草》："薜,白蘄。"

64. 鼳 miěk　《說文》五上虎部："鼳,白虎。"《爾雅·釋獸》："鼳,白虎。""鼳"當為"鼳",《釋文》引《字林》音"亡狄反"可證。字又作"麒",見《玉篇·虎部》。

65. 頮 pīe(-īeg)　《說文》九上須部："頮,鬚髮半白也。"

66. 貔 b'iei(-ied)/p-　《爾雅·釋獸》："貔,白狐。"《書·牧誓》："如虎如貔。"鄭玄注："貔,一名白豹。"可見"貔"義主於白。

67. 漂 p'iau(-iəg)/b'-　《釋名·釋地》："土白曰漂。"劉歆《遂初賦》："漂積雪之皚皚兮。"

68. 顠 p'iau(-iəg)/b'-　《楚辭》王逸《九思·憫上》："鬚髮蕚領兮顠鬢白。"聞一多云："'顠鬢白'疑當作'鬢顠白'。……《玉篇》曰:'顠,髮白貌。'……凡從'票'之字多有白義。……'顠''白'同義,文相偶也。"①字亦作"鬟",見《廣韻》上聲小韻。

69. 驃 p'iau(-iəg)/b'-　《說文》十上馬部："驃,黃馬發白色,一曰白髦尾也。"可見"驃"義主於白。

70. 犥 p'iau(-iəg)　《說文》二上牛部："犥,牛黃白色。"段注："黃馬發白色曰'驃','票''麃'同聲,然則'犥'是黃牛發白色也。"楊樹達云："'票'聲字多含白義。……《說文》'麃从票省聲',故'麃'聲字亦含白義。"②

71. 皫 p'iau(-iəg)　《玉篇·白部》："皫,白色。"《禮記·內則》："鳥皫色而沙鳴。"段玉裁云："'鳥皫色'亦謂發白色。"

72. 茇 b'uăt　《爾雅·釋草》："苕,陵苕;黃華,蔈;白華,茇。"③

73. 皤(顋) b'uan/b'ua　《說文·白部》："皤,老人白也。……顋,或从頁。"《廣雅·釋器》："皤,白也。"《爾雅·釋草》："繁,皤蒿。"郭注："白蒿。"于鬯云："凡諧'番'聲之字亦多白義。"④

---

① 聞一多《楚辭校補》,《古典新義》下冊,古籍出版社,1956年,第492頁。
② 楊樹達《釋驃》,《積微居小學述林》第76頁。
③ 聞一多《楚辭校補》引此作"蔈,白華茇",句讀誤。
④ 于鬯《香草校書》卷十四"詩四""正月繁霜"條,中華書局,1984年,第285頁。

楊樹達亦云："凡'番'聲及音近之字多含白義。"①

74. 蕃（繁）b'ĭwan 《禮記·明堂位》："周人黃馬蕃鬣。"《爾雅·釋畜》："青驪繁鬣，駵。"王引之云："蕃亦色也，'蕃''繁'古字通，繁者白色也，讀若老人髮白曰皤。……'繁'與'皤'同義。白蒿謂之蘩，白鼠謂之䶄，馬之白鬣謂之繁鬣，其義一也。《晏子春秋·外篇》曰：'（景）公乘侈輿，服繁駔。'……繁駔蓋壯馬之白色者。"②以此而論，《詩·小雅·正月》"正月繁霜"之"繁"，疑亦當訓白③。

75. 䶄 《說文》十上鼠部："䶄，鼠也。"《廣雅·釋畜》："白䶄。"王引之《疏證》："《玉篇》：'䶄，白鼠也。'……䶄之言皤也。"

76. 璠 《說文》一上玉部："璠，璵璠，魯之寶玉。"

77. 蘩（蘩）（以上三字音並同"蕃"）《說文·艸部》："蘩，白蒿也。"《詩·豳風·七月》："采蘩祁祁。"毛傳："蘩，白蒿也。"

78. 販 p'ean 《說文》四上目部："販，多白眼也。"玄應《一切經音義》卷一引作"眼多白也"。

79. 辮 p'ean/b'- 《說文·目部》："辮，小兒白眼也。"

80. 棥 b'ĭwən 《爾雅·釋木》："榆白，枌。"郭注："皮色白。"《詩·陳風·東門之枌》："東門之枌。"毛傳："枌，白榆也。"

81. 羒 b'ĭwən 《爾雅·釋畜》："羊牡，羒。"郭注："謂吳羊白羝。"《廣韻》上平聲文韻："羒，白羝羊也。"

82. 粉 pĭwən 《說文》七上米部："粉，傅面者也。"《楚辭·大招》："粉白黛黑。"

83. 頒 peən 《孟子·梁惠王上》："頒白者不負戴於道路矣。"

84. 駹 meoŋ 《說文·馬部》："駹，馬面顙皆白也。"《爾雅·釋畜》："面顙皆白惟駹。"王引之云："駹者白色也，故鴟之白者謂

---

① 楊樹達《說皤》，《積微居小學金石論叢》第86頁。
② 《經義述聞》卷二十八"青驪繁鬣，駵"條。
③ 參看《香草校書》第285頁。

之鶶鴟。"[①]

85. 鶶 meoŋ 《爾雅·釋鳥》"狂,茅鴟"郭注:"今鶶鴟也,似鷹而白。"《廣雅·釋鳥》:"鶜鴟,尨。"王引之《疏證》:"鶶者,白色之名。《爾雅》説馬云:'面顙皆白惟駹。''駹'與'鶶'聲義正同,'茅''鶶'則聲之轉耳。"

【備考】漢語鄰近語言裏的白義詞:

1. 藏語 dkar-po;門巴語 cʻerpo,baliŋ mi;彝語 a tʻo, a tɕʻu, fu, pʻa;傈僳語(i)pʻu;拉祜語 pʻu;哈尼語 pʻju;納西語 pʻɔ;白語 pa;基諾語 a apʻɹo;羌語 pʻɹe,pʻi;景頗語 pʻɹo;嘉絨語 kə-pram;車滂語(Chepang)pʻam-to;獨龍語 mɔŋ, bɔŋ;塔多語(Thado)boŋ;緬甸語 pʻru,pʻju;載瓦語 pʻju;西夏語 mɑŋ。

2. 壯語 kʻa:u,ha:u,ho:k,pi:k,pʻə:k;傣語 xau,pʻək;泰語 kʻao,pʻuək;阿含語 kʻao,pʻuk;布依語 ha:u,ɣa:k;儂語 ka:u;沙語 ha:u;黎語 kʻa:u,gau;侗語 pa:k;水語 kwa,pa:k;仫佬語 cwa,pa:k;毛難語 kwa,pok;莫語 pʻu:k;拉珈瑶語 pie:k;臨高話 fiak。

3. 仡佬語 zu,qua。

4. 苗語 lu,tleu,qlo,ntsi,lie;布努瑶語 tɬu;勉瑶語 pɛ;標敏瑶語 pʻɛ。

5. 京語 taŋ;越南語 tʂaŋ。

6. 佤語 paiŋ。

7. 柬埔寨語 sâ,skâu,skŭk。

這裏面彝語、納西語的 pʻa、pʻɔ 可與漢語的"葩"pʻea(>pʻɑ)組相比,哈尼語、載瓦語的 pʻju 可與"漂""皫"pʻĭau 組相比,西夏語的 mɑŋ、獨龍語的 mɔŋ/bɔŋ、塔多語的 boŋ 可與"駹""鶶"meoŋ(>mɔŋ)相比[②],佤語的 paiŋ 可與"皏""䒥"pʻeŋ(pʻieŋ)相比。但引人注目的還是台語族有代表性的白義詞 ka:u、xau、ɣa:k、ho:k

① 《經義述聞》卷二十八"面顙皆白惟駹"條。

② Berthold Laufer 認爲西夏語 mɑŋ(白)在漢語和藏語族裏都没有對應詞。見"The Si-hia Language, a Study in Indo-Chinese Philology", *T'oung Pao*, Vol. 17, 1916, p. 67。其實不然。

等與漢語"縞"組的 kau、xau、ɣauk、xeăuk(＞xɔk)等的對應①。漢語裏這一白義詞起源很古,行用甚廣②,但在口語裏早已消失,而台語這一白義詞在各支語言和方言裏幾乎完全一致;漢、台二語的相符看來不是由於借用或偶合,而是出於同源。

三、赤

A. 喉牙音字

1. 紅 ɣoŋ 《説文》十三上糸部:"紅,帛赤白色也。"《釋名·釋綵帛》:"紅,絳也。"王筠云:"蓋古謂之絳,周末謂之紅:'工''夅'二音相近。"王念孫云:"'絳'與'紅'聲義並相近,故《漢書·外戚恩澤〔侯〕表》'絳侯'作'紅侯'。"③

2. 縠 xōk 《説文》十下赤部:"縠,日出之赤。"

3. 絳 koəŋ＜-m 《説文·糸部》:"絳,大赤也。"原本《玉篇·糸部》引作"大赤繒也。"

4. 赩 xīək 《廣雅·釋器》:"赩,赤也。"玄應《一切經音義》卷十九引《字林》:"赩,赤貌也。"《白虎通·爵》引《詩》:"韎韐有赩。"今本《毛詩·小雅·瞻彼洛矣》"赩"作"奭"。《釋文》:"奭,赤貌。"《楚辭·大招》:"逴龍赩只。"

5. 䵣 xīək 《方言》卷十三:"䵣,色也。"郭注:"䵣然,赤黑貌也。"

6. 煒 ɣīwəi(-īwəd) 《説文》十上火部:"煒,盛赤也。"《詩·邶風·静女》:"彤管有煒。"毛傳:"煒,赤貌。"

---

① 台語裏另一類屬於唇音的白義詞(如本文所列舉)據説在使用上較有限制,它們和屬於喉牙音的白義詞的相互關係以及和漢語"白"的關係究竟如何,筆者未詳。參看聞宥《"台"語與漢語》,《中國民族問題研究集刊》(中央民族學院)第 6 輯,1957 年,第 101、105 頁。

② 聞先生認爲漢語的白義詞與台語音義相符的只有一個"縞",因而不能算是代表詞。見上引文,第 101 頁。就本文所列"縞"組字(6—24)及"皓"組字(1—5)觀之,其説容或可商。

③ 《廣雅疏證》卷八上"縓謂之紅"條。

7. 蕢 gʻiwəi<-iwət 《爾雅·釋草》:"蕢,赤莧。"王引之云:"蕢者赤色也,故莧之赤莖者謂之蕢。"①

8. 繢 ɣuəi<-uət 《文選》卷十九宋玉《神女賦》:"羅紈綺繢盛文章。"李注引《蒼頡篇》:"繢,以纂,色赤。"王引之云:"'繢'與'蕢'聲義相近也。"②

9. 纁 xīwən 《説文·糸部》:"纁,淺絳也。"《爾雅·釋器》:"三染謂之纁。"李巡注:"三染,其色已成爲絳,'絳''纁'一名也。"字亦作"熏",見《儀禮·士冠禮》鄭玄注。

10. 縕 ᶷən 《小爾雅·廣詁》:"縕,朱也。"《禮記·玉藻》:"一命縕紱幽衡。"

11. 赮 ɣuan/kan 《説文·赤部》:"赮,赤色也。"

12. 纐 ŋīwan/tsʻ-③ 《説文·糸部》:"纐,帛赤黄色。"《儀禮·喪服傳》:"麻衣纐緣。"鄭玄注:"纐,淺絳也。"《禮記·檀弓上》:"練衣黄裏纐緣。"鄭玄注:"纐,纁之類。"

13. 騵 ŋīwan 《禮記·檀弓上》:"周人尚赤,戎事乘騵。"王念孫云:"'騵'與'纐'聲義亦相近。"④參看下文黄類"騵"條。

14. 蔱 gʻīweŋ 《爾雅·釋草》:"菖,蔱茅。"郭注:"菖華有赤者爲蔱。""蔱"有赤義,"菖"亦有赤義。參看《廣韻》入聲職韻:"𥞦,赭色。"

15. 瓊 gʻiweŋ 《説文》一上玉部:"瓊,赤玉也。"或改"赤玉"爲"亦玉"或"美玉",非是。

16. 榮 ɣīweŋ 《爾雅·釋草》:"木謂之華,草謂之榮。"《文選》卷二十九《古詩十九首》之九:"攀條折其榮。""榮"與同義詞"華""葩"皆以顔色得名。

17. 烾 xuēk 《方言》卷十三:"烾,赫也。"《廣韻》入聲麥韻:

---

① 《經義述聞》卷二十八"蕢,赤莧"條。
② 《經義述聞》卷二十八"蕢,赤莧"條。
③ "纐"字舊音"七絹反",郝懿行《爾雅義疏·釋器》謂"纐"從"原"聲,此音非是。今按:"纐"字此音乃是由於與同義字"綪""茜"相牽混而來,即所謂"訓讀"。
④ 《廣雅疏證》卷八上"纐謂之紅"條。

"烾,赭色。"

18. 赫 xeăk 《說文·赤部》:"赫,火赤貌。""火赤"慧琳《一切經音義》卷八引作"大赤"。《詩·邶風·簡兮》:"赫如渥赭。"毛傳:"赫,赤貌。"參看《廣韻》入聲陌韻:"瞦,目赤。"

19. 朠 uăk 《說文》五下丹部:"朠,善丹也。"《書·梓材》:"惟其涂丹朠。"

20. 瑕 γea(-ăg) 《說文·玉部》:"瑕,玉小赤也。"引申爲泛指赤色。《周禮·考工記·弓人》:"深瑕而澤。"朱駿聲云:"謂膠紋色深赤也。"字亦作"碬"。《文選》卷十二木華《海賦》:"碬石詭暉。"

21. 騢 γea(-ăg) 《說文》十上馬部:"騢,馬赤白雜毛。"段注:"凡'叚'聲多有紅義。"又十一下魚部"鰕"字注:"凡'叚'聲如'瑕''鰕''騢'等皆有赤義。"

22. 霞 γea(-ăg) 《文選》卷三張衡《東京賦》:"掃朝霞。"薛綜注:"霞,日邊赤氣也。"又卷四左思《蜀都賦》:"舒丹氣而爲霞。"劉逵注:"霞,赤雲也。"字亦作"椵"。《漢書·天文志》:"雷電椵(《史記·天官書》作'蝦')虹。"

23. 葭 kea(-ăg)/γ- 《說文》一下艸部:"葭,葦之未秀者。"《爾雅·釋草》:"葭,華。"舍人注:"葭一名華。""葭"與"華"並有紅義。劉師培云:"蘆之雜紅者爲葭。"①

B. 舌齒音字

24. 赤 tʻiăk 《說文》十下赤部:"赤,南方色也。"《易·困卦》:"困于赤紱。"鄭玄注:"朱深曰赤。"

25. 赭(沰) ţia(-ăg) 《說文·赤部》:"赭,赤土也。"《管子·地數》:"上有赭者下有鐵。"引申爲泛指赤。《荀子·正論》:"殺赭衣而不純。"

26. 褚 tʻia(-ăg)/ţia(-ăg) 《方言》卷三:"卒,……或謂之褚。"郭注:"言衣赤也。"

---

① 劉師培《左盦外集·物名溯源續補》。

論上古漢語的"五色之名"兼及漢語和台語的關係　　　　　　175

27. 杜(徒) dʻɑ(-âg)　《爾雅·釋木》："杜,赤棠。"春秋時孔子弟子秦壤駟赤字子徒。王引之云："徒讀爲赭。……古聲'赭''徒'相近。……'杜'與'徒'聲亦相近,故赤謂之徒,又謂之杜。"①

28. 朱 tiwo(-īug)　《說文》六上木部："朱,赤心木。"《詩·豳風·七月》："我朱孔陽。"毛傳："朱,深纁也。"

29. 絑　《說文》十三上糸部："絑,純赤也。"原本《玉篇·糸部》引作"純赤繒也"。

30. 袾　《廣韻》上平聲虞韻引《字統》："朱衣曰袾。"《荀子·富國》："故天子袾裷衣冕。"

31. 鼄(蛛)(以上三字音並同"朱")　見下文"黿"字條。

32. 緅 tso(-ûg)　《說文·糸部》："緅,帛青赤色也。"《周禮·考工記·鍾氏》："三入爲纁,五入爲緅。"《論語·鄉黨》："君子不以紺緅飾。"邢昺疏釋"緅"爲"淺絳色",不確。

33. 銅 dʻoŋ　《說文》十四上金部："銅,赤金也。"岑仲勉云："'銅''彤'一義,銅之得名,蓋示其赤色②。

34. 彤 dʻuəŋ<-m　《說文》五下丹部："彤,丹飾也。"《廣雅·釋器》："彤,赤也。"《詩·邶風·靜女》："彤管有煒。"鄭箋："彤管,筆赤管也。"又《小雅·彤弓》："彤弓弨兮。"毛傳："彤弓,朱弓也。"《書·顧命》："麻冕彤裳。""彤"是個古老的詞,西周金文中已見,如《虢季子白盤》有"彤弓",《寰盤》有"彤沙"③。

35. 赨 dʻuəŋ<-m　《說文·赤部》："赨,赤色也。"王筠云："'赨''彤'同音,蓋純赤爲赨。"章炳麟云："'彤''赨'蓋本一字。"《管子·地員》："赨莖黑秀。"尹知章注："赨即赤也。"

36. 融 dîwəŋ<-m　《廣雅疏證》卷八上《釋器》"丹"條："彤之言融也。"章炳麟云："融亦讀如彤。"

37. 奭 ɕi̯ək　《詩·小雅·采芑》："路車有奭。"毛傳："奭,赤

———
① 《經義述聞》卷二十二"春秋名字解詁上"。
② 岑仲勉《周鑄青銅器所用金屬之種類及名稱》,《兩周文史論叢》,商務印書館,1958年,第116頁。
③ 郭沫若《兩周金文辭大系圖錄考釋》,科學出版社,1958年,第103、126、151頁。

貌。"參看上文"䞓"字條。

38. 紃 t'ĭwət 《説文·糸部》："紃,絳也。"

39. 茜 ts'ĭən 見下文"蒨"字條。

40. 經(䞓靪)t'ĭen 《説文·赤部》："經,赤色也。从赤,巠聲。……䞓,經或从貞;靪,或从丁。"《儀禮·士喪禮》："緇衾經裏。"《詩·周南·汝墳》："魴魚䞓尾。"字亦作"䞓"。《左傳·哀公十七年》："如魚窺尾。"

41. 虰(朾丁) tien/d'- 《説文》十三上虫部:"蛵,丁蝘也①。"《爾雅·釋蟲》:"蛵,朾蝘。"郭注:"赤駁蚍蜉。"《釋文》:"朾,本又作虰。"郝懿行《義疏》:"朾之爲言䞓也,'䞓''朾'音近,此蝘赤駁,故以爲名。"②

42. 檉 t'ĭen 《爾雅·釋木》:"檉,河柳。"郭注:"今河旁赤莖小楊。"《説文》六上木部"檉"字段注:"檉之言䞓也,赤莖,故曰檉。"③朱駿聲云:"以其皮䞓,故謂之檉矣。"王念孫云:"'經''檉'並音丑貞反,其義同也。"④

43. 綪 ts'ĭeŋ>-n 《説文·糸部》:"綪,赤繒也。以茜染,故謂之綪。"《左傳·定公十四年》:"分康叔以……綪茷。"賈逵注:"綪,大赤也。"

44. 蒨 ts'ĭeŋ>-n 《禮記·雜記上》"其輤有裧"鄭玄注:"輤……讀如'蒨旆'(=綪茷)之蒨,染赤色者也。"《爾雅·釋草》"茹藘,茅蒐"郭注:"今之蒨也。"《釋文》:"蒨,本作茜。"《説文》亦作"茜"。

45. 騂(觪) sien>-ŋ 《詩·魯頌·閟宮》:"享以騂犧。"毛傳:"騂,赤。"《論語·雍也》:"犂牛之子騂且角。"何晏注:"騂,赤色也。"《禮記·檀弓上》:"周人尚赤,……牲用騂。"鄭玄注:"騂,

---

① 段玉裁《説文解字注》讀作"蛵丁,蝘也。"誤。
② 參看《經義述聞》卷二十八"蛵,虰蝘"條;劉師培《左盦集》卷四"《經義述聞》'五色之名'條廣義"。
③ 江淹《草木頌·檉》:"䞓柯翕䞓。"見嚴可均校輯《全梁文》卷三十八。
④ 《廣雅疏證》卷八上"丹"條。

赤類也。"

46. 埏（埩）sien>-ŋ 《説文》十三下土部："埏，赤剛土也。"

47. 烓 sien>-ŋ 《廣雅・釋器》："烓，赤也。"

48. 䚡 tʻiek 《説文》八下見部："䚡，目赤也。从見，智省聲。"

49. 䘓 tie(-ieg) 《説文》十三下䘓部："䘓䘓，蟊也。从䘓，智省聲。……或从虫。"又："䘓，䘓䘓也。从䘓，朱聲。……或从虫。"疑"蜘""蛛"並有紅義，此蟲是以顏色得名①，詞的構成與"鶹鷅"同型。

50. 緹 dʻie(-ieg) 《説文・糸部》："緹，帛丹黃色。"原本《玉篇・糸部》、玄應《一切經音義》卷三引作"帛赤黃色"。《楚辭》王褒《九懷・昭世》："襲英兮緹繒。"王逸釋"緹繒"爲"絳袍"。引申爲泛指紅赤色。《周禮・天官・酒正》："四曰緹齊。"鄭玄注："緹者，成而紅赤。"

51. 紫 tsie(-ieg)/-iei(-ier) 《説文・糸部》："紫，帛青赤色。"《論語・鄉黨》："紅紫不以爲褻服。"引申爲泛指紫色。《楚辭・九歌・少司命》："綠葉兮紫莖。"

52. 茈 tsie(-ieg)/-iei(-ier) 《爾雅・釋草》："藐，茈草。"郭注："可以染紫。"

53. 梯 dʻiei(-ied) 《説文・木部》："梯，赤棟也。"《詩・小雅・四月》："隰有杞梯。"

54. 荑 dʻiei(-ied) 《説文》一下艸部："荑，艸也。"《詩・邶風・静女》："自牧歸荑。"郭璞《遊仙詩》十四首之一："陵岡掇丹荑。""荑"即蕛茅，蕛有紅義（見上），"荑""梯"亦得名於紅色。

55. 縉 tsien 《説文・糸部》："縉，帛赤色也。"引申爲泛指赤色。《左傳・文公十八年》："縉雲氏有不才子。""縉雲"即赤雲。

56. 蒐 ʃieu(-iog) 《説文・艸部》："蒐，茅蒐，茹藘，人血所

---

① 王念孫、劉師培謂"蜘蛛"得名於形短，分見《廣雅疏證》卷二下《釋詁》"侏儒"條，《左盦外集・物名溯源》及《爾雅蟲名今釋》。

生,可以染絳。"

57. 駵(騮) lieu(-ǐog)　《說文》十上馬部:"駵,赤馬黑髦尾也。"《爾雅·釋畜》:"駵白,駁。"孫炎注:"駵,赤色也。"王引之云:"馬有'華駵'之名,駵爲赤色。"①

58. 丹 tan　《說文·丹部》:"丹,巴越之赤石也。"《詩·秦風·終南》:"顔如渥丹。"《儀禮·鄉射禮》:"凡畫者丹質。"鄭玄注:"丹淺於赤。"

59. 旃 tǐan　《釋名·釋兵》:"通帛爲旃,……通以赤色爲之。"楊樹達云:"旃從丹聲,蓋即以聲爲義也。"②字亦作"氊"。《周禮·春官·司常》:"通帛爲氊。"

60. 赧 nean　《說文·赤部》:"赧,面慙赤也。"《孟子·滕文公下》:"觀其色赧赧然。"

C. 唇音字

61. 駁 peāuk　《爾雅·釋畜》:"駵白,駁。"王引之云:"駁,赤貌也。《釋木》曰:'駁,赤李。'是赤色謂之駁也。《說卦傳》曰:'乾爲大赤,爲駁馬。'……駁馬,赤色馬也。"③

62. 虋 muən　《爾雅·釋草》:"虋,赤苗。"郭注:"今之赤粱粟。"字亦作"穈"。《詩·大雅·生民》:"維穈維芑。"毛傳:"穈,赤苗也。"沈括云:"稷之璊色者謂之穈,……以其色命之也。"④

63. 璊　《說文》一上玉部:"璊,玉經色也。禾之赤苗謂之虋,言璊玉色如之。"《詩·王風·大車》:"毳衣如璊。"毛傳:"璊,赬也。"

64. 氀　《說文》八上毛部:"氀,以毳爲繝,色如虋,故謂之氀。"

65. 橚(以上三字音並同"虋")　《說文》六上木部:"橚,松心

---

① 《經義述聞》卷二十二"春秋名字解詁上"。
② 楊樹達《釋旃》,《積微居小學金石論叢》第 11 頁。
③ 《經義述聞》卷二十八"駵白,駁;黃白,騜"條。參看《廣雅疏證》卷十下《釋畜》"朱駁"條。
④ 《夢溪筆談》卷三"辨證一"。

木。"段注:"蓋松心微赤,故與'稹''珵'同音。"陳瑑云:"《說文》'楠'訓'松心木','朱'訓'赤心木,松柏屬'。楠爲松心,亦赤心矣。……玉之赬者爲珵,木之赤心爲楠,髦之赤者爲稹,三字音義俱同,以類別之耳。"

【備考】漢語鄰近語言裏的赤義詞:

1. 藏語 dmar-po;門巴語 leu,tsalo;嘉絨語 kə-wurne;羌語 xɲi,ɲi,ɕizi;彝語 a ni,ȵi,ne;傈僳語 ɲi,si;哈尼語 ɲi;拉祜語 ni,ɲi;緬甸語 ni;載瓦語 ne;基諾語 a nə;納西語 hy;白語 tsʻɛ,tsʻa;景頗語 kʻje;獨龍語 pɯɯ sǎi。

2. 壯語 de:ŋ,diŋ;傣語 dɛŋ,lɛŋ;泰語 'deŋ;阿含語 diŋ;布依語 diŋ;儂語 diŋ;沙語 deŋ;撣語(Shan)liŋ;臨高話 liŋ;莫語 laŋ;毛難語 la:n;仫佬語 la:n;拉珈瑤語 ko:ŋ;侗語 ja;水語 ha:n,xa;黎語 ga:n,de:ŋ。

3. 仡佬語 plɒ,tsʻei。

4. 苗語 ɕau,ntɕʻen,ntɕʻeŋ,tʻieŋ,la,lan,laŋ,'len,'leŋ;布努瑤語 lɤŋ;勉瑤語 si;標敏瑤語 hɔŋ(ɕi)。

5. 京語 dɔ;越南語 ɖɔ。

6. 佤語 rauh。

7. 柬埔寨語 krâhâm,dêng。

8. 占語 mêriah。

這裏面除苗語的 tʻieŋ 可比漢語的"赬"tʻieŋ(>tʻieŋ)而外,值得注意的還是台語赤義詞的代表 deŋ 等與漢語的"彤"組 dʻuəŋ/dʻeŋ 的對應①。漢語"彤"組詞歷史古遠,行用廣泛,但在口語裏早已消失,台語 deŋ 類詞在多數語言和方言裏基本一致,看來它們之間的相符可能是由於同源。

---

① 後藤朝太郎在比較漢泰語赤義詞時以漢語的"暾""旦"和泰語的 den(*sic*)相比(《文字の研究》第1250頁)。這顯然是不倫不類。泰語 'deŋ 當與本文所列"赬"組字(40—44)及"彤"組字(34—36)相比。

四、黄

A. 喉牙音字

1. 黄 ɣuaŋ　《説文》十三下黄部:"黄,地之色也。"《易·坤·文言》:"天玄而地黄。"

2. 騜(皇) ɣuaŋ　《爾雅·釋畜》:"黄白,騜。"王引之云:"騜之言黄也,故馬色之黄白者謂之騜。《豳風·東山》及《魯頌·駉》篇並作'皇','皇'與'黄'同義,故《釋鳥》曰:'皇,黄鳥。'"①

3. 斻 k'aŋ　《玉篇·黄部》:"斻,黄色也。"

4. 華 ɣoɑ(-wăg)　《説文》六下華部:"華,榮也。"《爾雅·釋言》:"華,皇也。"《尚書大傳·虞夏傳·咎繇謨》:"華蟲,黄也。"王引之云:"《禮記·玉藻》:'雜帶:君朱緑,大夫玄華。'鄭注:'華,黄色也。'馬有'華騮'之名,騮爲赤色,則華其黄色與。"②

5. 韡 ɣoɑ(-wăg)/ɣiwe(-iweg)　《説文·黄部》:"韡,鮮明黄色也。从黄,圭聲。"參看《經義述聞》卷二十二"春秋名字解詁上""周白丹字圭"條。

6. 蘳 ɣoɑ(-wăg)/ɣiwe(-iweg)　《説文》一下艸部:"蘳,黄華。"

7. 䩾 ɣĭwə(-ĭwăg)/kuə(-wăg)　《説文·黄部》:"䩾,青黄色也。"《玉篇·黄部》:"䩾,黄色也。"

8. 煁 ɣuə(-wăg)　《玉篇·火部》:"煁,光色也。"

9. 黤 kuə(-wăg)　《玉篇·黄部》:"黤,病貌。""黤"與"䩾"又音相同,當指面色黄或青黄。

10. 金 kĭəm　《説文》十四上金部:"金,五色金也,黄爲之

---

① 《經義述聞》卷二十八"驪白,駁;黄白,騜"條。
② 《經義述聞》卷二十二"春秋名字解詁上"。今按:"華""黄"當並指近赤之色。俞樾《諸子平議》卷十八"莊子二":"古人名'赤'者多字'華',……是'華'亦赤也。"參看聞一多《周易義證類纂》,《古典新義》上册,第44頁。

長。"《淮南子·墜形》："黃水宜金。""金"當是得名於黃色①。

11. 黔 kiəm 《玉篇·黃部》："黔，黃色也。"《素問·五常政大論》："其色黔玄。"又《六元正紀大論》："其穀玄黔。"

12. 頷 ɣəm 《説文》九上頁部："頷，面黃也。"王念孫云："'頷'與'黔'聲近而義同。"②

13. 顑 ɣəm/x-/k'- 《説文·頁部》："顑，飯不飽面黃起行也。"《楚辭·離騷》："長顑頷亦何傷？"

14. 韯 xiam 《説文·黃部》："韯，赤黃也。"

15. 蓶 gʻiwan 《山海經·西山經》："有草焉，其名曰黃蓶。"

16. 櫶 gʻiwan 《説文》六上木部："櫶，黃華木。从木，蓶聲。"《爾雅·釋木》："櫶，黃英。"又《釋草》："櫶，黃華。""櫶"有黃義，甚爲明顯③。

17. 蠸 gʻiwan 《爾雅·釋蟲》："蠸輿父，守瓜。"郭注："今瓜中黃甲小蟲。"

18. 䎃 ŋan 《説文》十上火部："䎃，火色也。"當指赤黃色。參看上文赤類"駽"、"源"條。

B. 舌齒音字

19. 靕 tʻian 《廣雅·釋器》："靕，黃也。"

20. 黵 tuan/tʻ- 《説文》十三下黃部："黵，黑黃色也。"

21. 黗 tʻuən/dʻ- 《廣雅·釋器》："黗，黃也。"王念孫云："黗，亦黵也，方俗語有輕重耳。"④

22. 鷻 tʻuən/dʻ- 《玉篇·黃部》："鷻，黃色。""鷻"與"黗"音義全同，當是同詞異寫。《呂氏春秋·去私》記墨者有鉅子"腹鷻"，其命名之由當亦如"黑背"、"黑臀"之類。

---

① 參較阿細彝語ṣa(黃/金)，撒尼彝語ṣz(黃/金)，藏語ser-po(黃)/gser(金)，嘉絨語kʻsər-po(黃)kʻsər(金)。

② 參看《廣雅疏證》卷八上"斢"條。

③ 參看《經義述聞》卷三十一"五色之名"條；王國維《觀堂集林》卷五"爾雅草木蟲魚鳥獸名釋例下"；劉師培《爾雅蟲名今釋》。

④ 《廣雅疏證》卷八上"斢"條。

23. 黇 t'uəŋ<-m 《廣雅・釋器》:"黇,黃色。"字亦作"統"。《大戴禮記・子張問入官》:"統(《玉篇・黃部》引作'黇')絖塞耳。"盧辯注:"統,黃色也。"

24. 黷 ləu(-ôg) 《廣雅・釋器》:"黷,黃也。"

25. 斢 t'o(-ûg) 《廣雅・釋器》:"斢,黃也。"字亦作"黈"。《春秋穀梁傳・莊公二十三年》:"天子諸侯黝堊,⋯⋯士黈。"范寧注:"黈,黃色。"

26. 璗 d'ɑŋ 《爾雅・釋器》:"黃金謂之璗。"

27. 黕 d'ĭam 《廣韻》下平聲鹽韻引《埤蒼》:"黕,赤黃色。"《玉篇・黃部》:"黕,黃色。"

28. 黇 t'iam 《說文・黃部》:"黇,白黃色也。"朱駿聲謂即淺黃色。《玉篇・黃部》:"黇,黃色也。"

29. 黵 tīam 《玉篇・黃部》:"黵,黃色。"

【備考】漢語鄰近語言裏的黃義詞:

1. 藏語 ser-po;門巴語 serbo, si ru;嘉絨語 k'sər-po;羌語 ʂtʃə ʑa, çie;彝語 a ʂɿ, ʂz, læ, ʂa, ʂə;傈僳語 ʃi;哈尼語 ʃɯ;拉祜語 si, sɯ;納西語 ʂɿ, ʂɯ;基諾語 a ʃɯ;白語 ŋo;景頗語 t'oi;獨龍語 maɹ, guaɹ;緬甸語 wa;載瓦語 xui, ŋje, po。

2. 壯語 hen, li:ŋ, lə:ŋ;傣語 ləŋ;泰語(h)luaŋ;阿含語 leŋ;臨高話 laŋ;黎語 ze:ŋ;布依語 hen, xen, jen;儂語 xen;沙語 xen;侗語 ma:n;毛難語 ma:n;水語 ma:n;莫語 ŋa:n;仫佬語 ŋa:n;拉珈瑤語 ȵjie。

3. 仡佬語 ȵtɕi, quai。

4. 苗語 tlaŋ, qwen, qwei, vaɯ, fie;布努瑤語 kwen;勉瑤語 wiaŋ(jiaŋ);標敏瑤語 uaŋ。

5. 京語 va:ŋ;越南語 vaŋ。

6. 佤語 lhɤŋ。

7. 柬埔寨語 luong。

8. 占語 kańik。

論上古漢語的"五色之名"兼及漢語和台語的關係　　　　　　183

這裏情況較爲複雜,進行比較頗有困難①。有的學者認爲漢語的"黃"(*ɣluaŋ)和泰文所表示的台語詞 hluaŋ 相當②,似乎可信。此外,莫語 ŋa:n 和仫佬語 ŋa:n 可與漢語"齴"組 ŋan 相比。這樣看來,還是台語和漢語較有淵源。

五、青

A. 喉牙音字

1. 綪(綦) gʻiə(-iəg)　《説文》十三上糸部:"綪,帛蒼艾色。……《詩》:'縞衣綪巾。'"今本《毛詩·鄭風·出其東門》作"綦"。傳:"綦巾,蒼艾色。"孔疏:"綦者,青色之小別。"

2. 騚 xiwan　《爾雅·釋畜》:"青驪,騚。"孫炎注:"色青黑之間。"《詩·魯頌·有駜》:"駜彼乘騚。"

3. 稍 kiwan　《説文》七上禾部:"稍,麥莖也。"

4. 絹 kiwan　《説文·糸部》:"絹,繒如麥稍。"段注:"繒色如麥莖青色也。"

5. 絞 keau(-ɔg)/ɣ-　《禮記·雜記上》:"大夫不揄絞屬於池下。"鄭玄注:"采青黃之間曰絞。"又《玉藻》:"絞衣以裼之。"鄭玄注:"絞,蒼黃之色也。""青(蒼)黃之間"即是綠色。

6. 校 keau(-ɔg)/ɣ-　《大戴禮記·夏小正》:"八月……玄校。"傳:"校也者,若綠色然。"③

B. 舌齒音字

7. 青 tsʻieŋ　《説文》五下青部:"青,東方色也。"

8. 蜻 tsīeŋ/tsʻieŋ　《説文》十三上虫部:"蜻,蜻蛚也。"劉師

---

① 在詞義上有時紅和黃並無清晰界限,在進行比較研究時宜將漢語和鄰近語言裏這兩類詞彙材料貫通起來考察。
② 富勵士(R. A. D. Forrest):*The Chinese Language*, 3rd ed., 1973, p.126. 參看馬伯樂(Henri Maspero):"Le dialecte de Tchʻang-ngan sous les Tʻang", *Bulletin de lʼÉcole Française dʼExtrême-Orient*, t.22, 1920, p.94。
③ 參看《經義述聞》卷三十一"五色之名"條。

培云:"色雜青白色謂之蜻。"①

9. 蒼 ts'aŋ 《説文》一下艸部:"蒼,艸色也。"字亦作"倉"。《春秋穀梁傳·莊公二十三年》:"天子諸侯黝堊,大夫倉。"

10. 蔥 ts'oŋ 《説文·艸部》:"蔥,菜也。"《爾雅·釋器》:"青謂之蔥。"郭注:"淺青。"《詩·小雅·采芑》:"有瑲蔥珩。"毛傳:"蔥,蒼也。"

11. 總 《説文·糸部》:"總,帛青色。"段注:"謂其色蔥蔥淺青也。"

12. 驄 《説文》十上馬部:"驄,馬青白雜毛也。"段注:"白毛與青毛相間則爲淺青。"王念孫云:"義亦與'蔥'同。"②

13. 蜦(以上三字音並同"蔥") 《淮南子·説林》:"水蠆爲蜦。"高注:"蜦,青蛉也。"

14. 騅 tīwəi(-īwəd) 《爾雅·釋畜》:"蒼白雜毛,騅。"《説文·馬部》:"騅,馬蒼黑雜毛。"或以"蒼黑"當爲"蒼白"。王筠云:"若作'蒼白',則與'驄'之'青白'無別也。"

15. 雔 tīwəi(-īwəd) 《詩·小雅·四牡》:"翩翩者雔。"《王風·大車》:"毳衣如菼"毛傳:"菼,雔也。"參看下文"菼(荚)"字條。

16. 鼱 tīwəi(-īwəd) 《廣雅·釋獸》:"鼱,鼠。"

17. 㻁 dīwəi(-īwəd) 《説文》一上玉部:"㻁,石之似玉者。""鼱""㻁"當亦以其色得名,與"騅""雔"同。

18. 菼(荚) t'am 《説文·艸部》:"菼,萑之初生,⋯⋯一曰騅(段改爲'雔')。"段注:"'菼'與'雔'皆言其青色。"《爾雅·釋言》:"荚,雔也。"郭注:"荚草,色如雔,在青白之間。"

19. 繱 t'am 《説文·糸部》:"繱,帛雔(原本《玉篇·糸部》引作'雔')色也。⋯⋯《詩》曰:'毳衣如繱。'"

20. 琰 dïam 《説文·玉部》:"琰,璧上起美色也。"當指青(蒼)白色。

---

① 劉師培《左盦外集·物名溯源續補》。
② 《廣雅疏證》卷八上"碧"條。

21. 藍 lam 《説文・艸部》："藍,染青艸也。"《荀子・勸學》："青取之於藍而青於藍。"引申爲泛指藍色。《爾雅・釋鳥》："秋鳸,竊藍。"郭注："竊藍,青色。"《左傳・昭公十七年》孔疏："竊藍,淺青也。"

22. 綠 liwōk 《説文・糸部》："綠,帛青黃色。"引申爲泛指綠色。《楚辭・九歌・少司命》："綠葉兮紫莖。"

23. 錄 liwōk 《説文》十四上金部："錄,金色也。"段注："'錄'與'綠'同音,金色在青黃之間也。"《荀子・性惡》："文王之錄。"楊倞注："'錄'與'綠'同,劍以色爲名也。"

24. 蕨 liei(-ied) 《説文・艸部》："蕨,艸也,可以染留黃。"陳啓源謂"蕨"即《詩・小雅・采綠》之"綠"。

25. 綟 liei(-ied) 《説文・糸部》："綟,帛,戾艸染色。"《急就篇》顏注："綟,蒼艾色也。"字亦作"盭"。《漢書》卷十九上《百官公卿表上》："金璽盭綬。"如淳注："盭,綠也,以綠爲質。"晉灼注："盭,草名也,……可染綠,因以爲綬名也。"

【備考】漢語鄰近語言裏的"青"義詞：

1. 藏語 sŋon-po(藍),ldzaŋ-kʻu(綠);門巴語 ŋau po,jeŋ lo(藍),dzaŋkʻu(綠);嘉絨語 sŋon mbo(藍),ldʒaŋ-kə(綠);羌語 lan ni,pʻiarwa(藍),xue ʑue,ʑan ku(綠);彝語 a vu,ɲi(藍),a ɬo,ho(綠);傈僳語 ni tʃʻi;拉祜語 n̩,nɔ(藍/綠);哈尼語 pʻɯ(藍),ɲɯ(綠);納西語 piə(藍),hər(綠);基諾語 aluɯ(藍),a nɯ(綠);白語 tɕʻɛ̄(藍/綠),la,na(藍),lv(綠);景頗語 paŋ lai(藍),tsit(綠);獨龍語 baŋ,muɕin(藍),sīt(綠);緬甸語 pja(藍),seiʻ(綠);載瓦語 ŋjui(綠/藍)。

2. 壯語 ʼo,la:m(藍),heu,lok(綠);傣語 lɤn,sɒm(藍),xeu(綠);泰語 kio;布依語 pik(藍),ʑeu,lok(綠);臨高話 lam(藍),heu,luk(綠);黎語 zet(藍),kʻi:u(綠);仫佬語 pʻoŋ(藍),həu(綠);拉珈瑤語 pʻa:ŋ(藍),jau(綠);莫語 la:m(藍),jeu(綠);毛難語 pʻa(藍),ju(綠);侗語 pʻa(藍),su(綠);水語 pʻa,ʼnam(藍),ɕu(藍/綠);儂語 lok(綠)。

3. 仡佬語 sei(藍),ten(綠)。

4. 苗語 no,mɹʌŋ,ŋkaŋ(藍),ntsa(藍/綠),niu,ntʂua(綠);布努瑤語 θak(藍),ntsɤu(藍/綠);勉瑤語 laːm(藍),mɛːŋ(綠);標敏瑤語 mɛ(綠)。

5. 京語 san(藍/綠);越南語 saɲ(綠),lam(藍)。

6. 佤語 klai(藍/綠)。

7. 柬埔寨語 khiéu。

要就這一類顏色詞進行比較是困難的。因為第一,漢語"青"這個詞或指綠(如"青草")或指藍(如"青天"),意義頗為含混①,而這種含混又常常反映在一些語言調查材料裏,易於誤解;第二,這一色彩範疇在不同語言的詞裏,概括和表現的情況往往有些出入,比如有的語言區分綠和藍,而有的語言不區分,比較時易生齟齬;第三,這一類顏色詞出於借用的較多,有時難於分辨是借詞還是同源詞。儘管如此,我們在漢語和台語中仍然可以發現音義相符的對應詞,這就是見於上古漢語文獻而口語中早已消失的"絞(校)"keau/ɣeau 和台語的 kio(泰語)、kʻiːu(黎語)、heu(壯語)。這一對詞的相符,看來不是偶合,也不會是借用,而是出於同源。

從馬伯樂(Henri Maspero)以來,研究漢藏系語言的學者一

---

① "青"一般指藍/綠。深青即為藍,淺青即為綠。參看 P. A. Boodberg: "On Chinese ts'ing 'blue-green'", Alvin P. Cohen (comp.): *Selected Works of Peter A. Boodberg*, 1979, pp. 178-179;薛愛華(Edward H. Schafer): "Blue-green Clouds", *Journal of the American Oriental Society*, Vol. 102, No. 1, 1982, pp. 91-92;清水茂《説"青"》,香港中國語文學會編《王力先生紀念論文集》,香港:三聯書店,1986 年。"青"又指黑,非此所論。《禮記·禮器》:"或素或青。"鄭玄注:"變'白''黑'言'素''青'者,秦二世時趙高欲作亂,或以'青'為黑,……民言從之,至今語猶存也。"但《書·禹貢》:"厥土青黎。"王肅注:"青,黑也。"是以"青"指黑未必始於秦二世時,或者《禹貢》成書在後。《楚辭·大招》:"青色直眉。"游國恩謂此"青"為秦以後語,以證《大招》為秦漢間人所作。見《先秦文學》,商務印書館,1934 年,第 159 頁。而錢鍾書云:"'青色直眉'之'青'即謂黑色,則以'青'為'黑'早見《楚辭》,非創自趙高。"見《管錐編》第 2 册,中華書局,1979 年,第 636 頁。又沈濤《瑟榭叢談》(卷下)云:"《太平御覽》四十五引隋《區宇圖志》云'周太祖諱黑,因改黑山為青山〔也〕',則知北方以黑為'青'實起於宇文之世。"

向認爲漢語和台語有親屬關係。但是近年來有的學者却傾向於否認這種關係,並把台語排斥在漢藏語系之外。他們的論據之一是這兩種語言中屬於基本詞彙之列的許多詞(包括色彩詞)都是截然不同、毫無關係的。但是,就本文所排比的詞彙材料來看,漢語和台語在"五色之名"中幾乎都能找到"關係詞",不排除其中有同源詞存在。在非親屬語言之間是不可能有這樣的現象的。這就對上述否認漢語和台語的親屬關係的説法提出了一個反證。至於它們在發生學上的關係(genetic relationship)的親疏遠近究竟如何,這是超出本文範圍的事了。

關於一件唐代的"唱衣歷"[*]

敦煌文書中有一件資料，向來受到學者們的注意，反復引用，但又長期被人誤解或曲解，因而有加以澄清的必要。

這件資料見於北京圖書館藏敦煌寫本"成字 96 號"《目連救母變文》的背面，摘錄如下：

> 法律德榮唱紫羅鞋雨（當作"兩"）[①]，得布伍伯捌拾尺，支本分一百五十尺，支索（？）延定真一百五十尺，支索（？）政會一百五十尺，支圖福盈一百五十尺，賒二十尺[②]。……僧政願清唱緋綿綾被，得布壹阡伍伯貳拾尺，舊儭壹仟尺，支圖海明一百五十尺，……金剛唱扇，得布伍拾伍尺，……法律道英唱白綾襪，得布叁伯尺，又唱黃盡（當作"畫"）坡（當作"被"或"帔"），得布伍佰尺，支圖道明一百五十尺，支本分一百五十尺，……

1931 年向達在《敦煌叢抄》中首次披露這件資料，以爲是"僧人書在外唱小曲所得賬目，所唱小曲名目有'紫羅鞋雨''緋綿綾被''扇''綾襪'之屬。……凡此寺院僧人演唱小曲唱文，其痕迹猶有可見者也"[③]。

1934 年向先生在其名著《唐代俗講考》中根據這件資料而設

---

[*] 原載《文物》1975 年第 5 期。
[①] "紫羅鞋兩"的"鞋兩"當是名量結構。
[②] "賒"是"不足"的意思，上文收支數額可證；諸家作"餘"，誤。楊聯陞云（見下引楊氏文，p. 185, n. 40）："Another interesting point is that in the manuscript the character *yu* 餘 seems to be used to indicate a 'shortage' instead of a 'surplus'." 亦由未見原件，故有此説。
[③] 《國立北平圖書館館刊》第 5 卷第 6 號，1931 年，第 58 頁。

"僧人之唱小曲"一節,説這是"當時僧人書爲人唱曲所得布施同分配的賬目","賬内記有所唱各種小曲的名目,如'紫羅鞋雨'……唐代僧人爲人作法事以外,並也唱一種小曲以博布施"①。

1948年全漢昇發表《中古自然經濟》,在第六節"從敦煌寫本中所見的實物工資"中引用了這件資料,也認爲是"僧人唱曲賬目",説"其中詳記寺院僧人因演唱變文小曲而得的布的長短,及把這些布分別支付僧人的情形","可以見出當日西北人以布帛支付工資的情形",並可據以"探討當日西北實物工資盛行的情況"②。

1954年任二北出版《敦煌曲初探》,也引用了這件資料,仍然認爲它説的是"唐僧唱曲得酬","紫羅鞋兩"等是"詠物曲子",並由此推斷唐代已有與"講唱"、"歌舞"、"戲曲"相對待的"清唱"③。

1958年任先生在其巨著《唐戲弄》中進一步發揮了上述見解,在"從清唱想像演唱"一段中説:"法律德榮唱'紫羅鞋兩',僧政願清唱'緋綿綾被',又金剛唱'扇',又道成及法律道英各唱'白綾襪',又唱'黃畫帔',均各得布若干尺。……僅就歌唱方面言,卷中曰'唱'者五,曰'清唱'者一,絕非他字之譌。'紫羅鞋兩'等均不似故事,宜爲詠物之曲。曰'清唱',可能有三方面意義。……僧侶'清唱'之名已反映同時存在者必尚有'演唱'。……僧侶唱詠物小曲,殆亦因有別於俳優,故謂之'清唱'歟?"④

1960年馮宇發表《漫談"變文"的名稱、形式、淵源及影響》,又引用了這件資料,文中稱述向先生的"發現",認爲這説明了"當時僧人爲生活所迫還要兼職擔當'藝人'"⑤。

---

① 《燕京學報》第16期,1934年,第120頁。1944年向先生發表修訂本《唐代俗講考》(《文史雜誌》第3卷第9—10期[合刊]),刪去了這一節,足見矜慎。
② 《歷史語言研究所集刊》第10本,1948年,第139—140頁。
③ 《敦煌曲初探》,上海文藝聯合出版社,1954年,第325—327頁。
④ 《唐戲弄》下册,作家出版社,1958年,第768—769頁。
⑤ 《哈爾濱師範學院學報》(人文科學)1960年第1期,第72—73頁。【補】又見周紹良、白化文編《敦煌變文論文録》上册,上海古籍出版社,1982年,第370頁。

1984年加拿大籍學者葉嘉瑩發表《論詞的起源》，也舉出這件資料，説："在這種社會風氣之下，則佛教僧徒之唱曲、作曲，甚至扮爲俳優之戲，當然便都是一種自然的現象。在敦煌卷子《目蓮(sic)變文》第三種之背面，即曾寫有法律德榮唱'紫羅鞋兩'，僧政願清唱'緋綿綾被'，又金剛唱'扇'，又道成及法律道英各唱'白綾襪'，又唱'黄畫帔'，均各得布若干尺。"①

　　由以上徵引可見，幾十年來不同學術領域的一些學者都把這件敦煌資料看作一篇"唱曲賬"，並由此出發作出種種推斷。然而這是極爲可疑的。因爲所謂唐代和尚唱"咏物小曲"一事並無旁證，而所唱曲子名目"紫羅鞋兩"、"緋綿綾被"等也不見於其他記載，同時，何以曲子所咏盡是衣着之物，也令人難以索解。

　　事實上，上述諸家對這件資料所作的解釋都是不正確的，而其關鍵則在於誤解了其中的"唱"字。這個"唱"並非一般"歌唱"、"唱曲"的"唱"，而是佛寺特殊用語"估唱"、"唱衣"的"唱"；"紫羅鞋兩"等並非和尚歌唱的曲子，而是他們唱賣的實物。這一點早在1950年美籍學者楊聯陞就已經指出②，可惜任、馮、葉諸家全未留意。

　　在唐代寺院中有類似現在所謂拍賣的"分賣"衣物的制度，而且頗爲盛行。對此當時著名"律師"釋道宣(596—667)在《四分律删繁補闕行事鈔》(卷下)中曾有嚴厲指責，説："今時分賣，非法非律，至時喧笑，一何顔厚！"③由此不難推想當時寺院中舉行"分賣"時的熱鬧情況。分賣的東西主要是施主們布施的和亡殁僧人遺下的衣物之類，而在分賣時要"唱"出所賣物品的名目、數量、價格

---

① 《中國社會科學》1984年第6期，第183—184頁。又見繆鉞、葉嘉瑩《靈谿詞説》，上海古籍出版社，1987年，第23頁。
② Lien-sheng Yang: "Buddhist Monasteries and Four Money-raising Institutions in Chinese History", *Harvard Journal of Asiatic Studies*, Vol. 13, Nos. 1 and 2, 1950, pp. 182–189.
③ 《大正藏》第四十卷，第117頁。

等,所以稱之爲"唱衣"。其詳細規定及有關情況具見《釋氏要覽》卷下"唱衣"條①、《百丈清規》卷三"唱衣"條②、《百丈清規證義記》卷五"估唱"條③、《禪苑清規》卷七"亡僧"條④,無煩引述。

就在敦煌文書裏我們也能找到關於"唱衣"的其他一些材料。例如P2638《清泰三年河西都僧統算會賬》⑤:"己(當作'巳')年官施衣物,唱得布貳仟叁佰貳拾尺",記的就是僧徒唱衣得布的事;P2689《僧人析唱賬》、P3410《各寺布施及僧人亡歿後唱衣歷》和P3850背面《唱衣歷》,也都是記載唱衣的賬目。

此外,全、任諸家把"僧政|願清|唱"讀作"僧|政願|清唱",也是錯誤的。因爲第一,在這件資料裏和尚的法名之上都只冠職銜(如"法律"),不冠通稱"僧";"政""正"同音通用,"僧政"就是"僧正",正是一種職銜。釋贊寧(919—1001)《大宋僧史略》卷中"立僧正"條云:"所言'僧正'者何?正,政也,自正正人,克敷政令故也。"⑥可以爲證。在敦煌文書中"僧正"和"僧政"往往通用。例如S6307《都僧正帖》、S6452(2)《周僧正於常住庫借貸油麪物歷》作"僧正",而P3150《吳慶順典身契》"今將慶順己身典在龍興寺索僧政家"、P3672《致沙州宋僧政等書》、S2575(9)《普光寺道場司僧政惠雲等狀》、S5406《僧政法律轉帖》則作"僧政"。末一例中"僧政"和"法律"並見,更可與"成字96號"中的稱謂相比證⑦。第二,就敦煌文書所見,僧名第一字爲"願"是常見的。例如S4220和4322(2)有"願學",P3631有"願通",而S0289、4438(2)、5564、5591、5601、5687、6274、P2843(1)、3411、3564(《莫高窟功德記》)

---

① 《大正藏》第五十四卷,第307頁。
② 《續藏經》第一輯第二編第十六套第三册,第257頁。
③ 《續藏經》第一輯第二編第十六套第四册,第353—354頁。
④ 《續藏經》第一輯第二編第十六套第五册,第456—457頁。
⑤ 擬題暫據《敦煌遺書總目索引》(商務印書館,1962年),下同。
⑥ 《大正藏》第五十四卷,第242頁。
⑦ 【補】參看竺沙雅章《敦煌的僧官制度》,《東方學報》第31册,1961年,第161—171頁;張廣達、榮新江《有關西州回鶻的一篇敦煌漢文文獻》,《北京大學學報》1989年第2期,第31頁。

并有"願清",更可以與"成字96號"中的"願清"相印證,儘管未必是同一個人①。第三,原件"僧政願清"用墨筆寫,而緊接着的"唱緋綿綾被"則用硃筆寫②,可證"清"字屬上而"唱"字屬下。總之,"清""唱"二字不能連讀爲一個詞語,這是完全可以肯定的。

  總起來説,北京圖書館藏敦煌寫本"成字96號"《目連救母變文》背面的記載並不是什麽"唱曲賬",而是所謂的"唱衣歷";它跟唐代僧人"唱曲"、"作曲"、"清唱"、"演唱",以及兼職當藝人,得實物工資等等通統毫無關係。

---

① 【補】徐文堪先生據鄭炳林、梁志勝《〈梁幸德邈真贊〉與梁願清〈莫高窟功德記〉》(《敦煌研究》1992年第2期),指出北圖"成字96號"(8444)寫本背面的"僧政願清"與敦煌文書中屢見的"願清"確是同一人。見《語文學論集》讀後》,《中國語文》1993年第1期,第77頁。
② 承《文物》编輯部代查原件,合志心感。

李賀詩詞義雜記[*]

看 《沔歌》："看見秋眉換新（一作'深'）綠。"（72）[①]"看見"一作"羞見"，文義未安，當是形近致誤，而"看見"作爲一個詞在唐詩中又似乎罕見。[②]參較《文苑英華》（卷二百三）所出異文"看看見秋眉換綠"，頗疑賀詩此句原作"看看秋眉換新（深）綠"。"看看"是唐代口語詞[③]，義爲"眼看即將，轉眼"[④]，文學作品特別是韻

---

[*] 原載《中國語文通訊》1979 年第 6 期。"黃鵝"、"青蠅"二條原載《中國語文》1982 年第 2 期，今移入此篇。

[①] 引文後括弧内數字指《李賀詩歌集注》（上海古籍出版社，1978 年）頁碼。

[②] 詞組"看不見"較爲常見。例如張若虛《春江花月夜》詩："空裏流霜不覺飛，汀上白沙看不見。"王昌齡《采蓮曲》二首之二："亂入池中看不見，聞歌始覺有人來。"劉長卿《別嚴士元》詩："細雨濕衣看不見，閑花落地聽無聲。"【補】"看見"連文似初見於東漢，如失譯《雜譬喻經》卷下："兒前母間生子如是，偶往看見，愛之，即抱嗚噈。"（《大正藏》第四卷，第 508 頁）但宋、元、明本作"偶往看省，見便愛之"。孰爲近真，待考。南北朝時代"看見"偶見，如元魏慧覺等譯《賢愚經》卷十一"無惱指鬘緣品第四十五"："相師看見，懷喜而言：是兒福相，人中挺特。"（《大正藏》第四卷，第 423 頁）但如人所習引的《世説新語·惑溺》"充每聚會，賈女於青璅中看見壽，説之"，則屬讀實應爲"於青璅中看，見壽，説之"。"看"猶言張望。楊勇《世説新語校箋》（1972 年，第 690 頁）、徐震堮《世説新語校箋》（1987 年，第 491 頁）、余嘉錫《世説新語箋疏》（1993 年，第 921 頁）、目加田誠等日譯本（1978 年，第 1175 頁）並於"看"字下逗，是。馬瑞志（Richard B. Mather）英譯本（1976，p. 487）於"看"字（譯爲 watched）句絶，譯"見壽，説之"爲 When she saw Shou and liked him，亦是。"看見"作爲一個詞迄至唐代似仍不多見，其普遍行用當在宋代以後。參看太田辰夫著、陳文彬譯《近代漢語"無心"的動詞的形成過程》，《中國語文》1953 年第 10 期，第 30 頁；太田辰夫著、蔣紹愚共徐昌華譯《中國語歷史文法》，北京大學出版社，1987 年，第 176 頁。

[③] "看看"一詞六朝已見。例如陳陸瓊《長相思》詩："容貌朝朝改，書字看看滅。"江總《奉和東宮經故妃舊殿》詩："故殿看看冷，空階步步悲。"下至宋代仍然沿用。例如普濟《五燈會元》卷十九"龍門清遠禪師"："看看臘月三十日，便是孟春猶寒。"

[④] 參看張相《詩詞曲語辭匯釋》下册，中華書局，1953 年，第 694 頁。"看看"（轉下頁）

文中習見①。例如劉禹錫《酬楊侍郎憑見寄》詩:"看看瓜時欲到,故侯也好歸來。"王建《關山月》詩:"邊風割面天欲明,金沙嶺西看看没。"杜荀鶴《春日登樓遇雨》詩:"看看水没來時路,漸漸雲藏望處山。"敦煌曲《别仙子》:"曉樓鐘動,執纖手,看看别。"②又《長相思》:"作客在江西,得病卧毫釐。還往觀消息,看看似别離。"③又《十二時・普勸四衆依教修行》:"看看四大逼來時,何事安然不憂懼?"④又:"猛抛家務且勤求,看看被送荒郊外。"⑤又《百歲篇・丈夫》:"四十看看欲下坡,近來朋友半消磨。"⑥又《五更轉》:"看看東方動,來把秦筝弄。"⑦敦煌本《廬山遠公話》:"從此阿孃大命轉然,其母看看是死。"⑧又《破魔變》:"紅顔漸漸鷄皮皺,緑鬢看看鶴髮倉(蒼)。"⑨並可爲證。其中"緑鬢看看鶴髮蒼"一例與賀詩"看看秋眉换新緑"語意極近,尤堪類比。

　　破　《潞州張大宅病酒遇江使寄上十四兄》:"繫書隨短羽,寫恨破長箋。"(181)王琦注:"破,猶裁字之義。"張相云:"破猶着也;在也。……言寫恨在長箋也。按此破字亦可解爲盡義、遍義,但本詩……以解作在字義爲對勁。"⑩實則此詩"破"字以解作"盡,滿"爲宜。"寫恨"之"寫"即《詩・邶風・泉水》"駕言出遊,以寫我憂"之"寫",義爲"宣泄或抒發(某種感情)";"破長箋"猶言"盡長

(接上頁)也可以單説"看",張書未及。例如杜甫《絶句》二首之二:"今春看又過,何日是歸年?"
① 張書引杜牧《湖南正初招李郢秀才》詩:"看看白蘋花欲吐。"今檢《全唐詩》及馮集梧《樊川詩集注》,"看看"並作"看着"("花"作"芽"/"牙")。張氏所引不知何據。
② 任二北《敦煌曲校録》(以下簡稱《校録》),上海文藝聯合出版社,1956年,第76頁;任半塘《敦煌歌辭總編》(以下簡稱《總編》)上册,上海古籍出版社,1987年,第324頁。
③ 《校録》第71頁;《總編》中册,第590頁。"還往"指朋友,"别離"指死去。
④ 《校録》第149頁;《總編》下册,第1627頁。
⑤ 《校録》第158頁;《總編》下册,第1655頁。
⑥ 《校録》第168頁;《總編》下册,第1307頁。
⑦ 《總編》下册,第1226頁。
⑧ 王重民等編《敦煌變文集》上集,人民文學出版社,1957年,第175頁。
⑨ 《敦煌變文集》上集,第345頁。
⑩ 《詩詞曲語辭匯釋》上册,第334—335頁。

箋"。這個"破"是唐代口語詞,詩歌中常見。例如沈佺期《度安海入龍編》詩:"別離頻破月,容鬢驟催年。""破月"猶言滿一個月。杜甫《奉贈韋左丞丈二十二韻》詩:"讀書破萬卷,下筆如有神。""讀書破萬卷"的"破"義猶《八哀詩·贈左僕射鄭國公嚴公武》"閱書百紙盡"的"盡"。又《絕句漫興》九首之四:"二月已破三月來,漸老逢春能幾回?""二月已破"猶言二月已盡。又《白帝樓》詩:"臘破思端綺,春歸侍一金。"杜牧《代人作》詩:"臘破征車動,袍襟對淚裁。"又《奉和白相公長句四韻》詩:"行看臘破好年光,萬壽南山對未央。""臘破"義猶元稹《酬復言長慶四年元日郡齋感懷見寄》詩"臘盡殘銷春又歸"的"臘盡"。李商隱《和友人戲贈》詩二首之二:"子夜休歌團扇掩,新正未破剪刀閑。""新正未破"猶言新正未盡,即新年正月尚未過完。周曇《詠史詩·唐虞門·閑吟》:"考攏妍蚩用破心,剪裁千古獻當今。""用破心"猶言用盡心思。呂岩《題壁二絕》之一①:"卓筆蘸乾龍鼻水,等閑題破石屏風。""題破"猶言"題滿"。陸龜蒙《懷楊台文楊鼎文二秀才》詩:"重思醉墨縱橫甚,書破羊欣白練裙。""書破"義猶晏幾道《蝶戀花》詞"欲寫彩箋書別怨,淚痕早已先書滿"的"書滿",凡此並可爲證。其中末二例的"破"與賀詩"破"字用法尤爲相似。張相認爲"寫恨破長箋"的"破"如解爲"盡"或"遍"就不"對勁",理由並不充分。

  驀 《送沈亞之歌》:"煙底驀波乘一葉。"(44)又《馬詩》二十三首之十八:"只今掊白草,何日驀青山?"(107)王琦並云:"驀,越也。"王注甚是,而無所引據;無徵不信,試爲補證如次。《說文》十上馬部:"驀,上馬也。"與"越"義尚有距離。賀詩所用"驀"乃是唐代口語詞②。例如《太平廣記》卷 百二十九"惠炤師"條引竇維鋈《廣古今五行記》:"惠炤曾到寺宿,其夜驀牆往太后宮院。"③敦煌

---

① 王重民、孫望、童養年輯錄《全唐詩外編》下冊,中華書局,1982年,第560頁。此詩當出宋人依託。
② 這個意義的"驀"宋人仍然沿用。例如陸游《夜投山家》詩:"驀溝上坂到山家。"
③ 《太平廣記》"驀"作"騫",今正。

本《燕子賦》："人急燒香，狗急驀牆。"①又《伍子胥變文》："今日登山驀嶺，糧食罄窮。"②敦煌曲《酒泉子》："隊隊雄軍驚御輦，驀街穿巷犯皇宮。"③又《獻忠心》："驀却多少雲水，直至如今。"④其中"驀嶺"、"驀雲水"與賀詩"驀青山"、"驀波"語意尤近。"驀"字亦作"趈/趂"。《廣韻》入聲陌韻："趈，趈越。莫白切。"與"驀"音義並同。《龍龕手鏡·走部》："趈，音陌，越也。今作驀。"這個詞早在晉代已見。例如《文選》卷十二郭璞《江賦》："鼓帆迅越，趈漲截洄。"李善注："趈，猶越也。"賀詩"驀"字與此正一脈相承。

高　《感諷》五首之四："星盡四方高。"王琦無注。今按："高"字這一用法見於漢《鐃歌十八曲·有所思》："東方須臾高知之。""高"通"皜/暠"，訓白。"四方高"猶言四方天色發白了，與《致酒行》"雄雞一聲天下白"之"天下白"意近。

肯　《申胡子觱篥歌》："朔客騎白馬，劍把懸蘭纓。俊健如生猱，肯拾蓬中螢。"(111)王注："言朔客騎馬佩劍，俊健如猱，乃武夫俠客之流，宜其於書格格不相合，乃肯學古人拾螢火以照書，可謂好學之人矣。"今按：王注說詩意有誤。此詩"今夕歲華落，令人惜平生"以下所抒發的感情實質上就是《南園》詩"尋章摘句老雕蟲"、"男兒何不帶吳鉤"、"因遺戎韜一卷書"、"明朝歸去事猿公"等詩句所表現的讀書無益不如棄文就武的憤懣。"肯"不是"乃肯"，而是"豈肯、哪肯"的意思。"肯拾蓬中螢？"是語意很強的反詰句，王琦把它解釋爲肯定直陳語氣，完全不合詩意。"肯"字這種用法很尋常，唐詩中就屢見不鮮。例如李白《流夜郎贈辛判官》詩："氣岸遙凌豪士前，風流肯落他人後？"韓愈《左遷至藍關示侄孫湘》詩："欲爲聖明除弊事，肯將衰朽惜殘年？"

新桂　《房中思》："新桂如蛾眉，秋風吹小綠。"(220)王注："新生桂葉，其嫩綠之色如閨人所畫蛾眉之色。"今按：王說似誤。

---

① 《敦煌變文集》上集，第251頁。
② 《敦煌變文集》上集，第5頁。
③ 《校錄》第53頁；《總編》上冊，第438頁。
④ 《校錄》第50頁；《總編》中冊，第673頁。"驀"原本作"莫"，今從任校。

唐人詩歌形容女子的眉毛，一般是説"桂葉"，不説"桂"。例如李賀《惱公》詩："注口櫻桃小，添眉桂葉濃。"江妃《謝賜珍珠》詩："桂葉雙眉久不描。"《房中思》寫的是夜景，下文"月軒下風露"、"卧聽莎雞泣"可證。"新桂"不是指新生的桂葉，而是指新月。例如李商隱《題僧壁》詩："蚌胎未滿思新桂，琥珀初成憶舊松。""新桂如蛾眉"就是鮑照《玩月城西門廨中》詩描寫新月所説的"娟娟似蛾眉"。下句"秋風吹小緑"的"小緑"才是指新生的緑葉，不可與上句牽混，并爲一談。

燭樹 《秦王飲酒》："仙人燭樹蠟煙輕。"(76) 吴正子注、王琦注並據宋葉廷珪《海録碎事》，以"仙人燭樹"爲一種形似梧桐、其皮枯剥如桂可以爲燭的樹木。吴注又引唐李綽《秦中歲時記》"金吾以樺燭擁宰相"云云①，蓋以爲"燭樹"即樺燭之類。姚文燮則徑釋爲"桂燭"②。今按：三家注並誤。此詩以"秦王"命題，篇中所陳名物都是王宫中豪華奢侈的用品，"燭樹"顯然不會是一般室外所用的樺燭一類火炬。王注又云："或者燭上畫仙人之形，或燭臺作仙人之像，或是當時有此佳名之燭，俱未可定。其曰'樹'者，猶枝也。"種種推測之中唯"燭臺作仙人之像"一説近是，但於"樹"字仍未得正解。今按晉譯《毗尼母經》卷五③："施僧六種物：一者刻漏好床，二者銅盂，三者燭竪，四者扇，五者掃帚，六者大銅器。"④"燭竪"，玄應《一切經音義》卷十六作"燭樹"，云："樹，猶立也，或作竪。"可見"燭樹"乃是燭臺、燭架之類。"樹"通"竪"，訓"立"，義猶英語 lampstand 的 stand，而不是樹木的"樹"。只不過僧徒平常用的"燭樹"大抵是普通的 candlestick，而王宫盛宴所用則應當是配有"仙人"等裝飾的大型的 candelabrum 而已。隋唐時代别有所謂"燈樹"，與"燭樹"並非一物，日本學者原田淑人有專

---

① 《李長吉歌詩箋注》卷一，第 24 頁下。
② 《李賀詩歌集注》第 405 頁。
③ 此經失譯人，附於"秦録"。
④ 《大正新修大藏經》第二十四卷，第 825 頁。

文《新疆發掘壁畫に見えたの燈樹の風俗について》考證①，載所著《東亞古文化研究》（東京：座右寶刊行會，1940 年）。附記於此，以備稽考。

雨脚 《秦王飲酒》："金槽琵琶夜棖棖，洞庭雨脚來吹笙，酒酣喝月使倒行。"（76）吳正子注："雨脚未詳，恐爲優人之屬。"曾益注："笙一名參差，而斜吹之，如雨脚然。"董懋策注："雨脚即用巫山事。"徐渭注："雨脚以吹笙而來。"今按：吳、曾、董三家注蓋誤。"洞庭雨脚來吹笙"猶言"洞庭雨脚來於吹笙"或"吹笙來（lái）洞庭雨脚"。徐注是而語焉未詳。試陳臆説，以資談助。我國古代有精妙音樂能招來風雨的傳説，如《韓非子・十過》所載師曠奏《清角》而風雨大至，就是一個著名的例子。賀詩此句可能是寫吹笙的效果使風雨颯然而來，但着重在表現由聽感引起的意象，不一定是説實事。其所以用"洞庭"，則是因爲這個地名在神話、傳説中跟著名樂曲演奏（包括吹笙）有着特殊聯繫。如《莊子・天運》："帝張《咸池》之樂於洞庭之野。"又《至樂》："《咸池》《九韶》之樂，張之洞庭之野。"《楚辭・九歌・湘君》："吹參差兮誰思②？……遭吾道兮洞庭。"謝朓《新亭渚别范零陵雲》詩名句"洞庭張樂地，瀟湘帝子遊"正是結合使用了《莊子》、《楚辭》二典。至於"雨脚"一詞，它既可以用於小雨，也可以用於大雨。前者例如白居易《竹枝詞》四首之三："波面風生雨脚齊。"後者例如杜牧《念昔遊》詩三首之二："雲門寺外逢猛雨，林黑山高雨脚長。"韓偓《暴雨》詩："雨脚飛銀綫。"賀詩寫的是酒酣耳熱、急管繁弦的景象，"雨脚"當指與飄風俱至的驟雨，方才協調。姚文燮和王琦以"洞庭雨脚"爲"狀其聲之幽忽"，亦未確。

黄鵝 《秦王飲酒》："海綃紅文香淺清，黄鵝跌舞千年觥。"（76）吳正子注："黄'鵝'恐當作'娥'。"今人李嘉言更斷言"作'娥'

---

① 參看薛愛華（Edward H. Schafer）：*The Golden Peaches of Samarkand*，1985，pp. 259 – 260。

② "參差"是所謂"比竹之樂"，指排簫，也可以指笙。

者是"①。葉葱奇也説:"'鵝'實'娥'字之誤。"②今按:"鵝"字不誤。"黄鵝"承上句"海綃紅文",是舞衫或舞裙上的一種紋飾。"黄鵝跌舞"語意近似《河南府試十二月樂詞·二月》的"沓颯起舞真珠裙"。唐五代時歌妓舞女的衣裙上多有用金銀縷刺綉的或者泥金或貼金的鳥類紋樣,詩詞中數見不鮮。例如温庭筠《菩薩蠻》詞:"新帖綉羅襦,雙雙金鷓鴣。"楊衡《仙女詞》:"金縷鴛鴦滿絳裙。"牛嶠《菩薩蠻》詞:"舞裙香暖金泥鳳。"其中自然也有作成雁鵝形的。例如温庭筠《菩薩蠻》詞:"金雁一雙飛,淚痕沾綉衣。"王建《宫詞》一百首之十七,"羅衫葉葉綉重重,金鳳銀鵝各一叢。"和凝《宫詞》一百首之七十三:"暖殿奇香馥綺羅,窗間初學綉金鵝。"賀詩"黄鵝"義猶"金鵝",指衣裙上金黄色的雁鵝形紋飾。吴正子云:"'鵝'若非誤,則黄鵝乃鵝雛,酒色似之,故杜詩云:'鵝兒黄似酒。'"③説亦未是。

青蠅 《感諷》五首之二:"都門賈生墓,青蠅久斷絶。"(156)吴正子、王琦、葉葱奇都認爲"青蠅"典出《詩·小雅·青蠅》。吴云"謂東陽、絳、灌之譖"④,王云"指讒諂之人",葉云"比進讒的小人"⑤。今按:此詩"青蠅"疑是用三國吴虞翻的憤慨之談:"生無可與語,死以青蠅爲弔客。"⑥句意是説賈生墓上久已弔客都無,藉以抒發"千秋萬歲名,寂寞身後事"的感慨。自然,這裏也可能是同時兼用二典,表現了詩歌語言"虚涵數意"(manifold meaning, plurisignation)這一修辭特點⑦。

---

① 李嘉言《李賀詩校釋》,《古詩初探》,上海古典文學出版社,1957年,第114頁。
② 葉葱奇疏注《李賀詩集》,人民文學出版社,1959年,第54頁。
③ 《李長吉歌詩箋注》卷一,第24頁下。
④ 《李長吉歌詩箋注》卷二,第27頁上。
⑤ 《李賀詩集》第153頁。
⑥ 《三國志·吴志·虞翻傳》裴松之注引《〔虞〕翻别傳》。
⑦ 關於"虚涵數意",參看錢鍾書《林紓的翻譯》,《舊文四篇》,上海古籍出版社,1979年,第62頁。

詞語瑣記*

角

唐段成式《酉陽雜俎》續集(《學津討原》本)卷五"寺塔記上"記長安平康坊菩提寺壁畫有云:"佛殿内槽東壁維摩變,舍利弗角而轉睞。"①涵芬樓本《説郛》卷三十六引《寺塔記》同②。

向達在《唐代俗講考》中引用此文,而對其中"角而轉睞"一語不得其解,又引吴曉鈴之説,謂此"角"字與"日角龍顔"之"角"同義,但對於吴説向先生也認爲不無可疑③。

美國學者梅維恒(Victor H. Mair)在一篇研究"變相"的論文中也引及此文,譯"舍利弗角而轉睞"爲 Śāriputra competes while turning his gaze④,似亦誤解"角"字⑤。

---

* 原載《中國語文》1982 年第 1 期。"幾多"條原載同刊 1960 年第 10 期,今附入本篇。
① 《酉陽雜俎》別本"轉睞"作"轉膝"。《全唐詩》第十一函第九册段成式《遊長安諸寺聯句·平康坊菩薩寺》題下注:"佛殿内槽壁維摩變,舍利弗角膝而轉。""膝"字並誤。唐代"膝"字俗作"脒",見顔元孫《干禄字書·入聲》。【補】羅振玉《干禄字書箋證》(見《羅雪堂先生全集續編》第 2 册,臺灣文華出版公司,1969 年,第 651 頁)無説。今按:"膝"字俗體"脒"漢碑已見,敦煌文書中多有出現。參看秦公《碑別字新編》,文物出版社,1985 年,第 333 頁;張涌泉《敦煌俗字研究》,上海教育出版社,1996 年,第 348 頁。《酉陽雜俎》的"睞"當是先誤作"脒",再誤爲"膝"。
② 參看春日禮智《段成式の寺塔記について》,《大谷學報》第 22 卷第 4 號,1940 年。
③ 向達《唐代長安與西域文明》,三聯書店,1957 年,第 296—297 頁。
④ V. H. Mair:"Records of Transformation Tableau (Pien-hsiang)", T'oung Pao, Vol. 72 Livr. 1-3, 1986, p. 34.
⑤ 《寺塔記》有 Alexander C. Soper 全文譯注,題爲"A Vacation Glimpse of (轉下頁)

周一良先生在《讀〈唐代俗講考〉》一文中歸納晉唐漢譯佛典中"角視""角瞷眼"①"眼目角睞"諸用例,認爲《酉陽雜俎》"角而轉睞"的"角"是"斜"的意思②,"角睞"就是斜視。周文引據詳贍,其説甚確。

　　可以補充的是這個意義的"角"不僅見於漢譯佛典,也同時見於中土作品。例如《文選》卷九西晉潘岳《射雉賦》:"奮勁骹以角槎,瞵悍目以旁睞。"劉宋徐爰注:"角,邪也。""角"跟"旁"爲互文,"邪"就是"斜"。又卷十四劉宋鮑照《舞鶴賦》:"奔機逗節,角睞分形。"③"角睞"當即其時佛典中屢見的"角睞",義爲"斜視"④。還有比潘賦略早的用例。《文選》卷三東漢張衡《東京賦》"隅目高眶"薛綜注:"隅目,角眼視也。"薛注這是以今語釋古語,"角眼視"就是斜着眼睛看⑤。薛綜爲三國吳人,《三國志・吳志》本傳説他"少依族人,避地交州,從劉熙學"。可見訓"斜"的"角"在東漢末口語裏已經有了。

　　試再作追溯。《詩・豳風・七月》"猗彼女桑"毛傳:"角而束之曰猗。"毛傳這是讀"猗"爲"掎"。于鬯云:"角之言抲也。《廣雅・釋言》云:'抲,掎也。'"⑥"掎"訓"斜引","角而束之"的"角"當即"角而轉睞"的"角",也是"斜"的意思。這樣看來,此詞此義在西漢初方俗語裏就已經存在,只是長久没有進入雅言通語,故載籍罕見而已。

　　(接上頁)the T'ang Temples of Ch'ang-an, The *Ssu-t'a chi* by Tuan Ch'eng-shih",載 *Artibus Asiae* 23:1,1960。筆者未見,不知其對此"角"字作何解釋。

① 西晉竺法護譯《生經》卷三"佛説國王五人經第二十四":"便角瞷(一作'眨')眼,色視夫人。"(《大正新修大藏經》第三卷,第88頁)周汝昌譯爲 winked and cast sheep's eyes at the Queen,未出"角"字。見 *Studia Serica*, Vol. 9, pt. 1, 1950, p. 25。

② 周一良《魏晉南北朝史論集》,中華書局,1963年,第386頁。

③ 李善注:"角,猶競也。"疑非。

④ 失譯人《佛説善惡因果經》:"今身眼目晭睞者,從邪看他婦女中來。"(《大正藏》第八十五卷,第1382頁)"晭"是"角"字受"睞"字類化而成;敦煌寫本S714作"角",是。

⑤ 比較道世集《諸經要集》卷十下"六度部第十八・忍辱篇第三・述意緣第一":"豈容微有觸惱,大生瞋恨,乃至角眼相看,惡聲厲色。"(《大正藏》第五十四卷,第96頁)

⑥ 于鬯《香草校書》卷十三"詩三・猗彼女桑",中華書局,1984年,第263頁。

委

杜甫《示從孫濟》詩："平明跨驢出，未知適誰門。"其中"知"字，錢謙益《錢注杜詩》(卷一)、仇兆鰲《杜少陵集詳注》(卷三)、《全唐詩》(第四函第一册"杜甫一")並出異文"一作委"，可見明末清初人所見杜詩本子有作"委"字的。又《黄山谷詩集》内集卷十三《謝應之》詩"去年席上蛟龍語，未委先生記得無"任淵注引老杜詩："未委適誰門。"可見宋代杜詩本子就有作"委"字的。

當"知"講的"委"字唐五代人習用。例如《隋書》卷四十五《房陵王勇傳》："高祖既數聞讒譖，疑朝臣皆具委。"《資治通鑒》卷一百七十九"隋紀三""文帝開皇二十年"條作"上既數聞譖毁，疑朝臣悉知之"。可證"委"就是"知"的意思。道宣《續高僧傳》卷四《玄奘傳》："至迦濕彌羅國，即此俗常傳罽賓是也，莫委'罽賓'由何而生。"又《集古今佛道論衡》卷丙"文帝詔令奘法師翻《老子》爲梵文"條："道士成英曰：佛陀言覺，菩提言道，由來盛談，道俗同委。"韓愈《瀧吏》詩："官當明時來，事不待説委。""不待説委"猶言不待説而知。五代吳越景霄《四分律行事鈔簡正記》卷十六："魏王有將司馬仲達善卜，卜云：〔諸葛亮〕未死。……不敢進兵，至後方委卒。"①這個意義的"委"除單用外還可以和"知"或"諳"構成複合詞。例如孔穎達《春秋左傳正義·隱公元年》："其實是大夫以否，亦不可委知也。"義淨《南海寄歸內法傳》卷三："言五時者，既而方域異儀，月數離合，自非指事，難以委知。"沈括《補筆談》卷三引吳道子畫鍾馗卷首唐人題記："仍告天下，悉令知委。"長孫無忌《唐律疏議》卷十三"户婚中""諸許嫁女"條："以其色目非一，故云'之類'，皆謂宿相諳委，兩情具愜，私有契約。"樊綽《蠻書》卷一："兩地途程，臣未諳委。"《太平廣記》卷三

---

① 《續藏經》第一輯第一編第六十八套第五册，第 494—495 頁。

百四十八"李全質"條引鄭還古《博異記》:"有切務,自中都抵梁郡城,西走百歇橋二十里,水深而冰薄,素不諳委。""諳委"猶言"熟知,熟悉"。

"委"的這一意義並非始於唐代,而是六朝時代就有了。例如梁慧皎《高僧傳》卷一《竺法蘭傳》:"又昔漢武穿昆明池,底得黑灰,以問東方朔。朔云:'不委,可問西域人。'"①《初學記》卷七引晉曹毗《志怪》記同一事,云:"漢武鑿昆明池,極深,悉是灰墨,……以問東方朔,朔曰:'臣愚不足以知之,可問西域胡人。'"可證"不委"就是"不知"的意思。

這個意義的"委"宋人還是完全理解並且繼續使用的。例見上文所引《資治通鑒》、黃庭堅詩及任淵注。又如《太平廣記》卷九十"釋寶誌"條末編者識語:"此寶公與江南者,未委是一人也兩人也。"《資治通鑒》卷一百八十三"隋紀七""煬帝大業十二年"條:"臣非所司,不委多少。"(《隋書》卷四十一、《北史》卷六十三《蘇威傳》並作"臣非職司,不知多少。")《宋會要輯稿·食貨四〇之一二》載建炎二年正月二十七詔:"仍下兩浙、江淮路轉運司出榜曉示客旅通行知委。"

這樣看來,杜詩此句本來作"未委適誰門",宋代以後"委"字此義漸廢,於是有人因不明其義或爲求易解而改"委"爲"知"②。上引《高僧傳》"不委"的"委",一本作"知",《補筆談》"悉令知委"的"委",一本作"會",也應是宋以後人所改。

---

① 《大正藏》第五十卷,第 323 頁。【補】郭在貽撰《唐詩異義釋例》(《文史》第 19 輯,1983 年,第 154 頁)於"委"字引王羲之《雜帖》:"白屋之人復得還轉,極佳,未委幾人。"時代更早。
② 本稿寄《中國語文》編輯部之後,作者方才讀到日本學者吉川幸次郎的《我的杜甫研究》一文。文中引深澤一幸云:宋代的幾個本子作"未委適誰門"。"委"是唐代的俗語,意思就是"知",是變文裏常用的,蔣〔禮鴻〕先生有詳考。這一句也許本來是"未委適誰門",後人因苦其難讀,改爲"未知適誰門",也未可知(《國外社會科學》1981 年第 1 期,第 57 頁)。當即函請編者於本條之末補入數語,俾讀者參看。今具錄其説,以備稽考。

回

"回(迴)"的"返,還"義始於何時？王力先生認爲"大約是唐代",引孟浩然和王翰的詩句爲證①。其實"回"的這一意義的出現遠在唐代以前。試略作追溯如次。

宋樂府《讀曲歌》："百度不一回,千書信不歸。"②劉義慶《世説新語·方正》："庾既下床,孔慨然曰……庾聞,回謝之。"《文選》卷四十梁任昉《奏彈劉整》："整規當伯還,擬欲自取,當伯遂經七年不返,整疑已死亡不迴。"蕭紀《曉思》詩："紅妝隨淚盡,蕩子何時迴？"③後魏楊衒之《洛陽伽藍記》卷三"菩提寺"："後遣儁送涵回家。"《北齊書》卷十五《竇泰傳》載天平三年惠化尼謠："竇行臺,去不回。"又卷五十《高阿那肱傳》："武衛張常山自後至,亦曰：'至尊宜迴(《北史》卷九十二作'回')。'"北周庾信《正旦蒙趙王賚酒》詩："成都已救火,蜀使何時迴？"④可見南北朝時代"回"已有"返,還"義。

晉干寶《搜神記》卷一"吳猛"："後將弟子回豫章,江水大急,人不得渡。"又卷十一"賈雍"："上馬回營,營中咸走來視雍。"《爾雅·釋言》："還、復,返也"郭璞注："皆迴返也。"⑤郭注這是以同義連文作釋,兼寓以今釋古之意。可見晉代"回"已有"返、還"義。

酈道元《水經注》卷一"河水"引康泰《扶南傳》："旃問云：'今去何時可到？幾年可迴？'……及行,四年方返。"這裏記言用"迴",叙事用"返",約略透露當時口語的消息。據向達考證,康書

---

① 《漢語史稿》下册,中華書局,1980 年,第 558 頁。
② 逯欽立輯校《先秦漢魏晉南北朝詩》(以下簡稱《逯輯》)中册,中華書局,1983 年,第 1342 頁。
③ 《逯輯》下册,第 1899 頁。
④ 《逯輯》下册,第 2392 頁。
⑤ 據汲古閣毛本《爾雅注疏》、邵晉涵《爾雅正義》、郝懿行《爾雅義疏》,不從阮元《爾雅注疏校勘記》之説。

成於吳大帝孫權黃武六年(227)左右①,可見"返,還"義的"回"至遲在三國時代已經見於文獻,時當公元3世紀初,早於唐朝開國約四百年。

錯

"錯"字具有新義"誤,錯誤",王力先生認爲"是唐代和以後的事",引杜甫詩和《資治通鑒》用例爲證②。其實"錯"字這一意義的出現遠在唐代以前。

《鄭志》記趙商問:"族師之職,鄰比相坐;《康誥》之云,門內尚寬。不知《書》《禮》孰錯?"③這裏"孰錯"的"錯"不惟不能解釋爲"交錯",並且不能解釋爲"抵牾",而只能解釋爲"誤"。《鄭志》一書是鄭玄(127—200)的"門生相與撰玄答諸弟子問而成"④,可見在東漢末口語裏"錯"已經有了"誤,錯誤"的意義。

在兩晉南北朝時代,這個意義的"錯"應用漸廣,見於各類典籍。例如《三國志·魏志·管輅傳》裴注引輅弟辰撰《〔管〕輅別傳》:"夫晉魏之士見輅道術神妙,占候無錯,以爲有隱書及象甲之數。"又《武帝紀》注引摯虞《三輔決錄注》:"〔王必〕走投禕,夜喚:'德禕!'禕家不知是必,謂爲文然等,錯應曰:'王長史已死乎?卿曹事立矣。'"束晳《發蒙記·總論王肅聖證論嫁娶時月》(《全晉文》卷八十七):"〔王肅〕不言春不可以嫁也。而馬昭多引《春秋》之證,以爲反《詩》,於難錯矣。"(末句據《通典》卷五十九"嫁娶時月議"所引訂正。)杜預《春秋左氏傳序》:"其有疑錯,則備論而闕之。"干寶《搜神記序》:"苟有虛錯,願與先賢前儒分其譏謗。"又《搜神記》卷八:"其年數則錯,未知邢史失其數耶,將年代久遠注記者傳而有謬也。"葛洪《抱朴子外篇·彈禰》:"或有錄所作之本

---

① 向達《漢唐間西域及海南諸國古地理書敘錄》,《唐代長安與西域文明》第567頁。
② 《漢語史稿》下册,第576頁。
③ 皮錫瑞《鄭志疏證》(《師伏堂叢書》本)卷四,第9頁。
④ 《後漢書》卷六十五《鄭玄傳》。

也,以比校之,無一字錯。"《法顯傳》:"有毗舍離比丘錯行戒律。"①王羲之《雜帖》(《全晉文》卷二十六):"祠物當治護,信到便遣來,忽忽善錯也。""善錯"猶言容易錯誤。劉義慶《世説新語·任誕》:"後宣武溧洲與簡文集,友亦預焉,共道蜀中事,亦有所遺忘,友皆名列,曾無錯漏。"南齊求那毗地譯《百喻經》卷一"婆羅門殺子喻":"時諸世人……咸皆嘆言:'真是智者,所言不錯。'"②又卷四"摩尼水寳喻":"胡以水寳爲摩尼,欲令其人從水寳出,其人錯解,謂摩尼珠。"③梁僧祐《出三藏記集》卷二:"安公云:'遭亂録散,小小錯涉。'"④酈道元《水經注》卷十六"穀水":"余考諸地記,並無淵水,但'淵''淵'字相似,時有錯爲'淵'也。"楊衒之《洛陽伽藍記》卷二"崇真寺":"崇真寺比丘慧凝死一七日還活,經閻羅王檢閱,以錯召(一作'名')放免。"顔之推《顔氏家訓·勉學》:"'項'當爲'許録反',錯作'許緣反'。"

　　到了隋唐時代,用於"誤,錯誤"義的"錯"更爲常見。例子見於詩歌的很多(如李白、杜甫、韓愈、白居易、元稹、王建、溫庭筠、陸龜蒙、皮日休、羅隱、鄭谷等),這裏不引,以省篇幅,只從其他各類典籍中略引數例,以供參證。孔穎達《春秋左傳正義·哀公十六年》:"鄭玄錯讀《左傳》,云以字爲謚,遂復妄爲此解。"賈公彦《周禮疏·秋官·司刺》:"假令兄甲是仇人,見弟乙,誠以爲是兄甲,錯殺乙,是不審也。"顔師古《漢書注·高帝紀》"二年冬十月"條:"謂《漢書》言黥布殺之爲錯,然今據《史記·黥布傳》……非班氏之錯。"《太平廣記》卷二百四十八"侯白"條引《啓顔録》:"曰:'何爲六斤半?'曰:'向請侯秀才題之,當是錯矣。'即召白至,謂曰:'卿何爲錯題人姓名?'對云:'不錯。'"又卷二百四十二"閻玄一"條引張鷟《朝野僉載》:"一索杖,遂鞭送書人數下。其人不知所以,訊之,一曰:'吾大錯。'"封演《封氏聞見記》卷九"遷善":

---

① 《大正藏》第五十一卷,第862頁。
② 《大正藏》第四卷,第544頁。
③ 《大正藏》第四卷,第557頁。
④ 《大正藏》第五十五卷,第9頁。

"〔田神功〕遂令屈諸判官謝之曰:'神功武將,起自行伍,不知朝廷禮數,比來錯受判官等拜。'"杜荀鶴《松窗雜錄》:"讀錯本書,且不知其義,敢恃酒喧於殿庭!"①景霄《四分律行事鈔簡正記》卷十六:"錯入王田,踏損胡麻,又遭園人加打。"②敦煌文書 P2715《〈孝經〉題記》:"丁亥年二月七日寫畢,點勘一無錯脫。"P3858《沙州準目錄欠藏經數》:"如或寫者,切須三校,不請有留錯字也。"敦煌本《伍子胥變文》:"貴人多望(忘)錯相認,不省從來識娘子。……縱使從來不相識,錯相識認有何方(妨)?"③《廬山遠公話》:"白莊問(聞)語,呵呵大笑:'你也大錯。'"④《燕子賦》:"古語分明,果然不錯。"⑤《前漢劉家太子傳》:"遂即退讒佞,進賢者,其國大治,由錯於'舉燭'之字也。"⑥從以上例證可以看出,這類"錯"字多見於口語或接近口語的文體。《前漢劉家太子傳》係仿文言,但在文言該用"誤"的地方用上了"錯",無意中泄露了實際語言的消息。很可能在唐代口語裏"錯"已經占了同義詞"誤"的上風,甚至已經取而代之。正因爲"錯"的這一新義當時已經通行,所以有的韻書也已加著錄,如慧琳《一切經音義》卷六十九"錯謬"條引張戩《考聲〔切韻〕》:"錯,誤也。"⑦王國維曾説:"據今音爲韻書,實自戩始。"⑧看來張氏此書不但重視今音,而且是比較注意今語的。

撲　　朔

《木蘭詩》:"雄兔脚撲朔,雌兔眼迷離。"其中"撲朔"一詞歷來

---

① 見涵芬樓本《説郛》卷四。
② 《續藏經》第一輯第一編第六十八套第五册,第 496 頁。
③ 王重民等編《敦煌變文集》上集,人民文學出版社,1957 年,第 10 頁。
④ 《敦煌變文集》上集,第 175 頁。
⑤ 《敦煌變文集》上集,第 249 頁。
⑥ 《敦煌變文集》上集,第 163 頁。
⑦ 《大正藏》第五十四卷,第 758 頁。
⑧ 王國維《觀堂集林》卷八《〈天寶韻英〉、陳廷堅〈韻英〉、張戩〈考聲切韻〉、武玄之〈韻詮〉分部考》。

說解分歧，莫衷一是。如：(1) 兔走足縮之貌。(張玉縠《古詩賞析》)足不前貌。(《辭海》，1938年；《中文大辭典》，1973年)(2)"蹼足"之狀化語。(聞一多《爾雅新義》，1948年)(3) 跳躍貌。(余冠英《樂府詩選》，1953年；又：《漢魏六朝詩選》，1958年；《辭源》修訂本，1980年)(4) 撲騰，亂動的樣子。(北京大學中國文學史教研室《魏晉南北朝文學史參考資料》下册，1962年)"撲搠"，撲打。(張文斌《"撲朔""迷離"試說》，《光明日報》1961年7月15日)撲落，或撲打，形容兔前後腳不齊的動作。(林庚、馮沅君《中國歷代詩歌選》上編第一册，1979年)(5) 爬搔。(高中《語文》第一册，1953年)爬搔的樣子。(初中《語文》第二册，1960年)搔爬。(《辭海》修訂稿"語詞分册"，1977年)(6) 短而小。(朱起鳳《辭通》，1934年)(7) "婆娑"，毛蓬蓬然。(傅東華《〈木蘭詩〉的"撲朔""迷離"到底怎麼解？》，《文匯報》1961年12月28日)毛蓬鬆的樣子。(朱東潤《中國歷代文學作品選》上編第二册，1962年)

其中(1)說純出臆測，(2)說穿鑿不合事理，(3)(4)(5)說也缺少語文學的根據，傅東華文中均已有駁正，現在都存而不論，只討論(6)(7)兩說的得失。

《辭通》卷二十一："'僕''樸'形聲相近，'樕''敕'(言按：當作'遬')並從'束聲'，'朔'與'樕'同。小木曰'樸樕'，小才曰'僕遬'①，兔腳短而小則稱爲'撲朔'，凡以言其小而已。"(下册，第2261頁)

可以相信"撲朔"和"樸樕"是同源詞。問題在於"樸樕"的語源義究竟是什麼。這個問題解決了，也就知道"撲朔"到底該怎麼講了。

關於"樸樕"，舊來有兩派說法。一派認爲它的語源義是"小貌"，王引之說可爲代表。《經義述聞》卷二十八"爾雅下""樸樕"條："'樸樕'……小貌也，因以爲木名耳。古者謂小爲'僕遬'。

---

① 《辭通》此條關於"樸樕"、"僕遬"的解釋本於王先謙《漢書補注·息夫躬傳》所引錢大昭《漢書辨疑》之說。

《漢書·息夫躬傳》：'僕遬不足數。'顏注曰：'僕遬，凡短之貌也。'……故《召南·野有死麕》傳及《説文》皆云：'樸樕，小木也。'（今本《説文》脱'小'字，據《五音韻譜》《集韻》《類篇》補。）"王氏的論證很詳細，但是值得商榷。第一，《毛傳》"樸樕，小木也"並沒有"樸樕之言小也"這樣的語源解釋的涵義。第二，《説文》六上木部："樕，樸樕，木也。"這跟同部"㯺，㯺㯧，木也"、"枇，枇杷，木也"之類辭例相同，"樕"字條各本"木"上無"小"字是對的，並非脱漏；《五音韻譜》等書所引有"小"字，當是據《毛傳》增加①。第三，"樸樕"的一系列同源詞如"樸（撲）簌"、"樸屬"、"扶（扶）疏"、"扶胥"、"扶蘇"、"蒲蘇"都沒有"小，短小"義，"僕遬"的意義也是"不整飾貌"（見下）而不是"小"或"凡短之貌"②。總之，以"樸樕"的語源義爲"小貌"這是可疑的，因而據此把"撲朔"解釋爲"短而小"也是不可靠的。

另一派則主張"樸樕"的語源義是"（灌木等）叢生貌"，郝懿行説可爲代表。《爾雅義疏·釋木》"樸樕③，心"條："其樹樸屬叢生，故名樸樕。"④郝氏以同源詞"樸屬"釋"樸樕"，這是很確切的。《爾雅·釋木》："樸，枹者謂。"⑤孫炎注："樸屬叢生謂之枹。"邢昺疏："樸屬、枹綴，皆木叢生之名也。"《方言》卷三："攢、翕、葉，聚也。"郭璞注："攢屬，藂相着貌。"⑥"樸樕"跟"樸（撲）屬"音近義通，郝氏之説可信。

看來"叢生貌"這一解釋也適用於"撲朔"這個詞：其毛樸屬叢

---

① 參看鈕樹玉《説文解字校録》"樕"字條。見丁福保輯《説文解字詁林》第25册，第2388頁。
② 水上静夫《中國古代の植物學の研究》（東京：角川書店，1977年）於"樸樕"、"扶蘇"有專節討論。筆者未見，不詳其説。
③ 原文作"樕樸"，據阮元《爾雅注疏校勘記》改正。
④ 參看徐灝《説文解字注箋》"樕"字條："'樸樕'云者，正形容叢剌之狀耳。"又桂馥《札樸》卷二"暴桑"條："木之叢生者始有'扶疏'之態。"
⑤ 《爾雅》此條句讀依錢大昕、王引之説，分見《潛研堂文集》卷十"答問"七、《經義述聞》卷二十八"爾雅下""樕樸"條。
⑥ 據周祖謨《方言校箋》，科學出版社，1956年，第24頁。

生,故稱"撲朔"。

推廣來説,灌木叢生貌叫"樸樕"①,枝葉、花朵叢生貌叫"扶疏",鳥羽、獸毛叢生貌叫"樸㩿"②、"樸朔";由灌木、枝葉、羽毛叢生貌又可引申出"紛披、披垂、蓬鬆、不整齊、不整飭的樣子"等意義,所以衣服不整齊叫"樸樕"③,人委瑣不整飭叫"僕遬"。總之,它們都是一義的衍生,一詞的分化。

這樣看來,在上面列舉的關於"撲朔"的多種解説當中,最後一説似乎比較可取;這就是説,"雄兔腳撲朔,雌兔眼迷離"的"撲朔"的詞義是"毻毛叢生的樣子"。至於這兩句詩用的是互文見義的表現法,那就無須申説了④。

幾　多

王力先生在《中國語法理論》(商務印書館,1951年,下册,第148頁,注87)中説:"'幾多'的來源頗古。李商隱詩:'百年知是幾多時?'"其實"幾多"早在六朝已見⑤。例如真諦於陳武帝永定三年(559)所譯《立世阿毗曇論》卷九"小三災疾疫品第二十四":"是二十小劫世界起成已住者幾多已過,幾多未過?……此第九一劫幾多已過,幾多未來?"(《大正藏》第三十二卷,第215頁)就唐詩而言,"幾多"也早見於盛唐,例如李白《上雲樂》:"別來幾多時,枝葉萬里長。"中唐以後用例益多,如白居易《題新居寄元八》:"莫羨昇平元八宅,自思買用幾多錢?"又《想歸田園》:"快活不知

---

① "樸樕"由狀詞轉爲名詞(即王筠《説文句讀》"樕"字條所謂"以其狀爲之名"),就指叢生的樹木,特別是灌木。
② "枎(扶)疏"習見,無煩舉例。"樸㩿"例如温庭筠《塞寒行》:"樸㩿寒雕睇平野。"
③ 李時珍《本草綱目》卷三十"槲實"條:"'樸樕'者,'婆娑'蓬然之貌。……俗稱衣物不整者爲'樸樕',本此。"
④ 參看陸子權《〈木蘭詩〉裏的"互文"——從"雄兔"兩句注釋的分歧説起》,《安徽師範大學學報》1980年第3期。
⑤ 【補】參看吕叔湘《近代漢語指代詞》,學林出版社,1985年,第343—344、364頁;又:《吕叔湘文集》第三卷,商務印書館,1992年,第343—344、364頁。

如我者,人間能有幾多人?"又《潯陽秋懷贈許明府》:"試問陶家酒,新篘得幾多?"又《和萬州楊使君四絕句·競渡》:"自經放逐來憔悴,能校靈均死幾多?"又《新樂府·黑潭龍》:"肉堆潭岸石,酒潑面前草。不知神龍享幾多,林鼠山狐常醉飽。"杜牧《早春寄岳州李使君》:"縈盈幾多思? 掩抑若爲裁?"又《書懷寄中朝往還》:"霄漢幾多同學伴,可憐頭角盡卿材。"李商隱《柳》:"動春何限葉,撼曉幾多枝?"又《題白石蓮花寄楚公》:"大海龍宮無限地,諸天雁塔幾多層?"又《代贈》二首之二:"總把春山掃眉黛,不知供得幾多愁。"又《過招國李家南園》二首之二:"長亭歲盡雪如波,此去秦關路幾多?"又《聞歌》:"銅臺罷望歸何處,玉輦忘還事幾多?"羅隱《鄴城》:"英雄亦到分香處,能共常人較幾多?"至於王先生所引詩句,則出於元稹《遣悲懷》三首之三,不是李商隱詩。

"爲……所見……"和"'香''臭'對擧"出現時代的商榷

一

1943年呂叔湘先生發表論文《見字之指代作用》①，其中論及古漢語中"爲……所見……"這一句式，引起語言學者的注意。近年吳金華同志先後發表兩篇專文②，對此有所申論，殊多勝義。但吳文認爲這一語言現象"最初出現於東漢後期的文獻"，則立説未確。所擧論據有兩條：一出《後漢書》卷十六《寇榮傳》載榮《上桓帝書》，一出安世高譯《佛説太子慕魄經》。據《後漢書》本傳，寇榮上書在桓帝延熹(158—166)末。據梁慧皎《高僧傳》卷一《安清傳》引晉道安《經錄》，安世高譯經在桓帝建和二年(148)至靈帝建寧(168—172)中③。是兩例時代相若，都是在公元2世紀中期。但今傳安世高譯經五十餘部有真有僞，爲了明確語言史料的時代性，不可不辨④。關於安世高譯經總數，道安《綜理衆經目錄》説是

---

* 原載《中國語文》1984年第1期。
① 《中國文化研究匯刊》第3卷，1943年；收入《漢語語法論文集》，科學出版社，1955年。
② 吳金華《所見＝所》，《中國語文》1981年第5期；又：《'R爲A所見V'式》，《中國語文》1983年第3期。
③ 《大正藏》第五十卷，第324頁。
④ 參看許理和(E. Zürcher)："Late Han Vernacular Elements in the Earliest Buddhist Translations", *Journal of the Chinese Language Teachers Association*，12：3，1977, pp. 177-178。

三十餘部①,梁僧祐《出三藏記集》卷十三《安世高傳》説是三十五部②,《高僧傳·安清傳》説是三十九部③,三者基本一致。到隋費長房《歷代三寶記》(文帝開皇十七年上),則驟然增至一百七十六部④。據中國佛教史專家研究⑤,《三寶記》新增的安譯諸經大都"疑偽",也就是説它們實際上是後人的譯品,託名於安世高的。《太子慕魄經》,《出三藏記集》歸之"失譯人"⑥,《三寶紀》卷四歸諸安譯而卷十三又歸諸"失譯"⑦。可見此經不是可靠的東漢文獻⑧。這樣,吳文所引最早書證就是寇榮《上桓帝書》。但據我所知,"爲……所見……"的出現實遠在其前,而且就同見於范曄書中。《後漢書》卷八十七《西羌傳》載班彪《上光武帝書》:"羌胡被髮左衽,而與漢人雜處,習俗既異,言語不通,數爲小吏黠人所見侵奪。"班彪上書在建武九年(33),比寇榮上書早一百三十多年。因此應當説,"爲……所見……"最早出現於東漢初年的文獻,時當公元1世紀初期。

吳文又據《資治通鑒》卷六十六"漢紀五十八"載曹操建安十五年(210)十二月己亥令將原文"恐爲海內人之所見凡愚"改爲"恐爲世人之所凡愚",以證北宋人已不喜歡沿用"爲……所見……"。實際上這種情況早已出現。《文選》卷六十賈誼《吊屈原文》:"橫江湖之鱣鯨兮,固將制於螻蟻。"李善注引晉灼曰:"小水不容大魚,而橫鱣鯨於汧瀆,必爲螻蟻所見制,以況小朝主暗,不容受忠迕之言,亦爲讒賊小人所見害也。"《漢書》卷四十八《賈誼傳》顏師古注亦引晉灼曰:"小水不容大魚,而橫鱣鯨於污瀆,必爲螻蟻所制,以況小朝主暗,不容受忠逆之言,亦爲讒賊小臣所害。"晉灼是西晉人,他在《漢書集注》裏用"爲……所見……",正合於當時語言習慣,李善當是尊

---

① 道安錄今佚,據《高僧傳》引。見《大正藏》第五十卷,第324頁。
② 《大正藏》第五十五卷,第95頁。"三十五"一作"四十五",非。
③ 《大正藏》第五十卷,第323頁。
④ 《大正藏》第四十九卷,第50—52頁。
⑤ 呂澂《新編漢文大藏經目錄》,齊魯書社,1980年,第5頁。
⑥ 《大正藏》第五十五卷,第8頁。
⑦ 《大正藏》第四十九卷,第110頁。
⑧ 據吕澂考訂,此經爲西晉竺法護譯。見《新編漢文大藏經目錄》第66頁。

重原文，照録不誤，而顔師古在引用時却删去兩個“見”字，可見唐初人已經不大喜歡“爲……所見……”這一句式了。

二

祝注先同志在《一詞三釋辨疑——關於“臭”的詞義》一文中認爲：“臭”的“穢惡”義衍化而爲基本詞義的確立時代就是“臭”的“香”義在語言表達中消失的時代，其體現爲界限分明的“香”“臭”對舉①；所舉書證爲《孔子家語・六本》：“與善人居，如入芝蘭之室，久而不聞其香，即與之化矣；與不善人居，如入鮑魚之肆，久而不聞其臭，亦與之化矣。”其實“香”“臭”對舉②還有早於三國魏王肅所撰《孔子家語》的例證。《廣雅・釋器》：“鯹，鱢……臭也；芳，馣……香也。”錢大昕《十駕齋養新録》(卷二)云：“以‘臭’與‘香’對蓋始於《廣雅》。”但《廣雅》撰者張揖時代與王肅相若，此例更非始見。就我所知，較早的例子有東漢王充《論衡・别通》：“鼻不知香臭曰癰。”③漢末高誘《吕氏春秋・勸學》注：“腐爛必臭，懷而欲其香。”更早的有西漢劉向《説苑・雜言》④：“與善人居，如入蘭芷之室，久而不聞其香，則與之化矣；與惡人居，如入鮑魚之肆，久而不聞其臭，亦與之化矣。”上引《孔子家語》就是直接襲用此文。此外，《文選》卷五十四劉孝標《辯命論》“鮑魚芳蘭，入而自變”李善注引《大戴禮〔・曾子疾病〕》：“與君子遊，苾乎如入蘭芷之室，久而不聞，則與之化矣；與小人遊，臭乎如入鮑魚之肆，久而不聞，則與之化矣。”這又是上引《説苑》文之所本，已爲後來的“香”“臭”對舉導夫先路了，其時代當在西漢前期。

---

① 《語文研究》1983 年第 2 期。

② 這裏主要討論的是“香”“臭”對舉，而不是“香”與“臭”的同義詞或“臭”與“香”的同義詞的對舉，意在説明近現代漢語中“香/臭”這一對反義詞的由來。

③ “知”訓“别，辨别”。

④ 據姚振宗《漢書藝文志條理》(《二十五史補編》第 2 册，中華書局，1955 年，第 1597 頁)，劉向上《説苑》在成帝鴻嘉四年(公元前 17 年)。

兩晉南北朝"書""信"用例考辨

　　"信"的"書信"義起於何時,這是漢語詞彙史上一個懸而未決的小問題。1962年我在一則讀書札記中稱述顧炎武《日知録》卷三十二"信"條,據《梁書》卷四十《到溉傳》所引梁武帝蕭衍賜到溉《連珠》中的"研磨墨以騰文,筆飛毫以書信"二句,認爲其中的"信"當指書札,也就是説六朝時代"信"已有"書信"一義[1]。需要説明的是,按顧氏的意見,這個"信"仍是古義,指符信。後來郝懿行在《證俗文》卷六"書信"條才斷言這個"信"是指書信,説:"其稱'書'爲'信'者,始於梁武帝賜到溉《連珠》。"我因鑒於《到溉傳》此處上下文講的是到氏一門祖孫如何擅長各體辭章,而並未涉及他們的書法,所以也以爲這個"信"當指作爲文章之一體的書啓或書疏。1979年郭在貽先生在一篇論文中對此説提出批評,認爲蕭衍文中的"信"當指幡信[2],以此别引《幽明録》和《南齊書·張敬兒傳》二例[3],以證"信"的"書信"義始於六朝。1984年郭先生又發表專文討論這個問題,補引八例,進一步論證晉南北朝"信"有"書信"的意義[4]。

　　對於郭文所引十例我都有一些不同的理解,試臚陳如次,願與郭先生和讀者共商榷之。

---

* 　原載《語文研究》1985年第2期。
[1]　《中國語文》1962年第4期,第166頁。參看陳槃《漢晉遺簡偶述·書啓稱信》,《歷史語言研究所集刊》第16本,1947年,第338—339頁。
[2]　郭在貽《古漢語詞義札記》,《中國語文》1979年第2期,第125—126頁。
[3]　後一例姚範《援鶉堂筆記》卷四十七已引用。
[4]　郭在貽《信的書信義究竟起於何時》,《中國語文》1984年第4期,第307頁。

甲、單用"信"的共三例①：

1. 晉王徽之《書》："得信，承嫂疾不減，憂灼寧可復言。"（嚴可均校輯《全上古三代秦漢三國六朝文》[以下簡稱《嚴輯》]第 2 册，中華書局，1965 年，第 1612 頁）

按：王羲之、徽之、獻之諸人的《書》和《雜帖》中，書札説"書"，不説"信"。例如王羲之《雜帖》："此書因謝常侍信還，令知問。"② 又："一見尚書書，一二日遣信目具。"③ 又："此信過，不得熙書。"④ 又："近復因還信，書至也。"⑤ 又："阮信止於界上耳。向書已具，不復一一。"⑥ 王獻之《雜帖》："此信還，一一白。胛痛不可堪，而比作書欲不能成之。"⑦ 以上諸例中"書""信"並用，"書"指書札（letter），"信"指信使（messenger），區别甚明。這跟六朝一般用例正相一致。如晉樂府《那呵灘》："我若在道邊，良信寄書還。"⑧ 宋樂府《讀曲歌》："百度不一回，千書信不歸。"⑨ 齊釋寶月《估客樂》二首之一："有信數寄書，無信心相憶。"⑩《太平御覽》卷七百五十三"工藝部十‧圍棋"引齊祖冲之《述異記》："廓坐齋中，忽見一人，以書授廓，云：'朱屠陵書。'廓讀書畢，失信所在。"其中"信"跟"書"相對待，都指信使。此外，當時跟"書"相關聯的"信"的另一個意義是"信息，消息"（message）。通例，"得書"指收到書札。如晉索靖《書》："雖數相聞，不解勞倦，信至得書，悉知棄云宅及計東

---

① 本文轉録郭文引例，標點一律照舊。
② 嚴可均校輯《全上古三代秦漢三國六朝文》（以下簡稱《嚴輯》）第 3 册，中華書局，1965 年，第 1583 頁。
③ 《嚴輯》第三册，第 1584 頁。
④ 《嚴輯》第三册，第 1593 頁。
⑤ 《嚴輯》第三册，第 1593 頁。
⑥ 《嚴輯》第三册，第 1598 頁。
⑦ 《嚴輯》第三册，第 1614 頁。
⑧ 逯欽立輯校《先秦漢魏晉南北朝詩》（以下簡稱《逯輯》）中册，中華書局，1983 年，第 1064 頁。
⑨ 《逯輯》中册，第 1342 頁。
⑩ 《逯輯》中册，第 1480 頁。

來。"①王羲之《雜帖》:"得書,知足下患疥。"②又:"得書,知足下且欲顧。"③王獻之《雜帖》:"得書爲慰。"④而"得信"則指得到信息或消息,不管這"信"是 written message 還是 oral message。例如《宋書》卷五十三《庾炳之傳》:"臣令人語之:'先取人使,意常未安,今既有手力,不宜復留。'得臣此信,方復遣耳。"這個"信"就顯然是指口傳的信息即口信。郭文所引王徽之《書》中的"得信"也正是這個意思。(參照下文論"得家信"跟"得家書"的區别。)直到唐五代"得信"和"得書"也還是"對文則異",值得注意。例如《太平廣記》卷五十四"費冠卿"條引杜光庭《神仙感遇傳》:"仙人忽問曰:'得鄭某信否?'對曰:'得信,甚安。'頃之又問:'得鄭某書否?'對曰:'費冠卿先輩自長安來,得書。'"

2. 晉裴啓《語林》:"明帝函封與庾公信,誤致與王公。"(魯迅輯《古小説鈎沉》,《魯迅全集》第 8 册,人民文學出版社,1973 年,第 152 頁)

按:《北堂書鈔》卷一百三"藝文部九·詔三十九"引《語林》:"明帝函封與庾公,信誤致與王公。王公開詔,……"《鈎沉》所輯即據此,而句讀有誤,郭文沿訛。檢《太平御覽》卷五百九十三"文部九"引《語林》此文,作"明帝函封詔與庾公,信誤致與王公。王公開詔,……"亦可證《書鈔》所引"信"字當屬下讀,義爲"信使"。明帝所封、王公所開的是"詔"而非"書";當時二者不容混淆,因而也不可能稱之爲"信"。

3. 南齊祖沖之《述異記》:"臨去遺信,贈三奩香,又躬來别,執手恨然。"(《古小説鈎沉》第 282 頁)

按:《鈎沉》此則采自《太平廣記》卷二百九十四"白道猷"條,而句讀有誤。當從汪紹楹斷句⑤,標點爲:"臨去,遺信贈三奩香,

---

① 《嚴輯》第 2 册,第 1946 頁。
② 《嚴輯》第 2 册,第 1587 頁。
③ 《嚴輯》第 2 册,第 1593 頁。
④ 《嚴輯》第 2 册,第 1516 頁。
⑤ 《太平廣記》第 6 册,中華書局,1981 年,第 2341 頁。

又躬來別,執手恨然。"此"遺信"同於晉葛洪《抱朴子内篇·道意》"其遠道人不能往者皆因行便或持器遺信買之"和宋樂府《讀曲歌》"歡但且還去,遺信相參伺"的"遺信"①;"信"指信使,非"書信"義。《述異記》這幾句話的意思是:山神臨去,先派使人送三盒香給白道猷,然後又親自來告別。

乙、用"家信"的共四例:

4. 晉王羲之《雜帖》:"吾頃胸中惡,不欲食,積日匆匆。……足(郭文誤刊爲'是')下家信不能悉。"(《嚴輯》第 2 册,第 1596 頁)

5. 王獻之《雜帖》:"前告先日(郭文誤刊爲'臣')陳事意,必是更有家信。"(《嚴輯》第 2 册,第 1615 頁)

按:以上二例中的"家信"都指家中的信使。"足下家信不能悉",意思是您家的信使搞不清楚或説不周全;"必是更有家信",意思是一定另外派有信使。六朝時代"家信"跟"家書"意義有別,不相牽混②。前者例如王羲之《雜帖》:"知尋遺家信,遲具問。"③梁武陵王蕭紀《詠鵲》詩:"今朝聽聲喜,家信必應歸。"④二例中分別作動詞"遣"的賓語和"歸"的主語的"家信"顯然是指人不指物。後者例如《太平廣記》卷十三"郭璞"條引葛洪《神仙傳》:"兩松樹間上有鵲巢,璞逆報家書所言也。"《宋書》卷二《武帝紀中》載司馬休之《表》:"手與家書,多所求告。"二詞區分甚明。直到唐五代"家信"一般仍是此義。例如《北史》卷七十《劉璠傳》:"璠母在建康遘疾,璠弗之知,嘗忽一日舉身楚痛,尋而家信至,云其母病。"段成式《酉陽雜俎》續集卷二"支諾皋中":"遲明,訪其家信,得王至洛書。"《太平廣記》卷一百六十六"郭元振"條引王定保《唐摭

---

① 《逯輯》中册,第 1343 頁。郭茂倩《樂府詩集》(中華書局,1979 年,第 674 頁)、丁福保《全漢三國晉南北朝詩》(中華書局,1959 年,第 741 頁)並同。"遺"字不誤。
② 【補】參看江藍生《魏晉南北朝小説詞語匯釋》,語文出版社,1988 年,第 232—233 頁。唐初人所修六朝史書中偶有"家信"可作"家書"解的用例,如《陳書·徐陵傳》:"及侯景寇京師,陵父摛先在圍城之内,陵不奉家信,便蔬食布衣,若居憂恤。"這提示了語言有漸變的迹象。
③ 《嚴輯》第 2 册,第 1598 頁。
④ 《逯輯》下册,第 1900 頁。

言》:"時有家信至,寄錢四十萬。"

6. 宋劉義慶《幽明録》:"又問母何患,答云:'病腫'。而即與吏假,使出,便得家信云'母喪'。"①(《太平廣記》卷三百二十三"給使"條引)

7.《南齊書》卷二十五《張敬兒傳》載沈攸之與蕭道成書:"初得賢子䩿疏云:得家信云,足下有廢立之事。"②

按:如上義所論,八朝時代指收到家中寄來的書札當説"得家書",不説"得家信"。以上二例中"得家信"的確切意義是得到家中傳來的消息或信息,不管它是在書札裏還是口頭上傳達的。例7中"得疏"和"得信"涵義不同。"疏"是書面的而"信"不一定。廢立之舉事涉機密,蕭道成當初可能只是派人傳的口信。二者有微妙的區别,值得玩味。

丙、用"書信"的共三例:

8. 晉杜預《書》:"有信數附書信,以慰吾心也。"(《嚴輯》第2册,第1701頁)

9. 祖沖之《述異記》:"機羈旅京師,久無家問,因戲語犬曰:'我家絶無書信,汝能賫書馳取消息不?'"③(《古小説鈎沉》第283頁)

按:以上二例中的"書信"當是偏正式複合詞,義爲"傳送書札的信使"。倒8的"有信數附書信",意思是有消息就頻頻託付信使傳遞。在當時語言中,除"附書"一語而外,還有"附信"的説法。二者意義不同。前者例如《太平廣記》卷十二"李常在"條引《神仙傳》:"二兒……各附書到。"又卷九十"釋寶誌"條引《高僧傳》:"今附書到鍾山寺西行南頭第二房,覓黄頭兒之。"④俊魏楊衒之《洛陽

---

① 《古小説鈎沉》標點爲"又問:'母何患?'答云:'病腫。'而即與吏假,使出,便得家信,云母喪。"(《魯迅全集》第8册,第428頁)較妥,當從。
② 此文應標點爲"初,得賢子䩿疏,云:得家信,云足下有廢立之事。"
③ 《鈎沉》此則録自《藝文類聚》卷九十四"獸部中·狗"。《太平御覽》卷九百五"獸部十七·狗下"所引"馳"下有"還"字。
④ 慧皎《高僧傳》卷十"釋保誌"無此語。

伽藍記》卷三"大統寺":"其同營人樊元寶得假還京,子淵附書一通,令達其家。""附書"等於説"(託某人)帶信"。後者例如王羲之《雜帖》:"想大小皆佳,丹陽頃極佳也,云自有書,不附此信耳。"①"自有書,不附此信",意思是有書札但没託這位信使帶。王《帖》和杜《書》中"附"字此種用法,可以比較《文選》卷三十八任昉《爲齊明帝讓宣城郡公第一表》:"謹附某官某甲奉表以聞。""附某甲奉表以聞"就是託某甲奉表以聞。例9的"我家絶無書信"云云,意思是説:咱們家老没傳書人來,你能帶信趕回家去取消息嗎?晉南北朝時代"書信"的這一意義迄今未爲人注意,下面再舉幾個例子以供參證。王羲之《雜帖》:"六日。昨書信未得去。時尋復逼。"②《南齊書》卷四十《魚復侯子響傳》載蕭子響《啓》:"臣累遣書信唤法亮渡。"此二例中分別作動詞"去"的主語的"書信"和在兼語式中作"遣"的賓語、"唤"的主語的"書信"顯然只能指人,義爲"傳書的信使"。《世説新語·雅量》:"雍盛集僚屬自圍棋,外啓信至,而無兒書。"殷芸《小説》叙同一事,作"雍集僚友圍棋,外啓書信至,而無兒書"③。足證"書信"爲偏正式複合詞,語素"信"爲"信使,使人"義。《周書》卷十一《晉蕩公護傳》載宇文護《報母書》:"二國分隔,理無書信。""書信"指兩國間傳書的信使。宋樂府《讀曲歌》:"空中人,住在高牆深閣裏。書信了不通,故使風往爾。"④"書信了不通"二句是説:因爲信使不通,所以只好讓風去。梁元帝蕭繹《别詩》二首之一:"别罷花枝不共攀,别後書信不相關。欲覓行人寄消息,依常潮水暝應還。"⑤"書信"跟"花枝"對偶,同爲偏正結構。"關"訓"通"。"别罷"云云是説分别之後信使不相通,因

---

① 《嚴輯》第 2 册,第 1585 頁。
② 《嚴輯》第 2 册,第 1585 頁。郭先生後補引此例,在"得"字句絶,以"書信"爲今義(見《訓詁叢稿》,上海古籍出版社,1985 年,第 195 頁),亦誤。
③ 殷芸《小説》(余嘉錫輯本),見《余嘉錫論學雜著》上册,中華書局,1963 年,第 316 頁。
④ 《逯輯》中册,第 1343 頁。"牆"逯書誤作"檣",今據《樂府詩集》(第 675 頁)、《全漢三國晉南北朝詩》(第 741 頁)改正。
⑤ 《逯輯》下册,第 2095 頁。

此欲覓行人爲寄消息。直到唐代"書信"往往仍是此義。例如盧照鄰《折楊柳》詩:"攀折將安寄?軍中書信稀。"①這是説軍中信使稀少,折了柳枝也無處可寄。王昌齡《寄穆侍御出幽州》詩:"莫道薊門書信少,雁飛猶得到衡陽。"②這是説雖然薊門信使很少,但還有大雁可以託付。如果把二例中的"書信"解爲今義,上下句就語意不貫了。杜甫《寄韋有夏郎中》詩:"省郎憂病士,書信有柴胡。"③下句是説傳書的信使同時還帶得有柴胡。賈島《寄韓潮州愈》詩:"隔嶺篇章來華岳,出關書信過瀧流。"④劉禹錫《酬楊八副使將赴湖南途中見寄一絶》詩:"知逐仙南冠楚材,遠勞書信到陽臺。"⑤二例中"出關"、"過瀧流"的"書信",和勞煩他遠道來到陽臺的"書信",顯然也只能是指傳書的信使⑥。

10. 王羲之《雜帖》:"朱處仁今何在?往得其書信,遂不取答。"(《嚴輯》第 2 册,第 1583 頁)

按:宋黄伯思《東觀餘論》卷上"法書刊誤下":"'往得其書,信遂不取答',謂昔嘗得其書,而信人竟不取報書耳,而世俗遂誤讀爲'往得其書信',殊不知信者乃使人也,自連下語,非若今之所謂書信也。"(明楊慎《丹鉛續録》卷三"使者曰信"條、清郝懿行《證俗文》卷六"書信"條説同。)其説極是。此帖下文云:"今因足下答其書。"正因爲前此朱處仁的信使不曾"取答",所以現在要"因足下答其書"(通過您回他的信)。"往得其書"跟"今答其書"文正相對。"信"字顯然應屬下讀,義爲"信使"。

總起來説,郭文所舉十例中的"信"乃是"信使"(messenger)

---

① 《全唐詩》第 2 册,中華書局,1979 年,第 523 頁。
② 《全唐詩》第 4 册,第 1446 頁。
③ 《全唐詩》第 7 册,第 2542 頁。
④ 《全唐詩》第 17 册,第 6679 頁。
⑤ 《全唐詩》第 11 册,第 4125 頁。
⑥ 此義之外,唐代"書信"的第二個意義是"書札和信使",例如杜甫《風疾舟中伏枕書懷三十六韻奉呈湖南親友》詩:"書信中原闊,干戈北斗深。""書信"跟"干戈"對偶,同爲並列結構;第三個意義是"書札",例如温大雅《大唐創業起居注》卷上:"帝引康鞘利等禮見於晉陽宫車門之側舍,受始畢所送書信。"

或"信息,消息"(message)的意義,不是"書札"(letter)的意義,不能作爲兩晉南北朝"信"用爲今"書信"義的證據。

就目前所知,見於晉南北朝文獻的可以解爲"書信"義的"信"有如下幾例,錄以備考:

1. 後秦佛陀耶舍共竺佛念譯《長阿含經》卷十三第三分"阿摩畫經第一":"更作方便,求爲使命,若爲王、王大臣、婆羅門、居士通信使,從此詣彼,從彼至此,持此信授彼,持彼信授此。"①

2. 梁元帝蕭繹《玄覽賦》:"報蕩子之長信,送仙人之短書。"②

3. 梁劉孝綽《酬陸長史倕》詩:"薄暮閽人進,果得承芳信。殷勤覽妙書,留連披雅韻。"③

4. 齊竟陵王蕭子良《答王僧虔書》:"若三珍尚存,四寶斯覿,何但尺素信札,動見模式,將一字徑丈,方寸千言也。"④

5. 《魏書》卷四十《陸俟傳》:"詔僕射李沖、領軍于烈曰:訕謗朝廷,書信炳然。"⑤

【補記】袁津琥同志引勝光王(當作"勝音城仙道王")《與影勝王書》"敬覽來信,並受國珍",謂"可確鑿無疑地證明六朝時俗語言中已漸有用'信'來表'書札'義的趨勢"。見《〈信、書信小考〉商兌》,《文史知識》1997年第4期,第125頁。今按:這個"信"字無疑是"書札"義,但此文出自唐義淨譯《根本說一切有部毗奈耶》,不能用作說明六朝語言現象的例證。

---

① 《大正新修大藏經》第1卷,第84、89頁。此例爲朱慶之君檢示。但此"信"仍以解爲"信物"較妥。
② 《嚴輯》第3冊,第3037頁。
③ 《逯輯》下册,第1833頁。
④ 《嚴輯》第3册,第2827—2828頁。【補】引見方一新《〈世説新語〉語詞研究》,杭州大學博士論文,1989年,第一部分,第16—17頁。
⑤ 此例爲汪維輝君檢示。

語 源 札 記[*]

貓/豾 古代中國是一個多民族國家,在廣大的疆域內分佈着多種不同的語言。在據傳爲西漢楊雄編撰的《方言》[①]所收集的詞彙裏就包含着一些非漢語成分。對此前人已有論及。今就臆見,試舉一例。卷八:"貓,陳楚江淮之間謂之豾,北燕朝鮮之間謂之豾,關西謂之狸。"[②]郭璞注謂"貓"爲"狸"之別名,但"未聞語所出"。戴震《疏證》亦謂"古今皆無以'貓'名狸者"。張揖《廣雅·釋獸》:"貓、狸,猫也。"[③]王引之《疏證》云:"諸書無言猫名'貓'者。"今按:《方言》所記的"貓"或許就是"豾"的變音。這個詞原非漢語,典籍未見用例。但今黔東苗語稱猫爲 pi/pɛ/p'ai,正可以與"豾"相印證。又據《儀禮·大射儀》"奏狸首"鄭玄注"狸之言不來也"、《方言》本條郭注"今江南呼爲豾狸"、《爾雅·釋獸》"狸子,豾"條郭注"今或呼豾狸"以及今川滇黔苗語稱野猫爲 pli/p'le,這

---

[*] 原載《民族語文》1983 年第 6 期。"藏語-pa 與漢語'-夫'"條原載《中國語文》1960 年第 11 期,"蛇號爲魚"條原載同刊 1982 年第 1 期,今并入本篇。

[①] 參看康達維(David R. Knechtges):"The Liu Hsin/Yang Hsiung Correspondence on the *Fang-yen*",*Monumenta Serica*,Vol. 23,1977,pp. 309-325。自南宋以來有一些學者認爲《方言》非楊雄所作。見《古文苑》卷十楊雄《答劉歆書》題下洪邁按語;洪邁《谷齋二筆》卷十五"別國方言"條;焦竑之昌《青學齋集》卷十二"楊子《方言》真偽辨"。

[②] 關於《方言》此條,司禮儀(Paul L-M Serruys)寫有專文"The Study of Old Chinese Dialects through *Fang-yen*: The Name for the Wildcat in *Fang-yen* viii,2'貓'",*Oriens*,Vol. 6,no. 2,1953。所論與本文無涉。

[③] "狸"指野猫,也指家養的猫。如《韓非子·揚權》:"使雞司夜,令狸執鼠。"《説苑·雜言》:"騏驥騄駬足及千里,置之宮室,使之捕鼠,曾不如小狸。"又:"騏驥騄駬……一日千里,此至疾也,然使捕鼠,曾不如百錢之狸。"參看許地山《猫乘》,《國粹與國學》,商務印書館,1946 年,第 101 頁。

個詞的原型聲母當爲 pl-/pʻl-,其作 p-/pʻ-～l-乃是後來複輔音聲母解紐的結果①。這樣看來,《方言》著錄的這組稱"貍"的詞實爲同一個詞的變體,而其源蓋出於屬於苗瑤語族苗語支的古代語言②。至於《方言》編者對這些詞所作的地理分配是否都符合實際,這是可疑的,也是一個值得探討的問題。

  鍛/槎 《越絕書》卷三"越絕吳内傳第四"③:"越人謂人'鍛'也。"④德國漢學家愛吉士(Eduard Erkes)曾引及《越絕書》此條⑤,但無所考證。聞宥先生認爲古越語的"鍛"可以與今台語稱"男人,男子"的詞勘同⑥,如傣語和儂語的 tsaːi、壯語的 tɕaːi/saːi、布依語的 saːi。今按:壯侗語族壯傣語支的這個詞在漢語文獻中不僅見於先秦典籍如聞先生所考,而且還見於唐代作品。李賀《黄家洞》詩:"官軍自殺容州槎。"宋吳正子注:"官軍……徒執百姓以殺之,故云。意言自殺容管之民。'槎'或蠻稱民之辭。"⑦清

---

① "㹻"和"狸"、"貍"古音同在"之"部;"狸"、"貍"聲韻並同,當是代表語言裏的同一個詞。
② 章炳麟《檢論·序種上》:"今之苗,古之髳也。"徐中舒先生亦云:後世所謂"苗"即《書·牧誓》"及庸蜀羌髳微盧彭濮人"之"髳",亦即《詩·小雅·角弓》"如蠻如髳"之"髳"。見《殷周之際史迹之探討》,《歷史語言研究所集刊》第 7 本第 2 分,1936年,第 152 頁。參看凌純聲、芮逸夫《湘西苗族調查報告》,商務印書館,1947 年,第 8—11 頁;芮逸夫《苗人考》,《香港大學五十周年紀念論文集》Ⅱ,1966 年;凌純聲《苗族名稱的遞變》,《中國邊疆民族與環太平洋文化》,聯經出版事業公司,1979年,第 243—254 頁。
③ 據余嘉錫考證,《越絕書》當是戰國時人所作。見《四庫提要辨證》第一册,中華書局,1980 年,第 382 頁。【補】參看陳橋驛《關於〈越絕書〉及其作者》,《杭州大學學報》1979 年第 4 期;黄葦《關於〈越絕書〉》,《復旦學報》1983 年第 4 期;晁岳佩《也談〈越絕書〉的作者及成書年代》,《山東師範大學學報》1991 年第 5 期;周生春《〈越絕書〉成書年代及作者新探》,《中華文史論叢》第 49 輯,1992 年。
④ 【補】"越人謂人鍛"辭例同於"楚人謂乳穀"之類,猶言"越人謂人'鍛'"。點校本《越絕書》(上海古籍出版社,1985 年)標爲"越人謂'人鍛'",誤。
⑤ E. Erkes: "The Use of Writing in Ancient China", *Journal of the American Oriental Society*, Vol. 61, No. 3, 1941, p. 129.
⑥ 聞宥《"台"語與漢語》,《中國民族問題研究集刊》(中央民族學院)第 6 輯,1957 年,第 98—99 頁。
⑦ 吳正子《李長吉歌詩箋注》卷二,第 12 頁下。

王琦注:"槎,斜斫木也。"①姚文燮注:"槎,水名。"②今按:此詩中作"殺"的受事的"槎"當爲指人之詞,而漢語"槎"字義訓無一適合;唐容州在今廣西壯族自治區,頗疑"槎"就是上述當地民族語指稱"男子,男人"的那個詞的記音字,亦即《越絕書》的"鍛"。姚、王二家注並誤,唯吳注"以意逆志,是爲得之"。

踍　李賀《黃家洞》詩:"彩巾纏踍幅半斜。""踍"字不見於字書和其他文獻。這裏作者放着現成迪行的"骹"(k'-)字不用,而要新造一個"從足、孝(x-)聲"的字,可能是爲了記錄當時當地民族語中念擦音聲母的指"脛"的那個詞(今台語 xau/ho 的前身),藉以配合全詩濃厚的地方色調,如同他使用記音的"槎"字一樣。

孛轆/焚輪　范成大《石湖居士詩集》卷二十八《秋雷嘆》詩題下自注:"吳諺云:'秋孛轆,損萬斛。'謂立秋日雷也。"農諺歷世相傳,所用詞語有淵源很古的。"孛轆"(b'luk)義爲"雷"([to] thunder),與藏語'brug(藏語族 Balti 語爲 blug)音義相符,二者當是同源。可供參較的還有一個古詞"焚輪"。《詩·小雅·谷風》:"維風及頹。"《爾雅·釋天》:"焚輪謂之頹。"孫炎注訓爲"迴風"。近人聞一多則謂③:"'焚輪'蓋即'豐隆'之轉"④,《廣雅·釋天》:"靁,雷也。"⑤"靁"與"頹"音義並同。今按:"焚輪謂之頹"辭例同於《釋器》"不律(pl-)謂之筆(p-)"⑥。"焚輪"和"頹"疑爲一語

---

① 《李賀詩歌集注》,上海古籍出版社,1978年,第120頁。
② 《李賀詩歌集注》,第424頁。
③ 聞一多《爾雅新義》,《聞一多全集》第二册,開明書店,1948年,第221頁。
④ 《楚辭·離騷》:"吾令豐隆乘雲兮。"王逸注:"豐隆,雲師,一曰雷師。"今按:前解當係緣"乘雲"爲訓,後解爲是。比較《淮南子·天文》:"季春三月,豐隆乃出。"高誘注:"豐隆,雷也。"《文選》卷十五張衡《思玄賦》:"豐隆軒其震霆兮。"李善引舊注:"豐隆,雷公也。"(《後漢書》卷五十九《張衡傳》李賢注:"豐隆,雷也。")又卷三十五張協《七命》:"豐隆奮椎,飛廉扇炭。"李善注:"《思玄賦注》曰:'豐隆,雷公也。'""豐隆"(p'ioŋ lioŋ～p'lioŋ)與"辟歷/霹靂"(p'iek liek～p'liek)同屬 B-G L-G～BL-G 聯綿詞格,爲一聲之轉。
⑤ 王念孫《疏證》:"《廣韻》〔上平聲脂韻〕云:'靁,雷也。出《韓詩》。'"《文選》卷十八馬融《長笛賦》:"雷嘆頹息。"李善注:"嘆聲若雷,息聲若頹也。"
⑥ 這個詞古音當爲複輔音聲母。參看伯希和(Paul Pelliot):"Les bronzes　(轉下頁)

之轉,在語音上聲紐爲 b'l->d'-①,韻部爲"文""微"對轉;在語義上兩詞同具"雷"與"迴風"二訓,正如藏語'brug 兼有 thunder 與 whirlwind 二義②。這樣看來,孫炎舊詁和聞氏新解不但並行不悖,而且可以互補③。

藏語-pa 與漢語"-夫" 藏語裏有一個後綴-pa,加在名詞後頭就表示跟這事物有關的人。例如:bod(西藏)→bod-pa(西藏人),dbus(衛藏)→dbus-pa(衛藏人),k'ams(康)→k'ams-pa("康巴"/康人)④,rta(馬)→rta-pa(馬夫/趕馬的人),tɕu(水)→tɕu-pa(水

(接上頁)de la collection Eumorfopoulos publiés par M. W. P. Yetts(Ⅰ et Ⅱ)", *T'oung Pao*, Vol. 27, 1930, p. 375;林語堂《古有複輔音說》,《語言學論叢》,開明書店,1933 年,第 6 頁;白保羅(Paul K. Benedict):"Semantic Differentiation in Indo-Chinese", *Harvard Journal of Asiatic Studies*, Vol. 4, Nos. 3 and 4, 1939, p. 220; E. Erkes: op. cit., pp. 128–129;嚴學宭《上古漢語聲母結構體系初探》,《江漢學報》1962 年第 6 期,第 32 頁。

① 這一音轉可比較藏語'br-/br->d-。例如:野牦牛'broŋ(古緬甸語 proŋ,古漢語'犎')>doŋ(古漢話'犝'),蛇 sbrul(Thebor 語 brul)>dul。分見 Sarat Chandra Das: *A Tibetan-English Dictionary*, 1902 (rpt. 1951), p. 934; Berthold Laufer: "The Si-hia Language, A Study in Indo-Chinese Philology", *TP*, Vol. 17, 1916, p. 33. 參看卜弼德(Peter A. Boodberg): "Sino-Tibetan Notes: Some Tibetan Names of Bovidae in Chinese", *Hu T'ien Han Yueh Fang Chu*(《胡天漢月方諸》), No. 13, 1936;又: "Some Proleptical Remarks on the Evolution of Archaic Chinese", *HJAS*, Vol. 2, Nos. 3 and 4, 1937, p. 359. 關於漢藏系諸語言中的 b'l->d'-/bl->d-,參看聞宥《印支語族中字首複音消失過程之一例》, *Journal of the West China Border Research Society*, Vol. 9, 1937, p. 124;又: "The Influence of Liquids upon the Dissolution of Initial Consonantal Groups in the Indo-Sinic Family", *Journal of the North China Branch of the Royal Asiatic Society*. Vol. 69, 1938, pp. 83–91;又:《〈僜儸譯語〉考》,《華西協合大學中國文化研究所集刊》第 1 卷第 1 號,1940 年,第 91 頁;又:《扶留考》,《中華文史論叢》1983 年第 3 輯,第 257—259 頁;劉咸《海南黎族起源之初步探討》,《西南研究》第 1 號,1940 年,第 4—6 頁。

② S. C. Das: op. cit., p. 931.

③ 【補】參看金有景《再論民族語言研究與漢語研究》,《民族語文》1985 年第 5 期,第 55—56 頁;馬學良主編《漢藏語概論》上冊,北京大學出版社,1991 年,第 40—41 頁。

④ 也說"康巴人",那就是音加義譯,如說"雅魯藏布江"(藏語 gtsaŋ-po=江)、"湄南河"(泰語 nam=河)、"慕士塔格山"(突厥語 tag=山)一樣。

夫/背水的人)，ʑiŋ(田)→ʑiŋ-pa(田夫/農夫)，gru(船)→gru-pa(船夫)，ȵadol(魚網)→ȵadol-pa(漁夫)。同時，如所周知，上古漢語裏也有一個後綴“夫/父”。例如[①]：膳夫、田夫(父)、野夫、郊父、圻父、介夫、金夫、宰夫、農夫(父)、穡夫、牧夫、漁父、射夫、馭夫、販夫、輓父，等等。“夫/父”和-pa 語音相符，意義、功能相似，二者可能同源，是共同漢藏語的一個構詞語素。

蛇號爲魚　《山海經·海外南經》：“南山在其東南，自此山來，蟲爲蛇，蛇號爲魚。”其中“蛇號爲魚”一語乍看不好理解，難道是在當地 snake 跟 fish 的叫名是一樣，蛇、魚不分嗎？其實這個“魚”並非漢語詞彙裏的“魚”，而是跟唐修《恩平郡譜》所載“蛇謂之訛”的“訛”一樣[②]，同爲台語稱蛇的詞的記音字。秦漢時代和唐代典籍裏所見的這個詞，在現代各支台語裏都可以得到證合(identification)。例如泰語、撣語(Shan)、老撾語(Lao)、坎提語(Khamti)、吐語(Tho)、儂語、傣語的 ŋu，壯語的 ŋu/ŋɯ，布依語的 ŋɯ，臨高話的 ŋia。它們跟漢字“訛”和“魚”的古音正相符合。可見《山海經》和《恩平郡譜》所載確是當時當地民族語的詞的可靠記録，而這個詞時經兩千多年仍然一脈相承，光景如新，真令人驚嘆不置。看來《山海經》中的確蘊涵着一些非漢語成分，如能多加探明，無論對語言史或民族史的研究都將大有裨益。徐松石舊撰《泰族僮族粤族考》(中華書局，1948 年)曾考出其中個别台語詞，受到有關學者的注意。這裏筆者依前人的提示，對“魚”字略加説明，算是補充了一個例子[③]。

---

① 爲省篇幅，出處從略。

② 陸佃《埤雅》卷一“鰌”條引。恩平郡即今廣東省恩平縣。《恩平郡譜》的撰著年代在唐玄宗天寶元年(742)至肅宗乾元元年(758)之間。參看聞宥《黑鹿釋名》，《民族語文》1979 年第 1 期，第 21、24 頁。

③ 參看邢公畹《紀念〈中國語文〉創刊三十年》，《中國語文》1982 年第 4 期，第 242 頁。

語源探索三例*

本文主要目的在於通過三個詞的歷史考察，提出探索漢語詞的語源的三個"義例"，亦即三種途徑：（一）分析詞的"內部形式"（理據），就漢語自身求解，而不必牽附外族語爲説，如"渾脱"；（二）就漢語自身不能合理説明詞的語源時，應當藉助親屬語言或鄰近語言的材料，相互比勘，求得正解，如"沐猴"；（三）結合同義詞群和同族詞，把漢語詞放到廣大的語族、語系的背景上，追溯其淵源及演變軌迹，如"淘"。

一、"渾脱"考

"渾脱"一詞屢見於唐代以來典籍，所指非一，而語源不明①。過去中外學者多以爲這是一個譯音的外來語。但不久前美國蒙古學家司義律（Henry Serruys）撰文②，否定舊説，主張"渾脱"是一個地道的漢語詞。司氏此説，持之有故而論據不足，本文作者今加以補充，以證成其説。爲行文方便，先扼要介紹這個詞在古籍中的用例，然後討論它的語源。

---

* 原載《中國語言學報》第 3 期，商務印書館，1988 年。
① 參看 K. A. Wittfogel and Feng Chia-sheng（馮家昇）：*History of Chinese Society*, *Liao*, 1949, p. 116, n. 17.
② H. Serruys:"*Hun-t'o: tulum*, floats and containers in Mongolia and Central Asia", *Bulletin of the School of Oriental and African Studies*（University of London）, Vol. 44, pt. 1, 1981, pp. 105–119.

一

"渾脱"的唐代用例不少。如《新唐書》卷三十四《五行志》:"太尉長孫無忌以烏羊毛爲渾脱氈帽①,人多效之,謂之'趙公渾脱'。"《舊唐書》卷一百八十九下《郭山惲傳》:"時中宗數引近臣及修文學士,與之宴集,嘗令各效伎藝,以爲笑樂。工部尚書張錫爲'談容娘'舞,將作人匠宗晉卿舞'渾脱'。"《新唐書》卷一百十八《宋務光傳》載中宗神龍二年吕元泰上疏②:"比見坊邑相率爲'渾脱'隊,駿馬胡服,名曰'蘇莫遮'。旗鼓相當,軍陣勢也;騰逐喧噪,戰争象也;……胡服相歡,非雅樂也;'渾脱'爲號,非美名也。"就以上用例分析,並參考胡三省《資治通鑒注》③,可知在唐代"渾脱"是指一種形制特别的帽子以及由頭戴這種帽子的人所表演的一種舞蹈或他們所組成的舞隊④。

宋元明時代"渾脱"又指一種作爲盛水漿或飲料的容器和充了氣用以渡河的皮袋或革囊。例如宋蘇轍《欒城集》卷四十《請户部復三司諸案札子》:"訪聞河北道頃歲爲'羊渾脱',動以千計。渾脱之用,必軍行乏水,過渡無船,然後須之。"這説明"渾脱"是用羊皮製成,它的用途是行軍時作貯存飲水的容器和渡河的浮囊⑤。

此外,指容器的"渾脱"的用例有元貢師泰《和胡士恭灤陽納鉢即事韻》詩五首之二:"髯奴醉起傾渾脱,馬湩香甜奈樂何!"⑥明

---

① 這是説以烏羊毛爲渾脱氈帽是長孫無忌的新創,並不意味着渾脱帽原本是用羊毛氈製的。
② 吕元泰此疏又見於《通典》卷一百四十六、《唐會要》卷三十四,文字略有異同。
③ 《通鑒》卷二百九"唐紀二十五""中宗景龍三年二月"條胡注:"長孫無忌以烏羊毛爲渾脱氈帽,……因演以爲舞。"
④ 【補】參看森貞次郎、乙益重隆《渾脱の舞》,《東アジアの考古と歷史》下(岡崎敬先生退官記念論集),京都:同朋舍,1987年,第291—309頁。
⑤ 【補】參看魯人勇《塞上絲路》,寧夏人民出版社,1988年,第102—107頁。
⑥ 見顧嗣立輯《元詩選》初集戊集《玩齋集》。

李禎《剪燈餘話・至正妓人行》:"渾脫囊盛阿剌酒,達拏珠絡只孫裳。"①指浮囊的"渾脫"的用例有明魏焕《皇明九邊考》卷八:"今虜渾脫飛渡,數萬經年住套。"②明李開先《塞上曲》:"不用輕帆並短棹,渾脫飛渡只須臾。"③

有時"渾脫"還用來指類似的做法或製品。例如宋鄭思肖《心史》卷下④:"斬剮又酷。或生剥罪人身皮,曰'渾脫'。"金劉祁《歸潛志》卷十一"録大梁事":"北兵攻城益急,砲飛如雨,用'人渾脫'(比較上引蘇轍文的'羊渾脫'),或半磨,或半碓,莫能當。"

據司義律等人研究,"渾脫"原指北方民族中流行的用整張剥下的動物皮製成的囊或袋子,渾脫帽原指用小動物的整張皮革製成的囊形帽子,而渾脫氈帽則是因其形狀與渾脫帽相似而得名的

---

① 周楞伽注釋《剪燈新話(外二種)》,上海古籍出版社,1981 年,第 258 頁。周氏釋"渾脫囊"爲"用黑羊毛製成的囊"(第 267 頁),日本《國譯漢文大成》(第 33 册)釋爲"用烏羊毛氈做的容器"(第 207 頁),《大漢和辭典》(第 7 卷)釋爲"用烏羊毛做的用來盛酒的氈囊"(第 120 頁),並誤。參看 H. Serruys: op. cit., p.114, n.38;黄時鑒《釋〈至正妓人行〉中的蒙古語及其它》,《文史》第 23 輯,1984 年,第 213 頁。
② 《國立北平圖書館善本叢書第一集》本,第 12 頁下。參看《皇明經世文編》卷二百三十二載許論《九邊總論・寧夏鎮》:"今虜渾脫飛渡,數萬以濟,經年住套。"
③ 據清李心衡《金川瑣記》(《藝海珠塵》本)卷二(頁七下)轉引。
④ 關於此書真僞,參看余嘉錫《四庫提要辨證》第四册,中華書局,1980 年,第 1528—1545 頁;鄭振鐸《跋〈心史〉》,《鄭振鐸古典文學論文集》,上海古籍出版社,1984 年,第 850—853 頁;蔣逸雪《〈心史〉辨僞》《東方雜誌》第 40 卷第 23 號,1944 年;趙鐵寒《鄭思肖及其詩文集——心史》,《幼獅》第 5 卷第 2 號,1957 年;馬強《鄭思肖與〈心史〉》,《讀書》1982 年第 2 期;劉兆祐《〈心史〉作者考辨》,《東吴文史學報》1982 年第 4 期;姜緯堂《辨〈心史〉非鄭所遺作》,《文史》第 18 輯,1983 年;又:《再辨〈心史〉非鄭所南遺作》,《學術月刊》1987 年第 4 期;魯同群《〈心史〉是一部僞書》,《南師學報》1984 年第 1 期;陳福康《論鄭思肖〈心史〉絶非僞託》,《學術月刊》1985 年第 10 期;又:《鄭思肖與日本》,《學術集林》卷八,上海遠東出版社,1996 年,第 324—329 頁;又:《〈心史〉非僞的内證》,《古籍整理出版情況簡報》1999 年第 1 期;楊訥《元代農村社制研究》,南京大學歷史系元史研究室編《元史論集》,人民出版社,1984 年,第 231 頁,注 3;又:《〈心史〉真僞辨》,《元史論叢》第 5 輯,中國社會科學出版社,1993 年;楊玉峰《〈心史〉作僞論略》,《大陸雜誌》第 73 卷第 5 號,1986 年;汪榮祖《〈心史〉固非吴井之藏》,《中國文化》第 6 期,1992 年;張新民《〈心史〉固非吴井之藏質疑》,《中國文化》第 11 期,1995 年。

仿製品①。這一説法看來是可信的。

二

關於"渾脱"一詞的語源,長時期中學者們一直以爲它是從北方民族語言吸收的外來詞。明代學者早就持這種看法。如陳士元《諸史夷語解義》:"渾脱,華言囊橐也。"②方以智《通雅》卷四"釋詁":"韃靼以殺小牛羊爲渾脱,曰渾脱舞者,亦蕃語也。"這就是説,"渾脱"並非華言,而是"夷語"、"蕃語"。當代外國學者具體論證了這個看法。1933年美國學者卜弼德(Peter A. Boodberg)指出"渾脱"是一個契丹語(Kitan)詞,可以通過蒙古語的 *huquta(huɣuta)③＞uɣuta＞ūta(囊,袋子)來解釋④。同年日本學者羽田亨也不謀而合地指出"渾脱"相當於蒙古語的 *hughuta(gh＝ɣ)＞ughuta＞huta⑤。由於羽田的論文有漢譯本行世⑥,其説也爲我國一些學者所樂道。如楊憲益説:hughuta(huta)顯然是"渾脱"的原字⑦。方詩銘説:羽田之説甚是,"渾脱"之語源非爲 huta(＜hughuta)不可⑧。任半塘也引

---

① 【補】參看《漢語大詞典》第5册(漢語大詞典出版社,1990年6月)"渾脱"條,第1522頁;徐文堪《略論〈漢語大詞典〉的特點和學術價值》,《辭書研究》1994年第3期,第42—43頁。
② 據下引羽田亨文轉録。
③ 參看明火原潔、馬沙亦黑編《華夷譯語·器用門》(《涵芬樓秘笈》本):"囊(呼呼塔)。"(上册,頁十下)
④ P. A. Boodberg:"Sino-Altaic Ⅱ"(Dec. 1933), *Hu T'ien Han Yueh Fang Chu*(《胡天漢月方諸》), No. 7, 1934;又見 Alvin P. Cohen (comp.): *Selected Works of Peter A. Boodberg*, 1979, p. 114.
⑤ 羽田亨《舞樂の渾脱といふ名稱についと》,《市村[瓚次郎]博士古稀記念東洋史論叢》,1933年,第1017—1024頁;又見《羽田博士史學論文集》下卷,1958年,第526—530頁。
⑥ 楊鍊譯《論舞樂之渾脱》,《古物研究》,商務印書館,1936年,第143—148頁。
⑦ 楊憲益《柘枝舞的來源》,《新中華》復刊第4卷第6期,1946年,第40頁;又見《譯餘偶拾》,三聯書店,1983年,第21頁。
⑧ 方詩銘《蘇莫遮考》,《文訊》新4號(＝第6卷第4期),1946年,第25、27頁。

用羽田説,認爲"渾脱"是胡語①。

直到1981年司義律發表長篇論文討論"渾脱"及相關諸問題,才力主"渾脱"非外來語説。他認爲"渾脱"純粹是一個漢語詞,其語源義爲"完整地剥脱(動物的皮)",完全用不着通過某個外族語詞來尋求解釋,尤其不可能是蒙古語 * huquta(huɣuta)的譯音。

司氏此文涉及面廣,援引浩博,但是在論證"渾"的詞義和"渾脱"的理據時,却僅僅依據舊《辭海》釋"渾"爲"全"、舊《辭源》釋"渾脱"爲"囫圇"以立説②,顯得論據過於單薄。本文作者贊同司氏的論點,試爲補證如下。

先説"渾"。意義爲"完整,整個兒"的"渾"晉代以降已有用例。如後秦失譯《別譯雜阿含經》卷三"初誦第三"③:"雖有財富,不能飲食;所可食者,雜糠粗澀。雖作羹時,渾煮薑罷,煮已還取,賣爲財用。"④"渾煮"就是整塊地煮。劉宋釋寶雲譯《佛本行經》卷一"因緣品第一":"若能以手指,舉拂世界地;四海諸淵池,一吸能令盡;若能都渾吞,鐵圍金剛山。"⑤"渾吞"就是整個兒地吞下。"渾"字又作"梱/捆",音義並同,而所見用例更早一些。如《大寶積經》中西晉竺法護譯《密迹金剛力士會》第三之七:"能食大捆,如須彌山。"⑥"大捆"就是大的整塊的東西。"梱"字《説文》已見,六上木部:"梡,梱木薪也。"⑦又:"梱,梡木未析也。""梱木"就是整個兒的一段木頭。玄應《一切經音義》卷四"大梱"條引《三倉》:

---

① 任半塘《唐戲弄》,作家出版社,1958年,下册,第486頁;上海古籍出版社,1984年,上册,第575頁。
② 實際上"囫圇"只是"渾"的意義,不是"渾脱"的意義,《辭源》釋義未確。參看朱駿聲《説文通訓定聲·屯部第十五》"梱"字條:"今蘇俗常語謂之'或侖';'或侖'者,'梱'字之合音。""梱"即是"渾",詳下。
③ 此經失譯人,唐釋智昇《開元釋教録》(卷四)列之於"後秦録"。見《大正新修大藏經》第五十五卷,第518頁。
④ 《大正藏》第二卷,第393頁。
⑤ 《大正藏》第四卷,第55頁。
⑥ 《大正藏》第十一卷,第75頁。
⑦ 王筠《説文句讀》讀作"梡,梱,木薪也。"蓋誤。

"全物者也。"又卷十二"梱煮"條引《篆文》："未判爲梱。"①由此可見，這個語音爲 ɣuən＜g'wən②、意義爲"全物，未判"、字形初作"梱(捆)"後通作"渾"的詞從漢代以來就存在於漢語中了。在南北朝和唐代"渾"是一個習見的口語詞，用例很多。這裏再就中土文獻舉一些便於同上引佛經中"渾煮"、"渾吞"相比較的用作動詞的修飾語的例子。後魏賈思勰《齊民要術》卷二"大小麥第十"："種瞿麥法，以伏爲時，畝收十石，渾蒸，曝乾，舂去皮，米全不碎。"又卷八"作羹臛法第七十六"："魚半體，煮三沸，渾下蒓。"又："用肥鵝鴨肉渾煮。"又："大者中破，小者渾用。"又卷九"炙法第八十"："用鵝鴨臆肉。……渾炙之。"又："以雞鴨白手灌之，……既熟，渾脱，去兩頭。"敦煌曲《十二時·普勸四衆依教修行》："或猪羊，或魚鱉，盡向此時遭劙割。……或渾炮，或細切，盡逞無明恣餐啜。"③《太平廣記》卷二百三十四"御厨"條引盧言《盧氏雜説》："先取羊一口，亦燖剥，去腸胃，置鵝於羊中，縫合炙之，羊肉若熟，便堪去却羊，取鵝渾食之。"司馬光《資治通鑒考異》"唐紀六十九""僖宗廣明元年正月"條引韋昭度《續寶運録》載侯昌業上疏："强奪波斯之寶貝，抑取茶店之珠珍，渾取匭坊，全城般運。""渾取"就是全取，即整個奪取。直到今天這個詞仍然保存在方言口語裏，如四川話的 kún，而"渾吞"、"渾煮"之類也都還是活生生的日常用語。

次説"渾脱"。如上引《齊民要術》用例所見，"渾脱"的構成與"渾煮"、"渾蒸"、"渾炙"、"渾炮"等正是一樣，它的內部形式就是"整個兒地剝脱"，而這在唐代人們的語言意識裏原本是很清楚的④，無論它是用來指一種帽子或者浮囊都是如此。前者如《太平

---

① 慧琳《一切經音義》卷五十二"梱煮"條引玄應《音義》作"《篆文》：木未判爲梱。"(《大正藏》第五十四卷，第 656 頁)
② 擬音據高本漢(Bernhard Karlgren)："Grammata Serica Recensa", *Bulletin of the Museum of Far Eastern Antiquities*, No. 29, 1957。
③ 任二北《敦煌曲校録》，上海文藝聯合出版社，1955 年，第 145 頁；任半塘《敦煌歌辭總編》下册，上海古籍出版社，1987 年，第 1611 頁。
④ 正因爲唐人意識到"渾脱"原指整剥的動物皮，容易引起令人不快的聯想，所以上引吕元泰疏説它"非美名也"。

廣記》卷一百六十三"長孫無忌"條引張鷟《朝野僉載》："唐趙公長孫無忌以烏羊毛爲渾脫氈帽,天下慕之,其帽爲'趙公渾脫';後坐事長流嶺南,'渾脫'之言於是效焉。"所謂"渾脫"這個話於是應驗,就是說趙公長孫無忌的官爵封户等此時終於被"完全(整個兒)剝奪(=脱)"了①。後者如李筌《太白陰經》卷四"戰攻具類·濟水具篇"②："浮囊③：以渾脫羊皮,吹氣令滿,緊縛其孔,繫於脅下,可以渡之。""渾脫羊皮"就是"完整地(整張地)剝脱下來的羊皮"。清余慶遠《維西見聞紀》"物器"條記雲南麗江地區人們用來渡水的浮囊,云："餛飩,即《元史》所載革囊也,不去毛而壹剝殺皮,紮三足,一足噓氣其中,令飽脹,紮之,騎以渡水。"余氏所説的"壹剝殺皮"即是李筌所説的"渾脫羊皮","壹剝"(整剝)正是"渾脫"語源的確詁。明茅元儀《武備志》卷一百十二"軍資乘·守三·器式一"："水袋：以牛馬雜畜皮渾脫爲袋,貯水三四石。"這裏所説的"渾脫"顯然也是"壹剝"的意思。

就以上的引證和分析看來,説"渾脫"是一個理據明白的純粹的漢語詞而不是譯音的外來語,應當是可信的。

二、"沐猴"解

《史記》卷七《項羽本紀》："説者曰：'人言楚人沐猴而冠耳,果然。'"《漢書》卷三十一《項籍傳》略同。裴駰《史記集解》、顏師古《漢書注》並引張晏曰："沐猴,獼猴也。"又《漢書》卷四十五《伍被傳》記淮南王劉安與楚人伍被談話,其中也用到"沐猴而冠"這一成語。《詩·小雅·角弓》孔疏引陸機《毛詩草木鳥獸蟲魚疏》、

---

① 《舊唐書》卷六十五《長孫無忌傳》："遂去其官爵,流黔州。"《新唐書》卷一百五《長孫無忌傳》："遂下詔削官爵封户。"
② 參看李天鳴《唐代的一部兵書——太白陰經》,《故宮文物月刊》第1卷第10期,1984年。
③ 【補】參看蔣禮鴻《敦煌變文字義通釋》(第四次增訂本),上海古籍出版社,1988年,第98—99、606—607頁。

《初學記》卷二十九"猴第十五"引《毛詩草蟲經》並云:"猱,彌(獼)猴也,楚人謂之沐猴。"可見"沐猴"乃是古楚語裏的一個詞,詞義也很明確,問題只在於這個詞的內部形式應當如何解釋。

李時珍《本草綱目》卷五十一下"獸之四・獼猴":"猴好拭面如沐,故謂之'沐'。"諸橋轍次《大漢和辭典》卷六"沐猴"條襲用此說,云:"猴好拭面,其狀似人沐,故謂之'沐'。"(第 983 頁)這顯然是望文生義的臆説,未可信據。

其實"沐猴"一詞中的語素"沐"乃是一個非漢語成分,也就是説它只是一個記音的字,需要在親屬語言的語彙裏去尋求解釋。

在漢藏語系藏緬語族緬彝語群的許多語言和方言裏都可以找到與"沐"字古音相符而語義爲"猿/猴"的詞。例如古緬語(Old Burmese)和中古緬語(Middle Burmese)的 mjok,北部緬語支(Northern Burmish)勒戚語(Letśi)的 mjok/mjuk,拉翁語(Lawng＝浪速語)的 mjòk/mjauk,阿戚語(Atśi＝載瓦語)的 mjuk。此外,藏語族的米助語(Midźu)也稱猴爲(a)muk。據白保羅(Paul K. Benedict)之説,這個詞的原始緬語(Proto-Burmish)形式當爲 *mjok,共同漢藏語形式當爲 *mrok/*mruk。

見於古代典籍的"沐猴"的"沐"(mûk/mewk/mōk)①,看來就是上舉漢語親屬語言中的 mjok(mjuk)/muk 的對音。

在古籍中這個詞也寫作"母猴"。如《吕氏春秋・察傳》:"玃似母猴。"(比較《漢書》卷五十七《司馬相如傳》顔師古注引張揖注:"玃似獼猴而大。")《韓非子・外儲説左上》:"宋人有請爲燕王以棘刺之端爲母猴者。"對此訓詁學家曾有解釋。《說文》十上犬部"猴,夒也"段玉裁注:"'母猴'乃此獸名,非謂牝者②;'沐猴''獼猴',皆語之

---

① 括弧内三個擬音分别爲董同龢《上古音韻表稿》、周法高《新編上古音韻表》、王力《漢語史稿》所擬"上古音",下同。
② 《本草綱目》卷五十一"獼猴"條已正確指出:"《說文》〔三下爪部〕云'爲'字象'母猴'之形,即'沐猴'也,非牝也。"

轉,字之訛也①。"又五下夂部"夒,……一曰母猴"段注:"單呼猴,累呼母猴,其實一也;'母猴'與'沐猴''獼猴'一語之轉。"其説並是,"單呼""累呼"之説尤精,只是限於時代條件,未達一間而已。

"母猴"、"沐猴"自是同詞異寫,但也可能反映了一定的方音差別。在緬語支的某些語言和方言裏 *mjok(猿/猴)有失去韻尾-k 的。例如南部緬語支(Southern Burmish)唐約語(Taungyo)的 mjö,緬甸語的 mjau',塔威語(Tawoy)的 mjawe',北部緬語支阿威語方言的 mju'。在彝語支裏這個詞照例是不帶-k 尾的。例如中部彝語支羅羅坡語(Lolopho)的 mjo,南部彝語支阿卡語(Akha=哈尼語)的 mjo'/mju,拉祜語的 mɔ。此外還有藏語族固絨語(Gurung)的(ti)mju,迪嘎羅語(Digaro)的(tə) mjū。見於古籍的"母猴"一詞的"母"或許就是 mjo/mju 一類形式的對音,自然也可能仍是 mjok/mjuk 等的對音:在連讀中"沐"的韻尾-k 與"猴"的聲首 gʻ-/ɣ-相同化而并合於後者,故前一音節可用陰聲字表示②。"獼猴"的"獼"(比較中部彝語支傈僳語的 mi)也可以作如是觀。

由此可見,就構詞法而論,"沐猴"乃是訓詁學上所謂"同義連文",即由兩個同義或近義語素以並列關係構成的複合詞,也可能是"大名(共名)＋小名(別名)"或"小名＋大名"式的複合詞③。特異之處只在於它是一個由非漢語成分加漢語成分組成的"合璧詞"④。這樣的例子也並非僅見。如《列子·天瑞》殷敬順《釋文》⑤引《山

---

① 此"訛"若理解爲"訛變"之"訛",則段説可從。李時珍以"沐"爲正字,"母"、"獼"爲誤字,云:"後人誤'沐'爲'母',又誤'母'爲'獼'。"其説非是。
② 如從上古"之"部字帶韻尾-g/-ɣ 之説,則以"母"對 mjok/mjuk 自不成問題。
③ 前者參看俞樾《古書疑義舉例》卷三"以大名冠小名例";邢公畹《漢台語構詞法的一個比較研究——大名冠小名》,《國文月刊》第 77 期(1949 年 3 月)。後者如嘉絨語中的合璧詞:tsʻuŋ sko(葱)、jatsə pka(鴨子),前一成分爲漢語(小名),後一成分爲嘉絨語(大名)。
④ "猴"字殷商卜辭中已有(參看李孝定《甲骨文字集釋》第 10 卷,第 3113 頁)。關於"合璧詞",參看游汝傑、周振鶴《方言與中國文化》,《復旦學報》1985 年第 3 期,第 236 頁。
⑤ 顧廣圻疑今傳唐殷敬順《列子釋文》爲宋人陳景元僞託。見黃丕烈《士禮居藏書題跋記》卷四。

海經》:"南山多貘豹。"①又引《尸子》:"中國謂之豹,越人謂之貘。"這樣,"貘豹"就是一個"越語＋中國語"的複合詞,正與"楚語＋中國語"的"沐猴"相似。又如"齒牙"、"船舶",若從有的學者之説②,也可以看作與此相類的"中國語＋南亞語/南島語"的合璧詞。

《詩・角弓》:"毋教猱升木。"《爾雅・釋獸》孫炎注③:"猱,母猴也。""猱"(nôg/new/nəu)和藏緬語的 mjo(k)/mju(k)大約也同出一源。"猱"從"柔"(n̠-)聲,而"柔"從"矛"(m-)聲。(比較"獼"從"彌"m-聲,而"彌"從"爾"n̠-聲。)據聞宥先生的研究,古漢語裹m-/n̠-互諧、互通的字④,其演化大抵爲 m(j)->n̠-,而在藏語裹也有 mj->n̠-這樣的音變。就我們現在討論的＊mjok 這個詞而言,在緬彝語群的某些語言或方言裹就有聲母爲 n-/n̠-的。例如中部彝語支撒尼話和阿細話的 nu,北部彝語支烏盧話(Ulu)的 nu,Phompha 話的 no,喜德話的 n̠u,武定話的 n̠u;緬語族盧謝依語(Luśei)和鐵丁語(Tiddim)的 n̠au,Hwalngau 語的 n̠āu,卡米語(Khami)的(rā)n̠āu,阿昌語的 n̠u'。這些形式都正可以與古漢語的"猱"相證合。

以上論證了古楚語詞"沐猴"與藏緬族語言的關係。此外古代記載裹還有幾個可以與藏緬語印合的古楚語詞,附論如次。

1. 穀 《左傳・宣公四年》:"楚人謂乳'穀'。"陸德明《經典釋文》(卷十六)音"奴口反"。《説文》十四下子部:"穀,乳也。"段玉裁云:"《左傳》曰:'楚人謂乳穀。'其音'乃苟切'。……大徐'古候切',非也。""穀"(nûg/new/no)顯然是個藏緬語的詞。藏語 nu

---

① 今本《山海經・西山經》"貘"作"猛"。郝懿行《箋疏》:"猛豹即貘豹也,'貘豹''猛豹'聲近而轉。"但更可能是出於後人臆改。
② 分見 Jerry Norman and Tsu-lin Mei(梅祖麟):"The Austroasiatics in Ancient South China: Some Lexical Evidence", *Monumenta Serica*, Vol. 32, 1976, pp. 288-292;蘇繼廎《島夷志略校釋》,中華書局,1981年,"叙論"第4頁。
③ 《初學記》卷二十九"猴第十五"引。
④ 比較《説文》二上口部:"吻(m-),口邊也。"《禮記・曲禮上》鄭玄注:"口旁曰咡(n̠-)。"《廣雅・釋親》:"咡謂之吻。"又《論語・鄉黨》:"素衣麑(n̠-)裘。"《禮記・玉藻》鄭玄注:"孔子曰:素衣麛(m-)裘。""麛"從"弭"m-聲,而"弭"從"耳"n̠-聲。

(-ma)（乳房）、nud(-pa)（哺乳）＜ nu(-ba)（吮吸），藏拉語(Tsangra)nu（乳汁），緬甸語 nuí，盧謝依語 hnu(te)（乳房，乳汁），並可資比證①。白保羅所擬定的藏緬語詞根 *nuw＝new（乳房，乳汁）是有根據的。

2. 於菟/虪② 《左傳·宣公四年》："楚人……謂虎'於菟'。"《方言》卷八："虎，……江淮南楚之間……或謂之於虪。"③郭璞注："今江南山夷呼虎爲虪，音狗竇。"④"於"是所謂"發聲"即前綴音，故可略去而單呼"虪"。勞費爾(Berthold Laufer)認爲"菟"(d'âg/d'α)可與藏語的 stag(虎)（現代藏語爲 ta'/ta)和藏語族内瓦里語(Newāri)的 d'u(虎)相證合⑤。其説宜若可信。

3. 李父/李耳 《方言》卷八："虎，陳魏宋楚之間或謂之李父，江淮南楚之間謂之李耳。"《太平御覽》卷八百九十一"獸部三·虎上"引應劭《風俗通》："呼虎爲李耳。俗説，虎本南郡中廬李氏公所化爲，呼'李耳'因喜。"這顯然是無稽之談，王氏《廣雅疏證》和

---

① 參看包擬古(Nicholas C. Bodman)："Proto-Chinese and Sino-Tibetan"，in Frans van Coetsem and Linda R. Waugh (Eds.)：*Contributions to Historical Linguistics*，1980，p. 171。

② 字又作"𧈪"，見《漢書》卷一百《叙傳上》。

③ 關於《方言》此條，司禮儀(Paul L-M Serruys)寫有專文"The Dialect Words for 'tiger' in Middle Han Times"，*Monumenta Serica*，Vol. 26，1968。所論與本文無涉。

④ 郭璞這是給自己注中稱引的當代方言詞"虪"作音（參看王國維《觀堂集林》卷五"書郭注方言後一"）。按訓詁用語通例，"音狗竇"猶言"音'狗竇'之'竇'"。所以戴震《方言疏證》説："此注言音'竇'。"羅傑瑞、梅祖麟誤解爲"虪"讀"狗竇"二音，從而構擬爲 kəu-təu＜*kat'a，並以此與所謂原始南亞語(Proto-Austroasiatic)形式 *kala(虎)相證合。見羅-梅：上引文，第 287—288 頁。其説不可信。蒲立本(Edwin G. Pulleyblank)亦誤解郭注"虪"音"狗竇"爲讀"苟(sic)竇"二音，並據以構擬這個詞的所謂"早期中世漢語"(Early Middle Chinese)形式。見"The Chinese and Their Neighbors in Prehistoric and Early Historic Times"，in 吉德煒(David N. Keightly)[Ed.]：*The Origins of Chinese Civilization*，1983，pp. 427-428。其説自不可信。

⑤ B. Laufer：*Jade: A Study in Chinese Archaeology and Religion*，1912（rpt. 1974），p. 183，n 1；idem："The Si-hia Language, A Study in Indo-Chinese Philology"，*T'oung Pao*，Vol. 17，1916，pp. 53-54。

錢繹《方言箋疏》也都説它"失之鑿矣"。《本草綱目》卷五十一上"獸之二·虎":"'李耳'當爲'狸兒'。蓋方言'狸'爲'李'、'兒'爲'耳'也。"虎並非狸,上古"兒"無此用法,李説純屬臆測。清嚴如熤《苗防備覽》(1820年序)卷九"風俗考下"記湖南永保"土人"方語:"虎曰力,父曰阿把,母曰阿捏。"今土家語稱虎爲 li 即"力",公虎爲 li pa 即"力把",母虎爲 li ni 即"力捏";li pa/li ni 正與"李父""李耳"古讀相當①。"李父"和"李耳"的區别在於所指公母不同而不是通行地域之異。本來《方言》編者對所采詞語所作的地理分配就行是不可靠的。土家語屬於藏緬語族②。土家語的 li,與彝語支中彝語的 la/lo、納西語的 la、緬語支中阿昌語的 lɔ,乃至與藏語康方言的(wə)li(虎),當同出一源③。可見所謂楚語或南楚語的"李父""李耳"乃是屬於藏緬語族的某種古代語言裏的詞④。

當代語言學者多主張或傾向於古"楚語"屬於台語族或苗語族之説⑤。但是從上舉楚語詞並與藏緬語有淵源關係看來,這個説法還有待深入研討。陳士林曾經指出:"由於族源、民族遷徙以及民族融合等歷史關係,藏緬語族語言中或多或少地保存着'楚

---

① 見王静如《關於湘西土家語言的初步意見》,《中國民族問題研究集刊》(中央民族學院)第4輯,1955年,第145、158、174頁。參看潘光旦《湘西北的土家與古代的巴人》,同上,第83—87頁。【補】cf. 彭武一《從語言角度看土家族族原》,《重慶師範學院學報》1983年第1期,第46—58頁;石應平《土家族族源探索》,《西南民族學院學報》1985年第3期,第14—15頁;馬桂綿《土家族的源流》,臺灣《中國歷史學會集刊》24,1992年,第25—32頁。
② 參看田德生《土家語概況》,《民族語文》1982年第4期,第66—79頁。
③ 這個詞看來是源遠流長的。《山海經·海外北經》:"有青獸焉,狀如虎,名曰'羅(羅)'。""羅"或許就是今緬彝語群某些語言稱虎的 la。
④ 【補】參看馬學良主編《漢藏語概論》上册,北京大學出版社,1991年,第41頁。
⑤ 愛吉士(Eduard Erkes): "Die Sprache des alten Chu", TP, Vol. 27, 1930, pp. 10 - 11; idem: "The God of Death in Ancient China", TP, Vol. 35, 1940, p. 196; Yan Xuequn (嚴學宭): "On the Chu nationality, Chu dialect and Chu sound", Computational Analyses of Asian and African Languages, No. 21, 1983, pp. 131 - 136.

語'或與古漢語同源而異流的材料,通過比較,尚可參見。"①最近周振鶴和游汝傑又提出古楚語與古中原華夏族語言的關係問題②。這些見解都值得我們注意。

不久前劉叔新在一篇論述漢語複合詞的內部形式的文章中說到③,具有內部形式的複合詞有一部分由於詞中某一語素所表示的對象難以瞭解,因而其內部形式在不同程度上是模糊的,需要用"歷史方法"加以研究才能"恢復",而所舉例子中正好就有"獼猴"一詞。本文所作的探討不妨說就是這方面的一個嘗試,同時也表明進行這種探討有時候單用縱向的"歷史方法"是不夠的,還必須輔之以橫向的比較才行。

早在四十多年前聞宥先生就曾經指出"猴,緬文語 mjōk（漢'沐猴'之'沐'muk）",但僅着此一語,未加申論。今不揣淺陋,試爲推衍如上。

參 考 文 獻

1. 聞宥《論漢藏語族中 m->ṇ-之演化》,《中國文化研究匯刊》第 1 卷,1941 年。
2. ——《印度支那語中雙唇鼻聲之舌面化》,《説文月刊》第 4 卷,1944 年。
3. 華侃《安多藏語聲母的幾種特殊變化》,《民族語文》1983 年第 3 期。
4. 瞿靄堂、譚克讓《阿里藏語》,中國社會科學出版社,1983 年。
5. 李永燧《哈尼語概況》,《民族語文》1979 年第 2 期。
6. 戴慶厦、徐悉艱《浪速話初探》,《語言研究》1983 年第 2 期。
7. Václav Blažek: "The Sino-Tibetan Etymology of the Tocharian A

---

① 陳士林《〈驢驉〉注釋中反映出來的幾個訓詁學問題》,《語言研究》1982 年第 1 期,第 183 頁。
② 周振鶴、游汝傑《方言與中國文化》,上海人民出版社,1986 年,第 38 頁。岑仲勉認爲"楚的統治者爲西方民族"。見《楚爲東方民族辨》,《兩周文史論叢》,商務印書館,1958 年,第 55—61 頁。
③ 劉叔新《漢語複合詞內部形式的特點與類別》,《中國語文》1985 年第 3 期,第 186—187 頁。

mkow-, B moko-'Monkey'", *Archív Orientální*, Vol. 52, No, 4, 1984.

8. P. K. Benedict: *Sino-Tibetan: A Conspectus* (contr. ed. James A. Matisoff), 1972.

9. ——: "Austro-Thai Studies: 3. Austro-Thai and Chinese", *Behavior Science Notes*, Vol. 2, No. 4, 1967.

10. Robert Shafer: *Introduction to Sino-Tibetan*, 5vols., 1966–1974.

11. ——: "Classification of the Sino-Tibetan Languages", *Word* Ⅱ, 1955.

12. R. Burling: "Proto-Lolo-Burmese", *International Journal of American Linguistics*, Vol. 33, No. 2, pt. Ⅱ, 1967.

13. B. Laufer: "The Prefix a- in Indo-Chinese Languages", *Journal of the Royal Asiatic Society*, 1915.

三、說"淓"

《世說新語・排調》："劉真長始見王丞相，時盛暑之月，丞相以腹熨彈棋局，曰：'何乃淓！'劉既出，人問：'見王公云何？'劉曰：'未見他異，唯聞作吳語耳。'"劉孝標注："吳人以冷為'淓'。"又引裴啟《語林》："真長云：'丞相何奇，止能作吳語及細唾也。'"實際上《世說》此條全本裴書。《太平御覽》卷三十四"時序部十九・熱"引《語林》："劉真長見王丞相，時盛夏，王公以腹熨彈棋局①，曰：'何乃淓！'劉既出，人問：'見王公如何？'對曰：'未見他異，唯作吳語耳。'"《御覽》引文在"何乃淓"下有注："吳人以冷為'淓'，音楚敬切。"又卷二十一"時序部六・夏上"引《世說》此條及劉注，在"吳人以冷為'淓'也"下有"音楚敬反"。又卷七百五十五"工藝部十二・彈棋"引同條，"淓"作"瀙"，注文末也有"音楚敬切"。《廣韻》卷四去聲映韻："瀙，冷也。楚敬切。"《集韻》卷八去聲下映韻："瀙、傸、淓，楚慶切，冷也。吳人謂之瀙。或從人。亦作淓。""瀙"字《說文》已著錄，十一上水部："瀙，冷寒也。"可見這個吳語

---

① 《藝文類聚》卷五"歲時下・熱"引此，"彈棋局"作"石局"。

詞早在漢代就已經有了。

《玉篇》卷十九水部："瀳,且定反。《説文》:'瀳,冷寒也。'"①"瀳"與"清"音近義同,當是同一個詞的變體。文廷式《純常子枝語》卷三："余謂'瀳''凊'皆'清'字之别體也。"其説不誤。《説文》十一下仌部："凊,寒也。"《玉篇》卷二十冫部："凊,寒也,冷也。"字亦作"清"。古籍中並有用例。如《禮記·曲禮上》:"冬溫而夏清。"陸德明《經典釋文》卷十一"禮記音義一":"七性反。字從冫,冷也,本或水旁作。"《吕氏春秋·有度》:"冬不用翣,非愛翣也,清有餘也。"高誘注:"清,寒。"《内經素問》卷三"五藏生成篇":"足清頭痛。"王冰注:"清亦冷也。"

"凊(瀳)"在後世方俗語中仍有遺存。據程大昌《演繁露》(卷六)和段玉裁《説文解字注》("瀳"字下),自宋迄清吴語中都有這個詞②。直到今天這個詞也還存在於一些方言中,儘管用法有局限。

如果旁及相關的"寒"義詞,則有《廣雅·釋詁》所列舉的古今方俗語:"滄、瀳、冷、洞、清、涇、凍、淬,寒也。"其中"凍"實際上並非"寒"義③,可以撇開不論。餘下的七個詞按照語音可以分爲三組:

1. tʃʻ-/tsʻ-:瀳,清,滄,淬
2. gʻ-/ɣ-/k-:洞,涇
3. l-:冷

第1組中,"瀳"和"清"已詳上文,這裏討論"滄"和"淬"。"滄"字亦作"凔"。《説文》十一上水部:"滄,寒也。"段注:"仌部'凔'字義同。"十一下仌部:"凔,寒也。"段注:"此與水部'滄'音義皆同。"《玉篇》卷十九水部:"滄,且郎反。……《説文》:'滄,寒也。'"④卷二十冫部:"凔,楚亮切,寒也。"《廣韻》卷四去聲漾韻:

---

① 此條據《古逸叢書》本《原本玉篇殘卷》。
② 參看余嘉錫《世説新語箋疏》,中華書局,1983年,第793頁。
③ 《説文》十一下仌部:"凍,仌也。"段注:"初凝曰仌,仌壯曰凍。"
④ 此條據《原本玉篇殘卷》。

"凔,寒也。初亮切。""凔(滄)"與"灖"音近義同,當是同源。這個詞古籍中也多有用例。如《逸周書·周祝》:"天地之間有凔熱。""凔熱"猶言"冷熱"。《荀子·正名》:"疾養凔熱。"《漢書》卷五十一《枚乘傳》載乘《諫吳王書》:"欲湯之凔(《文選》卷三十九作'滄')。""凔(滄)"別作"溾(凔)"。《玉篇》水部:"溾,初兩切,冷也。"《集韻》卷六上聲下養韻:"溾,冷貌,楚兩切。""溾"與"凔"聲韻全同,僅聲調有上去之別,當是方音小異。《方言》卷十三:"溾,淨也。"①郭璞注:"皆冷貌也。'初兩''楚耕'②二反。""淨"亦作"净"。《廣韻》卷二下平聲耕韻:"净,楚耕切,冷也。"《集韻》卷四平聲四耕韻:"净,初耕切,冷貌。""净(浄)"與"灖""凔""溾"並音近義同,當亦同源。"淬"字曹憲《博雅音》:"七碎反。""淬"亦作"淬"③。《方言》卷十三:"淬,寒也。"郭注:"淬,猶淨也。"《玉篇》水部:"淬,七内切,寒也。"《廣韻》卷四去聲隊韻音訓同。這個詞在現存古籍中未見用例,但既經《方言》著錄,無疑是當時的一個口語詞,可能就是"灖"系寒義詞在古方俗語裏的陰聲(或入聲)變體。第2組中,"泂"出現較早。字亦作"洞"。《說文》水部:"洞,凔也。"孫愐音"户頂切"。段注:"此義俗從冫作'冽',《篇》《韻》皆訓'冷'是也。"《玉篇》水部:"洞,胡炯反。……《説文》:'洞,凔也。'字書或爲'冽',字在冫部。"④冫部:"冽,古迥切,冷也。"《廣韻》卷三上聲迥韻:"冽,凔寒。古迥切。""涇"較晚出,《廣雅》始見著錄。《玉篇》冫部:"涇,巨井切,寒也。""洞"、"涇"音近義同,顯係同源。這兩個詞在古籍中也未見用例,可能是因爲它們只存在於口語而未進入書面或者是"書缺有間"之故。

以上兩組寒義詞,由於同義詞競爭(synonymic rivalry)及方

---

① 《説文》"凔"字段注謂"溾""净"二字當從冫。其實從冫或從氵可以不拘。
② "楚"今本誤爲"禁",據劉台拱《方言補校》、吴承仕《經籍舊音辯證》(卷七)改正。
③ 從氵從冫,理無二致,"清/凊"、"凔/滄"、"溾/凔"、"净/浄"、"洞/冽"並是其例。王念孫《廣雅疏證》云"淬"與"淬"通,是;錢繹《方言箋疏》引錢大昭説,謂"淬"爲"淬"之譌,非是。
④ 此條據《原本玉篇殘卷》。

言消長等原因,在歷史發展中除"凔"還以有限的用法殘存於方言口語而外,全都被第3組的"冷"所吞併了。"冷"字《説文》已著錄,仌部:"冷,寒也。"但後漢以前用例很少。《莊子·則陽》:"夫凍者假衣於春,喝者反冬於泠風。"《淮南子·俶真》:"是故凍者假兼衣於春,而喝者望泠風於秋。"二者雷同,有因襲之迹;《則陽》屬《莊子》"雜篇",可能也是西漢人作品。所用"泠風"一詞疑即《莊子·齊物論》"泠風則小和"和《呂氏春秋·任地》"子能使子之野盡爲泠風乎"與《辯土》"帥爲泠風"的"泠風",與後世義爲"寒風"的"冷風"尚有區別①。大約"冷"這個詞是先通行於口語,隨後才逐漸進入書面的。在早期文獻中"冷"字少見,用法也頗有局限,大抵多用於水漿、飲料、湯藥、食品之類。例如《内經素問》卷十《瘧論篇第三十五》:"頭痛如破,渴欲冷飲。"《説苑·正諫》引枚乘《諫吳王書》:"欲湯之冷②。"後漢安世高譯《長阿含十報法經》卷上:"譬如蓮華,水中生,水中長,至根至莖至葉,一切從冷水遍澆漬遍。"③失譯《興起行經》卷上"奢彌跋宿緣第二":"我初得頭痛時,語阿難曰:'以四升鉢盛滿冷水來。'"④不過,自東漢中期開始,"冷"字用法已逐漸擴展並成爲"熱"的通用反義詞。例如《論衡·譴告》:"火猛則湯熱,火微則湯冷。……寒温猶熱冷也。"失譯《佛開解梵志阿颰經》:"心意已冷,無復熱婬。"⑤三國吳支謙譯《菩薩本緣經》卷中"善吉王品第四":"冷熱諸風逼切其身。"⑥東晉佛陀跋陀羅譯《觀佛三昧海經》卷五"觀佛心品第四":"或熱如湯,或冷如冰。"⑦失譯《那先比丘經》卷中:"那先問王言:'如是兩手中物皆熱耶?'王言:'不兩熱。'那先言:'兩冷耶?'王言:'不兩冷也。'"

---

① 如陳真諦譯《立世阿毗曇論》卷一"地動品第一":"彼中衆生……因冷風觸,其身圻(sic)破,……如是衆生被寒風觸,骨破。"(《大正藏》第三十二卷,第173頁)
② 據上引《漢書》,枚乘原文作"凔",劉向改"凔"爲"冷",當是受當世口語影響之故。
③ 《大正藏》第一卷,第234頁。
④ 《大正藏》第四卷,第166頁。
⑤ 《大正藏》第三卷,第62頁。
⑥ 《大正藏》第一卷,第262頁。
⑦ 《大正藏》第十五卷,第671頁。

又:"何緣一冷一熱能同言燒人手乎?"①王叔和編次本《傷寒論·辨脈法第一》:"五月之時,陽氣在表,胃中虚冷,以陽氣内微,不能勝冷,故欲着複衣;十一月之時,陽氣在裏,胃中煩熱,以陽氣内弱,不能勝熱,故欲裸其身。"又《辨太陽病脈證並治下第七》:"不利,進熱粥一杯;利過不止,進冷粥一杯。"酈道元《水經注》卷三十九"鍾水"引《異物志》:"置之則冷,灌之則熱。"王獻之《雜帖》:"薄熱,汝有益耳。"②"薄冷,足下沉痼已經歲月。"③又:"極熱,敬惟府君此月内得書。"④"極冷,不審尊體復何如。"⑤巢元方《諸病源候論》卷六"寒食散發候篇"引皇甫謐《論》:"坐衣裳犯熱,宜科頭冷洗之。"葛洪《肘後備急方》卷三:"或小腹不仁,或時冷時熱。"又《抱朴子外篇·交際》:"逐名趨勢,熱來冷去。"《世說新語·夙惠》:"陛下晝過冷,夜過熱,恐非攝養之術。"又《紕漏》:"向問飲爲熱爲冷耳。"南齊求那毗地譯《百喻經》卷二"水火喻":"欲取冷水,而水復熱。"⑥梁元帝蕭繹《金樓子·興王》:"帝素有熱疾,坐臥常須冷物。"賈思勰《齊民要術》卷五"種桑柘第四十五":"調火令冷熱得所,熱則急燥,冷則長遲。"又"種藍第五十三":"熱時一宿,冷時再宿。"又卷八"作豉法第七十二":"若等不調,寧傷冷,不傷熱;冷則穰覆還暖,熱則臭敗矣。"又:"冷即須微厚,熱則須微薄。"元魏吉迦夜共曇曜譯《付法藏因緣傳》卷一:"此糜雖冷,汝欲大熱。"⑦陳真諦譯《立世阿毗曇論》卷六"云何品第二十":"深水則冷,淺水則熱。"⑧顏之推《顏氏家訓·養生》:"吾嘗患齒,摇動欲落,飲食熱冷,皆苦疼痛。"同時,"冷"已是可以與"寒"連文或互用的同義詞。例如《傷寒論·辨發汗吐下後病脈證並治第二十二》:

---

① 《大正藏》第三十二卷,第709頁。
② 嚴可均校輯《全上古三代秦漢三國六朝文》第二册,中華書局,1965年,第1614頁。
③ 《全上古三代秦漢三國六朝文》第二册,第1616頁。
④ 《全上古三代秦漢三國六朝文》第二册,第1616頁。
⑤ 《全上古三代秦漢三國六朝文》第二册,第1617頁。
⑥ 《大正藏》第四卷,第400頁。
⑦ 《大正藏》第五十卷,第311頁。
⑧ 《大正藏》第三十二卷,第197頁。

"所以然者,胃中寒冷故也。"《觀佛三昧海經》卷五"觀佛心品第四":"如此金華,光色顯赫,照我心熱,必除寒冷。"①巢元方《諸病源候論》卷四十三"產後腰痛候":"若寒冷邪氣連滯腰脊,則痛久不已。"王羲之《雜帖》:"雨冷,冀足下各可耳。"②又:"今雨寒,未可以治,謝。"③傅咸《神泉賦》序云:"余所居庭前有涌泉,在夏則冷,涉冬而溫。"賦云:"在冬則溫,既夏而寒。"④此後"冷"字用法繼續擴展,侵入了"寒"的詞義範圍,終於取而代之,成爲口語裏唯一通用的寒義詞。

以上粗略論證了"凔、滄、淬"和"泂、淫"是兩組同源詞,以下再簡單説明這兩組詞和第3組的"冷"也是同出一源,並推尋它們的原始形式和衍變軌迹。而這就需要把問題放到漢藏語系的背景上來考察。

在漢藏語系藏緬語族諸語言表示"寒,冷"義的詞中,藏語是 graŋ(-ba/-mo)⑤,藏語族的獨龍語是 glaŋ,僜語是 tsoŋ,緬語族的米基爾語(Mikir)是 kreŋ,盧謝依語(Luśei)是 taŋ(比較 Das《藏英詞典》所載 graŋ 的現代音 taŋ);在現代藏語諸方言中,graŋ 的主要變化情況是:衛藏方言爲 tṣ'aŋ/tṣa:ŋ,安多方言爲 ccaŋ/tɕaŋ。白保羅(Paul K. Benedict)所擬定的藏緬語詞根爲 *graŋ/*glaŋ。可以推測,藏緬語 graŋ/glaŋ 的歷史語音演變過程大致是:介音 r/l 導致舌根音聲母腭化,發音部位前移,塞音變塞擦音,濁音清化,即:

$$gr\text{-}ŋ/gl\text{-}ŋ/kr\text{-}ŋ \rightarrow cj\text{-}ŋ \rightarrow cc\text{-}ŋ \begin{matrix} \nearrow tɕ\text{-}ŋ \\ \searrow tṣ\text{-}ŋ/ts'\text{-}ŋ/ts\text{-}ŋ \end{matrix}$$

---

① 《大正藏》第十五卷,第 671 頁。
② 《全上古三代秦漢三國六朝文》第二册,第 1584 頁。
③ 《全上古三代秦漢三國六朝文》第二册,第 1601 頁。
④ 《全上古三代秦漢三國六朝文》第二册,第 1750 頁。
⑤ H. A. Jäschke: *A Tibetan-English Dictionary*, 1881 (rpt. 1934), p. 76; Sarat Chandra Das: *A Tibetan-English Dictionary*, 1902 (rpt. 1951), p. 240.

而漢語裏與此對應的同源詞的語音演變則是：複輔音聲母解紐，舌根音聲母腭化，發音部位前移，變爲塞擦音，濁音清化，即：

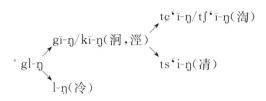

由此可見，《廣雅》所著録的一系列"寒"義詞，儘管從表面上看來語音歧異，但是追本返始，却是同出一源；僅見於《語林》、《世説》看似陌生的所謂吴語"㳼"，實際上一方面與六朝以後的通語"冷"爲一家眷屬，而另一方面又是淵源古遠的出自共同漢藏語的一個基本詞。

當代語言學者有的認爲上古時代"吴人與越人説的是同一種語言"①，而古吴語當爲"馬來語類型"②，即是説屬於南島語系③；有的認爲古吴語可能屬於南亞語系④；有的認爲古吴語當與台語關係較近⑤。但是本文所討論的吴語"㳼"却被證明是一個藏緬語的詞。還有類似的例子。如《説文》三下聿部："筆，所以書也⑥。……

---

① 富勵士(R. A. D. Forrest)：*The Chinese Language*, 3rd ed., 1973, p. 240. 今按《吕氏春秋・知化》："吴王夫差將伐齊。子胥曰：'不可。夫齊之與吴也，習俗不同，言語不通。……夫吴之與越也，……習俗同，言語通。'"可爲 Forrest 説一證。參看王文清《試論吴越同族》，《南京博物院集刊》4，1982 年；又：《論吴越同族》，《江海學刊》1983 年第 4 期。
② R. A. D. Forrest: op. cit., p. 113.
③ 參看聞有先生關於古越語"適/麔"(鹿)爲南亞語詞及南島語詞的論證。見《黑鹿釋名》，《民族語文》1979 年第 1 期，第 21—24 頁。
④ Edwin G. Pulleyblank: "The Chinese and Their Neighbors in Prehistoric and Early Historic Times", in David N. Keightley (Ed.): *The Origins of Chinese Civilization*, 1983, p. 440.
⑤ 徐松石《泰族僮族粤族考》，中華書局，1946 年，第 209、219 頁。
⑥ "所以書"謂之"筆"，"以筆書"亦謂之"筆"。如《史記》卷四十七《孔子世家》："筆則筆，削則削。"

吳謂之不律。"俞敏先生認爲"不律"當與藏語 bris 同源①。《爾雅·釋器》"不律謂之筆"郭璞注:"蜀人呼筆爲'不律'也。"②在漢語傳入蜀地並成爲主導語言之前,當地通行的當是藏緬語族的一些語言,因而後世蜀語中保留藏緬語的若干遺存正是十分自然的事③。又如范成大《秋雷嘆》詩自注引吳諺④:"秋孛轆,損萬斛。""孛轆"(雷)當與藏語'brug 和藏語族巴爾替語(Balti)blug 同源。看來古吳語問題還是比較複雜的,有待於從多方面深入研究。周振鶴和游汝傑曾就"原始吳語"與遠古周人語言的關係作過初步探討⑤,很有啓發意義,值得進一步加以考索。

參 考 文 獻

1. 金鵬(主編)《藏語簡志》,民族出版社,1983 年。
2. 瞿靄堂、譚克讓《阿里藏語》,中國社會科學出版社,1983 年。
3. 華侃《安多藏語聲母的幾種特殊變化》,《民族語文》1983 年第 3 期。
4. 孫宏開、陸紹尊、張濟川、歐陽覺亞《門巴、珞巴、僜人的語言》,中國社會科學出版社,1980 年。
5. 羅常培《貢山俅語初探》,《國學季刊》第 7 卷第 3 號,1952 年。
6. P. K. Benedict: *Sino-Tibetan*: *A Conspectus*, 1972.

---

① 陸宗達、俞敏《現代漢語語法》上册,群衆書店,1954 年,第 11 頁;俞敏《釋甥》,《燕京學報》第 36 期,1949 年,第 90 頁;又:《漢藏兩族人和話同源探索》,《北京師範大學學報》1980 年第 1 期,第 45 頁;又:《後漢三國梵漢對音譜》,《中國語文學論文選》,東京:光生館,1984 年,第 309 頁;又:《經傳釋詞札記》,湖南教育出版社,1987 年,第 178 頁;又:《漢藏同源字譜稿》,《民族語文》1989 年第 1 期,第 75 頁。關於藏語 bris/'bri(-ba),看 Jäschke《詞典》第 400 頁;Das《詞典》第 930 頁。
② 【補】關於蜀人,參看孫華《蜀人淵源考》,《四川文物》1990 年第 4—5 期。
③ 如《廣雅·釋器》:"䀋,鹽也。"《廣韻》卷三上聲銑韻:"䀋,蜀人呼鹽。""䀋"就是藏緬語族的白語呼鹽的 pi(<pin),亦即唐樊綽《蠻書》(卷八)"鹽謂之賓"的"賓"。參看聞宥《論〈蠻書〉所記白蠻語》,《史學季刊》(四川大學)第 1 卷第 1 期,1940 年,第 51 頁。【補】最近有的外國學者認爲,"距今兩千年前四川當地居民很可能説的是某種彝-緬語而非古漢語"。見 *Tocharian and Indo-European Studies*, Vol. 7, 1997, p. 237.
④ 這條材料出處雖晚,但這類關於天時的農諺是歷世相傳的口碑,起源必甚早。
⑤ 周振鶴、游汝傑《方言與中國文化》,上海人民出版社,1986 年,第 38 頁。

"輕呂"和"烏育"*

輕呂/徑路 《逸周書·克殷》:"泰顛、閎夭皆執輕呂以奏王。……先入,適王所,乃克射之,三發而後下車,而擊之以輕呂,斬之以黃鉞。"孔晁注:"輕呂,劍名。""擊之以輕呂",《史記》卷四《周本紀》作"以輕劍擊之"。張守節《史記正義》:"《周書》作'輕呂擊之'。輕呂,劍名也。"又《漢書》卷九十四下《匈奴傳下》:"單于以徑路刀、金留犁撓酒。"顏師古注:"應劭曰:徑路,匈奴寶刀也。"無論是《逸周書》的"輕呂"或《漢書》此處的"徑路",在漢語都沒有理據可説,很可能是外來詞。美籍德國漢學家夏德(Friedrich Hirth)最先指出它們是突厥語 kingrāk 的音譯,指一種寬身兩刃刀[1]。其後瑞典高本漢(Bernhard Karlgren)和日本白鳥庫吉也都贊成此説[2]。只有法國伯希和(Paul Pelliot)在評論夏德與柔克義(William W. Rockhill)合撰的《趙汝适(kuò)〈諸蕃志〉譯注》一書時曾經提出"'路'字在歷史上從來沒有韻尾輔音"的詰難[3]。我國

---

* 原載《語言研究》1983年第2期。

[1] F. Hirth: *The Ancient History of China to the End of the Chou Dynasty*, 1908/1923, pp. 65–67.

[2] B. Karlgren: *Philology and Ancient China*, 1926, p. 137. 白鳥庫吉《西域史上の新研究》,《西域史研究》上,1941年;漢譯文見王古魯《塞外史地論文譯叢》第二輯,商務印書館,1940年,第107頁。此前白鳥曾主張"徑路"與蒙古語 kingara(兩刃刀/劍)有關,謂 kingara 和 qingrak 都可能來自伊朗語、波斯語稱劍的詞。見《匈奴の休屠王の領域とその祭天の金人に就いて》,《三宅〔米吉〕博士古稀祝賀紀念論文集》,1929年,第245—306頁。

[3] P. Pelliot: "Notes sur *Chau Ju-kua*", *T'oung Pao*, Vol. 13, 1912, p. 470, n. 3. 附帶一提,伯氏在此文中據《佩文韻府》"徑路"條轉引張説詩:"徑路池水拂藤蘿",譯作 Dans le lac *King-lou*, l'eau caresse le *t' eng-lo*,以"徑路"爲池名,並謂即出自《漢書》的"徑路刀"。今按: 所引出張説《湘州北亭》詩,原句爲"山花迷(轉下頁)

學者岑仲勉基本上贊成夏說,但也以"'呂'字無輔音收聲"爲疑①。現在漢語語音史研究大明,古韻屬於"魚"部的"路"、"呂"二字上古帶有舌根輔音韻尾(-g),已爲多數音韻學家所公認②;"徑路"和"輕呂"作爲上引突厥語詞的對音可以説是毫無問題。伯、岑二氏的疑點既經消除,夏氏的説法當屬可信③。《逸周書》爲先秦古書④,其中關於周初史事、名物的記述必有所本。這樣看來,"輕呂"應是載籍所見漢語裏最早的一個突厥語借詞。《史記》的"輕劍"當是由音譯外來語的縮略加固有語素構成的"合璧詞";而《漢書》的"徑路刀"則是由音譯加類名(generic name)構成的"混合詞",其構詞格式與現代漢語中的外來詞"卡賓槍"(carbine)、"加

(接上頁)徑路,池水拂藤蘿";詩非七言,"徑路"亦非專名。伯氏大誤。

① 岑仲勉《"三年之喪"的問題》(1946),《兩周文史論叢》,商務印書館,1958年,第310頁;又:《闡揚突厥族的古代文化》(1948),《突厥集史》下册,中華書局,1958年,第1112頁。
② 參看董同龢《上古音韻表稿》,《歷史語言研究所集刊》第18本,1948年,第50頁。
③ 江上波夫撰《徑路刀と師比》(載《ユーラシャ古代北方文化》,1951/1954年,第225—279頁)認爲:"徑路"是 Achæmenes 王朝時波斯與南俄斯基泰人(Scythians)所用兩刃短劍的希臘名稱 akinakes 的音譯;這個詞的首音 a-因不重讀而易於失去,而-es 爲名詞後綴,僅表語法意義,故得音寫爲"徑路"。今按:儘管如此,對音仍不切合,此説尚可存疑。至於中國古代的劍與匈奴的"徑路"同希臘人的 akinakes 在形制上可能存在某種淵源關係則爲別一問題。參看高去尋《黄河下游的屈肢葬問題》,《中國考古學報》("歷史語言研究所專刊"之十三),第二册,1947年,第159—160頁;又:"The Ching Lu Shen Shrines of Han Sword Worship in Hsiung Nu Religion", *Central Asiatic Journal*, Vol. 5, no. 3, 1960, pp. 221-232;又:《徑路神祠》,《包遵彭先生紀念論文集》,1971年,第99—102頁;Max Loehr: "The Earliest Chinese Swords and the Akinakes", *Oriental Art*, Vol. 1, no. 3, 1948;烏恩《關於我國北方的青銅短劍》,《考古》1978年第5期。聞一多《天問疏證》(三聯書店,1980年)云:"輕呂即徑路。……外國學者謂出自突厥語 kilidji。"(第94頁)顧頡剛《史林雜識初編》(中華書局,1963年)引李平心云:"劍,古名'輕呂',見《逸周書·克殷解》,……《漢書·匈奴傳》作'徑路',並即 kilidji 之對音。"(第167頁)此説蓋本於郭沫若《兩周金文辭大系圖錄考釋》,科學出版社,1958年,第155頁。對音不合,雖爲勘同,似未可信據。
④ 【補】參看楊寬《論〈逸周書〉》,《中華文史論叢》1989年第1輯;黄懷信《〈逸周書〉時代略考》,《西北大學學報》1990年第1期,第111—117頁。

"輕呂"和"烏育"　　　　　　　　　　　　　　　　　251

農砲"(cannon)、"吉普車"(jeep)之類相似。

烏育/烏粥　《北堂書鈔》卷一百三十二"服飾部一·幔八"引諸葛亮《軍令》："軍行,人將一斗乾飯,不得持烏育及幔。"又《太平御覽》卷七百五十七"器物部二·鎢錥"引江逌《表》："昔康皇帝玄宮内金烏育。"字又作"鎢錥"。《御覽》同條引魚豢《魏略》："徐晃性嚴,驅使將士不得閑息。於時軍中爲之語曰:'不得餉,屬徐晃。'晃聞此語,笑曰:'我椎破汝鎢錥耶?'"又引杜預《奏事》："藥杵臼、澡槃、熨斗、釜、甕、銚、槃、鎢錥①,皆亦民間之急用也。"此外,這個詞也見於漢譯佛典。如劉宋求那跋陀羅譯《樹提伽經》："昔五百商主將諸商人,賫持重寶,經過險路,奔空山走,逢一病道人,給其草屋,厚敷床褥,給其水漿、鎢錥、米糧,給其燈燭。"②字又作"烏粥"。《太平御覽》卷五百五十二"禮儀部三十一·明器"引江逌《表》："昔康皇帝玄宮内寶盒、烏粥。"又作"烏錥"。《魏書》卷一百三《蠕蠕傳》："詔賜阿那瓌……銅烏錥四枚、柔鐵烏錥二枚。"《北史》卷九十八《蠕蠕傳》同。今按：魏晉南北朝通用的這個名物詞,張揖在《廣雅》中已加著録。《釋器》："鎢錥謂之銼鏆。"王念孫《疏證》引何承天《纂文》："秦人以鈷鉧爲銼鏆。""銼鏆"也單稱"銼"。《廣韻》去聲過韻："銼,蜀呼鈷鏵。"又上平聲模韻"鎢"字及入聲屋韻"錥"字下並云："鎢錥,温器。"由上引文獻用例及訓詁資料看來,"烏育"當是一種像熨斗(鈷鉧)的金屬炊具或温器,而軍中所用的烏育或許就是刁斗一類東西③。"烏育"及其各種異寫在漢語都没有理據可説,用字又變化不定,很可能是個譯名。據美籍俄裔學者卜弼德(Peter A. Boodberg)所稱述,突厥語裏有 ütüg/ütük

---

① 《佩文韻府》編者誤杜預《奏事》之"錥"爲"錫",於卷十六下平聲一先收"鎢錫",甚謬。日本《大漢和辭典》據此誤立"鎢錫"一詞目;臺灣《中文大辭典》又鈔襲之,輾轉沿訛。

② 《大正新修大藏經》第十四卷,第 825 頁;又見梁寶唱等集《經律異相》卷三十六,《大正藏》第五十三卷,第 193 頁。

③ 關於熨斗、刁斗,參看徐家珍《熨斗和鐎斗、刁斗》,《文物參考資料》1958 年第 1 期,第 32—33 頁。

這麼一個詞,義爲"鈷鉧",卜氏以爲當是漢語"熨斗"的音譯①。今按:"烏育""烏粥"的漢魏音構擬可作 udiuk/uṭiuk,跟卜氏所擧突厥語詞語音相近,意義也約略相當,也許前者乃是後者的音譯。

  由以上二例可見,在多民族的古代中國,漢語和突厥語很早就有接觸並出現文化詞(Kulturwort, mot de civilisation)借用的情況了②。

---

① P. A. Boodberg: "Marginalia to the Histories of the Northern Dynasties", *Harvard Journal of Asiatic Studies*, Vol. 4, Nos. 3 and 4, 1939, p. 263, n. 155.
② 房德里耶斯(Joseph Vendryes)云:"文化詞特別容易借用。它們和它們所表示的事物一起被輸送出去;事物就作爲運載工具替它們服務,有時候會把它們帶到遼遠的地方去: rem uerba sequuntur(詞跟着物走)。"見 *Language: A Linguistic Introduction to History* (Eng. tr. by Paul Radin, 1925), p. 227。

漢語外來詞雜談*

内容提要 本文概述漢語外來詞的各個方面,對不同歷史時期和不同類型的外來詞有所論列,重點是舉例討論見於各類作品的語源不一需要考定的外來名物詞,此外還涉及流俗詞源和貸詞回歸的問題。

關鍵詞 外來詞　文化詞　詞源學　流俗詞源　漢語詞彙史

0.1　古代和近代漢語都包含相當數量的外來詞彙成分[①],見於各類典籍,情況十分複雜,需要分別處理。比方説,有的外來成分已經進入漢語詞彙系統,並不同程度地穩固下來,理應算作漢語裏的外來詞,而有的只見於個別特定場合,未必能算作漢語裏的外來詞;就各類外來詞而言,有的已經研究得比較充分,而有的至今還缺乏全面的搜集和深入的探討,有待於各相關學科的學者們多多致力。在這篇小文裏筆者打算就諸如此類的問題略舉例證,作一個初步的粗淺的説明。

1.1　古代中國是一個多民族國家,與周邊各地區民族也多有接觸,在遠古和上古時期民族、語言和文化交流融合的情況異常複雜[②]。以中原地區的華夏語爲核心而逐步形成的漢語實際上

---

*　原載《語言教學與研究》1989 年第 2 期(創刊 10 周年紀念號之二),補訂稿載《漢語史學報》第七輯(上海教育出版社,2008 年)。此文爲應陳亞川教授(1938—1996)爲刊物紀念號徵稿而作,匆匆急就,頗爲疏略,今蒙方一新、王雲路、汪維輝三教授與真大成博士鼎力相助,得以補訂成篇,就正同好,謹志心感。

① 參看徐文堪《外來語古今談》,語文出版社,2005 年。
② 參看 Terrien de Lacouperie: *The Languages of China before the Chinese: Researches on the Languages Spoken by the Pre-Chinese Races of China* （轉下頁）

是一個混合體①,其中容納了多種語言的成分。在先秦時期的上古漢語裏就可以考察出來從鄰近語言吸收的詞彙成分。例如:

貝 這是一個古老的詞,殷商卜辭裏已見。據江上波夫考證②,"貝"乃是隨同從華南輸入貝殼(用作裝飾品與貨幣)③而借自

(接上頁)*Proper Previously to the Chinese Occupation*,London,1887;艾伯漢(Wolfram Eberhard):*Untersuhungen über den Aufbau der chinesischen Kultur: Lokalkulturen im alten china*,*Monumenta Serica* Monograph 3,1942;又:*The Local Cultures of South and East China*,Leiden:E. J. Brill,1968;又:"Review of *China's March toward the Tropics* by Harold J. Wiens",*Oriens*,Vol. 8,no. 2,1955,p. 305;蒲立本(Edwin G. Pulleyblank):"The Chinese and Their Neighbors in Prehistoric and Early Historic Times",吉德煒(David N. Keightley,ed.):*The Origins of Chinese Civilization*,University of California Press,1983,pp. 411-466;薛愛華(Edward H. Schafer):"The Yeh Chung Chi(《鄴中記》)",*T'oung Pao*,Vol. 76,1990,p. 150;馮蒸《論漢語和藏語進行比較研究的原則與方法》,《詞典研究叢刊》10,四川辭書出版社,1989年,第190頁;馬學良主編《漢藏語概論》上冊,北京大學出版社,1991年,第79—96頁;余志鴻《"賓動"倒句和語言交融》,《民族語文》1988年第3期。

① 王敬騮云:"中華民族本是多民族融合的人們共同體";"所謂漢人,主要是由古代進入'中國'爭雄問鼎的越人、夷人、羌人以及其它出入中原地區的人們共同體融合而成的";"所謂漢語,應是我國古代的越語、夷語、羌語以及其它有關人們共同體所使用的語言融合而成的。"見《釋"蘇""苴"——漢語詞考原之一》,《雲南民族語文》1993年第2期,第1、5頁。

② Egami Namio(江上波夫):"Migration of Cowrie-shell Culture in East Asia",*Acta Asiatica*,No. 26,1974,p. 29. 參看蘇繼廎《島夷志略校釋》,中華書局,1981年,第117頁。

③ 考古發現表明,殷商、西周時期的墓葬中隨葬的貝幣都是不產於中國內陸的江河湖泊而產於南海或印度洋的海貝。見羅二虎《南方絲路古貝考》,伍加倫、江玉祥主編《古代西南絲綢之路研究》,四川大學出版社,1990年,第97—98頁。參看 H. E. Gibson:"Cowries as Money during the Shang and Chou Periods",*Journal of the North China Branch of the Royal Asiatic Society*,Vol. 71,1940/1941;濱田耕作《支那古代の貝貨に就いて》,《東洋學報》第2卷第2號,1912年;又:《貝貨考補遺》,同上第3號,1912;楊鍊漢譯文《中國古代貝貨》,《古物研究》,商務印書館,1936年,第1—14頁;蔣玄怡《中國古代貝貨之由來與吳越民族之關係》,《說文月刊》第1卷第4期,1939年;鄭家相《古代的貝貨》,《文物》1959年第3期;朱活《關於我國古代貝幣的若干問題》,同上1959年第6期;李家瑞《古代雲南用貝幣的大概情形》,《歷史研究》1956年第9期;方國瑜《雲南用貝作貨幣的時代及貝的來源》,《雲南大學學報》1957年第2期。

南亞語(Austroasiatic)或南島語(Austronesian)的一個詞。比較泰語 beer，占語(Cham)、吉蔑語(Khmer)bier，馬來語 bia，爪哇語 beya。

匹（鴄） 《廣雅·釋鳥》："鳴、鶩、鴄（鴨）也。""鴄"爲後起加形旁字，古籍作"匹"①。《禮記·曲禮下》："庶人之摯匹。"《周禮·春官·大宗伯》："庶人執鶩。"可見匹就是鶩。《孟子·告子下》："有人於此，力不能勝一匹雛，則爲無力人矣。"匹雛就是鴨雛。據聞宥考證②，"匹"在漢語裏出現晚於"鶩"而早於"鴨"，是源於台語或其他南亞語的一個詞。比較阿含語（Ahom）pit，老撾語 pēt，泰語 pēt，傣語 pet，壯語、布依語 pit，侗語 pət，黎語 bet，佤語 pet，德昂語（即崩龍語）peit/pjit/bit，京語、越南語 vit。

像上述這一類出現在上古時期的外族語詞彙成分，以代遠年湮，文獻不足，多半難於考實，因此未必宜於看作漢語裏的外來詞。

2.1 在中古和近代作品裏時或出現由於特定原因而使用外族語詞的情況。例如：

> 劉義慶《世説新語·政事》：王丞相拜揚州，賓客數百人，並加霑接，人人有説色。唯有……數胡人爲未洽。……因過胡人前，彈指云："蘭闍③，蘭闍！"群胡同笑，四坐並懽。

劉盼遂云："蘭闍或爲梵語之 ranja，此云樂也④。"這大約是本於陳

---

① 參看朱駿聲《説文通訓定聲》履部"匹"字條。
② 聞宥《語源叢考·鴨鳴鶩三詞次第考》，《中華文史論叢》1980 年第 4 輯，第 135—145 頁。文中論《孟子》"匹"字，引孫奭《音義》："匹，丁作疋。今按《方言》……"又引焦循《正義》之説，謂"其實孫、焦兩家都是迂儒之見"。筆者按："今按《方言》……"爲阮元《孟子注疏校勘記》之文，與孫奭無涉，"孫、焦"應作"阮、焦"。
③ 此"闍"讀"視遮切"，或誤讀"當孤切"。如黃遵憲《歲暮懷人詩》三十五首之八："自笑壺邱慚鄭巫，有人彈指説蘭闍。四朝盟會文山積，排比成書有意無？"
④ 劉盼遂《世説新語校箋》，《國學論叢》第 1 卷第 4 號，1928 年，第 70 頁。

寅恪之説①。其後吳其昱更撰專文詳考,證成陳説②。有關主要結論爲:王導與西域高僧,如尸梨密多羅(Śrīmitra)③,頗有交往,必會從他們的通譯學到些許梵文詞語;"蘭闍"只能解釋爲 raṅja(祈使式、主動態、現在時、第二身、單數),義猶法語 Sois content(筆者按:略如英語 Do be cheerful)。平田昌司也贊同陳、吳二家之説④。馬瑞志(Richard B. Mather)注釋《世説新語》此條,云:"'蘭闍'當是佛教徒所用梵語(Sanskrit)問候之詞 raṅjanī(略如英語 Good cheer)的俗語(Prakrit)或某種中亞語的説法。"⑤説亦相近⑥,王導在這樣的場合行了胡人的"彈指"之禮⑦,同時説了一個胡語的詞,顯然是政治家的刻意作態。《世説新語》的撰者把這一軼事歸入"政事"門,良有以也。

酈道元《水經注》卷二"河水":"巖堂之内,每時見神人往

---

① 周一良《中國的梵文研究》,《魏晉南北朝史論集》,中華書局,1963 年,第 334 頁;又:《周一良學術論著自選集》,首都師範大學出版社,1995 年,第 446 頁;又:《唐代密宗》,上海遠東出版社,1996 年,第 153 頁。
② Wu Ch'i-yu:"À propos de l'expression *lan-tchö* de la langue *hou* citée dans le *Che-chouo sin-yu*: In Memoriam Tch'en Yin-k'o", *Études d'histoire et de littérature chinoises offertes au Professeur Jaroslav Průšek*, Paris, 1976, pp. 303-316.
③ 《世説新語·言語》:"高坐道人不作漢語。"劉孝標注引《高坐別傳》:"和尚胡名尸梨密,西域人,……丞相王公一見奇之,以爲吾之徒也。……性高簡,不學晉語,諸公與之言,皆因傳譯。"慧皎《高僧傳》卷一"帛尸梨密傳"略同。
④ 平田昌司《謝靈運'十四音訓叙'の系譜》,高田時雄編《中國語史の資料と方法》,京都大學人文科學研究所,1994 年,第 33—34 頁。
⑤ R. B. Mather: *Shih-shuo Hsin-yü: A New Account of Tales of the World*, University of Minnesota Press, 1976, p. 86.
⑥ "蘭闍"還有其他解釋。參看周一良《魏晉南北朝史札記》,中華書局,1985 年,第 119 頁;俞敏《佛教詞語小議》,《俞敏語言學論文集》,黑龍江人民出版社,1989 年,第 337 頁;饒宗頤《關於世説新語二三問題·蘭闍》,《唐君毅先生紀念論文集》,臺北:學生書局,1983 年。
⑦ 彈指爲天竺人表示高興、讚美等感情的一種動作。周一良上引文云:"隋唐以後胡梵兩字的分別漸嚴。胡專指中亞胡人,梵指天竺。六朝時期胡的用途還很廣,印度也每每被稱爲胡。"張毅亦云:六朝以前印度也可稱爲胡,隋以後所謂胡始不包括印度而僅指中亞及北亞各族。見《往五天竺國傳箋釋》,中華書局,1994 年,第 92 頁。

還矣。……俗人不悟其仙者,乃謂之神鬼。彼羌目鬼曰'唐述',復因名之爲唐述山,指其堂密之居,謂之唐述窟。……"

據卜弼德(Peter A. Boodberg)考證①,"唐述"乃是突厥-蒙古語(turco-mongol) tangsuq 的蒙語複數形式 * tangsut 的譯語,義爲 supernatural thing(超自然之物,"神鬼")。

　　白居易《新樂府·陰山道》:"陰山道,陰山道,紇邏敦肥水泉好。"

據陳寅恪考證②,"紇邏敦"是突厥語:"紇邏"爲 kara 之音譯,義爲"玄黑或青色";"敦"爲 tūna 之對音簡譯,義爲"草地"③。這裏詩人用了當地回鶻人語言裏的兩個詞,大約爲的是點染一點本地風光和民族色調。

　　白居易《新樂府·蠻子朝》:"清平官持赤藤杖,大軍將繫金呿嗟。"

唐樊綽《蠻書》卷八:"〔南詔〕謂腰帶曰佉苴。"又:"帶謂之佉苴。"《新唐書》卷二二二上《南蠻傳·南詔》:"佉苴,韋帶也。"又:"自曹長以降繫金佉苴。""呿嗟"即"佉苴",是當時雲南民族語言裏的一個詞。比較今白語 tṣvtṣv(帶)。

元代漢蒙民族接觸密切,因而出現漢語裏夾用蒙古語的情況,常見於當時的劇曲作品裏。例如:

　　元無名氏《像生番語罟罟旦》④第三折第四曲"窮河西":"皓首蒼顏老宣差,駕車的心哎怯。都麻呢咬兒只不毛兀剌

---

① P. A. Boodberg: "Two Notes on the History of the Chinese Frontier", *Harvard Journal of Asiatic Studies*, Vol. 1, nos. 3-4, 1936, p. 305, n. 74. 卜氏僅引《太平寰宇記》卷一五一,未及《水經注》。
② 陳寅恪《元白詩箋證稿》,上海古籍出版社,1978年,第255—256頁。
③ W. Radloff: *Versuch eines Wörterbuches der Türk-Dialekte* (4 Bände, 1893-1911), St. Petersburg, Bd. 2, S. 132, Bd. 3, S. 1440.
④ 明張禄輯《詞林摘艷》,文學古籍刊行社,1955年,第324—327頁;趙景深輯《元人雜劇鈎沈》,上海古典文學出版社,1956年,第132—134頁。

(Tümen-i yorji bu ma'ula)！你與我請過來。"又第五曲"播海令"："爲男兒不在,帳房裏没甚麽……没甚麽東西,東西的這五隔(ügei)①。"

"都麻"義爲"萬户","咬兒只"義爲"走","毛兀"義爲"煩惱,相怪";"都麻呢咬兒只不毛兀剌"大意是"萬户爺,走吧！别見怪！""五隔"義爲"没有"。

像上述這一類出現在中古和近代作品裏的外族語詞大抵只用於某種特定場合,也未必都能算作漢語裏的外來詞。

3.0 在歷史上漢語裏的外來詞有兩大宗②：一是從晚漢到唐代通過佛典翻譯傳入的源自古印度語言和古中亞語言的詞語；一是近百餘年來隨着歐風美雨而傳來的以英語爲主的現代印歐語的詞語。前一類外來詞爲數不算少,但能走出佛教著作的範圍的很有限；後一類外來詞産生之後往往又爲自創的新詞(包括仿譯詞)所取代,通行開來的爲數並不很多。這兩類外來詞都已經研究得比較充分,並各有專書著録。

3.1 現在看來,更加值得廣泛搜集、深入研討的倒是那些散見於歷代各類作品的語源不一需要考定的外來詞。下面試就常見習讀的唐宋詩詞舉幾個名物詞(文化詞)爲例,略作討論。

> 白居易《新樂府·澗底松》："君不見,沈沈海底生珊瑚,歷歷天上種白榆。"李商隱《碧城》詩三首之三："玉輪顧兔初生魄,鐵網珊瑚未有枝。"

章鴻釗在寫成於 1930 年的《寶石説》一書中指出③,"珊瑚"之名始見於西漢初。陸賈《新語·道基》④："琥珀、珊瑚、翠羽、珠玉,山

---

① 參看 Arthur Waley:"Chinese-Mongol Hybrid Songs", *Bulletin of the School of Oriental and African Studies*, Vol. 20, 1957, pp. 581 – 584;方齡貴《古典戲曲外來語考釋詞典》,漢語大詞典出版社,2001 年,第 247—249 頁。
② 漢語借用日語漢字詞爲另一種特殊情況,不在此列。
③ 章鴻釗《石雅》《寶石説》(合刊),上海古籍出版社,1993 年,第 540 頁。
④ 《四庫全書總目》卷九一"子部一·儒家類一"以陸賈《新語》爲後人僞託之(轉下頁)

生水藏,擇地而居。"但章氏此說長期不爲人所知。後來中外學者所能找到的"珊瑚"的最早出處是司馬相如《上林賦》:"玫瑰碧琳,珊瑚叢生。"大型辭書也多引此爲始見書證①。依據史籍記載(見下"琥珀"條),在古代珊瑚是西域的出產,中國的珊瑚大約是從西域傳來的。但是在西亞語和伊朗語裏找不到跟"珊瑚"對應的詞。因此對於"珊瑚"是否爲外來詞學者們往往遊移其辭。如勞費爾(Berthold Laufer)説:"漢語'珊瑚'或許是起源於外國語,或許不是。"②章鴻釗說:"意者'珊瑚'之名本中國語而非外國語也。"③但 Ianusz Chmielewski 力主"珊瑚"爲外來詞説④。他認爲:伊朗人在很古的時候就知道珊瑚並把它視爲珍品,而中國人跟伊朗人接觸又爲時甚早,因此"珊瑚"一詞很可能是源自伊朗語。雖然在伊朗語裏未能找到相當於"珊瑚"的特定的詞,但是"東方人總是把珊瑚當作寶石"⑤,古代伊朗人特別是中亞的伊朗人必定也是如此⑥。因此"珊瑚"可能是伊朗語指稱"(美)石"的一個詞的對音,而這個詞就是淵源古遠的 säng<*(a)sanga。其後薛愛華(Edward H. Schafer)和馬瑞志(R. B.

(接上頁)作。但余嘉錫力辨此書並非贗作。見《四庫提要辨證》(1958)第 2 册,中華書局,1980 年,第 524—538 頁。

① 遲至 1996 年尚有學者説:"我國載籍最早著錄珊瑚者爲《史記》卷一一七《司馬相如傳》載《上林賦》。"見楊博文《諸蕃志校釋》,中華書局,第 201 頁。
② B. Laufer: *Sino-Iranica: Chinese Contributions to the History of Civilization in Ancient Iran with Special Reference to the History of Cultivated Plants and Products*, Chicago, 1919;林筠因漢譯本《中國伊朗編》,商務印書館,1964/2001 年,第 355 頁。
③ 章鴻釗《石雅》《寶石説》(合刊)第 540 頁。
④ J. Chmielewski: "Two Early Loan-words in Chinese", *Rocznik Orientalistyczny*, Vol. 24, no. 2, 1960, pp. 53–56.
⑤ 《中國伊朗編》第 353 頁。
⑥ 古代中國人也是如此。如西漢桓寬《鹽鐵論·力耕》:"美玉、珊瑚,出於昆山。"直到明代李時珍著《本草綱目》也還把珊瑚歸在卷八"金石部"。對此章鴻釗在《寶石説》中曾解釋説:"琥珀與珊瑚,考其實皆非石類,蓋一爲植物之脂液,一乃動物之遺蜕也。……而世之用作寶石類已久。"(第 540 頁)

Mather)也都承用其説①。

李白《客中行》:"蘭陵美酒鬱金香,玉碗盛來琥珀光。"李商隱《題僧壁》詩:"蚌胎未滿思新桂,琥珀初成憶舊松。"

依上引章鴻釗之説,"琥珀"之名也是始見於陸賈《新語・道基》。據史籍記載,跟珊瑚一樣,琥珀也是出產於西域。《漢書》卷九六上《西域傳上》:"罽賓,……出珠璣、珊瑚、虎魄。"《後漢書》卷一一八《西域傳》:"大秦國……有……珊瑚、琥珀。"《梁書》卷五四《諸夷傳》:"中天竺……多大秦珍物,珊瑚、琥珀。"《魏書》卷一〇二《西域傳》:"波斯國……出珊瑚、琥珀。"《周書》卷五〇《異域傳下》、《北史》卷九七《西域傳》略同。《隋書》卷八三《西域傳》:"波斯國……多獸魄②、珊瑚。"《南史》卷七九《夷貊傳下・西域》:"波斯國……亦有武魄③。"看來"琥珀"可能是個外來詞,但原語不明。綜合夏德(Friedrich Hirth)、卜弼德(P. A. Boodberg)、薛愛華(E. H. Schafer)三家之説④,它大約是來自西亞或南亞某種語言的一個詞,其原始形式當是 *xarupah,而這個詞又跟古羅馬博物學家 Pliny 提到的"叙利亞語"harpax 有關聯。

杜甫《贈田九判官》詩:"宛馬總肥春苜蓿,將軍只數漢嫖姚。"李商隱《茂陵》詩:"漢家天馬出蒲梢,苜蓿榴花遍近郊。"勞費爾(B. Laufer)認爲苜蓿這種植物的種子和"苜蓿"這個名稱

---

① E. H. Schafer: *The Golden Peaches of Samarkand: A Study of T'ang Exotics*, University of California Press, 1963/1985, p. 246; R. B. Mather: op. cit., p. 649. 楊博文謂"珊瑚"乃波斯語名 xuruhak 之訛省(《諸蕃志校釋》第 201 頁)。其説繆悠,可不置論。
② 唐人避諱,改"虎"爲"獸"或"武"。
③ 同上注。
④ F. Hirth: *China and the Roman Orient: Researches into Their Ancient and Mediaeval Relations as Represented in Old Chinese Records*, Leipzig and Munich, 1885, p. 245; P. A. Boodberg: "Some Proleptical Remarks on the Evolution of Archaic Chinese", *HJAS*, Vol. 2, 1937, p. 359, n. 60; E. H. Schafer: *The Golden Peaches of Samarkand*, p. 247.

是漢武帝時出使西域的張騫從大宛（Fergana）帶回中國的。當時大宛人講的語言是一種伊朗語方言，所以"苜蓿"應當是源自伊朗語的一個借詞。但這種古伊朗方言已經絕跡，現在在伊朗語裏找不到跟"苜蓿"對應的詞，只能用擬構法重建爲 *buksuk①。《史記》卷一二三《大宛列傳》："宛左右以蒲陶爲酒。……馬嗜苜蓿，漢使取其實來。於是天子始種苜蓿、蒲陶肥饒地。"《漢書》卷九六上《西域傳上》："大宛左右以蒲陶爲酒。……馬耆目宿。……張騫始爲武帝言之。……漢使采蒲陶、目宿種歸。"可見苜蓿其物其名的確是武帝時漢使從大宛帶回來的。勞氏之說思路基本上是對的。但 J. Chmielewski 認爲勞說不可靠。在他看來，既然在伊朗語裏找不到跟"苜蓿"對應的詞，就應當另尋語源。他認爲漢朝的苜蓿也可能來自罽賓（Kashmir）。罽賓也出產苜蓿，漢使就在那裏見到過。當時罽賓人講的語言是一種跟梵語有關聯的印度方言。雖然跟"苜蓿"對應的早期罽賓語詞未能直接找到，但苜蓿是一種產蜜植物，因而梵語稱蜜的詞 mākṣika 就有可能被用作產蜜植物苜蓿的名稱。漢語"苜蓿"大約就是 mākṣika 一詞在罽賓的某種方言形式的音譯②。

李賀《宫娃歌》："象口吹香毾㲪暖，七星掛城聞漏板。"

"毾㲪"之名東漢初已見記載。《北堂書鈔》卷一三四"服飾部三·毾㲪"、《太平御覽》卷七〇八"服用部一〇·毾㲪"並引班固《與弟超書》③："月支毾㲪大小相雜，但細好而已。"《御覽》又引杜篤《邊論》："匈奴請降，毾㲪、罽褥、帳幔、氎裘積如丘山。"在東漢以降的典籍裏"毾㲪"數見不鮮。《御覽》卷三五八"兵部·鞍"引《東觀漢記》："景丹將兵詣上，上勞勉丹，出至城外兵所，下馬，坐鞍斿毾㲪上。"《三國志·魏志》卷三〇《烏丸鮮卑東夷傳》裴松之注引魚豢

---

① 《中國伊朗編》第 36 頁。
② J. Chmielewski: op. cit., pp. 69-83.
③ 參看原田淑人《班固の與弟超書に就いて》，《東方學報》（東京）第 11 册之一，1940/1941 年。

《魏略・西戎傳》："大秦國……氍毹、毾㲪、罽帳之屬皆好。"《後漢書》卷一一八《西域傳》："天竺國……西與大秦通，有大秦珍物，又有細布、好毾㲪①。"李賢注："《埤蒼》曰：毛席也。"玄應《一切經音義》卷二引服虔《通俗文》："織毛褥……細者謂之毾㲪②。"《梁書》卷五四《諸夷傳》："中天竺……土俗出……毾㲪。"《南史》卷七八《夷貊傳上》略同。《魏書》卷一○二《西域傳》："波斯國……多……氍毹、毾㲪。"《北史》卷九七《西域傳》、《隋書》卷八三《西域傳》同。字又作"毼㲪"。《御覽》卷八二○"布帛部七・白疊"引吳篤《趙書》："石勒建平二年，大宛獻珊瑚、琉璃、毼㲪。"《世說新語・任誕》："王子猷……詣郗雍州，……見有毼㲪。"《周書》卷五○《異域傳下》："波斯……又出……氍毹、毼㲪。"又作"氎登"。劉敬叔《異苑》卷六："沙門有支法存者……有八尺氎登。"又作"氍毹"。郭茂倩《樂府詩集》卷七七《樂府古辭》："行胡從何方？列國持何來？氍毹氍毹五木香，迷迭艾蒳及都梁。"勞費爾（B. Laufer）認爲"毾㲪"相當於中古波斯語的一個詞，與詞根 tāb（紡績）有關，可以擬構爲 *tāptān/tāpetān③。薛愛華（E. H. Schafer）也認爲"毾㲪"無疑是一個波斯語名稱，指伊朗的一種羊毛毯，但是他没有舉出跟"毾㲪"對應的波斯語詞④。馬瑞志（R. B. Mather）注釋上引《世説新語》文，也肯定"毾㲪"源自伊朗，並指出它在波斯語裏的對應詞當是 tābidan（義爲 spun/woven）⑤。

　　杜甫《石笋行》："雨多往往得瑟瑟，此事恍惚難明論。"白居易《暮江吟》："一道殘陽鋪水中，半江瑟瑟半江紅。"又《閑遊即事》詩："寒食青青草，春風瑟瑟波。"

---

① 參看沙畹（Édouard Chavannes）："Les pays d'Occident d'après le *Heou Han chou*", *TP* vol. 8，1907，p. 193. 沙氏譯"毾㲪"爲 tapis de laine，是。
② 參看徐時儀、梁曉虹、陳五雲《佛經音義中有關織物的詞語》，《漢語史學報》第 2 輯，上海教育出版社，2002 年，第 147—148 頁。
③ 《中國伊朗編》第 321 頁。
④ E. H. Schafer：*The Golden Peaches of Samarkand*，p. 198.
⑤ R. B. Mather：op. cit.，pp. 385，655.

中古以降史籍對"瑟瑟"多有記述。《魏書》卷一〇二《西域傳》："波斯國……出……瑟瑟。"《周書》卷五〇《異域傳下》、《北史》卷九七《西域傳》、《隋書》卷八三《西域傳》略同。《新唐書》卷二二一上《西域傳上·于闐》："初，德宗即位，遣内給事朱如玉之安西，求玉於于闐，得瑟瑟百斤，並他寶等。"又卷二一六上《吐蕃傳上》："其官之章飾，最上瑟瑟①。"《新五代史》卷七四下《四夷附録第二·于闐》引後晉高居誨《于闐國行程記》②："經吐蕃，……婦人辮髮，戴瑟瑟。"瑟瑟爲來自西域主要是波斯的一種寶石（gemstone），"瑟瑟"一詞當是譯語。古代伊朗出産緑松石（turquois）很有名③。波斯語稱一種質地較粗的緑松石爲 jamsat，"瑟瑟"大約就是這個詞的對音省譯④。在漢語外來詞裏，節取原複音詞後一音節的譯語舊有其例，如把孟語（Mon）、泰米爾語（Tamil）、馬來語和爪哇語的 kapal（航海的大船）音譯爲"舶"⑤；把原單音詞衍爲重言的也有其例，如緬彝語群稱虎爲"羅"（la/lo），而《山海經·海外北經》作"羅羅"。至於有學者認爲"瑟瑟"來自阿拉伯語 jaza⑥，則爲勞費爾（B. Laufer）早已擯棄的誤説⑦，可不置論。緑松石這種寶石呈好看的緑藍色（greenish blue，bleu-verdâtre），故"瑟瑟"又由物名引申以指顔色，如上引白居易詩之所見。

---

① 波斯出産瑟瑟，而吐蕃人與波斯人多有往來（參看王堯《吐蕃金石録》，文物出版社，1982年，第58頁；張雲《上古西藏與波斯文明》，中國藏學出版社，2005年，第292—300頁），波斯當是吐蕃輸入瑟瑟的來源地之一。
② 關於此《記》，參看長澤和俊《高居誨の于闐紀行について》，《東洋學術研究》第16卷第4號，1977年；潘吉星《天工開物校注及研究》，巴蜀書社，1989年，第550頁。
③ 章鴻釗《石雅》《寶石説》（合刊）第29頁。參看劉萬航《緑松石——最早用於裝飾的寶石》，《故宫文物月刊》1：9，1983年。
④ 蘇繼廎《島夷志略校釋》第256—257頁。Wilfrid Stott 在講到南詔的瑟瑟時，也認爲瑟瑟大約是緑松石。見"The Expansion of the Nan-chao Kingdom"，*TP*，Vol. 50，1963，p. 214。
⑤ 蘇繼廎《島夷志略校釋》，"叙論"第4頁。參看松本信廣《'舶'と云う文字に就いて》，《東亞民族文化論考》，東京：誠文堂，1968年，第771—780頁。
⑥ 沈福偉《結緑和埃及寶石貿易》，《中華文史論叢》1983年第4輯，第265頁。
⑦ 《中國伊朗編》第345頁。

岑參《玉門關蓋將軍歌》:"櫪上昂昂皆駿駒,桃花叱撥價最殊。"元稹《望雲騅馬歌》:"登山縱似望雲騅,平地須饒紅叱撥。"陶宗儀《説郛》卷三引秦再思《紀異録》:"天寶中,大宛進汗血馬六匹①:一曰紅叱撥,二曰紫叱撥,三曰青叱撥,四曰黄叱撥,五曰丁香叱撥,六曰桃花叱撥。"據卜弼德(P. A. Boodberg)考證②,"叱撥"乃是突厥-蒙古語(turco-mongol)čibar的音譯,原義爲:有各種不同顔色或顔色深淺不同的圓形斑點的馬。

王翰《涼州詞》二首之一:"蒲桃美酒夜光杯,欲飲琵琶馬上催。"王昌齡《從軍行》七首之二:"琵琶起舞换新聲,總是關山離别情。"

《宋書》卷一九《樂志一》引傅玄《琵琶賦》:"漢遣烏孫公主嫁昆彌,念其行道思慕,故使工人裁筝、筑,爲馬上之樂,欲從方俗語,故名曰'琵琶'。"《太平御覽》卷五八三"樂部二一·琵琶"引傅玄《琵琶〔賦〕序》:"聞之故老云:……念其行道思慕,使工知音者裁琴、筝、筑、箜篌之屬,作馬上之樂,……以方語目之,故〔曰〕'枇杷'也。"由此可見,琵琶不是漢族原有的樂器③,而"琵琶"一名乃是"方語(方俗語)"即外族語的譯寫,故起初字無定體。關於中國的琵琶這種樂器,富路特(Luther C. Goodrich)認爲它是來自大夏(Bactria)④,而李約瑟(Joseph Needham)認爲是來自中亞的伊朗化突厥-蒙古

---

① 參看蔡鴻生《唐代汗血馬"叱撥"考》,《唐代九姓胡與突厥文化》,中華書局,1998/2001年,第225—230頁。
② P. A. Boodberg:"Two Notes on the History of the Chinese Frontier", p. 299, n. 8.
③ 關於琵琶類樂器的起源和歷史,參看 L. E. R. Picken:"The Origin of the Short Lute",*Galpin Society Journal*, Vol. 8, 1955, pp. 32 – 42;又:"T'ang Music and Musical Instruments", *TP*, Vol. 55, 1969; *New Oxford History of Music*, Vol. 1, Oxford University Press, 1959, pp. 83 – 134;岸邊成雄《琵琶の淵源》,東洋音樂學會編《唐代の樂器》,東京:音樂の友社,1968年;常任俠《漢唐時期西域琵琶的輸入和發展》,《民族音樂研究論文集》,音樂出版社,1956年;韓淑德、張之年《中國琵琶史稿》,四川人民出版社,1985年。
④ L. C. Goodrich: *A Short History of the Chinese People*, N. Y., 1963, p. 55.

人(Turco-Mongols)①。至於漢語裏的"琵琶"這個詞,據梅維恒(Victor H. Mair)之説,則是源自波斯語 barbat②。

   李頎《聽安萬善吹觱篥歌》:"南山截竹爲觱篥,此樂本自龜兹出。"

觱篥是一種以蘆莖爲簧、短竹爲管的竪笛,六朝時期從西域傳入漢地。"觱篥"字又作"篳(必)篥"、"悲篥"等,無疑是譯音的外來詞;勞費爾(B. Laufer)以爲源自突厥語③;林謙三則認爲源自龜兹語(Koutchien),即所謂吐火羅語 B(Tocharien B)④。但跟它對應的原詞迄未確切考明,有待繼續探討。

   辛棄疾《鷓鴣天》詞:"燕兵夜娖銀**胡騄**,漢箭朝飛金僕姑。"

"胡騄"字又作"胡簶"。《玉篇》卷一四竹部:"胡簶,箭室。"又作"弧簶"。《廣韻》入聲屋韻:"弧簶,箭室也。出《音譜》。"又作"胡簏"。《史記》卷七七《魏公子列傳》司馬貞《索隱》:"韔音蘭,謂以盛矢,如今之胡簏而短也。"又作"胡禄"。《新唐書》卷五〇:"兵志":"人具弓一、矢三十,胡禄、横刀……皆一。"又作"胡盝"。段成式《酉陽雜俎》(脈望館本)卷七"酒食":"貞元中,有一將軍,……嘗取敗障泥、胡禄修理食之。"《津逮祕書》本、《學津討原》本、《太平廣記》卷二三四"敗障泥"條及《佩文韻府》卷九〇下入聲屋韻引,"禄"並作"盝"。這個詞異寫特多而就漢語又無理據可説,顯然是個譯語。據岑仲勉之説,"胡騄"當是突厥語 qurluq(盛

---

① J. Needham: *Science and Civilisation in China*, Vol. 4, pt. 1, Cambridge University Press, 1962, p. 130.
② V. H. Mair: "Reflections on the Origins of the Modern Standard Mandarin Place-Name 'Dunhuang'",《季羨林教授八十華誕紀念論文集》下卷,江西人民出版社,1991年,第 927 頁。原田淑人早已指出漢語"琵琶"當源自波斯語 barbat/梵語 bharbhe。見《正倉院御物に見えたる唐朝風俗の一斑》,《東亞古文化研究》,東京:座右寳刊行會,1940 年。原田之文梅氏未提及。
③ B. Laufer: "Bird Divination among the Tibetans", *TP*, Vol.15, 1914, p. 89 et seq.
④ 林謙三著、錢稻孫譯《東亞樂器考》,音樂出版社,1962/1996 年,第 375—395 頁。

箭之器)的音譯①。《玉篇》爲梁顧野王撰,《音譜》爲北齊李概撰②,可見"胡祿"這個外來詞早在南北朝時期就已經有了。

    陸游《書枕屏》詩:"西域兜羅被,南番篤耨香。"陳亮《桂枝香》詞:"任點取,龍涎篤耨。"

錢仲聯注陸詩③,引明李時珍《本草綱目》卷三四"木之一·香木類·篤耨"爲説。《本草綱目》此條襲自宋趙汝适《諸蕃志》,錢氏稱引未得其朔。《諸蕃志》卷下"志物·篤耨香":"篤耨香,出真臘國。其香,樹脂也。……香藏於皮,樹老而自然流溢者,色白而瑩,……名白篤耨……"④更早的記載見於張邦基《墨莊漫録》卷二:"宣和間,宮中重異香:廣南篤耨、龍涎……篤耨有黑白二種。"字又作"篤㑉"⑤。宋缺名《百寶總珍集》(《玄覽堂叢書》三集本)卷八"篤㑉":"篤㑉,……泉廣路客販到,如白胶香相類。……此香氛氳不散。"這樣看來,"篤耨"當是隨同從"南番"(東南亞和南洋群島)輸入這種名貴香料而傳入漢語的一個外來詞,至晚在北宋時就已經有了⑥。但是跟它對應的原語迄未考明。夏德(F. Hirth)共柔克義(William W. Rockhill)撰《諸蕃志譯注》,以見於明馬歡《瀛涯勝覽》"滿剌加"條的"打麻兒香"(馬來語 damar)比對⑦,

---

① 岑仲勉《隋唐史》上册,中華書局,1982 年,第 222 頁。P. A. Boodberg 曾舉出蒙古語 qor-(箭袋),但未提及漢語"胡祿"。見"The Language of the T'o-pa Wei",*HJAS*,Vol. 1,1936,p. 173,n. 9。
② 據陸法言《切韻·序》、《隋書》卷三二《經籍志一》、《北史》卷三三《李公緒傳》附《李概傳》。
③ 錢仲聯《劍南詩稿校注》,上海古籍出版社,1985 年,第 4057 頁。
④ 馮承鈞《諸蕃志校注》(1940),商務印書館,1956 年,第 97 頁;楊博文《諸蕃志校釋》第 168 頁。
⑤ "篤耨"又訛作"篤禄"。方勺《泊宅編》卷上:"兩浙市舶張苑進篤禄香。"
⑥ 至遲在北宋末南宋初篤耨行銷已遠至北方。洪皓《松漠紀聞》卷上:"回鶻……香有乳香、安息、篤耨。"
⑦ F. Hirth and W. W. Rockhill: *Chau Ju-kua: His Work on the Chinese and Arab Trade in the Twelfth and Thirteenth Centuries Entitled Chu-fan-chi*,St. Petersburg,1912,p. 200. 藤善真澄《譯注諸蕃志》(關西大學東西學術研究所,1991 年)、韓振華《諸蕃志注補》(香港大學亞洲研究中心,2000 年)筆者未見,不知其對"篤耨"語源有無解釋。小文刊佈後,承徐文堪先生見告,韓氏對"篤耨"語源無新解。

未是①；劉正埮以爲源自英語 turpentine②，尤非。

以上所舉"珊瑚"、"琥珀"、"苜蓿"、"毾㲪"、"瑟瑟"、"叱撥"、"琵琶"、"觱篥"、"胡䩞"、"篤耨"同爲歷史上我國漢族人民在和其他民族交往的過程中吸收的文化詞（Kulturwörter, cultural words, mots de civilisation），它們都是隨同它們所表示的事物傳到漢地而進入漢語的。正如 J. Vendryes 在他的名著 *Le langage: Introduction linguistique à l'histoire*（1921）中所説："文化詞特別容易借用，它們和它們所表示的事物一起被輸送出去；事物就作爲渾載工具爲它們服務，有時候會把它們帶到遥遠的地方去：rem uerba sequuntur（詞跟着物走）。"③考明這一類外來文化詞對於漢語詞彙史研究、中國古籍研究和中外文化交流史研究都具有十分重要的意義。

4.1 對於漢語裏的外來詞，前人由於不諳譯語，或則"以音爲意"，或則"望字生義"，從而作出許多錯誤解釋④，即所謂流俗詞源（Volksetymologie, folk etymology, étymologie populaire）的解釋⑤。其以音爲意者，例如：

榻登 《太平御覽》卷七〇八"服用部一〇·毾㲪"引服虔《通俗文》："名'毾㲪'者，施大牀之前小榻之上，所以登而上牀也。"劉熙《釋名·釋牀帳》："榻登，施之承大牀前小榻上，登以上牀。"

批把/枇杷 應劭《風俗通義·聲音》："以手批把，因以爲

---

① 参看伯希和（Paul Pelliot）："Notes sur *Chau Ju-kua* de MM. Hirth et Rockhill"，*TP*，Vol. 13，1912，p. 480。
② 劉正埮等《漢語外來詞詞典》，上海辭書出版社，1984 年，第 85 頁。《綜合英漢大辭典》（商務印書館，1928/1937 年）turpentine 的釋義即爲"篤耨香脂"。
③ Paul Radin 英譯本 *Language: A Linguistic Introduction to History*，1925，p. 227；岑麒祥、葉蜚聲漢譯本《語言》，1992 年，第 257 頁。
④ 錢鍾書《管錐編》第 4 册，中華書局，1979 年，第 1458 頁。
⑤ 時至晚清，海通已久，尚有文人學士昧於時務，妄解譯語。如平步青《霞外攟屑》卷二釋"亞細亞洲"云："'亞'者，《爾雅·釋詁》云'次也'，……'細'者，……《玉篇》云'小也'；華語'次小次洲'也。其侮中國極矣！"若此之類，不在本文討論之列。参看錢鍾書《管錐編》第 4 册，第 1461 頁。

名。"《釋名·釋樂器》："枇杷,本出於胡中,馬上所鼓也;推手前曰枇,引手却曰杷,象其鼓時,因以爲名也。"

悲篥(栗) 何承天《纂文》(高承《事物紀原》卷二引):觱篥,"羌胡樂器,出於胡中,其聲悲,本名悲栗。"杜佑《通典》卷一四四"樂四":"篳篥,本名悲篥,出於胡中,其聲悲。"其實觱(篳)篥吹奏出來的音調不一定悲,由上引李頎詩所說"變調如聞楊柳春,上林繁花照眼新"可見。何、杜二家的解釋顯然是以音爲意,同時也是望字生義。

閼氏 "閼氏"爲匈奴單于之妻的稱謂,始見於《史記》卷一一〇《匈奴列傳》。《說文》十二上門部:"閼,遮攤也。从門於聲。"大徐音"烏割切"。段注謂"閼"與"遏"音義並同。"閼"當讀陰/入聲。"閼氏"的"閼"也應如此讀。西漢安定郡有閼氏縣,見《史記》卷一八《高祖功臣侯者年表》、《漢書》卷一六《高惠高后文功臣表》。據趙一清、王念孫考證①,此即《漢書》卷二八下"地理志下·安定郡"的烏氏縣。這也是當時"閼氏"的"閼"讀陰聲的顯證。但自王充以來,此"閼"字又有陽聲一讀。《漢書》卷六八《金日磾傳》:"日磾母……病死,詔圖畫於甘泉宮,署曰'休屠王閼氏'。"《論衡·亂龍》記同一事云:"母死,武帝圖其母於甘泉殿上,署曰'休屠王焉提'。"又《漢書》卷八《宣帝紀》:"〔五鳳〕三年,單于閼氏、子孫昆弟……將衆五萬餘來降歸義。"顏師古注:"服虔曰:閼氏,音焉支。""閼氏"一詞自是匈奴語,但語源不詳。白鳥庫吉主張匈奴語與通古斯語(Tungusic)同族,以爲"閼氏"是通古斯語 āsi(義爲"妻")的對音②。這是取"閼"的陰聲一讀。我國古人最先提

---

① 王念孫《讀書雜志》卷四"漢書二"。
② 白鳥庫吉《西域史上の新研究》,《西域史研究》上册,東京,1941年;漢譯文見王古魯《塞外史地論文譯叢》第2輯,商務印書館,1940年。白鳥的解釋自然僅可備一說。因爲正如 Otto J. Maenchen-Helfen 所說:"迄今把匈奴的詞語、稱號和名字與突厥語、蒙古語、通古斯語、'阿爾泰語'勘同(identify)的所有嘗試全都是不成功的。"見"The Ethnic Name Hun", Søren Egerod and Else Glahn (eds.): *Studia Serica Bernhard Karlgren Dedicata*, Copenhagen, 1959, p. 225. 晚近何星亮、劉文性對"閼氏"也有所論考,分見《匈奴語試釋》(《中央民族學院學報》1982年第1期,第6—7頁)、《"閼氏"語義語源及讀音之思考》(《西北民族研究》1998年第1期,第248—255頁),無煩引述。

出"閼氏"的語源解釋的是東晉習鑿齒。他在《與燕王書》(《史記・匈奴列傳》司馬貞《索隱》引)中説:"山下有紅藍。……北方人採取其花,染緋黄,挼取其上英鮮者作煙肢,婦人將用爲顔色。……匈奴名妻作'閼支',言其可愛如煙肢也。閼音煙,想足下先亦不作此讀《漢書》也。"可見當時有學問的人並不讀"閼"爲"煙"。焉支山出産紅藍(safflower),匈奴人用它的花或漿果來製作婦女用的化妝品,這可能是事實①。但這與單于之妻的稱謂並無關聯。習氏取"閼"的陽聲一讀,以"閼氏"牽合"焉支(山)",又由此而及於此山出産的紅藍,再及於紅藍的一種製品。其説展轉牽附,實不可信。對此顔師古已有批評,見《匡謬正俗》卷五"閼氏"條②。錢鍾書也以習鑿齒對音譯異族語附會解釋爲"舞文小慧"③。蒲立本(E. G. Pulleyblank)則直指習氏的説法"最多只是一個流俗詞源解釋"④。

其望字生義者,例如:

虎魄　李時珍《本草綱目》卷三七"木部・琥珀":"虎死,則精魄入地化爲石,此物狀似之,故謂之'虎魄'。"

牧宿　《本草綱目》卷二七"菜之二・苜蓿":"苜蓿,郭璞作'牧宿',謂其宿根自生,可飼牛馬也。"

沐猴　《史記》卷七《項羽本紀》:"人言楚人沐猴而冠耳。"裴駰《集解》:"張晏曰:沐猴,獼猴也。""沐猴"之"沐"爲藏緬語 m(j)uk(猿/猴)的記音字,"沐猴"是由非漢語成分加漢語成分構成的"合璧詞"⑤。《本草綱目》卷五一下"獸部・獼猴":"猴好拭面如沐,故謂之'沐'。""沐猴"一詞在古籍裏又寫作"母猴"。段注

---

① 參看江上波夫《匈奴婦女の顔色'焉支'に就いて》,《東亞論叢》第三輯,東京:文求堂,1940/1941年。
② 秦選之《匡謬正俗校注》,商務印書館,1936年,第33—34頁。
③ 錢鍾書《管錐編》第4册,第1458頁。
④ E. G. Pulleyblank: "The Consonantal System of Old Chinese", *Asia Major* (n. s.), Vol. 9, pt. 2, 1963;潘悟雲、徐文堪漢譯本《上古漢語的輔音系統》,中華書局,1999年,第197頁。
⑤ 詳見拙撰《語源探索三例・"沐猴"解》(1988),見本書。

《説文》,謂"母猴"與"沐猴"爲一語之轉,非謂牝者。"沐猴"若如李時珍之所解釋,則於"母猴"又將何説?

果布 《史記》卷一二九《貨殖列傳》:"九疑、蒼梧以南至儋耳者,……番禺亦其一都會也,珠璣、犀、瑇瑁、果、布之湊①。"《集解》:"韋昭曰:果,謂龍眼、離支之屬;布,葛布。"②《史記》這裏列舉的是南海的珍貴物産的具體名目,"果布"看來不是分指果子、布類,而是一個複音譯語,跟並列的"瑇瑁"一樣③。古代南亞、東南亞和南洋群島所産名貴香料和藥材"龍腦",梵語名 karpūra,馬來語名 kapur 或 kapur barus④。"果布"大約就是 kapur 的譯語⑤,也就是《酉陽雜俎》卷一八"廣動植之二・木篇"稱龍腦香樹爲"固(伯希和疑爲"箇"之誤)不婆律"(kapur barus)的"固不"⑥。

罟罛 明李禎《剪燈餘話》卷四《至正妓人行》:"銀環約臂聯條脱,彩綫接絨綴罟罛。""罟罛"是蒙古貴族婦女戴的一種冠飾⑦,在南宋和元明人著作中常見⑧,又寫作"罟罟、罟罟、罟姑、姑姑、故

---

① 句讀依中華書局標點本《史記》,第 3268 頁。
② 《漢書》卷二八下"地理志下・粵地"顏師古注引韋昭説同。
③ 關於瑇瑁,參看薛愛華(E. H. Schafer):*The Vermilion Bird*:*T'ang Images of the South*,University of California Press,1967/1985,p. 215。
④ H. Hirth and W. W. Rockhill:op. cit.,p. 194;P. Pelliot:op. cit.,pp. 474 - 475;馮承鈞《諸蕃志校注》第 91—92 頁;楊博文《諸蕃志校釋》第 168—169 頁。
⑤ 參看周連寬、張榮芳《漢代我國與東南亞國家的海上交通和貿易關係》,《文史》第 9 輯,1980 年,第 24—25 頁。
⑥ 《梁書》卷五四《諸夷傳・海南》:"狼牙脩國……偏多篢、沈、婆律香等。""婆律"自是馬來語 barus/baros 的音譯。陶弘景《名醫別録》(《政和證類本草》卷一三引)稱龍腦香樹爲"波律樹"。"波律"顯爲孟語(Mon)paròt(龍腦香)的音譯。關於狼牙脩國,參看嚴崇潮《狼牙脩古國考》,黃盛璋主編《亞洲文明》第三集,安徽教育出版社,1995 年,第 175—182 頁。
⑦ 參看施古德(Gustave Schlegel):"Hennins or Conical Lady's Hats in Asia, China and Europe",*TP*,Vol. 3,1892,pp. 427 - 428;江上波夫《蒙古婦人の冠帽'顧姑'について》,《ユーラシヤ北方文化の研究》,東京,1951 年,第 221—255 頁;夏鼐《真臘風土記校注》,中華書局,1981/2000 年,第 100—101 頁。
⑧ 參看王國維《蒙韃備録箋證》第 17 頁下—18 頁上;又:《黑韃事略箋證》第 6 頁下—7 頁上;又:《長春真人西遊記校注》第 18 頁;Н. Ц. Мункуев:Мэн-да бэй-лу (*Полное описание Монголо-татар*),Москва,1975,стр. 191;E. Haenisch (轉下頁)

故、故姑、固姑、顧姑"。顯然這是一個源自蒙古語的外來詞①。早年白鳥庫吉曾主張它是蒙古語 kükül 的對音②，晚近蒲立本（E. G. Pulleyblank）也認爲"這必是蒙古語詞 kökül 的音譯"③。而有的學者昧於新知，拘守舊文，對這個詞作了十分錯誤的解釋。如周楞伽注《至正妓人行》云："罛罟—魚網。這裏似指女子所佩的香囊，用絨縷結成網形。"④

渾不似 這是末元時代我國西北地區流行的一種撥絃樂器⑤，形似琵琶而較狹小。宋俞琰《席上腐談》卷上作"胡撥四""渾不似"，元陶宗儀《輟耕錄》卷二八作"渾不似"，元楊瑀《山居新話》卷二作"胡不四"，《元史》卷七一"禮樂志五·宴樂之器"作"火不思"，他書又作"胡不思、胡撥思、湖撥四、吴撥四、虎撥思、虎拍思、虎拍詞、琥珀詞、和不斯、和必斯"⑥。據福赫伯（Herbert Franke）考證，這個詞是突厥語 qubuz 的音譯⑦。前人不得其解，遂依漢字

（接上頁）et al.：*Meng-ta pei-lu und Hei-ta shih-lüeh*（*Asiatische Forschungen*, Bd. 56），Wiesbaden，1980；Arthur Waley：*The Travels of an Alchemist, the Journey of the Taoist Ch'ang-ch'un from China to the Hindukush at the Summons of Chingiz Khan*，London，1931。

① 參看黃時鑒《釋〈至正妓人行〉中的蒙古語及其它》，《文史》第 23 輯，1984 年，第 207—208 頁；方齡貴《古典戲曲外來語考釋詞典》第 309 頁以下。

② 白鳥庫吉《'高麗史'に見えたる蒙古語の解釋》，《東洋學報》第 18 卷第 2 號，1929 年。參看夏鼐（前揭書，第 100 頁）引伯希和（P. Pelliot）説。

③ E. G. Pulleyblank："The Chinese and Their Neighbors in Prehistoric and Early Historic Times"，pp. 453-454；又：《上古漢語的輔音系統》第 193 頁。

④ 周楞伽校注《剪燈新話》（外二種），上海古籍出版社，1981 年，第 266 頁。

⑤ 林謙三《東亞樂器考》第 238—243 頁。

⑥ 參看俞正燮《癸巳存稿》卷一一"火不思"條；黃時鑒《青城札記·火不思》，《内蒙古大學學報》1977 年第 5 期；方齡貴《古典戲曲外來語考釋詞典》第 298—301 頁。

⑦ H. Franke："Some Remarks on Yang Yü and His *Shan-chü Hsin-hua*"，*Journal of Oriental Studies*，Vol. 2，no. 2，1955；又：*Beiträge zur Kulturgeschichte Chinas unter der Mongolenherrschaft. Das Shan-kü sin-hua des Yang Yü*，Wiesbaden，1956. 參看 P. Pelliot："Le k'ong-heou et le qubuz"，《内藤〔虎次郎〕博士還曆祝賀支那學論叢》，京都：宏文堂，1926 年。P. A. Boodberg 曾舉出突厥語 qobuz 和來自突厥語的俄語 кобза，但未提及它的漢語名稱。見"The Language of the T'o-pa Wei"，p. 174。

爲説。如俞琰云："琵琶……胡人重造，而其形小，昭君笑曰：'渾不似！'今訛爲'胡撥四'。"

特健藥 唐張彥遠《法書要錄》卷三"武平一'徐氏法書記'"："至中宗神龍中，貴戚寵盛，宮禁不嚴，御府之珍多入私室，先盡金璧，次及法書。……或有報安樂公主者，主於内出二十餘函。駙馬武延秀久踐虜廷，……乃呼薛稷、鄭愔及平一評其善惡。諸人隨事答稱，爲'上'者，登時去牙軸、紫褾，易以漆軸、黃麻紙褾，題云'特健藥'，云是虜語。"唐韋續《墨藪》載"徐氏書紀"、宋陳思《書苑菁華》卷一三"唐武平一'徐氏法書記'"略同。元陸友《研北雜志》卷下："顏魯子侍郎之孫家有鍾紹京書《黃庭經》，紙尾題'特健藥'三字。"品題法書的"特健藥"，當時人武平一就説是"虜語"。據《舊唐書》卷一八三《武承嗣傳》，武延秀於則天時奉使突厥，久不得還，神龍初始得歸，"延秀久在蕃中，解突厥語"。可見所謂"虜語"必定是突厥語①。清人王士禎不得其解，遂依漢字作釋。《香祖筆記》卷一二："《輟耕錄》言：或題畫爲'特健藥'，不喻其義。予因思昔人如秦少游觀《輞川圖》而愈疾，而黃大癡、曹雲西、沈石田、文衡山輩皆工畫，皆享大年，人謂是'煙雲供養'②，則'特健藥'之名不亦宜乎！"王氏把"特健藥"解爲特別有益於健康之藥，顯爲附會。《四庫全書總目》卷一二二"子部三二·雜家類六""香祖筆記"條、梁章鉅《浪跡叢談》卷九"特健藥"條都已指出王氏此説爲"以字義穿鑿"之誤。"特健藥"無疑是唐代傳入的譯語，只是跟它對應的確切的突厥語詞尚待考明③。

4.2 與上述相反，也有把非外來詞誤認爲外來詞的事例，如：

---

① Achilles Fang(方志彤)亦云："'特健藥'必定是唐代通行的一个突厥語詞的漢語對音。"見"Bookman's Decalogue(藏書十約)"，*HJAS*, Vol. 13, nos. 1-2, 1950, pp. 172-173, n. 159。

② 明陳繼儒《妮古錄》卷三："黃大癡九十而貌如童顏，米友仁八十餘神明不衰，……蓋畫中煙雲供養也。"

③ 參看劉銘恕《美術辭典中之外來語"特健藥"》，《説文月刊》第4卷，1944年，第823—824頁；岑仲勉《突厥集史》下册，中華書局，1958年，第1090—1093頁。

老瓦 杜甫《少年行》二首之一："莫笑田家老瓦盆,自從盛酒長兒孫。"明末清初人王餘祐在他的《五公山人集》裏講到杜甫此詩時認爲"老瓦盆"的正確屬讀應是"老瓦|盆"。"老瓦"爲西洋人呼"月"之詞,"老瓦盆"即"月盆",如"月琴"、"月臺"之類,取其形似①。現在想來,這個音爲 l-a 而義爲"月"的西洋語詞當非拉丁語 luna 莫屬。這就是說,杜甫懂拉丁文②,"老瓦"是譯音的外來詞。

渾脱 "渾脱"在唐代指一種形狀特別的帽子和頭戴這種帽子的藝人表演的舞蹈或由他們組成的舞隊,在宋元明時代一般指種盛水漿、飲料的容器和充了氣用以渡水的皮袋或苹囊。長期以來學者們都把"渾脱"看作譯音的外來詞。現代外國學者更進而確認這一看法。如羽田亨於 1933 年撰文,主張"渾脱"是蒙古語 *huɣuta＞huta(囊,袋子)的音譯③。我國一些學者也承用其說。直到 1981 年著名蒙古學家司義律(Henry Serruys)才率先指出"渾脱"並非外來語,而純粹是一個漢語詞,其語源義爲"完整地剝脱(動物的皮)"④,筆者繼而撰文,加以推闡,證成其説⑤,看來可爲定論⑥。

5.1 在詞語借用中還有一種特殊現象:先是外族語借用漢語的一個詞,後來漢語又把這個詞倒借回來;在這一出一入之間,

---

① 見《四庫全書總目》卷一八一"集部別集類存目·五公山人集"。參看錢鍾書《管錐編》第 2 冊,第 681 頁。
② 清末經師廖平謂孔子通英文、法文(江庸《趙庭隨筆》,引見錢鍾書《管錐編》第 2 冊,第 681 頁),當代作家端木蕻良謂曹雪芹通日文、拉丁文,尤精英文,曾觀莎劇之演出(文載《新華文摘》1984 年第 4 期)。奇談怪論,殆皆王餘祐謬說之支與流裔也。
③ 羽田亨《舞樂の渾脱といふ名稱について》,《羽田博士史學論文集》下卷,京都,1958 年,第 526—530 頁;楊鍊漢譯文《論舞樂之渾脱》,《古物研究》,1936 年,第 143—148 頁。
④ H. Serruys:"*Hun-t'o: tulum*, Floats and Containers in Mongolia and Central Asia", *BSOAS*, Vol.44, pt.1, 1981, pp.105 - 119.
⑤ 拙撰《語源探索三例·"渾脱"考》(1988),見本書。
⑥ 見《漢語大詞典》"渾脱"條。參看徐文堪《略論〈漢語大詞典〉的特點和學術價值》,《辭書研究》1994 年第 3 期,第 42—43 頁。

詞的字形、語音、意義或用法都有了不同程度的改變。這一類回歸的"貸詞",至少是其中的一部分,也應屬之漢語外來詞之列。例如：

把勢(把式) ＜突厥語 baɣšĭ/蒙古語 baɣsi/滿語 bahši①,指精通某種技術或手藝的人,如"鷹把勢"②、"車把勢"、"瓜把勢"、"花兒把勢"。而突厥語、蒙古語、滿語裏的這個詞又是直接或間接源自漢語的"博士"。自唐迄明"博士"可指從事某種專業或擅長某種技藝的人③,猶今語"師傅"。

喇叭 ＜突厥語 labay/蒙古語 labai。而突厥語、蒙古語的這個詞又是源自漢語的"螺貝"④。

福晉 ＜滿語 fujin。清朝親王、郡王及親王世子的正妻的稱號。而滿語的這個詞又是源自漢語的"夫人"⑤。

艚 ＜爪哇語 jong/馬來語 jong⑥,義爲"大船,船隊"。元宋无《鯨背吟》(見陳衍《元詩紀事》卷九):"前船去速後艚忙,暗裏尋

---

① 據柯立夫(Francis W. Cleaves)之説,引見 Lien-sheng Yang(楊聯陞):"Buddhist Monasteries and Four Money-raising Institutions in Chinese History", *HJAS*, Vol. 13, nos. 1 - 2, 1950, p. 186, n. 42。參看 Denis Sinor《突厥語 baliq(城市)一詞的來源》,北京大學歷史系民族史教研室譯《丹尼斯·塞諾内亞研究文選》,中華書局,2006 年,第 352 頁;張清常《漫談漢語中的蒙語借詞》,《中國語文》1978 年第 3 期,第 197 頁;劉銘恕《現代漢語中的一个蒙古語——把式》,《鄭州大學學報》1983 年第 4 期,第 119—121 頁;方齡貴《古典戲曲外來語考釋詞典》第 349—361 頁。
② 石泰安(Rolf A. Stein):"*Leau-tche*(遼志)traduit et annoté", *TP*, Vol. 35, 1940, p. 97, n. 2;顧學頡、王學奇《元曲釋詞》第 1 册,中國社會科學出版社,1983 年,第 38—39 頁。
③ P. Pelliot:"Notes sur le 'Turkestan down to the Mongol Invasion' de M. W. Barthold", *TP*, Vol. 27, 1930, pp. 14 - 15;蔣禮鴻《敦煌變文字義通釋》,上海古籍出版社,1988 年,第 43—46 頁。
④ P. Pelliot. :"Quelques transcriptions chinoises de noms tibétains", *TP*, Vol. 16, 1915, pp. 20 - 22.
⑤ 聶崇岐《滿官漢釋》,《燕京學報》第 32 期,1947 年,第 100 頁。
⑥ P. Pelliot:"Les grands voyages maritimes chinois au début du XVe siècle", *TP*, Vol. 30, 1933, pp. 446 - 447;蘇繼廎《島夷志略校釋》"叙論"第 4 頁。

艍認火光。"明馬歡《紀行》詩(載《瀛涯勝覽》卷首①):"自此分艉往錫蘭,柯枝古里連諸番。"而爪哇語、馬來語的這個詞又是源自漢語閩南方言的"船"。

全面地搜集探討這一類詞將能爲語言學、歷史學的研究提供很有價值的資料。

Aspects of the Loanwords in Chinese
Zhāng Yǒngyán

Abstract: In the present paper the author tries to make a survey of the main aspects of the loanwords in Old, Mediaeval and Pre-Modern Chinese. Emphasis is laid on the cultural words of foreign origins introduced into Chinese in different historical periods. For not a few of them the exact etymologies are still obscure, thus requiring elucidation. In the mean time, due attention is paid to some cases of folk etymology which are worthy of notice. It is hoped that the opinions and examples given in this paper will be of some value to students of the history of Chinese vocabulary and related research fields.

Key Words: loanwords, cultural words, etymology, folk etymology, history of Chinese vocabulary

---

① 萬明《明鈔本瀛涯勝覽校注》,海洋出版社,2005年,第3頁。

《世説新語》"海鷗鳥"一解

《世説新語·言語第二》45:"佛圖澄①與諸石遊,林公曰:'澄以石虎爲海鷗鳥。'"

魯迅《中國小説史略》第七篇稱《世説新語》"記言則玄遠冷俊",本條所記支道林(314—366)的一言或許就是個好例:表面好像很簡單,而内涵却頗爲玄乎。他對佛圖澄(232?—349)②與石勒(274—333)、石虎(295?—349)相周旋作如此評論,所要表達或暗示的究竟是什麽意思,的確耐人尋味。

余嘉錫《世説新語箋疏》(修訂本,1993)和商務印書館《世説新語詞典》(1993)"海鷗鳥"條對此都未加解釋;馬瑞志(Richard B. Mather)譯注 *Shih-shuo Hsin-yü: A New Account of Tales of the World* (University of Minnesota Press, 1976)和目加田誠等譯注《世説新語》("新釋漢文大系"本,東京:明治書院,1978年)也都徑譯原文而無所解説。徐震堮撰《世説新語校箋》(1984)率先對支語意藴作了詮釋:"劉辰翁曰:'謂玩虎於掌中耳。'案此説未允。蓋謂澄以無心應物,故物我相忘也。"(第59頁)其後蕭艾《白話世説新語》(1991)譯爲"澄和尚把石虎當作海鷗鳥(狎玩)"(第28頁),這是采取劉辰翁之説;許紹早《世説新語譯注》

---

* 原載《古漢語研究》1994年第3期。
① "佛圖澄"可還原爲 Buddhadāna。見伯希和(Paul Pelliot): "Autour d'une traduction sanscrite du *Tao Tö King*", *T'oung Pao* 13(1912), p. 419, n. 2.
② 佛圖澄卒於晉穆帝永和四年十二月八日,即公元349年1月13日,諸家(如 R. B. Mather、《辭源》修訂本、《辭海》修訂本、《世説新語辭典》、湯用彤著《高僧傳校注》、余太山等主編《新疆各族歷史文化詞典》)多誤爲公元348年。

(1989)注爲"這裏引用〔《列子》〕這個故事①是説佛圖澄清净無異心,物我不分"(第 74 頁),四川人民出版社《世説新語辭典》(1992)"海鷗鳥"條釋爲"此處暗指佛圖澄清净無機心,物我相忘"(第 157 頁),這都是沿用徐震堮之説。

其實,二説似乎都未爲允當。據慧皎《高僧傳》卷九《神異上·晉鄴中竺佛圖澄》和《晉書》卷九十五《藝術·佛圖澄》的全部記事加以分析,澄以西域高僧②遠適後趙弘法,處亂國,值暴君,蓋無時不小心翼翼,有臨深履薄之感,常常借"神異""藝術"(magic)自飾,以立身行道。如《高僧傳》所云,石勒"專以殺戮爲威,沙門遇害者甚衆","欲害諸道士(即沙門——引者)並欲苦澄","二石凶强,虐害非道",可見環境險惡,形勢嚴峻。因而佛圖澄的憂患意識是十分深沉的。僅從他與異人麻襦密談時所説的"久遊閻浮利,擾擾多此患"一句話,就不難體會其隱衷。對於二石,他是深懷戒懼,唯恐觸其逆鱗,怎麽會如劉辰翁所説狎玩之於掌中?至

---

① 許紹早引《列子》。當依劉孝標注作《莊子》,説詳劉盼遂《世説新語校箋》,《國學論叢》(清華研究院)1/4(1928),第 67、93 頁;余嘉錫《世説新語箋疏》第 107 頁。
② 有的學者據佛圖澄"本姓帛氏"推斷其爲龜兹人。見 P. Pelliot: op. cit, p. 420; A. F. Wright:下引文,p. 333; Arthur E. Link:"Biography of Shih Tao-an", TP 46/1-2(1958),p. 7。關於龜兹白(帛)姓,參看 Sylvain Lévi:"Le 'Tocharien B', langue de Koutcha", Journal Asiatique 11 sér. Ⅱ (1913), pp. 322-323; H. W. Bailey:"Ttaugara", Bulletin of the School of Oriental Studies (University of London)8/4(1937), pp. 900-901;向達《論龜兹白姓》,《女師大學術季刊》2/1(1931);馮承鈞《再説龜兹白姓》,同上;馮承鈞、向覺明(達)《關於龜兹白姓的討論》,同上 2/2(1931)[以上三文收入馮承鈞《西域南海史地考證論著匯輯》(1957),中華書局];向達《唐代長安與西域文明》(1957/1987),三聯書店,第 11 頁;季羨林等《大唐西域記校注》(1985),中華書局,第 57 頁。又,《高僧傳》和《晉書》記載佛圖澄説過一句"羯語",即"秀支替戾岡,僕谷劬禿當"。對此百餘年來國外學者作了許多探索,大多主張這是阿爾泰語系的古突厥語。(見聞宥《一個羯語的謎》,《書林》1980 年第 2 期,第 42—43 頁。參看張昌聖《晉書佛圖澄傳之羯語探源》,《四川大學學報》1995 年第 3 期。最近土耳其裔美國學者 Talat Tekin 評述諸家考釋,仍主突厥語説。見"The Hunnic (Hsiung-nu) Couplet in Chin-shu", Varia Turcica XIX(1992)。但 H. W. Bailey 却認爲這應當用伊朗語來解釋,並作出了新的重建。見 Khotanese Texts Ⅶ(1985, p. 41)。其説亦有理有據。若然,則佛圖澄爲口操印度-伊朗語族某種語言的印歐人,於此又得一證。

於徐氏所釋,也是脫離實際,文不切題。因爲支道林説的是佛圖澄對後趙君主石氏所持的看法、所抱的態度和所取的對策,而不是抽象地空泛地評論他的風致和品格。通觀《高僧傳》、《晉書》二傳,可以明顯地看出來佛圖澄時時處處都很有心機,而絶不是什麽"以無心應物,故物我相忘",如徐氏之所説。蕭艾采劉説,許紹早和《世説新語辭典》取徐説,似乎都未中正鵠,值得商榷。

據筆者淺見,歷來學者解釋支道林此語而得其旨趣的當是美國學者芮沃壽(Arthur F. Wright)。他在"Fo-t'u-teng: A Biography"(*Harvard Journal of Asiatic Studies* 11/3 and 4[1948])一文中説:"這個故事的要點是海鷗鳥被設想爲能覺察威脅而相應改變行爲,所以支道林的意思是佛圖澄在他與石氏的關係中把他們認作具有野性和警惕性的鳥類——不是很聰明,但善能察覺他(佛圖澄)這一方的任何不忠,如同《莊子》故事中鷗鳥那樣。"(p. 374, n. 42)只有這樣解釋,才能抉發佛圖澄的深心和支道林的睿智。《高僧傳》卷四"義解一·晉剡沃洲山支遁"説支"聰明秀徹",又引郗超的話説他"神理所通,玄拔獨悟"。就從他對佛圖澄與諸石遊一事所作的簡短評語的深刻含義,我們也能約略領會到這一點。芮氏的見解發表於 40 年代,遠在當世中外諸家注釋《世説新語》之前,而一直沒有受到人們的注意。今竊本"述而不作"之旨,略爲介紹申論如上。

馬瑞志《世説新語》英譯之商榷[*]
——爲祝賀吕叔湘先生九十華誕作

教澤被蜀中,講席春風曾列坐;
清標仰宇内,學林百派盡朝宗。

引　言

南朝宋臨川王劉義慶所撰《世説新語》是傳世典籍中的瑰寶,爲從事中古研究的學者所珍視。單就語言學而言,它也特別受到專家們看重。早在本世紀40年代初吕叔湘先生開創近代漢語研究時,就注意此書,時加稱引,還寫了專題名文《將無同》;在他選注的影響深廣的《筆記文選讀》中,也以此書爲稱首,稱贊它"記魏晉間事,着墨不多,而一代人物、百年風尚,歷歷如睹"。直至近年,劉堅先生編著《近代漢語讀本》,方一新、王雲路伉儷編著《中古漢語讀本》,也都給此書以重要位置。

其在西方,四十年代後期已有學者認識到《世説新語》一書的重要性,但同時又因爲書中涉及的社會文化背景之廣泛與語言用法之特殊而感到異常難讀。例如法國著名漢學家白樂日(Etienne Balazs)在1948年發表的一篇關於中國中古思想史的重要論文中就强調《世説新語》極不易讀[①],並預言在未來較長時期内全書仍

---

[*] 原載《古漢語研究》1994年第4期、1995年第1期。
[①] Tao Tao Sanders 和 B. J. Mansvelt Beck 在 1977 年和 1978 年評論 Richard B. Mather 英譯《世説新語》時都還分别説:"由於需要廣博的背景知識,《世説新語》本文從來就是一部不容易讀的書,而劉孝標注自身今日也已需要解釋"　（轉下頁）

將無人譯爲西方語文①。

到了1974年,《世説新語》的第一部西語譯本出現,這就是比利時高級漢學研究所的 Bruno Belpaire 翻譯的法文本②。但令人失望的是這個譯本不是認真的學術著作,其中錯誤連篇累牘,而且常常到了匪夷所思的地步。下面略舉數例,以見一斑③:

1. 全書中《世説新語》的撰者劉義慶都作"王義慶"。

2. 以《世説新語》本文中大部分關於東晉遺聞軼事的記叙的著作權歸諸劉峻,認爲他是劉義慶創始的作品的續書人。

3. 言語58:"桓公入峽,……乃嘆曰:'既爲忠臣,不得爲孝子,如何?'"譯爲(爲免累贅,法文從略):"齊桓公在向他的造反的兒子進軍中進入了江峽,……於是他嘆息道:'一個人雖然作了忠心的大臣,却得不到孝順的兒子。這兒他能做什麽呢?'"(p.36)

4. 言語59:"初,熒惑入太微,尋廢海西。"譯爲:"從前有一位熒惑先生進入據説是太微時期的廳堂,尋找那位還領有海西封地的退位皇帝。"(p.36)

5. 同上:"簡文登阼。"譯爲:"簡文帝從他的御座起身。"(p.36)

6. 言語97:"范寧作豫章,八日請佛有板,衆僧疑或欲作答。"譯爲:"關於豫章范寧先生寫道:在八日這個節慶,人們拿着木板引來一尊佛像,在木板上和尚們寫着一些疑問,要求佛答覆。"(p.43)

7. 文學50:"初視《維摩詰》,疑'般若波羅蜜'太多;後見《小品》,恨此語少。"譯爲:"他從研究維摩詰先生入手,但非常懷疑如這位作者所説智慧(般若)有六種手段達到涅槃;這個數目太大,

---

(接上頁)(*BSOAS* 40/3, p.643);《世説新語》本文和劉注都是出名難念的文字(*TP* 64/4-5, p.282)。

① 見 E. Balazs: "Entre révolte nihiliste et évasion mystique: Les courants intellectuels en Chine au IIIe siècle de notre ère", *Études Asiatiques* 2(1948)。

② B. Belpaire: *Anthologie chinoise des Ve et VIe siècles: Le Che-chouo-sin-yu* par Lieou (Tsuen) Hiao-piao. Paris: Editions Universitaires, 1974, 332 pp.

③ 參看 R.B. Mather: "Review of *Anthologie chinoise* ...", *HJAS* 35(1975), pp.301-311。

而在詳細研究之後,他又恨這個總計不確。"(p.64)

8. 文學3引《詩》:"胡爲乎泥中?"劉注引《毛傳》:"泥中,衛邑名也。"分別譯爲:"泥中在何處?""詩人Wei-tse長成處。"(p.54)

9. 同上劉注:"衛邶《柏舟》之詩。"譯爲:"此語引自衛邶(Belpaire讀p'i)柏先生寫的一首關於船的詩。"(p.54)

可喜的是兩年之後就有美國明尼蘇達大學東亞語言學系教授馬瑞志(Richard B. Mather)的優秀的英譯《世說新語》問世①。馬氏譯注此書歷時二十年,於臨川本文之外兼及劉注大部分。書一出版,就受到學術界的歡迎和重視;各國著名刊物相繼發表評論,以筆者孤陋,所見已有十一家:

1. 丁愛博(Albert E. Dien),文見 *Harvard Journal of Asiatic Studies* 37/2(1977), pp.423-427;

2. Tao Tao Sanders,見 *Bulletin of the School of Oriental and African Studies* 40/3(1977), pp.642-643;

3. 康達維(David R. Knechtges),見 *The Journal of Asian Studies* 37/2(1978), pp.343-346;

4. 馬恩斯(B. J. Mansvelt Beck),見 *T'oung Pao* 64/4-5(1978), pp.282-298;

5. 侯思孟(Donald Holzman),見 *Journal Asiatique* 266/1-2(1978), pp.210-214;

6. E. B.,見 *Archiv Orientálni* 47/4(1979), p.335;

7. 周宗德(Donald E. Gjertson),見 *Journal of the American Oriental Society* 100/3(1980), pp.380-381;

8. 唐異明,見《讀書》1986:2,第28—34頁;

9. 梁實秋,見《世界文學》1990:2,第295—300頁;

10. 周一良、王伊同,見《清華學報》(新竹)新20/2(1990),第

---

① R.B. Mather: *Shih-shuo Hsin-yü: A New Account of Tales of the World* by Liu I-ch'ing with Commentary by Liu Chün, Minneapolis: University of Minnesota Press, 1976. pp. xxxii+726.

197—256頁；

11. 周一良,見《國學研究》1(1993),第535—544頁。

無不深致欽服,揄揚備至。例如荷蘭學者馬恩斯說:這是"對中古中國研究的一大貢獻"。以翻譯《文選》知名的美國學者康達維說:"這部語文學界的傑作是過去二十五年中漢學研究最重要的貢獻之一;它不僅是一件寶物,而且是一個真正的寶藏。"對於譯文之佳妙,康氏尤其讚嘆不置,說:"馬氏在以英語捕捉原書的韻味上取得了令人羨慕的成功。他的譯文既忠實於原文,又十分可讀並引人入勝。我常常驚訝於他能這麼好地選擇最準確的英語詞兒來表達包含不少六朝方俗詞語的漢語原文;在迻譯用於人物品題的許多雙字詞語(binomes)上也顯示出他特殊的創造性。我用原文對讀,發現譯文是極爲精確的。我還很少見到能把如此豐富的語言翻成英語像馬氏翻得那麼好的譯者。"

然而,如同任何佳著一樣,馬譯《世說新語》也不可能沒有瑕疵。諸家評論在稱道優長的同時也都提到它的疏失。但康評僅指出兩條,梁評僅涉及四條,唐評僅舉出五條,馬恩斯在他頗爲挑剔的長篇書評裏也只討論了三十一條。在這方面內容最爲詳瞻的當推周一良、王伊同二先生合撰的《馬譯〈世說新語〉商兌》,總共商榷了四百十一條,隨後周先生在《馬譯〈世說新語〉商兌之餘》中又增補了三十七條。抉發馬譯得失,至此大端已具。筆者研讀馬譯,札錄異同,所得亦復不少。敝帚自珍,雞肋未棄;不辭效顰之誚,遂有續貂之作。

丹陽呂叔湘先生精研語文之學,博通中外,淹貫古今,一代宗師,領袖群倫。筆者弱歲服膺,久而彌篤,瞻依山斗,已踰四紀;惟是塵務經心,天分有限,總角聞道,白首無成。今欣逢先生九十華誕,敬以此文爲壽,亦以乞先生莞爾而誨之。

此稿行文體例一依《商兌》及《商兌之餘》。以羅馬數字代表門,阿拉伯數字代表節(如Ⅰ/1爲"德行"門第一節);每條一般分三項:首列馬譯(後注頁碼),次爲《世說新語》本書或劉注原文(後注徐震堮《校箋》本頁碼)及簡要說明,末爲筆者所擬參考譯文。

譯 文 商 兌

Ⅰ/1 Hsu Chih's purity and loftiness transcended the world and abrogated all custom. (3)

劉注(以下簡稱"注")引謝承《後漢書》:"徐稚……清妙高跱,超世絕俗。"(1) 句子主語爲"徐稚"。"絕",超越。"超世絕俗"猶言超絕世俗。"絕俗"非謂棄絕習俗①。

Hsu Chih was pure and high-minded, transcending the worldly men.

Ⅰ/5 Chung Hao's lofty style was continued for generations. (5)

注引《先賢行狀》:"皓高風承世。"(4) "承",繼承,傳承。"承世"謂承自先世。

Chung Hao's lofty style was inherited from his older generations.

Ⅰ/6 The other six "dragons" he had wait on table. (5)

"荀使……餘六龍下食。"(5) "下",供設;"食",食品。

The other six "dragons" he had make food offering.

Ⅰ/10 Hua Hsin accompanied Ping Yuan and Kuan Ning of Pei-hai in their travels and study and was friendly with them. (7)

注引《魏略》:"〔華歆〕與北海邴原、管寧俱遊學相善。"(7) "遊學"指外出求學。

Hua Hsin accompanied Ping Yuan and Kuan Ning of Pei-hai in their study away from home and was friendly with them.

Ⅰ/11 Hua always wanted to be an old bureaucrat, so let

---

① 侯思孟書評(p. 212)謂:"絕俗"語出《莊子‧盜跖》"以爲夫絕俗過世之士焉",Burton Watson 英譯《莊子》(*The Complete Works of Chuang Tzu*, 1968)作 far removed from the common lot;"絕"非 abroger 義。

him have the glory of it and be done with it. (7)

同上:"子魚本欲作老吏,故榮之耳。"(7)"榮之",以之爲榮。句末語氣詞"耳",馬氏常譯爲 and be done with it/and nothing more(Ⅱ/6)/ but nothing more(Ⅱ/15)/ that's all (Ⅱ/26)/ and for no other reason (Ⅱ/86),殊嫌累贅。

... so he esteemed it a great glory.

Ⅰ/14 1. but whenever she treated him unreasonably, his half brother, Lan, would always take Hsiang's part. (9)

注引《晉陽秋》:"〔後母〕屢以非理使祥,弟覽輒與祥俱。"(9)"使",使令,使唤。"俱",一道,一起。

but whenever she ordered him about unreasonably, his half brother, Lan, would always go along with him.

2. all of which his stepmother resented. (9)

同上:"母患。"(9) 馬氏誤以此屬上讀。"患",(生)病①。比較三國吳支謙譯《撰集百緣經》卷十:"其母極患。"《北齊書·李密傳》:"因母患積年,得名醫治療,不愈。"

Once Hsiang's stepmother fell ill.

3. forty or fifty sparrows flew into his net. (9)

注引蕭廣濟《孝子傳》:"有數十黃雀飛入其幕。"(9)"幕",帷帳。

dozens of brown sparrows flew into his curtain.

4. She had Hsiang watch it by day for crows and sparrows. (9)

同上:"使祥晝視鳥雀。"(9)"鳥雀"非"烏雀",crows and sparrows 當作 sparrows and other birds.

5. Because of his stepmother Hsiang slowly wasted away and never took office. (9)

注引虞預《晉書》:"祥以後母故,陵遲不仕。"(9)"陵遲",

---

① 參看蔣禮鴻《敦煌變文字義通釋》(1988),上海古籍出版社,第 226—228 頁;江藍生《魏晉南北朝小說詞語匯釋》(1988),語文出版社,第 82 頁。

淹滯。

Because of his stepmother Hsiang stayed at home and never took office.

I/16 K'ang's nature was to swallow insults and hide his resentment. (10)

注引《嵇康別傳》："康性含垢藏瑕。"(10)"瑕"當指他人之瑕疵。比較《晉書・劉喬傳》載劉弘與東海王司馬越書："宜釋私嫌，共存公義，含垢匿瑕，忍所難忍。"

K'ang's nature was to swallow insults to him and hide faults of others.

I/20 If a single sorrow could actually hurt a person, Wang Jung could not escape the charge of "extinguishing his nature." (12)

"若使一慟果能傷人，濬沖必不免'滅性'之譏。"(13)"性"，生命。

If one rush of grief could actually hurt a person, Wang Jung could not escape the charge of "extinguishing his life."

I/22 and those who merely saw the inscription on his tombstone all did obeisance and wept. (12)

注引《晉諸公贊》："但見其碑贊者，皆拜之而泣。"(14)"但"，只要，凡。

and whoever saw the inscription on his tombstone would make an obeisance to it and weep.

I/23 So they doffed kerchief and cap, stripped off their clothes and exposed their foul ugliness like so many birds or beasts. (12)

注引王隱《晉書》："故去巾幘，脫衣服，露醜惡，同禽獸。"(14) "禽獸"即指獸類。

... and exposed their private parts like so many beasts.

I/24 But we're afraid we can't survive if we feed the

children too. (13)

"恐不能兼有所存。"(14)"所存"之"存"當是及物動詞,義爲"顧念,照顧"①。

But we're afraid we can't afford to take care of the children at the same time.

Ⅰ/25 he always found a man on his left or his right protecting him. (13)

"常有一人左右己。"(15)"左右"即"佐佑"。

there was always a man helping and protecting him.

Ⅰ/26 When Tsu Na was young, though orphaned and impoverished, ... (14)

"祖光禄少孤貧。"(15)"孤"特指喪父,譯爲 orphaned 欠確,orphaned 宜作 fatherless.

Ⅰ/27 1. The director-general from Chih's staff had been secretly laying aside provisions and wanted the silk. (14)

注引《晉陽秋》:"質帳下都督陰齎糧要之。"(16)"齎糧要(yāo)之"謂帶着糧食迎要胡威於中途。比較《晉書・陶潛傳》:"齎酒先於半道要之。"馬譯此節別有錯誤,見周一良《馬譯〈世說新語〉商兌之餘》,《國學研究》1(1993),第 535 頁。

The director-general from Chih's staff secretly carried provisions to meet him midway.

2. When he was(sic) finished eating he would resume his travels. (14)

同上:"食畢,復隨旅進道。"(16)

When he finished eating he would resume his way with his fellow travelers.

3. Later [in a separate letter] he reported the matter to Chih. (14)

---

① 參看江藍生《魏晉南北朝小説詞語匯釋》第 33 頁。

同上:"後〔因他信〕以白質。"(16)"信",信使。比較王羲之《雜帖》:"此書因謝常侍信還令知問。"又:"近復因還信書至也。"

Later 〔through another messenger〕 he reported the matter to Chih.

4. When the conversation touched upon everyday life, ...(15)

同上:"與論邊事,及平生,……"(16)"平生"謂往事。比較嵇康《與山巨源絶交書》:"時與親舊叙闊,陳説平生。"陶淵明《停雲》詩:"人亦有言,日月于征。安得促席,説彼平生。"丘遲《與陳伯之書》:"見故國之旗鼓,感平生於疇日。"庾信《思舊銘》:"昔嘗歡宴,風月留連。追憶平生,宛然心目。"

When the conversation touched upon past events, ...

Ⅰ/28 1. My younger brother died early and there is only his son, Sui, left to carry on his name. (15—6)

注引王隱《晉書》:"吾弟早亡,唯有遺民。"(17)"遺民"爲人名,即鄧綏。

My younger brother died early and left only this son Sui.

2. The boy followed, sobbing and calling after them. (16)

注引《中興書》:"兒啼呼追之。"(17)

The boy ran after them, wailing and crying.

Ⅰ/31 I would far rather inconvenience myself than shift the risk to someone else. (16)

"寧可不安己而移於他人哉?"(19)"寧可",怎麽可以。比較Ⅴ/62注引《宋明帝文章志》:"韋仲將魏朝大臣,寧可使其若此?"

How could I not keep it to myself but transfer it to someone else?

Ⅰ/33 Hsieh penalized him by making him drink unmixed wine. (17)

"謝以醇酒罰之。"(20)"醇"非"純",unmixed 宜作 mellow.

Ⅰ/34 1. Hsieh An was an absolute admirer of Ch'u

P'ou. (17)

"謝太傅絕重褚公。"(20) "絕"非今語"絕對"義。比較 XIX/30:"謝遏絕重其姊。"

Hsieh An held Ch'u P'ou in great esteem.

2. Although Ch'u P'ou doesn't speak, the working of the four seasons is nonetheless complete. (17)

"褚季野雖不言,而四時之氣亦備。"(20) 謝安語出《論語‧陽貨》:"予欲無言。……天何言哉?四時行焉。"馬氏直譯,不易明瞭,似可於"the working..."加注: i. e. he holds in the mind opinions and criticisms of his own.

I/36 1. How comes it that from the start I've never once seen you instructing your sons? (18)

"那得初不見君教兒?"(21) "初不",從不。比較 IX/71:"先輩初不臧貶七賢。" IX/20 注引《衞玠別傳》:"初不於外擅相酬對。"

How comes it that I've never seen you instructing your sons?

2. I'm always naturally instructing my sons. (18)

"我常自教兒。"(21) "常",經常。"自",助詞,非"自然"義。

I've always been instructing my sons.

I/38 but "even the hair and skin of the body I dare not destroy or injure." (18)

"身體髮膚,不敢毀傷。"(22) "身體"非"髮膚"之定語。

but because I dare not get my body, limbs, hair and skin destroyed or injured.

I/40 1. His meals always consisted of five bowls, and there was no extra food beyond what was in the dishes. (19)

"食常五碗盤,外無餘肴。"(24) "五碗盤"爲一種成套食器,"盤"字不屬下讀。

His meal usually consisted of a five-bowled dish without extra viands.

2. he was also following the true simplicity of his nature. (19)

"亦緣其性真素。"(24) "緣",因爲。"真素",真率樸素。

It is also because he was sincere and simple by nature.

3. Why should he climb out on the branches and lose contact with his roots? (19)

"焉得登枝而捐其本?"(24)

How could one climb on the branches and dispense with the trunk?

4. You all should preserve this principle! (19)

"爾曹其存之!"(24) "存",記住,記在心上。

You all should bear this in mind!

Ⅰ/42 Yü was transferred to be vice-president of the Court Secretariat. (20)

注引徐廣《晉紀》:"〔王愉〕遷尚書左僕射。"(25) "遷",晉升;transferred 當作 promoted。

Ⅰ/43 1. Their route passed Ch'i-sheng's house. (21)

注引《中興書》:"路經〔企生〕家門。"(26) "路",途中。

On the way they passed the gate of Ch'i-sheng's house.

2. Men and officers all flocked to Hsuan. (21)

同上:"人士悉詣玄。"(26) "人士"是一個詞,不宜逐字迻譯。把漢語複合詞的語素分別以單詞對譯是西方漢學家的一個通病[①],馬譯也常有此弊[②],例如"整飾"(Ⅱ/93)、"殺戮"(Ⅲ/26)、"神明"(Ⅳ/44)、"忽略"(Ⅵ/97),等等。

The celebrities all flocked to Hsuan.

3. Ch'i-sheng alone did not go, but stayed to put Chung-

---

① 參看梅維恒(Victor H. Mair):"Script and Word in Medieval Vernacular Sinitic", *JAOS* 112/2 (1992), pp. 269–278。

② 參看周一良《馬譯〈世說新語〉商兌之餘》,《國學研究》1(1993),第 536 頁。

k'an's house in order. (21)

同上:"企生獨不往,而營理仲堪家。"(26)"家"指家事。

Ch'i-sheng alone did not go, but stayed to arrange Chung-k'an's household affairs.

4. Only Hsi Shao, with perfect dignity and unruffled cap, defended the emperor with his own person. (22)

注引王隱《晉書》:"唯紹儼然端冕,以身衛帝。"(26)"端",一種禮服。

Only Hsi Shao, with perfect dignity and in official cap and dress, defended the emperor with his own person.

5. Armed men clashed by the imperial palanquin. (22)

同上:"兵交御輦。"(26)"兵",兵器。

Swords and spears clashed by the imperial palanquin.

Ⅰ/45 but as he had not yet had leave to return home,.... (22)

"未展歸家。"(28)"未展",沒來得及,來不及①。

but as he had no time to return home,....

Ⅰ/46 he was treated with fond regard. (23)

"豫蒙眷接。"(28)"豫",素,素來。比較《宋書·武帝紀上》:"臣等義惟舊隸,豫蒙國恩。"又《謝靈運傳》:"臣昔忝近侍,豫蒙天恩。"又《何尚之傳》:"臣豫蒙顧待,自殊凡隸。"

he was always treated with fond regard.

Ⅰ/47 1. and from morning to evening they wept as they approached her coffin. (23)

"朝夕哭臨。"(28)"朝夕"非謂從早到晚。"臨"非謂臨近棺柩。比較《漢書·蘇武傳》:"旦夕臨。"

---

① 參看江藍生《魏晉南北朝小說詞語匯釋》,第 21—22 頁;蔡鏡浩《魏晉南北朝詞語例釋》(1990),江蘇古籍出版社,第 415 頁;方一新、王雲路《中古漢語讀本》(1993),吉林教育出版社,第 283 頁。

and in the morning and evening they wailed for the deceased.

2. and his mother, Lady Yin, was living with him in the commandery next door to the Wu residence. (23)

"母殷在郡。"(29)"郡"指郡署,馬氏誤解,以與下文不屬,又增字爲譯。

and his mother, Lady Yin, was living with him in the commandery office.

3. If you are ever in a position to select officials, you should treat these men well. (23)

"汝若爲選官,當好料理此人。"(29)"選官",執掌選政之官。"料理",照顧,關照①。

If you ever get a post as selecting official, you should take good care of these men.

Ⅱ/3 After he was let in and seated before his host, ... (26)

"既通,前坐。"(31)"通",(向主人)通報。"前",入内,入見②。

After his visit was notified to the host, Jung entered and took his seat.

Ⅱ/4 When it's stolen, who performs rites? (27)

"偷,那得行禮?"(32)

I'm stealing, so how should I perform rites?

Ⅱ/5 Sun Sheng's account ... is really without parallel. (27)

注引裴松之語:"孫盛之言,誠所未譬。"(33)"所未譬",我所不理解。

Sun Sheng's account ... is really beyond my comprehension.

Ⅱ/8 1. But Heng would always claim illness and was

---

① 參看錢鍾書《管錐編》(1979),中華書局,第 822—823 頁;江藍生《魏晉南北朝小説詞語匯釋》第 129—130 頁;蔡鏡浩《魏晉南北朝詞語例釋》第 220—221 頁;方一新、王雲路《中古漢語讀本》第 42 頁。

② 參看周一良《魏晉南北朝史札記》(1985),中華書局,第 86—87 頁;蔡鏡浩《魏晉南北朝詞語例釋》第 257—259 頁。

unwilling to go, though he often talked about it. (30)

注引《文士傳》:"衡稱疾不肯往,而數有言論。"(35)"有言論"指對曹操有所非議。

But Heng claimed illness and was unwilling to go; besides, he often spoke ill of Ts'ao Ts'ao.

2. As each drummer finished, he was to take off his old clothes and put on the new. (30)

同上:"鼓吏度者,皆當脫其故衣,著此新衣。"(35)"度",過,經過。比較XXXIV/4:"嘗行從棺邸下度。"

Each drummer was required to take off his old clothes and put on the new, before he passed by the audience.

3. Both timbre and rhythm were unusual and strange. (31)

同上:"音節殊妙"(35)"殊妙"與上文"鼓聲甚悲"之"甚悲"同爲偏正結構。

Both timbre and rhythm were extraordinarily fine.

II/9 and have seldom seen persons of great principle. (31)

"寡見大義。"(38)"見",懂得,理解。

and little know great principle.

II/10 1. but my plight is also due to the fact that the meshes of Your Majesty's net of laws are not wide-set. (33)

"亦由陛下網目不疏。"(38)"陛下"指曹操[①],Your Majesty's 當作 His Majesty's。

2. The spirit with which it is endowed is firm and true. (34)

注引《文士傳》:"稟氣堅貞。"(38)"貞"非"真",firm and true 似可作 fast and firm。

II/12 Their father, who was awake at the time, ... (35)

"其父時覺。"(39)

---

① 參看劉盼遂《世說新語校箋》,《國學論叢》1/4(1928),第 66 頁。

Their father, who just then woke up,...

Ⅱ/15 1. What a pity your frame is so small and slight! (36)

"恨量小狹。"(41)"量小狹"指眼睛小了點兒。

But it's a pity that they are a little too small.

2. In his capacity as a judge he would examine cases calmly and pass sentence with composure. (37)

注引嵇紹《趙至叙》:"閑詳安諦。"(41)"詳""諦"與當法官審案判刑無涉。

He used to be calm and composed.

3. In his sixteenth year he disappeared altogether. (37)

同上:"年十六,遂亡命。"(41)"亡命"謂脱名籍而逃①。

In his sixteenth year he escaped, giving up his census registration.

Ⅱ/18 ... which he later abandoned and never copied. (40)

注引《向秀別傳》:"棄而不録。"(43)"録",保存,非謂抄録。

Then he abandoned it and didn't keep a copy.

Ⅱ/22 1. and the high officials are making appointments. (41)

"群公辟命。"(45)"辟命",徵召任命;appointments 當作 summons and appointments。

2. Why must you always look for sages and worthies in the usual places? (41)

"聖賢所出,何必常處?"(45)"常",固定。

Why must sages and worthies come from definite places?

Ⅱ/24 The people modest and true. (43)

"其人廉且貞。"(47)"廉",方正。"貞",堅貞。

---

① 參看唐長孺《〈晉書·趙至傳〉中所見的曹魏士家制度》,《魏晉南北朝史論叢》(1955/1978),三聯書店,第 34—35 頁;侯家駒《魏晉南北朝軍户考》,《漢學研究》(臺北)8/2(1990),第 115—116 頁。

The people upright and firm.

Ⅱ/26 Lu replied, "We only have water-lily soup from Thousand-*li* Lake, and salted legumes from Mo-hsia, that's all."(44)

"陸云:'有千里蓴羹,但未下鹽豉耳。'"(48) 馬譯殆沿楊勇《世說新語校箋》(臺北:宏業書局,1972年)之說而誤。"千里"名湖,古志無徵,當是後世附會《世說》此事而起;改"未下"爲"末下",認作地名,尤爲無稽。以"有千里蓴羹,但末下鹽豉耳"語意不通,遂又臆刪"但"字,而不顧其不合原語夸張口氣。陸機稱"千里",極言其多,適以形王濟"數斛"之少,正是針鋒相對;"蓴羹""羊酪"並爲啜食之品,今闌入"鹽豉"與之並列,亦爲不倫。原文順適,無煩穿鑿①。

Lu replied, "We have a thousand *li* expanse of water-shield soup remaining only to be seasoned with salted soybeans."

Ⅱ/27 Your honorable father is an enlightened and virtuous gentleman.(44)

"尊侯明德君子。"(48)"明德",大德。"明"非謂開明。

Your honorable father is a man of great virtue.

Ⅱ/30 But now, at last, I've seen Chou I, who will rid us of old habits and purge our land and people.(45)

注引《晉陽秋》:"今復見周伯仁,伯仁將祛舊風,清我邦族。"(50)"祛",開啓②。"舊風"指舊日的良好風習。比較《晉書·周顗傳》:"今復見周伯仁,將振起舊風。"

But now, at last, I've seen Chou I, who will restore our good old customs and purge our land and people.

---

① 侯思孟書評(p. 213)也指出楊説與馬譯不可取,認爲"千里"與所謂"末下"絶非地名;侯氏譯陸機此語爲"Nous avons une soup de plantes aquatiques de mille *li* qui n'attend que les haricots salés",是也。

② 《廣雅·釋詁》:"祛、啓,開也。"參看王叔岷《世說新語補正》(1975),臺北:藝文印書館,第 19 頁。《世説新語》Ⅳ/44"祛練神明"之"祛"當亦是此義。

Ⅱ/34 1. Ho Hsun of K'uai-chi, both physically and intellectually, was pure and remote. (47)

"會稽賀生,體識清遠。"(52)"體"非謂體質。

Ho Hsun of K'uai-chi was pure in character and farsighted in understanding.

2. Among the local excellencies of the Southeast are bamboo arrow shafts of K'uai-chi. (47)

注引《爾雅》:"東南之美者,有會稽之竹箭焉。"(52)"竹箭",細竹杆兒。

Among the local excellencies of the Southeast are the slender bamboos of K'uai-chi.

Ⅱ/35 1. and have you extend my reputation south of the Yangtze River. (47)

"使卿延譽於江南。"(53)"譽"指溫嶠之譽,my 當作 your。

2. Will you do it? (47)

"子其行乎?"(53)"行"謂奉使成行。

Will you go on this mission?

3. The realm is topsy-turvy and the names of rebels beyond numbering. (47)

注引《東觀漢記》:"天下反覆,盜名字者不可勝數。"(53)"盜名字",竊取名號,盜用名義。

The realm is topsy-turvy and those who have assumed illegitimate titles are innumerable.

Ⅱ/36 1. and the lines of government had not yet been raised up. (48)

"綱紀未舉。"(54)"綱紀"謂法度。

and law and order had not yet been established.

2. His recitation of the bitter tale of the emperor's cruel abduction, of the burning of the gods of soil and grain, of the leveling of the imperial tombs,.... (48)

"陳主上幽越、社稷焚滅、山陵夷毀之酷。"(54)"幽",囚禁;"越",遠在異鄉。

His recitation of the bitter tale of the emperor's imprisonment in a strange land, of the burning of the shrines of the gods of soil and grain, of the leveling and destruction of the imperial tombs,....

Ⅱ/39 1. Someone inquired about the significance of this. (50)

"或問此意。"(55)"意",緣故。

Someone inquired about the reason for this.

2. His Reverence was of a godlike appearance, lofty and luminous. (50)

注引《高坐別傳》:"和尚天姿高朗。"(55)"天姿",天生的姿質。

His Reverence's natural quality was lofty and luminous.

3. and declared, "I am his disciple."(50)

同上:"以爲吾之徒也①。"(55)"吾之徒"猶言我輩中人。"徒"非謂門徒。

and declared, "He is of our company."

4. His Reverence sat opposite his coffin reciting several thousand words of Sanskrit mantras. (50)

同上:"和尚對其靈坐,作胡祝數千言。"(55)"靈坐",靈床,非謂棺柩。

Facing Chou's spirit bed, His Reverence recited several thousand words of Sanskrit mantras.

5. ... while he kept brushing away his tears and repressing

---

① 慧皎《高僧傳》卷一"帛尸梨蜜"文同,Robert Shih(史接雲)《高僧傳譯注》譯爲"... et le considéra comme quelqu'un de son genre"(Biographies des moines éminents, Louvain, 1968, p. 42),是也。

his sobs. (50)

同上:"既而揮涕收淚。"(55)

And then he wiped away his tears and repressed his sobs.

II/42 Tun countered by demoting Chan to become Governor of Sui Principality. (51)

注引《摯氏世本》:"敦反,乃左遷隨郡內史。"(57)"反"指反叛晉室,非反擊摯瞻。

When Tun rebelled against the Chin court, he demoted Chan to become Governor of Sui Principality.

II/47 1. he left no word whatever either of approval or disapproval concerning a successor. (53)

"都無獻替之言。"(59)"獻替",(向君主)獻可替否。

he left no word whatever of persuasion or dissuasion to the emperor.

2. Worthies of those times considered this to be the remark of a virtuous man. (53)

"時賢以爲德音。"(60)"德音",善言。比較II/90:"不問則德音有遺。"

Worthies of those times considered this to be a wise remark.

3. When I was young I was continually alone and impoverished. (53)

注引陶侃《臨終表》:"臣少長孤寒。"(60)"長",成長,非謂長久。"孤",無父,非謂孤單。

When I was young I grew up in a fatherless and impoverished family.

4. But after receiving the favor of the former court, in the course of time I changed my mind. (53)

同上:"過蒙先朝歷世異恩。"(60)"異恩",特殊的恩寵。

But I honorably received special favor in the successive

reigns of the former court.

5. I had hoped that my teeth, like those of a dog or horse, might last a little longer, so that they might for the sake of Your Majesty gulp down Shih Hu in the North. (53)

同上："猶冀犬馬之齒尚可少延，欲爲陛下北吞石虎。"(60)"齒"謂年壽。

I had hoped that my humble life, like that of a dog or horse, might last a little longer, so that I might ....

Ⅱ/50 After Yü had appraised it, he asked,....(55)

注引《孫放別傳》："公題後問之曰……"(61)"題後"謂題字於紙末。

Yü asked in writing at the end of the paper, ...

Ⅱ/57 my father suffered considerable bodily deterioration in the world. (58)

注引《顧悅傳》："陵遲於世。"(65)"陵遲"，坎坷①。

my father suffered numerous frustrations in the world.

Ⅱ/59 1. The grand marshal has newly strengthened the frontiers without and pacified the gods of soil and grain within. There is surely no cause for any such anxiety. (59)

"大司馬方將外固封疆，內鎮社稷，必無若此之慮。"(66)"慮"，考慮。若此之慮，指廢黜皇帝的打算。

As the grand marshal is just going to strengthen the frontiers without and pacify the government within, surely he doesn't have such a plan of dethronement.

2. Since the affairs of family and kingdom have come to this pass, from now on We are unable personally to rescue or defend them according to the Way, and Our thoughts are plagued with

---

① 參看周一良、王伊同《馬譯〈世說新語〉商兌》，《清華學報》新 20/2(1990)，第 199、212 頁。

foreboding. (59)

"家國之事遂至於此。由是身不能以道匡衞,思患預防。(66)" "遂",竟,終。"由",由於。"是身",簡文帝自謂。"思患預防",思及患難而預先防止。

The affairs of family and kingdom have come to such a pass at last. It is because We were unable to rescue or defend them according to the Way, and to think of the disaster beforehand and take precautions against it.

3. It still won't satisfy the feeling of those who know what happened. (60)

注引《晉安帝紀》:"未厭有識之情也。"(66) "有識"非謂知情人。

It still won't satisfy the feeling of those who have foresight and sagacity.

Ⅱ/60 Huan arrived and asked, "Sire, where are you?" (60)

"宣武至,問上何在。"(67) "上"非對稱,"上何在"非直接問話。

Huan arrived and asked where His Majesty was.

Ⅱ/62 it's precisely the time to depend on stringed instruments and pipes to dispel our melancholy. (61)

"正賴絲竹陶寫。"(68) "正",但。比較陶淵明《贈羊長史》詩:"得知千載外,正賴古人書。"

it's only by enjoying music that our melancholy may be dispelled.

Ⅱ/65 1. yet his line was cut off from the present sage-like era. (62)

"然胤絶聖世。"(69)

yet his lineage was discontinued in the present glorious reign.

2. He was handsome from childhood, painstaking,

respectful, and full of tact. (62)

注引《羊秉叙》:"韶龀而佳,小心敬慎。"(69)

From childhood he was clever, careful, respectful, and prudent.

3. Ping followed the tradition of his father implicitly, performing all the proper observances. (62)

同上:"秉群從父率禮相承。"(69)"父"爲衍文。

Ping and his cousins all acted according to the rites, and they were on amicable terms with each other.

4. "Others did not disagree with his parents' report of him", so mild and affable was his nature. (62)

同上:"人不間其親,雍雍如也。"(69)"人不間其親"語出《論語·先進》:"人不間於其父母昆弟之言",但此處含義有異,譯文不宜照搬。

Their relations were so harmonious that others couldn't find any discord among them.

Ⅱ/66 You've progressed higher in rank than ever. (62)

"卿更長進。"(70)"長進"非指官階言。

Recently you've made considerable progress.

Ⅱ/68 no doubt we wouldn't be in the dark about this language. (63)

"故當不昧此語。"(70)

no doubt he could apprehend it.

Ⅱ/69 The bed curtains were new and beautiful. (63)

"牀帷新麗。"(71)

The beds and curtains were new and beautiful.

Ⅱ/70 1. King Wen of Chou didn't even allow leisure in the day for his evening meal. (63)

"文王盱食,日不暇給。"(71)

King Wen of Chou was fully occupied all day long, so that

he had to have his lunch late at evening.

2. It was rebuilt by Wang Tao. (64)

注引《揚州記》:"冶城,……王茂弘所治也。"(71)"所治",治所。"治"非謂修治。

It was the seat of Wang Tao's administration.

Ⅱ/71 The rebels will simply destroy themselves. (64)

注引《晉安帝紀》:"賊自破矣。"(72)"自",副詞,用於加強語氣,非"自己"義。

The rebels will surely be defeated.

Ⅱ/74 there was no change in the wind or rain, but the moment the Taoist magician changed his pronouncement to say that.... (66)

注引《史記·封禪書》:"無風雨變。至方士①更言……"(75)"變",變異,災異。"至"字屬下,與後文"於是"相應。"更言",復言。

there were no abnormalities in the wind and rain. And the Taoist magician came forward to say that....

Ⅱ/76 and turning back to observe their wings, hung their heads and looked at Chih as if with reproach and disappointment. (66)

"乃反顧翅,垂頭。視之如有懊喪意。"(75)"視之"謂支遁視鶴,非鶴視支遁。

and turning back to observe their wings, hung their heads. Chih looked at them and found they seemed somewhat dejected and despondent.

Ⅱ/82 1. so that Hsieh was exhausted and his head

---

① D. Harper 認爲典籍中的"方士"不一定是道教徒,一般譯爲 Taoist 未必準確,可以譯爲 master of recipes。見"Review of *Doctors, Diviners, and Magicians of Ancient China: Biographies of Fang-shih*, By Kenneth J. DeWoskin", *JAOS* 106/2(1986), p.394。

nodded.... After that Hsieh finally rose from his seat. (68)

"謝疲頓。……謝遂起坐。"(77)"頓",委頓。"起坐",由卧而坐。《晉書·高崧傳》:"〔謝萬〕疲於親賓相送,方卧在室。……萬遂起坐。"蓋謝因疲頓,卧聽高語,至此方才坐起來也。

so that Hsieh was exhausted.... Whereupon Hsieh finally sat up straight.

2. When Kao had left, Hsieh, running after him, called out, "A-ling! you really have talent of a sort!" (68)

"高去後,謝追曰:'阿酃故粗有才具。'"(77)"追",追思,回想①。

When Kao had left, Hsieh began to reflect on his words, saying, "A-ling really has talent of a sort!"

Ⅱ/83 The hills along the Yangtze River are so far off. (69)

"江山遼落。"(78)

The mountains and rivers are so far off.

Ⅱ/84 1. But moved by the words of the worthy wife of Tzu-chung of Wu-ling,....(69)

注引《遂初賦叙》:"却感於陵賢妻之言。"(79)"却",後,後來。But 當作 Later。

2. I have built a house on five *mou* of land on the slope of Long Mountain,... surrounded by dense woods. (69)

同上:"建五畝之宅,帶長阜,倚茂林。"(79)

I have built a house on five *mu* of land surrounded by long hills and dense woods.

3. Compared with sitting amid decorated curtains or listening to the playing of bells and drums, how could these pleasures be mentioned in the same year? (69)

同上:"孰與坐華幕、擊鐘鼓者同年而語其樂哉?"(79)

---

① 參看方一新、王雲路《中古漢語讀本》第 104 頁。

Compared with those sitting amid decorated curtains and listening to the playing of bells and drums, how could their pleasures and mine be mentioned in the same year?

Ⅱ/86 Yang Hu was a fine man just for himself, and for no other reason. What, after all, had he to do with other men's affairs? In that respect he wasn't even the equal of the dancing girls who performed for Ts'ao Ts'ao's spirit on the Bronze Sparrow Terrace. (70)

"羊叔子自復佳耳,然亦何與人事? 故不如銅雀臺上妓。"(80)"人",説話者自指。"何與人事",何關我事,和我有什麽相干。比較Ⅱ/92:"子弟亦何預人事。""妓"不必指曹操死後爲其靈作伎者。琅琊王氏於羊氏有惡感,故王獻之詆毀羊祜若此①。

Yang Hu was really a fine man. However, what had he to do with my affairs? After all he wasn't even the equal of the dancing girls who performed for Ts'ao Ts'ao on the Bronze Sparrow Terrace.

Ⅱ/89 The rule of the House of Chin will be utterly brilliant. (71)

注引《宋明帝文章志》:"晉氏祚盡昌明。"(81)"盡",至……而終。

The rule of the House of Chin will end at Brilliant Dawn.

Ⅱ/90 1. and the elder and younger Hsieh brothers, together with several other persons, were rehearsing the exposition in a private room. (71)

"謝公兄弟與諸人私庭講習。"(81)"私庭",私邸。

... were rehearsing the exposition at Hsieh An's private residence.

2. If I don't ask any questions, then the "virtuous sound"

---

① 參看劉盼遂《世説新語校箋》,《國學論叢》1/4,第69—70頁。

of the answers will go to waste. (71)

"不問則德音有遺。"(81)

... then I shall miss their fine remarks.

Ⅱ/91 the hills and streams naturally complement each other in such a way that I can't begin to describe them. (71)

"山川自相映發,使人應接不暇。"(82)

the hills and streams complement each other in such a way that I can't afford to enjoy them adequately.

Ⅱ/92 Young people, after all I have nothing to do with your affairs, yet why am I just now wanting you to become fine people? (72)

"子弟亦何預人事,而正欲使其佳?"(82)"子弟"非呼語(vocative)。"正",必,一定。

What have the younger members of our family got to do with my affairs? Why must I want them to become fine people?

Ⅱ/93 1. The monk Chu Tao-i was fond of manipulating and adorning sounds and expressions. (72)

"道壹道人好整飾音辭。"(82)"整飾",修飾。

The monk Chu Tao-i was fond of polishing his pronunciation and phrasing.

2. But snow "first gathering" — how dark and dense! (72)

"乃先集其慘澹。"(82)《詩·小雅·頍弁》:"如彼雨雪,先集維霰。"鄭箋:"將大雨雪,始必微溫,雪自上下,遇溫氣而摶,謂之霰,久而寒甚,則大雪矣。"竺道壹蓋暗用此典,以"先集"爲"霰"之代語①,説:先是雪子慘澹,接着大雪降臨。使用這類修辭手法,正是他"好整飾音辭"的一種表現。

The first gathering sleet was bleak and dismal.

3. Villages and towns seemed of themselves to whirl and

---

① 【補】參看范子燁《中古文人生活研究》,山東教育出版社,2001年,第399—400頁。

dance.

> While wooded hills then naturally turned white. (72)

"郊邑正自飄瞥,林岫便已皓然。"(82)

While in suburbs and towns snowflakes were whirling
The woods and hills already turned white all at once.

Ⅱ/99 The Positive Force was dissipated, and the Negative Force had come to rest. (75)

"陽消陰息。"(85) "息",長(zhǎng)。

The Positive Force was waning, while the Negative Force waxing.

Ⅱ/101 Piao-chih, the color rising to his face, cried, "Sir, how can you talk to me about a matter like this!" (76)

注引《晉安帝紀》:"彪之作色曰:'丈夫豈可以此事語人邪!'" (86) "丈夫"指桓溫,不是王彪之的對話者袁宏。

Piao-chih suddenly changed his countenance and said, "How could a man of character talk to other people about a matter like that!"

Ⅱ/102 1. Wen Ch'iao proposed moving the capital to Yü-chang, in order to get back to prosperity and normalcy immediately. (77)

注引《晉陽秋》:"溫嶠議徙都豫章,以即豐全。"(87) "即",動詞,就。"豐全"謂豐全之地。

... in order to get to a prosperous place.

2. Chien-yeh and its predecessor, Mo-ling, and the ancient site before that, all had memorials proposing them as suitable seats for imperial or royal rule. (77)

同上:"建業,往之秣陵,古者既有帝王所治之表,……"(87) "表"非謂章表。

Chien-yeh, formerly called Mo-ling, in ancient times had already a fine display as the seat for imperial rule.

Ⅱ/103 Yin's servants made excuses for him but did not notify him. (78)

"左右辭不之通。"(87)"辭",拒絕。

Yin's servants declined to notify their master of Huan's arrival.

Ⅲ/1 His superintendent of records requested permission to visit the jail and investigate the man's numerous other crimes. (81)

"主簿請付獄考衆姦。"(90)"付獄"非謂視察監獄。

His superintendent of records requested permission to send the man to jail and investigate his other crimes.

Ⅲ/2 1. there was a thief who had killed a rich man. (81)

"有劫賊殺財主。"(90)"劫",強盜①。"賊殺",殺害。"財主",財物的主人。比較元魏慧覺等譯《賢愚經》卷一:"時有一老母,唯有二男,偷盜無度,財主捕得,便將詣王。"又卷五:"我母懷妊,未知男女。若續是女,財應屬官;若其是男,應爲財主。"

there was a robber who had killed a fortune owner.

2. there was a mother who had abandoned her child on the grass receiving mat and had not picked it up. (81)

"民有在草不起子者。"(90)"起",養育②。

there was a mother who had given birth to a child but hadn't reared it.

3. But the thief is more important; he should be the first to be tried and punished. (81)

"賊大,宜先按討。"(90)"賊大"猶言殺人事大。

But the murder case is more important; it should be the

---

① 參看江藍生《魏晉南北朝小説詞語匯釋》,第 101 頁;蔡鏡浩《魏晉南北朝詞語例釋》,第 179—180 頁。
② 參看周一良《魏晉南北朝史札記》第 152—153 頁;王雲路、方一新《中古漢語語詞例釋》(1992),吉林教育出版社,第 309 頁。

first to be tried.

Ⅲ/3 he curbed the strong with rectitude and fortified the weak with goodness. (82)

"強者綏之以德,弱者撫之以仁。"(91)

he appeased the strong with virtue and comforted the weak with benevolence.

Ⅲ/4 that he was able to get them pardoned. (82)

"然後得釋。"(91)

that they got pardoned.

Ⅲ/5 1. Because his capacities were ample, Shan T'ao was looked up to by the court, and though his years were past seventy, he was still .... (82)

"山公以器重朝望,年逾七十,猶知管時任。"(92) "器重",才具。"朝望",在朝廷中的威望。

Because of his great ability and high prestige at court, Shan T'ao, though over seventy years of age, was still ....

2. he was doing night duty at the palace with Shih Chien. (83)

注引虞預《晉書》:"與石鑒共傳宿。"(92) "傳",傳舍。

he put up at a post house for the night with Shih Chien.

3. If you knew the grand tutor were lying abed, what would you think? (83)

同上:"知太傅臥何意?"(92) "何意"謂是何用意。

Do you know what is the intention of the grand tutor who is lying abed on the pretext of illness?

4. Ha! Is Master Shih so safe between the horses' hooves? (83)

同上:"咄!石生,無事馬蹄間也。"(92) "無事",無須從事於,非謂平安無事。

Ha! Master Shih, there is no need for you to travel between

the horses' hooves.

　　5. and resigning his duty, he departed. (83)

同上：“投傳而去。”(92)“傳”，符信，通行證。

and throwing his pass away, he departed.

　　6. Ho Ch'iao pricking and goading — it can't relax. (83)

注引王隱《晉書》：“和嶠刺促不得休。”(92)

Ho Ch'iao is harassing and embarrassing ceaselessly.

　　Ⅲ/6 1. His Highness's wish was to have you make them a bit more liberal and generous. (83)

“上意欲令小加弘潤。”(93—94)“弘潤”，補充潤色。

His Highness's wish was to have you supplement and polish them slightly.

　　2. Thereupon Cheng set down in a general way his ideas. (83)

“沖乃粗下意。”(94)“下意”，提出意見。

Thereupon Cheng briefly put forward his ideas.

　　Ⅲ/7 1. and of those he had recommended none had ever fallen short in ability. (84)

“舉無失才。”(94)

and of those who were really talented none had ever been neglected.

　　2. Liang was indeed eventually ruined through taking bribes. (84)

“亮亦尋爲賄敗。”(94)“尋”，不久。

Shortly afterwards Liang, as expected, was ruined owing to taking bribes.

　　3. nevertheless, since Ch'ung was respected by Emperor Wu, in all matters of selection and recommendation he would consult Ch'ung, but Ch'ung never got what he wanted. (84)

注引《晉諸公贊》：“〔濤〕自以爲世祖所敬，選用之事與充咨

論,充每不得其所欲。"(94)

As T'ao considered himself respected by Emperor Wu, whenever he discussed matters of selection and recommendation with Ch'ung, Ch'ung often couldn't get what he wanted.

4. then you could simply not call in Shan T'ao in making selections, and thus really get to state what's in your heart. (84)

同上:"可不召公與選,而實得叙所懷。"(94) "公"指賈充。

then you may express what's in your heart without yourself being invited to participate in the selection.

Ⅲ/8 1. and in addition understand phonology. (84)

注引《山公啓事》:"又曉音。"(94) "音"指音樂,phonology 當作 music。

2. It's not appropriate anymore having him be a clerk. (84)

同上:"不足復爲郎也。"(94) "不足",不必,用不着①。"復",副詞,表强調。

It's unnecessary to have him be a clerk.

3. ... if he were to remove the coarse garment of his retirement, and therefore consulted with Shan T'ao about it. (85)

注引《竹林七賢論》:"將解褐,故咨之於濤。"(94)

As he was prepared to enter on public office, he consulted with Shan T'ao about it.

Ⅲ/10 who toiled bitterly at his plowing and planting. (85)

注引《吕氏春秋》:"苦耕稼之勞。"(95) "苦",苦於。

who suffered from the hard work of plowing and planting.

Ⅲ/12 1. several hundred guests gathered to give him a

---

① 參看周一良《魏晉南北朝史札記》第 117 頁;方一新、王雲路《中古漢語讀本》第 290—291 頁。

warm welcome. (86)

"賓客數百人,並加霑接。"(97) 此言王導接待賓客,非賓客歡迎王導。

several hundred guests were all warmly received and well served by him.

2. For this reason the chancellor came over, and as he passed by Jen remarked, ... (86)

"公因便還,到過任邊,云……"(97) "便還(xuán)",同"便旋",小便。

When the chancellor was to pass water, he came over to Jen and said, ...

3. Lin-hai then was left without any people! (86)

"臨海便無復人。"(97) "人"指名人或要人,people 當作 people of importance。

Ⅲ/13 Your ability is superior and mine deficient. (86-87)

"公長民短。"(98) "長""短"指名位高低[①]。

Your position is high and mine low.

Ⅲ/15 1. he was somewhat less attentive to his affairs. (87)

"略不復省事。"(98) "略不",全不[②]。比較《搜神記》卷十八:"略不復與人相應。""事",官文書,文件[③]。

he hardly ever read official papers.

2. but those that come after me will miss this laxity. (87)

"後人當思此憒憒。"(98) "思",懷念。

but men of later times will cherish a memory of this laxity.

Ⅲ/16 1. T'ao K'an was by nature frugal and strict. (87)

"陶公性檢厲。"(99) "檢"非"儉",frugal 當作 meticulous。

---

① 參看許世瑛《晉時下級官吏對上級自稱曰民》,《大陸雜誌》(臺北)1/8(1950)。
② 參看江藍生《魏晉南北朝小說詞語匯釋》第 134—135 頁。
③ 參看周一良《魏晉南北朝史札記》第 456—460 頁。

2. it happened that the skies had just cleared after a heavy snowfall.（87）

"值積雪始晴。"(99)"積雪",連日降雪。

it happened that the skies had just cleared after continual snowing.

3. On the front steps of the audience hall it was still wet after the snow had been removed.（87）

"聽事前除雪後猶濕。"(99)"除雪"不連讀。

The front steps of the audience hall were still wet after the snowfall.

4. On one occasion he was issuing bamboo punting poles when one of the foremen took the poles, roots and all....（87）

"嘗發所在竹篙,有一官長連根取之。"(99)"發",徵發,非發放。"所在"漏譯。

On one occasion he ordered requisitioning bamboos for punting poles in his domain, and one of the officers in charge took the bamboos, roots and all....

5. Whenever anyone brought a gift of food....（87）

注引《晉陽秋》:"有奉饋者。"(99) 此"奉饋"不必爲食品。

Whenever anyone offered him a gift....

6. If it had been produced by the man's own labor....（87）

同上:"若力役所致。"(99)"力役所致"不一定是自己生產的。

If it had been gained through the man's own labor....

Ⅲ/17 All the gentlemen within the realm whom he had recommended or ranked, some as youths and some in his home village,...（88）

注引《郭泰別傳》:"題品海內之士,或在幼童,或在里肆。"(100)"題"非推薦。"里肆"非家鄉。

All the gentlemen within the realm whom he had appraised or ranked, some as youths and some from alleys or marketplaces,....

Ⅲ/19 Just now I passed by the courtroom. (89)

"向從閣下過。"(101) "閣"非審判室,courtroom 當作 office。

Ⅲ/20 In one day ten thousand decisions. (89)

"一日萬機。"(101)

In one day myriad affairs of state.

Ⅲ/22 Yü-liang and his younger brother and Ho Ch'ung and others had died. (90)

注引《中興書》:"庾亮兄弟、何充等相尋薨。"(101) 相尋,相繼。

Yü-liang and his younger brother... had successively died.

Ⅲ/23 1. After the Central Plains was lost and in disorder,.... (90)

注引《續晉陽秋》:"自中原喪亂,……"(102) "喪(sāng)亂"指戰亂。

After the Central Plains fell into turmoils of war,....

2. Furthermore, since a powerful bandit was invading the realm,....(91)

同上:"又以強寇入境,……"(102) "寇"指外敵。

Furthermore, since the powerful enemy was invading the realm,....

Ⅲ/26 But nowadays anyone who governs the Chinese people occupies an office of killing and slaughter. (91)

"方今宰牧華夏,處殺戮之職。"(103) "華夏"指中部地區。"殺戮"是一個詞,不宜二字分譯。

But now you are going to govern the central area and occupy an office of killing.

Ⅳ/1 1. Someone remarked, "The one who can do it is Cheng Hsuan."(92)

"或言玄能者。"(102) "玄能者"非直接引語。

Someone said that Cheng Hsuan could do it.

2. Fearing lest Hsuan would overshadow his own reputation, Jung was jealous in his heart. (92)

"恐玄擅名而心忌焉。"(104) "擅",獨占。

Fearing lest Hsuan would monopolize the reputation,....(92)

3. and was fond of astrology and divination and the secret art of *feng-chueh*. (92)

注引《鄭玄別傳》："好天文占候風角隱術。"(103) 這等於說愛好天文、占候、風角這一類隱術。

and was fond of such secret arts as astrology, divination and *feng-chueh*.

4. and had made a detailed study of the words of numerous charts and apocrypha. (93)

同上："精曆數圖緯之言。"(104)

and was conversant with calendar-compiling and deeply read in apocryphal books and charts.

5. He therefore quit his post and went to study under the former governor of Yen Province, Ti-wu Yuan-hsien. From there he went to Chang Kung-tsu of Tung Commandery ....(93)

同上："遂去吏,師故兗州刺史第五元。先就東郡張恭祖……"(104) 楊勇《世說新語校箋》謂"先"字當依《後漢書·鄭玄傳》作"又",可從。

He therefore quit his post and went to study under the former governor of Yen Province, Ti-wu Yuan. And then he went to Chang Kung-tsu of Tung Commandery ....

6. Ma Jung was one of the greatest literati within the Four Seas, and clung to morality and goodness as to his bedding and clothes. (93)

注："馬融,海內大儒,被服仁義。"(104) "被服"猶言服膺,非謂被褥與衣服。

... and earnestly clung to morality and goodness.

Ⅳ/4 1. he would always listen surreptitiously at a crack between the door and the wall. (94)

"輒竊聽戶壁間。"(105)"間",近旁,旁邊①。

he would always listen surreptitiously beside the door or wall.

2. After he was satisfied that Lieh's interpretation could not improve upon his own, he briefly assembled the disciples and reviewed its short and long points. (94)

"既知不能逾己,稍共諸生叙其短長。"(105)"共",介詞,與。

After he was satisfied that Lieh's interpretation could not surpass his own, he occasionally discussed its strong and weak points with the disciples.

Ⅳ/5 When Chung Hui had barely finished editing his Treatise.... (94)

"鍾會撰《四本論》始畢。"(106)"撰"謂寫作,editing 當作 writing。

Ⅳ/7 1. but in naturalness he far outstripped him. (96)

注引《魏氏春秋》:"自然出拔過之。"(107)"出拔"與"自然"爲並列語。

but in naturalness and conspicuousness he outstripped him.

2. his *Tao-lun* is quoted by Chang Chan in his commentary on the *Chung-ni* and *T'ien-tuan* chapters of *Lieh-tzu*. (96)

*T'ien-tuan*當作 *T'ien-jui*。

Ⅳ/8 1. Furthermore, non-actuality may not be the subject of instruction. (96)

"無又不可以訓。"(107)"訓",訓釋,詮釋。

But non-actuality cannot be well explicated.

2. Lao-tzu and Chuang-tzu, not yet free of Actuality, were

---

① 參看張聯榮《六朝詞語瑣記》,《語言學論叢》18(1993),商務印書館,第 141—143 頁。

continually giving instruction about that in which they felt a deficiency. (96)

"老莊未免於有,恒訓其所不足。"(107)

Lao-tzu and Chuang-tzu, not yet free of Actuality, were continually expatiating upon that in which they felt a deficiency.

Ⅳ/9 P'ei Hui would arbitrate the views of both parties. Since he was familiar with the inner thoughts of both of them, he never failed to bring it about that the feelings of each were satisfied. (96)

"裴冀州釋二家之義,通彼我之懷,常使兩情皆得,彼此俱暢。"(108)

P'ei Hui would clarify the points of both parties and expound their views aptly, thus bringing it about that the feelings of each were satisfied.

Ⅳ/12 1. also embodied the Way and talked about simplicity. (97)

注引《晉諸公贊》:"亦體道而言約。"(108)

also embodied the Way and talked tersely.

2. P'ei Wei was distressed by the morals of his age and by the exaltation of the principle of Nothingness. (98)

同上:"頗疾世俗尚虛無之理。"(109)

P'ei Wei was distressed by the exaltation of the principle of Nothingness as a fashion of the times.

Ⅳ/14 eating an iron pestle after pulverizing it. (98)

"搗齏噉鐵杵。"(110) 所搗者是齏而非杵。

eating an iron pestle while pulverizing pickles with it.

Ⅳ/15 he opened the scroll a foot or so, then put it down. (99)

"開卷一尺許便放去。"(110) "放去",放開手讓卷子又卷回去。

... then let it go.

Ⅳ/17 1. his "Interpretation" fell into oblivion. (100)

"義遂零落。"(111)"零落",遺失,非遺忘。

the manuscript of his "Interpretation" was lost.

2. Have you actually beat us again? (100)

注引《向秀別傳》:"爾故復勝不?"(111)"復"非"再,又"義。"勝",優越。

Are you really surpassing?

3. Hsiang Hsiu rambled through the works of numerous worthies, but remained disdainful of them all to the end of his life. (100)

同上:"秀遊託數賢,蕭屑卒歲。"(111)

Hsiang Hsiu had kept company of several worthies, but remained disgruntled throughout the year.

Ⅳ/19 1. His terminology and manner were clear and incisive, cold as the notes of the zither. (102)

注引鄧粲《晉紀》:"辭氣清暢,泠然若琴瑟。"(113)"泠"非"冷",cold 當作 nice。

2. All who heard him speak, whether they knew him or not, would sigh in acquiescence. (102)

同上:"聞其言者,知與不知無不嘆服。"(113)

All ... would show their admiration.

Ⅳ/20 1. but that evening he was heedless in the extreme. (102)

"爾夕忽極。"(113)"極",疲憊①。"忽極"非謂疏忽至極。

but that evening he suddenly got exhausted.

2. at first he never dared hold any debates with outsiders. (102)

---

① 參看蔣禮鴻《懷任齋讀〈說文〉記》,《中華文史論叢》增刊《語言文字學研究專輯》下(1986),第239頁;江藍生《魏晉南北朝小說詞語匯釋》第87—88頁;蔡鏡浩《魏晉南北朝詞語例釋》第153—154頁;張涌泉《俗語詞研究與古籍校勘》,《古漢語研究》1989:3,第39—40頁。

注引《衛玠別傳》:"初不於外擅相酬對。"(113)"初不",從不。
he never held any debates with outsiders.

Ⅳ/23 so that the learned and broadly knowledgeable may emulate them. (104)

注引《列仙傳》:"可以多聞博識者遐觀焉。"(116)"遐觀"非 emulate 義,可譯 peruse。

Ⅳ/24 Juan yü was extremely meticulous in dealing with objections. (105)

注引《中興書》:"裕具精論難"。(117)"精",精於。
Juan Yü excelled in debating and arguing.

Ⅳ/25 Thus if a man's erudition is broad, then it is hard for him to be comprehensive. (106)

注:"然則學廣則難周。"(117)"周",周密,非謂周遍;comprehensive 當作 meticulous。

Ⅳ/26 1. he set out from Lu with torn robes and bare feet. (106)

注引《墨子》:"自魯往,裂裳裹足。"(117)"裂裳""裹足"皆爲述賓結構。
he set out from Lu, tearing a strip of cloth from the skirt to wrap his feet.

2. Mo-tzu hsien-ku. (106) hsien-ku 當作 chien-ku。

Ⅳ/27 My nephew, Han po, has never received my verbal favors. (106)

"康伯未得我牙後慧。"(118)"慧"非"惠"。
My nephew, Han Po, has not acquired the least of my verbal wits.

Ⅳ/28 unaware that streaming sweat was crossing and recrossing his face. (107)

"不覺流汗交面。"(118)
unaware that sweat streamed crossing his face.

Ⅳ/32 1. The "Free Wandering" chapter of the *Chuang-tzu* had in the past always been a problem spot, where famous and worthy commentators had only been able to bore for the flavor. (109)

"《莊子・逍遙遊》篇舊是難處,諸名賢所可鑽味。"(119)"舊",歷來,自來。"鑽味",鑽研玩味,非述賓結構。

The "Free Wandering" chapter of the *Chuang-tzu* had always been a problem spot, where the famous worthies had only been able to study and appreciate.

2. entirely beyond the reach of those famous worthies in their groping for the flavor. (109)

"皆是諸名賢尋味之所不得。"(121)"尋味",探尋體味,非述賓結構。

entirely beyond the reach of those famous worthies in their searching and savoring.

Ⅳ/37 but after Chih had descended from the platform and sat down .... (112)

"支下坐。"(112)"下坐",從講經的高坐上下來,非謂從講臺上下來就坐。

but after Chih had finished his lecture and descended from the elevated seat ....

Ⅳ/39 but Hsieh An detained them both. (113)

"而太傅留之。"(123)"之"指謝朗一人,them both 當作 him。

Ⅳ/44 1. The Buddhist sutras hold that by purifying and refining the spirit and intelligence one may become a Sage. (115)

"佛經以爲祛練神明則聖人可致。"(125)"祛練""神明"皆爲複合詞,不宜逐字逐譯。

The Buddhist sutras hold that by cultivating the mind one may become a Sage.

2. but the merit of shaping and refining is still not to be

despised. (115)

"然陶練之功尚不可誣。"（125）"誣"，抹殺①；despised 當作 denied。

Ⅳ/45 Sir, what right have you to come in here freeloading on another man's ideas? (115)

"君何足復受人寄載來?"（125）"何足"，何必。"寄載"，託付③，引申爲指授。

Sir, why need you come in here with another man's instruction?

Ⅳ/53 1. he boasted of his ability and prowess. (119)

"負其才氣。"（128）"負"，恃③。

he was confident of his ability and prowess.

2. Liu T'an invited him to a higher seat, ... and Chang for this reason remained overnight. (119)

"真長延之上坐，……因留宿。"（128）"留宿"謂劉留張過夜。

Liu T'an invited him to a higher seat, ... and therefore put him up for the night.

3. After Chang had come forward, ... (119)

"既前。"（128）"前"，入內，入見；come forward 當作 entered。

Ⅳ/55 and this assembly as well, no doubt, would be hard to prolong. (120)

"此集固亦難常。"（129）"常"非謂延長。

and such an assembly could no doubt hardly be held constantly.

Ⅳ/56 Sun's ideas already began to be less assured than before. (121)

---

① 參看錢鍾書《管錐編》第1294—1295頁。
② 參看蔡鏡浩《魏晉南北朝詞語例釋》第159頁。
③ 參看方一新、王雲路《中古漢語讀本》第117頁。

"孫意已不如。"(130) "意",意識到。"己"非"已"。"不如"謂不如劉惔。

Sun himself realized that he could not match Liu.

Ⅳ/59 Whenever he chanced to see a monk he would ask about the items he had noted down, and then they would become clear. (123)

"遇見一道人,問所簽,便釋然。"(131)

Afterwards when he met with a monk, he asked about the items he had noted down, and then they were all clarified.

Ⅳ/62 1. After the Wang family had called on their new son-in-law, Yang Fu escorted them back home, and the younger brother, Fu, went along. (124)

"及王家見婿,孚送弟俱往。"(133) 馬氏在"送"字逗,誤。

When the Wang family invited their new son-in-law to a party, Yang Fu went with his younger brother for company.

2. the daughter of Wang Na-chih. (124)

"王永言女。"(133) 王永言名訥之,名與字反義對文。馬氏從楊勇說改"訥"(nè)爲"納"(nà),非是。

Ⅳ/66 1. The beans within the pot are shedding tears. (126)

"豆在釜中泣。"(134) "泣"謂嗚咽發聲。

The beans within the pot are sobbing.

2. "So, you're a plagiarist, eh?" "Why should I be a plagiarist?" (126)

注引《魏志》:"汝倩人邪?""奈何倩人?"(134) 倩人代筆與剽竊有異。

"Have you asked somebody to write it for you?" "How should I ask anybody to do it for me?"

3. In the matter of decorations for his carriage and horses, ... (126)

同上:"輿馬服飾。"(134)"服飾"非輿馬之飾。

In the matter of his carriage and horses as well as his dress and personal adornment, ...

Ⅳ/69 A myriad ages but a flash of time. (129)

注引《竹林七賢論》:"萬期爲須臾。"(136)"期(jī)",年;ages 當作 years。

Ⅳ/70 Yueh Kuang was skilled in pure conversation, but not outstanding with a writing brush. (130)

"樂令善於清言,而不長於手筆。"(137)"手筆",文章,特指無韻之文(如章表、詔令之類)。

... but not good at writing essays.

Ⅳ/71 1. These are no vain rewarmings of the "Court Songs", but in their own right reveal the quality of filial devotion and brotherly submission. (130)

"此非徒溫雅,乃別見孝悌之性。"(138)"非徒",不但。"溫雅"非謂重溫《雅》詩。比較殷芸《小說》(余嘉錫輯本):"溫雅與典誥同風。"

These are not only mild and graceful, but also reveal the quality of filial devotion and brotherly submission.

2. At eve resolved, at dawn self-searching. (130)

注引夏侯湛《補周詩》:"夕定辰省。"(138)《禮記·曲禮上》:"凡爲人子之禮,……昏定而晨省。""夕定辰省"即"昏定晨省",謂夕時爲父母安定牀衽,早晨問父母安否。"定"非謂堅定,"省"非謂自省。

At eve tidy their bedding, at dawn inquire after their health.

Ⅳ/72 But at the altar suffer pain. (131)

注引孫楚《除婦服詩》:"臨祠感痛。"(138)"祠",祠祭,祭獻;altar 當作 sacrificial ceremony。

Ⅳ/73 but Kuang excelled in speaking ability and Yü in writing ability. When both were young and serving in the government, ... (131)

注引王隱《晉書》:"廣長口才,虞長筆才,俱少政事。"(138)"少",缺少,非謂年少。

... Both of them lacked administrative capabilities.

Ⅳ/74 Whenever Yin Hao became too formidable in an oral debate, Jung would always say, "You'd better rethink what I've written in my treatises!"(131)

"揚州口談至劇①,太常輒云:'汝更思吾論。'"(139)"論",論點,非謂論文。

On occasions when Yin Hao talked too volubly, Jung would say, "You may as well reconsider my point."

Ⅳ/79 The *Hsuan-ching* is wonderful, but adds nothing to knowledge. (134)

注引王隱論《太玄經》:"《玄經》雖妙,非益也。"(141)"益"非謂增益。

The *Hsuan-ching* is wonderful, but of no actual use.

Ⅳ/84 1. he selected his words and simplified his paragraphs. (136)

注引《續文章志》:"簡言選章。"(143)"簡"與"選"互文,非謂簡化;simplified 當作 sifted。

2. When other people write compositions I'm distressed at their lack of ability; but in your case it's the fact that your ability is excessive that distresses me! (136)

注引《文士傳》:"人之作文,患於不才;至子作文,乃患太多也。"(143)

When other people write, the defect lies in lack of literary talent; but in your case it lies in an excessive show of talent.

---

① 參看周一良《魏晉南北朝詞語小記》,《魏晉南北朝史論集續編》(1991),北京大學出版社,第 146 頁。

Ⅳ/85 Hsieh Hun initiated a change. (137)

注引《續晉陽秋》:"謝混始改。"(143)混字叔源,用《孟子·離婁下》"原泉混混"義;"混"音古本切,Hun 當作 Kun。

Ⅳ/87 I note respectfully that in the terminology of posthumous titles ... one who is broadly informed on the Way and its Power is called Wen,"Cultivated."(137)

注引劉謙之《晉紀》:"謹按《謚法》……道德博聞曰'文'。"(144)

I note respectfully that in the Code of Posthumous Titles ... one who is virtuous and broadly informed is called Wen,"Cultivated."

Ⅳ/91 1. and there was some disagreement between them. (138)

"小有利鈍。"(145)"利鈍",偏指鈍,受挫。

and had some slight setbacks.

2. Hsieh later went out and showed it to Ku I. (139)

"謝後出以示顧君齊。"(145)"出",拿出來,非謂走出去。

Hsieh later showed it to Ku I.

Ⅳ/92 and the impact of the written message of the preceding passage seems somehow incomplete. (140)

注引《晉陽秋》:"於寫送之致如爲未盡。"(146)"寫送"謂咏嘆(之聲)①。例如《文心雕龍·詮賦》:"亂以理篇,寫送文勢。"又《附會》:"克終底績,寄深寫送。"《高僧傳》卷十三"釋曇智":"高調清徹,寫送有餘。"又"釋曇調":"寫送清雅。"馬譯詞費而義不明。

So it sounds somewhat imperfect in harmony.

Ⅳ/94 Now you've come along and written a book about it! (140)

"彥伯遂以著書。"(146)

Now you've drawn on it and written a book!

---

① 參看龐石帚《養晴室筆記》(1985),四川文藝出版社,第82—83頁。

Ⅳ/96 It happened that Huan needed a conspicuous sign proclaiming his victory. Summoning Yuan, he ordered him to write one, propped against the front of his horse. (140)

"會須露布文,喚袁倚馬前令作。"(147)"倚(jǐ)",立①。比較《高僧傳》卷五"釋道安":"苻堅遣使送金箔倚像,高七尺,又金坐像。""倚像"對"坐像"而言,即"立像"②。又卷一"竺法蘭":"愔又於西域得畫釋迦倚像③。"《魏書·釋老志》叙此事作"愔又得佛經《四十二章》及釋迦立像④",足證"倚"爲"立"義。《幽明錄》(《太平御覽》卷五十二引):"上有倚石,如二人像攘袂相對。"《冥祥記》(《法苑珠林》[百卷本]卷七引):"唯見法柱故倚望之。"又(《珠林》卷八十六引):"左右僧衆列倚甚多。"又(《珠林》卷九十一引):"見其先死奴子倚高樓上。"《水經注》卷十六"穀水":"廟宇東向,門有兩石人對倚。"庾信《和宇文内史春日遊山》詩:"雁持一足倚,猿將兩臂飛。"《南史·謝朓傳》:"時荆州信去,倚待,朓執筆便成。"

It happened that Huan needed a proclamation. Summoning Yuan, he had him stand in front of his horse and write one immediately.

Ⅳ/97 what did you mean, when you wrote your "Poetic Essay on the Eastern Expedition," by disregarding and slighting him? (141)

"君作《東征賦》,云何相忽略?"(147)"忽略"不宜二字分譯。

why did you neglect him, when writing your "Poetic Essay on the Eastern Expedition"?

---

① 參看蔣禮鴻《義府續貂》(1987),中華書局,第83頁;王雲路、方一新《中古漢語語詞例釋》第208—209頁。"倚"字此義,上古已有。例如《文選》卷三十三宋玉《九辯》:"澹容與而獨倚兮,蟋蟀鳴此西堂。"五臣吕向注:"倚,立也。"

② Arthur E. Link "Biography of Shih Tao-an" (*T'oung Pao* 46/1-2[1958], p.21)譯"倚像"爲 reclining image,誤。

③ Robert Shih (op. cit., p.3)譯"釋迦倚像"爲 image de Sākyamuni couché(?),即卧佛像;史氏於 couché 後加疑問號,復加脚注云"此'倚'字義頗有争議",足見矜慎。

④ 參看魏楷(James R. Ware):"Wei Shou on Buddhism", *TP*30(1933), p.111。

Ⅳ/98 Chan, about to fall asleep, told someone who was tapping time with his feet to take over the applause. (143)

注引《續晉陽秋》:"瞻將眠,語槌脚人令代。"(148) "槌脚"非謂以足擊節。

Chan, about to go to sleep, told the massagist who was tapping Chan's legs to take over the applause.

Ⅳ/99 Yin Chung-wen's natural ability was universally admired. (143)

"殷仲文天才宏贍。"(148)

Yin Chung-wen's natural ability was great and ample.

Ⅳ/103 1. and as each placard arrived, he immediately wrote a reply on the reverse side. (144)

"版至,即答版後。"(150) "後"指末尾空白處①,非謂背面。

and as each placard arrived, he immediately wrote a reply on the margin at its end.

2. he dispatched an emissary to taunt the court. (144)

注引《桓玄别傳》:"遣使諷朝廷。"(150) "諷"非謂嘲諷。Ⅱ/101 注引《晉安帝紀》:"温在姑孰,諷朝廷求九錫。"馬氏譯"諷"爲 ridiculed(p.76),亦誤。

he dispatched an emissary to hint to the court his intentions.

Ⅳ/104 all of us are depending on you! (145)

"百口賴卿!"(151) "百口"指自己全家。比較Ⅱ/59:"臣爲陛下以百口保之。"《魏書·田益宗傳》附《董巒傳》:"吾百口在彼,事理須還,不得顧汝一子也。"

all the members of my household are depending on you!

---

① 參看陳槃《漢晉遺簡偶述》,《歷史語言研究所集刊》16(1947),第133頁。

從詞彙史看《列子》的撰寫時代*

内容提要 《列子》是出於晉人之手的僞書幾乎已經成爲學者們的共識。但是在論證上仍然存在着某些缺欠,主要是從語言史的角度所作的考察還遠遠不足。第一,論及的詞語爲數尚少,而且基本上都是虛詞,幾乎沒有涉及實詞。第二,大抵只是論證這些詞語或用法非先秦所有,確指爲魏晉時期的新詞新義的例證過少。爲此筆者打算從漢語詞彙史的觀點,就《列子》在用字用詞上的某些特殊現象,特別是書中所見晚漢魏晉時期的新詞新義,進行一些探討,藉以稍稍補充前人的論證。總共論列詞語十五個。

關鍵詞 《列子》 撰寫年代 詞彙史

一

傳世《列子》一書自宋代以來就被懷疑爲僞作。1950年季羨林先生在他的著名論文《〈列子〉與佛典》中對古今學人的有關考辨作了全面而扼要的評述[①]。據季先生的推斷,《列子》是徹頭徹

---

* 此文原載《季羨林教授八十華誕紀念論文集》上(江西人民出版社,1991年),修訂稿載《漢語史學報》第六輯(上海教育出版社,2006年)。以學力不逮,成稿倉猝,文中疏失不少,愧疚良深。頃者承蒙汪維輝教授一力贊襄,復蒙方一新教授、王雲路教授多所匡正,爰將舊稿重加釐訂,以乞方家再政。良朋嘉惠,不勝珍荷。

① Hiän-lin Dschi(季羨林):"*Lieh-tzǔ* and Buddhist Sūtras: A Note on the Author of *Lieh-tzǔ* and the Date of Its Composition", *Studia Serica*, Vol. 9, pt. 1, 1950, pp. 18‒32;又見《印度古代語言論集》,中國社會科學出版社,1982年。中文本《〈列子〉與佛典——對於〈列子〉成書時代和著者的一個推測》,《中印文化關係史論叢》,人民出版社,1957年;又見《中印文化關係史論文集》,三聯書店,1982年。

尾一部僞書,完全出自注者張湛一人之手。此後我國學者又發表過幾篇考證《列子》的撰著年代的文章。繼季文之後,陳連慶也就《列子》與佛經的關係進行考察,推測《列子》是東晉中葉的作品,成書在公元 342—386 年之間①。楊伯峻則從漢語史的角度觀察,在《列子》中找出來幾個漢代以至魏晉時期才出現的詞語,論證此書是魏晉人製作的贗品②。對於楊文劉禾略有補充③。其後馬振亞又就此有所論列④。

關於《列子》的真偽問題,歐美漢學家在他們的著作裏也時有涉及。大體說來,在較早一個時期學者們的見解傾向於承認《列子》是漢代以前的著作,即是説它並非僞書。如法國馬伯樂(Henri Maspero)⑤、瑞典高本漢(Bernhard Karlgren)⑥、英國魏禮(Arthur Waley)⑦。美籍德國學者勞費爾(Berthold Laufer)稍存懷疑,但也只是籠統地説此書的撰成不會早於漢代⑧。20 世紀 50 年代以後,傾向有所改變。1956 年美國顧立雅(H. G. Creel)在一篇論文中主張,儘管《列子》書中有一些早期的材料,但其大部分

---

① 陳連慶《〈列子〉與佛經的因襲關係》,《社會科學戰綫》1981 年第 1 期。
② 楊伯峻《從漢語史的角度來鑒定中國古籍寫作年代的一個實例——〈列子〉著述年代考》,《新建設》1956 年第 7 期;又見《列子集釋》(附錄三),中華書局,1979 年。
③ 劉禾《從語言的運用上看〈列子〉是僞書的補證》,《東北師大學報》1980 年第 3 期。
④ 馬振亞《從詞的運用上揭示〈列子〉僞書的真面目》,《吉林大學社會科學學報》1995 年第 6 期。
⑤ H. Maspero: *La Chine antique*, Paris, 1927, p. 491 et seq.
⑥ Bernhard Karlgren: *The Poetical Parts in Lao-tsï* (Göteborgs Högskolas Årsskrift, No. 38), Göteborg, 1932, p. 26. 直到 1946 年高氏仍然認爲《列子》的著作年代不會晚於西漢。見所撰 "Legends and Cults in Ancient China", *Bulletin of the Museum of Far Eastern Antiquities*, No. 18, 1946, p. 203et seq。
⑦ A. Waley: *Three Ways of Thought in Ancient China*, London, 1939, pp. 257 – 259.
⑧ B. Laufer: *The Diamond: A Study in Chinese and Hellenistic Folk-lore* (Field Museum of Natural History Publication 184, Anthropological Series, Vol. 15, No. 1), Chicago, 1915, p. 28.

是作於公元後初期佛教哲學與道家哲學正交互影響的時代①。1959 年美國卜德(Derk Bodde)發表《〈列子〉與鳩》一文②,依據《説符》篇所記正旦放鳩故事最早只能追溯到後漢,是公元 1—2 世紀的産物,從而推測《列子》此節當作於此時略後,也可能晚至 3/4 世紀,但對全書的撰著年代未下斷語。同年荷蘭中國佛教史專家許理和(Erik Zürcher)在他的一部名著中主張,《列子》一書龐雜不純,其中不少部分是漢代以前的,而另一些部分則晚至公元 300 年③。1963 年加拿大蒲立本(E. G. Pulleyblank)在討論匈奴語時也把《列子》視爲約公元 300 年的著作④。前此英國葛瑞漢(A. C. Graham)發表長文討論《列子》的年代與構成⑤,其主要結論爲:1)《漢書·藝文志》著録的《列子》八篇早已亡佚,但劉向《別録》中的《〈列子〉叙録》留存下來了。在晉武帝太康二年(A. D. 281)《穆天子傳》發現和太康六年《生經》(Jātaka-nidāna)譯出之後不久,有某人依傍劉向關於原書的記述,撰寫了一部新的《列子》。這部新《列子》不僅晚於它被設定的年代,而且是經過深思熟慮製造出來的贋作。2) 張湛的《〈列子〉序》意在説明這是他家内部三四代人相傳的一部書,並暗示自晉室渡江以後全書就不復爲外界所知,使人對其傳承關係無從證實,也無從證僞。因此很可能此書是張湛家族中某人所撰,也許出自張湛的祖父張嶷或父親張曠之手。3) 張湛本人不是此書的作者,因爲他不全知道書中所有材料的出處來源,而且他對《列子》本文的理解並不很完

---

① H. G. Creel: "What is Taoism?" *Journal of the American Oriental Society*, Vol. 76, No. 31, 1956, pp. 139 – 152.
② D. Bodde: "*Lieh-tzŭ* and the Doves: A Problem of Dating", *Asia Major* (New Series), Vol. 7, Nos. 1 – 2, 1959, pp. 25 – 31.
③ E. Zürcher: *The Buddhist Conquest of China: The Spread and Adaptation of Buddhism in Early Mediaeval China*, Leiden, 1959, pp. 274 – 276.
④ E. G. Pulleyblank: "The Consonantal System of Old Chinese", *AM* (n. s.), Vol. 9, 1963;潘悟雲、徐文堪漢譯本《上古漢語的輔音系統》,中華書局,1999年,第 180 頁。
⑤ A. C. Graham: "The Date and Composition of *Liehtzyy*", *AM*(n. s.) Vol. 8, pt. 2, 1961, pp. 139 – 198.

全,還有他在注中喜歡用的兩個助詞"即"和"直"也都不見於本文。他之爲此書作注,或許是出於對自己家族的虔敬,想藉此使他的一位先人的著作得以傳世。

迄至今日,《列子》是出於晉人之手的僞書幾乎已經成爲學者們的共識。但是在論證上仍然存在着某些缺欠,主要是從語言史的角度所作的考察還遠遠不足。第一,涉及的詞語爲數尚少。總計楊伯峻主要討論了五個詞語,葛瑞漢討論了九個詞(其中"都"楊已論及),劉禾討論了五個詞(其中"吾""弗"葛已論及),馬振亞討論了二個詞。第二,所討論的基本上都是虛詞①,幾乎沒有涉及實詞。第三,大抵只是論證這些詞語或用法非先秦所有,確指爲魏晉時期的新詞新義的例證過少。爲此筆者打算從漢語詞彙史的觀點,就《列子》在用字用詞上的某些特殊現象,特別是書中所見晚漢魏晉時期的新詞新義,進行一些探討,藉以稍稍補充前人的論證。

二

在用字上《列子》有時不用本字而用借字,即音同、音近的通假字。其中有的純屬作者的自我作"古"。例如:

1.《黄帝》:"使弟子并流而承之,數百步而出,被髮行歌而游於棠行。……黿鼉魚鼈所不能游,向吾見子道之。……與齋俱入,與汨偕出。"張湛注:"棠當作塘,行當作下,道當爲蹈。"

2.《黄帝》:"狀不必童而智童。"張注:"童當作同。"

3.《楊朱》:"賓客在庭者日百住。"《黄帝》:"漚鳥之至者百住而不止。"張注:"住當作數。"

4.《湯問》:"肆咤則徒卒百萬,視撝則諸侯從命。"張注:"肆疑

---

① 虛詞之外也有學者就其他語法現象論證《列子》是魏晉時期的作品。如馬振亞《〈列子〉中關於穪數法的運用——兼論〈列子〉的成書年代》,《東北師大學報》1995年第2期。

作叱,視疑作指。"

例(1)襲用《莊子·達生》文,而改"拯"爲"承",改"齊"爲"齋",改"塘下"爲"棠行",改"蹈"爲"道"。後二者純粹是《列子》作者的自出新裁。看來他這是爲了"自示生世早於莊周"①,用字應比《莊子》古奧,因而出此。例(2)(3)(4)以"童"代"同",以"住"代"數",以"肆"代"叱",以"視"代"指",同樣是有意避熟就生,爲求"古"而創新。

有的則是有所依傍而實爲誤用。例如:

5.《黃帝》:"姬,將告汝。"又:"姬,魚語女。"張注:"姬,居也。魚當作吾。"

6.《黃帝》:"七年之後,從心之所念,庚無是非;從口之所言,庚無利害。"張注:"庚當作更。"

7.《黃帝》:"二者亦知,而人未之知。"張注:"亦當作易。"

8.《周穆王》:"而況魯之君子,迷之郵者,焉能解人之迷哉!"

例(5)把見於《論語·陽貨》的"居,吾語女"一句話寫成"姬,魚語女"②,顯然是出於與例(1)改換《莊子》用字相同的用心,而以"姬"代"居"則是依傍後漢經師的音注,以飾爲古貌。如《禮記·檀弓上》:"何居?我未之前聞也。"鄭玄注:"居,讀爲姬姓之姬。"又《郊特牲》:"二日伐鼓,何居?"鄭注:"居讀爲姬,語之助。"但經籍中這類音"姬"的"居"乃是"語助",即句末語氣詞,而《列子》作者却用來替代當"坐下"講的動詞"居"了。例(6)借"庚"爲"更",古有其例。如《逸周書·度邑》:"汝幼子庚厥心。"但這個"庚"是借作動詞"變更"的"更"(平聲),其他古書訓詁同此。而《列子》作者却把它用成當"再"講的副詞"更"(去聲)了。例(7)借"亦"爲"易",古籍偶見其例③。如《内經素問》卷一〇"氣厥論篇":"大腸

---

① 錢鍾書《管錐編》第2冊,中華書局,1979年,第511頁。
② 這是借"魚"爲"吾"。二字古音同屬疑母魚部,可以通假。錢鍾書謂這是借"魚"爲"予"(《管錐編》第2冊,第473頁)。"予"爲余俗字,與疑母魚不可通假,其説未是。
③ 《論語·述而》:"加我數年五十以學易可以無大過矣。"陸德明《經典釋文》卷二四"論語音義":"魯讀易爲亦,今從古。"與此所論別爲一事。

移熱於胃,善食而瘦,又謂之食亦。"但這個"亦"是借作動詞"移易"的"易"(古入聲),而《列子》作者却把它用成當"容易"講的形容詞"易"(古去聲)了。例(8)借"郵"爲"尤",本於《爾雅·釋言》:"郵,過也。"但這個與"尤"同音通假、訓釋爲"過"的"郵"只用於"過錯"、"埋怨"的意義,作名詞和及物動詞。例如《詩·小雅·賓之初筵》:"是曰既醉,不知其郵。"《國語·晉語四》:"遠人入服,不爲郵矣。"《荀子·議兵》:"罪人不郵其上。"而《列子》作者却把它用作當"甚"講的形容詞"尤"了。

以上通假字的使用都是漢儒所謂"聲之誤"。此外《列子》書中還偶一出現"形之誤",即因字形相似而產生的誤字。

《黄帝》:"出行,經坰外,宿於田更商丘開之舍。"張注:"更當作叟。"

"叟""更"二字形近易混,這是晚漢魏晉書體中的現象。如《三國志·魏志·高貴鄉公髦紀》裴松之注引蔡邕《明堂論》,謂"三老五更"之"'更'應作'叟',……字與'更'相似,書者遂誤以爲'更','嫂'字女旁'叟',今亦以爲'更'。"可以爲證。其實例在東晉人"雜帖"和南朝典籍中常見。如王徽之《雜帖》:"得信,承姬疾不減,憂灼,寧可復言。"王獻之《雜帖》:"上下諸疾患乃爾,……不審今復何如。姬即平和耳。"又:"豈謂奄失此女,……姬哀念當可爲心。……姬先積弊,復有此痛心,不審不乃惡不。"(《全晉文》卷二七)《後漢書·西羌傳》:"父没則妻後母,兄亡則納釐姬①。"劉義慶《世說〔新語·任誕〕》(《太平御覽》[以下簡稱《御覽》]卷五一七引):"阮籍姬嘗還家,籍見姬,與之別。"又《幽明録》(《御覽》卷四○○引):"淑歸寧於家,晝卧,流涕覆面,姬怪問之。"王琰《冥祥記》(《法苑珠林》卷九一引):"可行數里,便見新婦,即四娘之姬也。"《列子》作者有意在他的書裏點綴這樣一個誤字②,却於無意中透露出它的時代特徵。

---

① 典籍中這類"姬"字後世刊本往往已改爲"嫂"。參看施之勉《姬——〈後漢書集解〉證疑》,《大陸雜誌》(臺北)第 33 卷第 10 期,1966 年。

② 《玉篇·女部》:"嫂,同上。俗又作姬。"《干禄字書·上聲》:"姬嫂嫂:上俗,中通,下正。"可見"姬"已習非成是,成爲俗字了。

其次，在用詞上《列子》書中也有一些貌似古奧的用法。例如：

誠 《黃帝》："吾誠之無二心①，故不遠而來。"以"誠"爲"信"，本於《爾雅·釋詁》："誠，信也。"但《爾雅》用來訓"誠"的"信"乃是"真誠，信實"的"信"，而《列子》作者却把"誠"用爲"相信，信仰"的"信"，與固有用法不符②。

省 《楊朱》："一毛微於肌膚，肌膚微於一節，省矣③。"張注："省，察。"又："伯夷、叔齊以孤竹君讓，而終亡其國，餓死於首陽之山。實僞之辯如此其省也。"張注："省，猶察也。"以"省"爲"察"，本於《爾雅·釋詁》："省，察也。"但《爾雅》用來訓"省"的"察"乃是"察看"、"觀察"的"察"（及物動詞），而不是當"明白，清楚"講的"察"（形容詞），《列子》作者誤用。

斯 《黃帝》："華胥氏之國在弇州之西、台州之北，不知斯齊國幾千萬里。"張注："斯，離。"以"斯"爲"離"，本於《爾雅·釋言》："斯，離也。"但《爾雅》用來訓"斯"的"離"乃是"離析"的"離"，而不是"距離"的"離"。如《詩·陳風·墓門》："墓門有棘，斧以斯之。"毛傳："斯，析也。"（《説文·斤部》同）《廣雅·釋詁一》："斯，分也。"又："斯，裂也。"這些訓釋都符合古書實際，而《列子》的用法近乎向壁虛造④。

---

① 葛瑞漢譯爲 I *believe* you with all my heart (*The Book of Lieh-tzǔ*, London, 1960, p.41)，是。

② 《禮記·中庸》："誠者，天之道也；誠之者，人之道也。""誠之"的"誠"即上文"誠身有道"的"誠"，不是 believe 義，與《列子》的"誠之"貌同實異。《孟子·離婁上》："誠身有道。"依趙岐注，"誠身"是"行其誠於己身"之意。"相信"一義，《孟子》用"信"不用"誠"。《離婁上》："朝不信道，工不信度。"趙注："朝廷之士不信道德，百工之作不信度量。"以"信"釋"信"，是當時語言如此。可以注意的是在六朝典籍中有與《列子》的用法相似的"誠"。例如傅亮《光世音應驗記·沙門帛法橋》："石虎末猶在，……比來沙門多誠之者。"（董志翹《觀世音應驗記三種譯注》，江蘇古籍出版社，2002年，第 7 頁）傅亮爲晉末宋初人，與張湛時代相近。

③ 葛瑞漢譯爲 It is *clear* that … (*The Book of Lieh-tzǔ*, p.149)，是。

④ 就筆者所知，上代典籍中只有一個疑似用例，《易·旅·初六爻辭》："旅瑣瑣，斯其所，取災。""斯"可以訓"離開"，也可以訓"離析"。（比較《九三爻辭》："旅焚其次。"）如據帛書《周易》"旅瑣瑣，此其所取火"，則"斯"當爲指代詞。參看吳辛丑《〈周易〉語詞小札》，《古漢語研究》1992 年第 1 期，第 68 頁；黃玉順《周易古歌考釋》，巴蜀書社，1995 年，第 258 頁。

齊　《楊朱》:"雖殊方偏國非齊土之所産育者,無不必致之。"《黃帝》:"華胥氏之國……不知斯齊國幾千萬里①。"張注:"齊,中也。"以"齊土"、"齊國"代"中土"、"中國",本於《爾雅·釋言》:"齊,中也。"又《釋地》:"距齊州以南戴日爲丹穴。""齊州"猶言"中州"。但是上古雖有"齊州"一詞,却不稱"中土"、"中國"爲"齊土"、"齊國"。看來這是《列子》作者有意造作,以示奇奧。

《列子》書中諸如此類用詞現象,揆之古漢語(Old Chinese)往往齟齬不合,實際上是作者爲了"自示其書之出於先秦人"②,因而掃撦故訓杜撰出來的贋古用法(pseudo-archaism)。

三

由上述可見,在語文運用上《列子》作者的主觀意圖是要"自示身屬先秦,乃不知有漢,無論魏晉"③。然而一個人在寫作時畢竟擺脱不了當代文學語言和方言口語的影響。如果我們以歷史語言學的眼光進行觀察,就不難在他的書裏發現不少晚漢魏晉時期行用的新的語言成分,特別是詞彙成分。以下試就不同詞類舉例略加考論。

幻　《周穆王》:"有生之氣、有形之狀,盡幻也。……吾與汝亦幻也。""幻"這個詞先秦已有,但不是《列子》這裏所用的意義。這個"幻"指"虛幻,幻象",當是由於晚漢魏晉時期佛經譯人多用"幻"對譯梵文 māyā④ 因而生發出來的新義⑤。例如後漢竺大力

---

① 翟林奈(Lionel Giles)譯"齊國"爲 the Ch'i State(*Taoist Teachings from the Book of Lieh-tzǔ*, London, 1925, p. 37),誤;葛瑞漢譯爲 the Middle Kingdom(*The Book of Lieh-tzǔ*, p. 34),是。
② 錢鍾書《管錐編》第2册,第511頁。
③ 錢鍾書第488頁。
④ 荻原雲來《漢譯對照梵和大辭典》(增補改訂版),1979年,第1033頁;中村元《佛教語大辭典》,1983年,第333d頁。
⑤ 諸家《梵英詞典》(如 Carl Cappeller: *A Sanskrit-English Dictionary*, 1972, p. 408; Arthur A. Macdonell: *Sanskrit-English Dictionary*, 1979, p. 226)(轉下頁)

共康孟詳譯《修行本起經》卷下:"太子觀見,一切所有,如幻如化,如夢如響,皆悉歸空。"(《大正藏》3.467c)三國吳康僧會譯《六度集經》卷六:"婦夜寐覺,憶世無常,榮富猶幻,孰獲長存。"(3.38b)吳維祇難共竺律炎譯《法句經》卷上:"居世若幻,奈何樂此?"(4.566b)後秦鳩摩羅什譯《大莊嚴論經》卷五:"欲令衆僧心得安,故爲此幻耳。"(4.285a)這一詞義在晉代中土文獻中常見。以陶淵明詩爲例。如《歸園田居》五首之四:"人生似幻化,終當歸空無。"《還舊居》:"流幻百年中,寒暑日相推。"《飲酒》二十首之八:"吾生夢幻間,何事紲塵羈?"

化人　《周穆王》:"周穆王時,西極之國有化人來,入水火,貫金石,反山川,移城邑。"這個"化人"相當於見於《史記》、《漢書》的"眩人"①,即魔術師。《列子》作者之所以不用"眩人"或"幻人"②,而用"化人",可能是他見到已經譯出而流布未廣的佛經中有這樣一個詞,因而變文以示異。其實,在佛經中魔術師一般稱"幻師"(māyā-kāra),而"化人"(nirmita/nirmitaka)則是指用幻術、法力變出來的人③。例如後漢支讖譯《道行般若經》卷一:"譬如幻師於曠大處化作二大城,作化人滿其中。"(《大正藏》8.427c)失譯《大方便佛報恩經》卷五:"如來爾時以方便力化作一人,乘大名象,身著鎧仗,帶持弓箭。……爾時化人以慈悲力愍而哀傷,尋時張弓布箭射之。"(3.150c-151a)三國吳支謙譯《義足經》卷下:"佛即知兜勒意生所疑,便化作一佛,端正形好無比,見莫不喜者。……弟子亦作化人。化人適言,弟子亦言;弟子適言,化人亦言。"(4.184b)西晉法炬共法立譯《法句譬喻經》卷一:"佛知蓮花應當化度,化作一婦人,端正絕

(接上頁)多釋 māyā 爲 unreality, illusion, phantom。
① 《史記·大宛列傳》:"以大鳥卵及黎軒善(此字衍)眩人獻於漢。"《漢書·張騫傳》:"以大鳥卵及犛軒眩人獻於漢。"顏師古注:"眩,讀與幻同。"參看榎一雄《犛軒·條支的幻人》,《集刊東西交涉》2:1—2,東京:井草出版,1983 年。
② 《後漢書·西南夷傳》:"獻樂及幻人。"
③ 荻原雲來《漢譯對照梵和大辭典》(增補改訂版)第 691、1033 頁;中村元《佛教語大辭典》第 293a、334b 頁。

世。……蓮花見之,心甚愛敬,即問化人從何而來,……化人答言從城中來。"(4.576b)《列子》作者爲了自示"不知有漢",不用《史》《漢》的"眩人",似是而非地襲用佛經用詞,却又不自覺地用錯了。

蘭子 《説符》:"宋有蘭子者①以技干宋元。"又:"又有蘭子又能燕戲者聞之,復以干元君。"張注:"凡人物不知生出者謂之'蘭'也。"這個"蘭"是晉代帶有方言色彩的口語詞。有名的用例見於長篇叙事詩《孔雀東南飛》:"説有蘭家女②,承籍有宦官。""蘭子"猶言"某某人",正如"蘭家女"猶言"某某人家的女兒③"。據徐復考證,《孔雀東南飛》可以確定爲東晉作品④,而依梅祖麟之説,則可能晚至東晉後期⑤。折中而言,其時代當不早於東晉中期⑥,即張湛生活的年代。

氣幹 《楊朱》:"行年六十,氣幹將衰。"這個"氣幹"指"(强健的)體魄"⑦,這大約是六朝時代的新詞。例如韋昭《吴書》(《三國志・吴志・孫韶傳》裴注引):"有氣幹,能服勤,少從堅征討,常爲前驅。"《宋書・殷孝祖傳》:"孝祖少誕節,好酒色,有氣幹。"又《臧質傳》:"既有氣幹,好言兵權。"《南齊書・周山圖傳》:"有氣幹,爲吴郡晉陵防郡隊主。"顏之推《顏氏家訓・誡兵》:"孔子力翹門關,不以力

---

① 葛瑞漢譯"蘭子"爲 vagabond(*The Book of Lieh-tzǔ*, p. 169),錢鍾書謂"蘭子"即"賴子",猶言"無賴"(《管錐編》第 2 册,第 529 頁),並可商榷。
② 傅漢思(Hans H. Frankel)譯"蘭家女"爲 the girl Lan-chih ("The Chinese Ballard 'Southeast Fly the Peacocks'", *Harvard Journal of Asiatic Studies*, Vol. 34, 1974, p. 254),誤。
③ 徐復《從語言上推測〈孔雀東南飛〉一詩的寫定年代》,《學術月刊》(上海)1958 年第 2 期,第 79 頁。
④ 徐復《從語言上推測〈孔雀東南飛〉一詩的寫定年代》,《學術月刊》1958 年第 2 期,第 78—84 頁。
⑤ 梅祖麟《從詩律和語法來看〈焦仲卿妻〉的寫作年代》,《歷史語言研究所集刊》第 53 本第 2 分,1982 年,第 227—249 頁。
⑥ 關於此詩年代,參看陸侃如《〈孔雀東南飛〉考證》,《國學月刊》1929 年第 3 期;王越《〈孔雀東南飛〉年代考》,《國立中山大學文史學研究所月刊》第 1 卷第 2—3 期,1933 年;根本誠《六朝時代の長詩の成立とその社會性について——孔雀歌の成立年代考》,《史觀》(早稻田大學)49—51,1957 年;魏培泉《論用虛詞考定〈焦仲卿妻〉寫作年代的若干問題》,《歷史語言研究所集刊》第 62 本第 3 分,1993 年。
⑦ 六朝時代"氣幹"又可指"氣概"等,此不贅。

聞,……吾見今世士大夫,才有氣幹①,便倚賴之。"

目前 《楊朱》:"目前之事,或存或廢。""目前"一詞似晚漢始見行用。例如《論語·堯曰》"不戒視成謂之暴"何晏《集解》引馬融注:"不宿戒而責目前成爲'視成'。"《後漢書·陳龜傳》載龜上疏:"且牧守不良,或出中官,懼逆上旨,取過目前。"又《趙壹傳》載壹《刺世疾邪賦》:"安危亡於旦夕,肆嗜欲於目前。"曹丕《典論·論文》:"遂營目前之務,而遺千載之功。"又《月重輪行》(《藝文類聚》卷四二引):"愚見目前,聖睹萬年。明暗相絶,何可勝言。"阮籍《大人先生傳》:"行欲爲目前檢,言欲爲無窮則。"《三國志·魏志·王昶傳》載昶《戒子書》:"此二者之戒昭然著明,而循覆車滋衆,逐末彌甚,皆由惑當時之譽,昧目前之利故也。"又《吳志·賀邵傳》載邵上疏:"此當世之明鑒,目前之炯戒也。"傅玄《傅子》(《三國志·魏志·郭嘉傳》裴注引):"公於目前小事時有所忽。"魚豢《魏略》(《魏志·倉慈傳》裴注引):"二千石取解目前,亦不爲民作久遠計。"王沈《魏書》(《魏志·衛覬傳》裴注引):"覬以爲西方諸將皆豎夫屈起,無雄天下意,苟安樂目前而已。"虞溥《江表傳》(《吳志·孫亮傳》裴注引):"覆問黃門,俱首服,即於目前加髡鞭斥。"葛洪《神仙傳》(《太平廣記》[以下簡稱《廣記》]卷一二引):"房有神術,能縮地脈,千里存在目前宛然。"劉義慶《幽明録》(《御覽》卷九○○引):"先於蜀中載一青牛,每常自乘,恒於目前養視。"

説 《楊朱》:"孟孫陽因顧與其徒説他事②。"這個"説"相當於上古漢語的"言",是晚漢以降通行的新用法③。例如《太平經》卷六十九:"且爲真人具説天之規矩大要,秘文訣令。"崔瑗《座右

---

① 《漢語大詞典》"氣幹"條引此,釋爲"氣血和軀體",未是;Teng Ssŭ-yü(鄧嗣禹)譯爲 physical vigor (*Family Instructions for the Yen Clan*: *Yen-shih Chia-hsün*, Leiden: E. J. Brill, 1968, p.129),是。
② 比較《孟子·梁惠王下》:"王顧左右而言他。"
③ 王充《論衡·書虚》:"吴君高説'會稽'本山名,……君高能説'會稽',不能辨定方名。""能説'會稽'"謂能説明或解説"會稽"的名義。"説"仍是古義,與此所論尚有微別。

銘》:"無道人之短,無説己之長①。"曹操《己亥令》(《三國志·魏志·武帝紀》裴注引《魏武故事》載):"孤非徒對諸君説此也,嘗以語妻妾,皆令深知此意。"王沈《魏書》(《魏志·文帝紀》裴注引):"吾今説此,非自是也。"《三國志·魏志·武帝紀》:"於是交馬語移時,不及軍事,但説京都舊故。"《後漢書·陸續傳》:"興問所食(sì)幾何,續因口説六百餘人。"《管輅別傳》(《魏志·管輅傳》裴注引):"義博設主人,……自説兄弟三人俱得躄疾。"失譯《興起行經》卷下:"沙門何以不自説家事,乃説他事爲?"(《大正藏》4.17a)傅玄《傅子》(《後漢書·南蠻西南夷傳論》李賢注引):"長老説漢桓時梁冀作火浣布單衣。"葛洪《抱朴子内篇·袪惑》:"云己見堯舜禹湯,説之皆了了如實也。"又《道意》:"忽日前忘餅母聞之,乃爲人説。"又《外篇·應嘲》:"説昆山之多玉,不能賑原憲之貧。"又《自序》:"口不及人之非,不説人之私。"干寶《搜神記》卷二:"戚夫人侍兒賈佩蘭……説在宫内時嘗以絃管歌舞相歡娱。"又卷一五:"其男戍還,問女所在,其家具説所見。"又卷二〇:"欸見大蛇,……陳即射殺之,不敢説。"《搜神後記》卷二:"行刑既畢,此人乃説。"郭澄之《郭子》(《御覽》卷五〇〇引):"女内懷存想,婢後往壽家説如此②。"又(《御覽》卷九四六引):"吏遂縛詣縣,……自説本末。"《列異傳》(《御覽》卷九七八引):"遼東丁伯昭自説其家有客。"《録異傳》(《御覽》卷七一八引):"吾臨行,就婦求金釵,婦與之,吾乃置户楣上,忘向婦説③。"《志怪》(《廣記》卷二九三引):"忽有一人開閣徑前,……自説是廬君。"裴啟《語林》(《古小説鈎沉》輯本,出《琱玉集》卷一二):"行卅里,曹公始得,令祖先説之。"劉義慶《世説新語·德行》:"有人向張華説此事。"又《幽明録》(《御

---

① 此處"道"與"説"互文。比較司馬遷《報任安書》:"然此可爲智者道,難爲俗人言也。""道"與"言"互文。
② "説如此"爲晉人慣用語。例如陸氏《異林》(《三國志·魏志·鍾繇傳》裴注引):"叔父清河太守説如此。"干寶《搜神記》卷一七:"出門還,説如此。"陶淵明《桃花源記》:"及郡下,詣太守,説如此。"
③ "向"原作"白",從魯迅《古小説鈎沉》校改。

覽》卷七六六引):"持此人將歸,向女父母說其事。"又(《廣記》卷三五八引):"婢乃直詣石家說此事。"祖冲之《述異記》(《御覽》卷八九七引):"既覺,呼同宿客說所夢。"又(《廣記》卷三七七引):"旦亡,晡時氣息還通,自說所見。"戴祚《甄異傳》(《御覽》卷四三引):"隨到襄陽,見道士,說吾師戴先生孟盛子非世間人也。"慧皎《高僧傳・佛圖澄傳》:"後月餘日黑略還,自說墮羌圍中,東南走馬之際,正遇帳下人推馬與之。"(《大正藏》50.385a)

侵 《周穆王》:"其下趣役者侵晨昏而弗息。""侵"當"逼近,臨近"講,後面接"晨"、"曉"、"夜"、"夕"一類時間詞,這是魏晉時期的新用法。例如邯鄲淳《笑林》(《廣記》卷一六五引):"惡衣蔬食,侵晨而起,侵夜而息。"《三國志・吳志・呂蒙傳》:"侵晨進攻,……食時破之。"《宋書・何尚之傳》:"時上行幸,還多侵夕。"又《自序・沈邵》:"時上多行幸,還或侵夜。"

擬 《說符》:"拘而擬戮之,經月乃放。""擬"當"打算,準備"講,這是晚漢始見、六朝通行的新詞新義。例如荀悅《漢紀・高祖紀一》:"宛急,南陽太守呂齮擬自殺。"葛洪《神仙傳》(《廣記》卷一一引):"乃責之曰:'本擬盡殺汝,猶復不忍,今赦汝。'"又:"刺史劉表亦以慈惑衆,擬收害之。"又(《廣記》卷一二引):"方聚土作泥,擬數里取水。"慧遠《沙門不敬王者論》(《弘明集》卷五):"若令乖而後合,則擬步通塗者必不自崖於一揆。"王浮《神異記》(《御覽》卷七一〇引):"陳敏,孫皓之世爲江夏太守,自建業赴職,聞宮亭廟驗,過,乞在任安穩,當上銀杖一枚。年限既滿,作杖,擬以還廟。"《宋書・索虜傳》載蓋吳上表:"胡蘭洛生等部曲數千,擬擊僞鎮,闔境顒顒,仰望皇澤。"《南齊書・東昏侯紀》:"後堂儲數百具榜,……帝云擬作殿。"又《垣崇祖傳》:"賊比擬來,本非大舉。"任昉《奏彈劉整》:"整規當伯還擬欲自取。"楊衒之《洛陽伽藍記》卷四:"南陽人侯慶有銅像一軀,可高尺餘,慶有牛一頭,擬貨爲金色[①]。"

[①] Yi-t'ung Wang(王伊同)譯"擬"爲(he) wanted to (*A Record of Buddhist Monasteries in Lo-yang*, Princeton University Press, 1984, p.189),未(轉下頁)

又卷五:"惟留太后百尺幡一口,擬奉尸毗王塔。"賈思勰《齊民要術》卷三"蔓菁":"其葉……擬作乾菜及釀菹者,割訖則尋手擇治而辮之。"又卷六"養羊":"擬供廚者,宜剩之。"顏之推《還冤記》(《廣記》卷三八三引):"我臨亡,遺齎五千錢,擬市材。"隋闍那崛多譯《佛本行集經》卷三五:"爾時其父爲彼童子造立三堂:一擬冬坐,二擬春秋兩時而坐,三擬夏坐。"(《大正藏》3.816b)

來 《黄帝》:"吾聞漚鳥皆從汝遊,汝取來吾玩之。"這個"來"是表示趨向的"後助動詞"①。"來"的這種用法萌芽於漢代,大抵只與少數幾個不及物動詞連用②。及物動詞後面接"來"的用例晚漢已有,而更多見於晉代以後。如《漢書·張騫傳》"其山多玉石采來"顏注:"臣瓚曰③:漢使采取,持來至漢④。"裴啓《語林》(《御覽》卷八六〇引):"何平叔面絶白,魏文帝疑其著粉,正夏月,喚來,與熱湯餅。"《搜神後記》卷六:"卿家鬼何在?喚來,今爲卿駡之。"沈約《俗說》(《御覽》卷四三二引):"羊主東邊看射,車騎猶識之,呼來,問:公識我否?"又(《御覽》卷七〇二引):"徐干木年少時嘗夜夢見烏從天上飛,銜繳樹其廷中,如此凡三過銜來。"劉義慶

(接上頁)確;詹納爾(W. J. F. Jenner)譯爲(he) intended to (*A Translation of 'Record of the Monasteries of Lo-yang'*: Lo-yang ch'ieh-lan chi, Oxford: Clarendon Press, 1981, p. 240),是。

① 太田辰夫《中國語歷史文法》(1958),蔣紹愚、徐昌華漢譯本(修訂譯本),北京大學出版社,2003年,第197—198、206頁。

② 及物動詞接後助動詞"來"的漢代用例太田辰夫只舉出一個,即《史記·大宛列傳》:"自其西大夏之屬皆可招來而爲外臣。"實際上這個"招來"乃是並列結構,"來"同"徠"。比較《史記·平準書》:"嚴助、朱買臣等招徠東甌,事兩越。"《漢書·食貨志下》:"嚴助、朱買臣等招徠東甌,事兩粵。"可見"招來"即"招徠"。此外還有一個疑似用例,即《大宛列傳》:"而漢使窮河源,河源出於寘,其山多玉石采來。"裴駰《集解》:"瓚曰:漢使采取,將持來至漢。""將持來至漢"屬讀當爲"將持|來至|漢",見本頁注④。瀧川資言《史記會注考證》引張文虎曰:"'采來'二字連上爲句,采當爲采色之采,來乃琜之借字。《説文》:'琜,瓚玉也。'《玉篇》:'琜,玉屬也。''采來'謂采色之琜。"

③ 據顏師古《前漢書叙例》,臣瓚爲西晉人。

④ "持來至漢",裴駰《史記集解》引作"將持來至漢",當是臣瓚原文。"將持"同義連文。看來顏師古所引臣瓚《漢書注》一例也有疑義。

《世説新語・術解》:"浩感其至性,遂令昇來,爲診脈處方。"又《排調》:"昔羊叔子有鶴善舞,嘗向客稱之,客試使驅來。"北涼曇無讖譯《佛所行贊》卷一:"吾今心渴仰,欲取甘露泉,被馬速牽來,欲至不死鄉。"(《大正藏》4.10a)南齊求那毗地譯《百喻經》卷四:"好甜美者,汝當買來。"(4.554a)

介意 《黄帝》:"雖傷破於前①,不用介意。""介意"是晚漢以降行用的詞語。例如袁宏《後漢紀・順帝紀上》載李固奏對:"雖有寇賊、水旱之變,不足介意也。"應劭《風俗通義・窮通》:"明府所在流稱,今以公徵,往便原除,不宜深入以介意。"《三國志・吴志・魯肅傳》:"瑜謂肅曰:'……吾方達此,足下不須以子揚之言介意也。'"又《蜀志・先主傳》:"北海相孔融謂先主曰:'袁公路豈憂國忘家者邪?冢中枯骨,何足介意。'"《後漢紀・明帝紀下》:"睦父靖王興薨,悉推財産與諸弟,雖車服珍寶,皆不以介意。"《後漢書・度尚傳》:"所亡少少,何足介意。"干寶《搜神記》卷一一:"其子朗時爲郎,母與書,皆不答,與衣裳,輒以燒之,不以介意。"司馬彪《續漢書》(《三國志・魏志・武帝紀》裴注引):"益州刺史种暠……奏騰内臣外交,所不當爲,請免官治罪,……騰不以介意。"劉義慶《世説新語・雅量》:"謝萬石後來,坐小遠。蔡暫起,謝移就其處,蔡還,見謝在焉,因合褥舉謝擲地,自復坐。其後二人俱不介意。"慧皎《高僧傳・鳩摩羅什傳》:"爲性率達,不厲小檢,修行者頗共疑之,然什自得於心,未嘗介意。"(《大正藏》50.320c)

下 《湯問》:"來丹……遇黑卵之子於門,擊之三下。"動量詞"下"爲上古漢語所無,晚漢以降始見行用,應是由動詞"下"發展而來②。《漢書・王莽傳下》:"莽立載行視,親舉築三下。""舉築三下"意思是"舉起築來,三度下築",不能徑解爲"舉築三次"。"下"

---

① "傷破"也是六朝人用語。例如南齊求那毗地譯《百喻經》卷三:"身體傷破,疲極委頓。"(《大正藏》4.552b)
② 劉世儒認爲動量詞"下"是由方位詞"下"引申而來。見《魏晉南北朝動量詞研究》,《中國語文》1962年第4期,第158頁;又《魏晉南北朝量詞研究》,中華書局,1965年,第261—262頁。其説可商。

從詞彙史看《列子》的撰寫時代　　　　　　　　　　　　　　341

與"舉"同爲動詞①。魚豢《典略》(《三國志·蜀志·先主傳》裴注引):"縛之著樹,鞭杖百餘下。"干寶《搜神記》卷一八:"遣官伐之,斧數下,有赤汁六七斗出。"二例中"鞭杖""斧"爲名詞主語,"下"爲動詞謂語,不是動量詞。嚴格説來,下引諸例中的"下"才是與《列子》"擊之三下"的"下"相同的動量詞。如《風俗通義·窮通》:"太傅汝南陳蕃仲舉去光祿勳,還到臨潁巨陵亭,從者擊亭卒數下。"又(《北堂書鈔》卷一二〇、《御覽》卷八四六引):"侍因上堂搏姑耳三下。"傅玄《傅子》(《意林》卷五引)②:"暮飯牛,牛不食,搏牛一下。"虞溥《江表傳》(《吴志·孫奮傳》裴注引):"奮不受藥,叩咽千下。"《搜神記》卷一一:"農呼妻相出於庭,叩頭三下。"葛洪《抱朴子内篇·仙藥》:"風生獸似貂,……以鐵錘鍛其頭數十下乃死。"東陽無疑《齊諧記》(《御覽》卷七四三引):"倐忽之間頓針兩脚及膀胱百餘下。"後秦鳩摩羅什譯《大莊嚴論經》卷七:"比丘執杖開門打之。打一下已,語言:'歸依佛!'賊以畏故,即便隨語:'歸依佛。'復打二下,語言:'歸依法!'賊畏死故,復言:'歸依法。'"(《大正藏》4.292ab)南齊求那毗地譯《百喻經》卷三:"如是五人各打十下。"(4.550c)慧皎《高僧傳·帛遠傳》:"遂鞭之五下,奄然命終。"(50.327b)《魏書·獻文六王傳·彭城王》:"武士以刀鐶築顋二下。"

會　《天瑞》:"天地不得不壞,則會歸於壞。""會"義爲"必,必定",用於指將來,猶言"終究,終歸",這是晚漢以迄六朝的新詞新義。例如《三國志·魏志·崔琰傳》載琰與楊訓書:"時乎時乎,會當有變時。"後漢支讖譯《道行般若經》卷七:"亡以善知識以更得惡知識,是菩薩會墮阿羅漢辟支佛道中。"(《大正藏》8.460c)三國吴康僧會譯《六度集經》卷一:"吾後老死,身會棄捐,不如慈惠,濟衆成德。"(3.2b)吴支謙譯《孛經抄》:"夫人垂泣曰:王會不用我言

---

① 動詞"下"與"舉"對文,有用例可供參證,如六朝樂府《青陽度》:"碧玉擣衣砧,七寶金蓮杵,高舉徐徐下,輕擣只爲汝。"
② 據《聚珍叢書》本及《學津討原》本《意林》,《指海》本無此條。

耳。"(17.730b)吳維祇難共竺律炎譯《法句經》卷下:"命如果待熟,常恐會零落。"(4.574a)西晉竺法護譯《無量清净平等覺經》卷一:"求索精進不休止者,會得心中所欲願耳。"(12.280c)後秦鳩摩羅什譯《彌勒大成佛經》:"設復生天樂,會亦歸磨滅。"(14.431b)元魏吉迦夜共曇曜譯《付法藏因緣經》卷四:"三界無常,遷流不住,雖少壯,老會歸磨滅。"(50.310a)慧皎《高僧傳·釋僧富傳》:"我幻炎之軀,會有一死。"(50.404c)《孔雀東南飛》:"吾已失恩義,會不相從許①。"陶淵明《連雨獨飲》詩:"運生會歸盡,終古謂之然。"劉義慶《世説新語·方正》:"宣武問:'劉東曹何以不下意?'答曰:'會不能用。'"又《賢媛》:"司空以其癡,會無婚處。"又《規箴》:"公獵,好縛人士;會當被縛,手不能堪芒也。"

  頓 《天瑞》:"凡一氣不頓進,一形不頓虧。"《周穆王》:"今頓識既往數十年來存亡、得失、哀樂、好惡,擾擾萬緒起矣。"副詞"頓"義爲"一下子",這是魏晉六朝通行的新詞新義。例如《晉書·羊祜傳》載祜上表:"常以智力不可頓進,恩寵不可久謬。""頓"與"久"對文。陸雲《與兄平原書》(《全晉文》卷一〇二):"兄頓作爾多文,而新奇乃爾。"《博物志》卷一〇:"人以冷水自漬到膝,可頓啖數十枚瓜。"葛洪《抱朴子内篇·仙藥》:"破一石,中多者有一升,少者有數合,可頓服也。"又《外篇·自序》:"永惟富貴可以漸得而不可頓合。""頓"與"漸"對文。又葛洪《神仙傳》(《廣記》卷九引):"試服之,未半,乃身體輕壯,其病頓愈。"干寶《搜神記》卷一七:"家大失火,奴婢頓死。"《搜神後記》卷四:"次頭面出,又次肩項形體頓出。"後秦鳩摩羅什譯《諸法無行經》卷上:"次第行業道,不可頓成佛。"(《大正藏》15.752a)北涼曇無讖譯《佛所行贊》卷一:"毗尸婆梵仙,修道十千歲,深著於天后,一日頓破壞。"(4.7a)慧皎《高僧傳·曇柯迦羅傳》:"今睹佛書,頓出情外。"(50.324c)《三國志·魏志·荀彧傳》裴注:"俯

---

① 聞一多《樂府詩箋》:"會,猶必也。"是。新《辭海》釋爲"當然,應當",新《辭源》、《漢語大字典》釋爲"應當",並誤。

仰之間,辭情頓屈。"劉敬叔《異苑》(《初學記》卷二六引):"得布衫,身如中人,但兩袖頓長三丈。"劉義慶《世說新語・容止》:"庾風姿神貌,陶一見便改觀,談宴竟日,愛重頓至。"又《幽明錄》(《廣記》卷三二〇引):"晉左軍琅邪王凝之夫人謝氏頓亡二男,痛惜過甚。"又(《廣記》卷四六九引):"女子出戶,狗忽見隨,咋殺之,乃是老獺,口香即獺糞,頓覺臭穢。"又(《御覽》卷九九九引)."有 老翁以兩丸藥賜母,服之,衆患頓消。"又(《辯止論》卷八注引):"府君大怒,曰:小吏何敢頓奪人命!"東陽無疑《齊諧記》(《御覽》卷七四三引):"倏忽之間頓針兩脚及膀胱百餘下。"《志怪》(《御覽》卷九三二引):"乃試取馬溺灌之,豁然消成水,病者頓飲一升,即愈。"陸杲《繫觀世音應驗記・釋惠緣道人》:"忽病聾盲,頓失耳眼。"①《梁書・孔休源傳》:"侍中范雲一與相遇,深加褒賞,曰:不期忽覩清顏,頓袪鄙吝。"以上二例,"頓"與"忽"互文。陶淵明《戊申歲六月中遇火》詩:"正夏長風急,林室頓燒燔。"鮑照《贈傅都曹別》詩:"風雨好東西,一隔頓萬里。"江淹《銅爵妓》詩:"雄劍頓無光,雜佩亦銷鑠。"沈炯《望郢州城》詩:"歷陽頓成浦,東海果爲田。"

竟日 《說符》:"楊子戚然變容,……不笑者竟日。""竟日"相當於上古漢語的"終日",晚漢以降習用。例如《詩・邶風・終風》"終風且暴"毛傳:"終日風爲終風。"鄭箋:"既竟日風矣,而又暴疾。"又"終風且曀"鄭箋:"既竟日風,且復曀不見日矣。"《太平經》庚部卷一一六:"今天地之氣乃半王半休,比若晝夜無有解已,樂寧可竟日作之邪?"②《三國志・吳志・韋昭傳》:"皓每饗宴,無不竟日。"魚豢《典略》(《三國志・魏志・公孫瓚傳》裴注引):"時盛暑,竟日不雨。"干寶《搜神記》卷二:"得一人,……竟日無言。"劉義慶《世說新語・德行》:"著重服,竟日涕泗流漣。"又《雅量》:"羊固拜臨海,竟日皆美供。"又《言語》:

---

① 董志翹《觀世音應驗記三種譯注》第204頁。
② 《鄭箋》、《太平經》例承真大成博士見示,謹謝。

"每入言論，無不竟日。"又《容止》："談宴竟日。"賈思勰《齊民要術》卷六"養羊"："積茭著柵中，高一丈亦無嫌，任羊繞柵抽食，竟日通夜。"又卷九"飧、飯"："粒似青玉，滑而且美，又甚堅實，竟日不饑。"顏之推《顏氏家訓·名實》："竟日歡諧，辭人滿席。"庾信《詠畫屛風》詩二十五首之二十五："竟日坐春臺，芙蓉承酒盃。"南齊求那毗地譯《百喻經》卷二："二鬼紛紜竟日，不能使平。"(《大正藏》4.549a)

正復使 《天瑞》："日月星宿亦積氣中之有光耀者，只使墜[1]，亦不能有所中傷[2]。"《藝文類聚》卷一、《初學記》卷一引《列子》此文，"只使"作"正復使"，應是舊本如此，當從。"正復使"猶言"縱使"，"正"有"縱"義，作讓步連詞，《漢書》已見[3]。"復"爲虛語素，不爲義[4]。"正使"東漢已見。例如《論衡·刺孟》："或時食盜跖之所樹粟，居盜跖之所築室，污廉潔之行矣。用此非仲子，亦復失之。室因人故，粟以屢繼易之，正使盜〔跖〕之所樹築，已不聞知。"[5]晚漢以降，"正使"廣爲行用。例如《東觀漢記》卷一："公

---

[1] 葛瑞漢譯"只使"爲 even if (*The Book of Lieh-tzǔ*, p.28)，是。
[2] "中傷"也是晚漢以降的新詞。例如《太平經》庚部卷一一一："故名東星爲仁，不忍中傷。"《史記·匈奴列傳》"然匈奴貪，尚樂關市，嗜漢財物，漢亦尚市不絕以中之"張守節《正義》："如淳云：得具以利中傷之。"(據顏師古《前漢書叙例》，如淳爲曹魏時人。此例承眞大成博士見示，謹謝。)《列子》的"中傷"，新《辭源》釋爲"受傷"，不確；葛瑞漢譯爲 hit and harm(*The Book of Lieh-tzǔ*, p.28)，未妥。
[3] 參看劉淇《助字辨略》卷四、楊樹達《詞詮》卷五"正"字條。
[4] 這類"復"字有的學者認爲是"語綴"或"詞尾"。見江藍生《魏晉南北朝小說詞語匯釋》，語文出版社，1988 年，第 68—69 頁；劉瑞明《助詞"復"續說》，《語言研究》1987 年第 2 期，第 46—48 頁；又：《〈世說新語〉中的詞尾"自"和"復"》，《中國語文》1989 年第 3 期，第 211—215 頁；蔣宗許《也談詞尾"復"》，《中國語文》1990 年第 4 期，第 298—301 頁。有的學者認爲是用作或近乎"接尾辭"。見長尾光之《鳩摩羅什譯'妙法蓮華經'にみられる六朝期中國の口語》，《福島大學教育學部論集》24；2(人文科學)，1972 年，第 114 頁；又：《中國語譯'百喻經'の言語》，《福島大學教育學部論集》31；2，1979 年，第 124—125 頁；又：《中國語譯'雜寶藏經'の言語》，《福島大學教育學部論集》32；2，1980 年，第 85 頁；又：《中國語譯'生經'の言語》，《福島大學教育學部論集》33，1981 年，第 71 頁。
[5] 此例承眞大成博士見示，謹謝。

曰:正使成帝復生,天下不可復得也。"①習鑿齒《漢晉春秋》(《三國志·魏志·高貴鄉公髦紀》裴注引):"帝乃出懷中版令投地,曰:行之決矣!正使死,何所恨?況不必死邪!"後漢支讖譯《般舟三昧經》卷下:"聞有持是者,菩薩聞之,便當行求,往到其所,正使不得聞,其功德不可計也。"(《大正藏》13.918a)失譯《雜譬喻經》:"有十八事,人於世間甚大難:一者值佛世難;二者正使值佛,成得爲人難;三者正使得成爲人,在中國生難;……"(4.502a)東晉竺曇無蘭譯《呵雕阿那鋡經》:"比丘言:無有白衣,正使有白衣,有何等嫌疑耶?"(14.821b)後秦曇摩蜱共竺佛念譯《摩訶般若鈔經》卷二:"正使於中當死,……是善男子、善女人終不於中橫死。"(8.514a)慧皎《高僧傳·竺佛圖澄傳》:"澄告弟子法雅曰:正使聖人復出②,不愈此病,況此等乎!"(50.384c)"正復"魏晉時代多見。例如《三國志·魏志·王粲傳》:"善屬文,舉筆便成,無所改定,時人常以爲宿構,然正復精意覃思,亦不能加也。"孫盛《晉陽秋》(《世説新語·規箴》劉孝標注引):"敦曰:正復殺君等數百③,何損於時?"《法顯傳》:"貧人以少華投中便滿,有大富者欲以多華而供養,正復百千萬斛,終不能滿。"④又:"杖以牛頭旃檀作,長丈六七許,以木筒盛之,正復百千人,舉不能移。"⑤《列子》的"正復使"就是"正復"和"正使"的套用⑥,這也見於其他

① 吳樹平《東觀漢記校注》,中州古籍出版社,1987年,第6頁。
② 芮沃壽(A. F. Wright)譯"正使"爲 even if ("Fo-t'u-têng: A Biography", *HJAS*, Vol. 11, Nos. 3–4, 1948, p. 349),是。
③ 馬瑞志(Richard B. Mather)譯"正復"爲 if (*Shih-shuo Hsin-yü: A New Account of Tales of the World*, University of Minnesota Press, 1976, p. 283),目加田誠譯爲ところで("新釋漢文大系"本《世説新語》,東京:明治書院,1978年,第714頁),並是。
④ 章巽《法顯傳校注》,上海古籍出版社,1985年,第40頁。
⑤ 章巽《法顯傳校注》第47頁。
⑥ 《列子》"正復使"一作"只使"當是因爲"復"不爲義而在晚漢以迄六朝"正"常用如"只(止)"之故。例如後漢曇果共康孟詳譯《中本起經》卷下:"婆羅門言:我年老耄,正有一子。"(《大正藏》4.160a)後秦鳩摩羅什譯《衆經撰雜譬喻》卷上:"昔有一婆羅門,居家貧窮,正有一牸牛。"(4.532a)又《大智度論》卷三一:"爾時 (轉下頁)

東晉典籍，如葛洪《抱朴子內篇・辨問》："正復使聖人不爲此事，未可謂無其效也。"看來這可能是當時的一個口語詞。

以上例證表明《列子》書中明顯地存在着魏晉時期的新詞、新義、新用法。如本文第二節所述，《列子》在語言運用上的傾向是力求趨古就雅，然而其中仍然出現了不少新的詞彙語義成分，包括口語成分，顯然它們是在作者無意之中進入他的作品的。由於這些新的語言成分中有的在晉代最爲通行，我們可以推斷《列子》的撰成應當就在這一時代，而它的撰人很可能就是生活於東晉中後期的本書的注者張湛①。

過去有的學者認爲，《列子》雖是僞書，但不會出於張湛之手。主要的理由是他對本文未能完全瞭解或者解釋有誤，有時還對本文加以駁議。如岑仲勉說："作僞者將以求人之堅信"，"何苦先自

(接上頁)新生光音天者見火怖畏，言：'既燒梵宮，將無至此？'先生諸天慰喻後生天，言：'曾已有此，正燒梵宮，於彼而滅，不來至此。'"(25.290b)僧祐《出三藏記集》卷一五《法顯法師傳》："路窮幽深，榛木荒梗，禽獸交橫，正有一徑通行而已。"(55.112a)慧皎《高僧傳・曇柯迦羅傳》："亦有衆僧，未稟歸戒，正以剪落殊俗耳。"(50.324c)〔Robert Shih（史接雲）譯"正"爲 seulement (*Biographies des moines éminents*: *Kao Seng Tchouan*, Louvain, 1969, p.42)，是。〕又，《竺佛圖澄傳》："澄知勒不達深理，正可以道術爲徵。"(50.383a)〔芮沃壽譯"正"爲 only (op. cit., p.339)，是。〕《法顯傳》："自渡新頭河，至南天竺，……無大山川，正有河水。"(章巽《法顯傳校注》第55頁)又："其城中人民亦稀曠，正有衆僧民戶。"(第89頁)又："其人云：此無經本，我正口誦耳。"(第113頁)葛洪《抱朴子內篇・雜應》："斷穀人正可息餉糧之費，不能獨令人長生也。"又《金丹》："若正以世人皆不信之，便謂爲無，則世人之智者又何太多乎！"劉義慶《世說新語・規箴》："我病自當差，正憂汝患耳。"又《自新》："乃入吳尋二陸，平原不在，正見清河。"〔目加田誠譯"正"爲ちょうど（"新釋漢文大系"本《世說新語》第788頁），未是；馬瑞志譯爲 only (op. cit, p.318)，是。〕王琰《冥祥記》(《法苑珠林》卷一八引)："徑入水中量其深淺，乃應至頭，及吉渡，正著膝耳。"《宋書・王懿傳》："玄每冒夜往入，今若圖之，正須一夫力耳。"謝玄《與兄書》(《御覽》卷八三四引)："居家大都無所爲，正是垂綸爲事。"陶淵明《詠貧士》詩七首之六："舉世無知者，正有一劉龔。"

① 陳連慶論證《列子》是東晉中葉以後的作品(《〈列子〉與佛的因襲關係》，《社會科學戰綫》1981年第1期，第26頁)，葛瑞漢認爲張湛活躍(flourished)的年代是公元4世紀後期(*The Book of Lieh-tzŭ*, p.144)。其說並是。

質疑,示人以隙。"①楊伯峻説:"如果是張湛自作自注,那就應該和王肅偽作《孔子家語》又自作注解一樣,没有不解和誤解的地方","任何人是不會不懂得他本人的文章的。"②自然,從原則上説,作偽者不會"自留破綻","以待後人之操戈。"③然而事情不可一概而論,造作偽書也有兩種不同的伎倆:一是像王肅偽作《孔子家語》那樣④,力求做得天衣無縫;一是像葛洪偽作《西京雜記》那樣⑤,有時偏要示人以隙。看來張湛所運用的正類似這後一種手法,只不過手段更加狡獪而已。正如錢鍾書所指出的,他這是"譸張爲幻","所以堅人之信而售己之欺"⑥;也就是季先生論文中所説,"這都是張湛在搗鬼。"

四

除一般詞語外,《列子》書中還出現了兩種富有時代特徵的外來名物(exotic),即錕鋙劍和火浣布。

---

① 岑仲勉《〈列子〉非晉人偽作》,《兩周文史論叢》,商務印書館,1958年,第314頁。
② 楊伯峻《列子集釋》,"前言"第3頁,第348頁。
③ 余嘉錫《牟子理惑論檢討》,《余嘉錫論學雜著》上册,中華書局,1963年,第122頁。
④ 近年有的學者根據河北定縣八角廊出土竹簡的一種中有與傳世《孔子家語》相似的部分,從而主張《家語》並非偽書。參看王志平《〈孔子家語〉札記》,《學術集林》卷9,上海遠東出版社,1996年,第126頁。此説實不能成立。參看王魁偉《偽書文獻語料價值述略》,《漢語史學報》第3輯,上海教育出版社,2003年,第176—177頁。
⑤ 唐蘭《輯殷芸〈小説〉並跋》,《周叔弢先生六十生日紀念論文集》,香港:龍門書局,1951年,第225頁。洪業《再説〈西京雜記〉》,《洪業論學集》,中華書局,1981年,第399頁。參看余嘉錫《四庫提要辨證》(1958),中華書局,1980年,第1007—1017頁;勞榦《論〈西京雜記〉之作者及成書時代》,《歷史語言研究所集刊》第33本,1962年;古苔光《西京雜記研究》,《淡江學報》第15期,1976年;程章燦《〈西京雜記〉的作者》,《中國文化》第9期,1994年;西野貞治《西京雜記の傳本について》,《人文研究》(大阪市立大學)3:7,1952年;小南一郎《西京雜記の傳承者たち》,《日本中國學會報》24,1972年;倪豪士(William H. Nienhauser, Jr.): "Once Again the Authorship of the *Hsi-ching Tsa-chi*", *JAOS*, Vol. 98, No. 3, 1978。
⑥ 錢鍾書《管錐編》第2册,第468—470頁。

《湯問》："周穆王大征西戎①,西戎獻錕鋙之劍、火浣之布。其劍長尺有咫,練鋼赤刃,用之切玉,如切泥焉;火浣之布,浣之必投於火,布則火色,垢則布色,出火而振之,皓然疑乎雪②。"張注:"此《周書》所云。"③

這兩種名物,特別是所謂"錕鋙之劍",也是《列子》撰寫時代的重要旁證。分别討論如下。

錕鋙劍　《博物志》卷二:"《周書》曰:'西域獻火浣布,昆吾氏獻切玉刀。火浣布汙則燒之則潔,刀切玉如蠟。'布漢世有獻者,刀則未聞。"④顯然《列子》的"錕鋙之劍"就是《博物志》的"切玉刀"。《列子》作者以此事屬之周穆王,當是汲冢書《穆天子傳》出土之後⑤,其中所記奇異事物與傳說為文人學士豔

---

① 參看岑仲勉《〈穆天子傳〉西征地理概測》,《中山大學學報》1957 年第 7 期;王範之《〈穆天子傳〉與所記古代地名和部族》,《文史哲》1963 年第 6 期。
② 章鴻釗和葛瑞漢都曾指出,汪維輝教授近亦提示,《孔叢子·陳士義》篇有一段與《列子》雷同的文字:"昔周穆王大征西戎,西戎獻錕鋙之劍、火浣之布。其劍長尺有咫,練鋼赤刃,用之切玉如切泥焉。……《周書》:'火浣布,必投諸火,布則火色,垢乃灰色。出火振之,皜然疑乎雪焉。'"《孔叢子》乃是偽書(羼入其中的《小爾雅》在外,詳見楊琳《〈小爾雅〉考實》,《文史》第 59 輯,2002 年,第 61—72 頁),學界無異辭。《四庫全書總目》(卷九一"子部儒家類")僅僅承認"其書出於唐以前"。朱駿聲《〈小爾雅約注〉序》謂"《孔叢》一書,不著前志,殆魏晉人依託"。今日已可肯定其"確爲晉人偽作"(胡敕瑞《中古漢語語料鑑別述要》,《漢語史學報》第 5 輯,2005 年,第 271 頁)其成書當在東晉初梅賾獻上偽古文《尚書》及偽《孔傳》前後,與《列子》年代相去不遠。其作者撰寫這段文字,或許出於與《列子》作者類似的用心,其間也可能存在某種因襲關係。
③ 看來偽《孔叢子》應在偽《列子》之前,張湛可能見過。講"火浣布",《孔叢子》明稱《周書》,張湛不在所作《列子》本文中稱引《周書》,而在注中提示,這也是故意閃爍其詞,以示異同。
④ 王羅傑(Roger Greatrex): *The Bowu Zhi, An Annotated Translation*, Stockholm, 1987, pp. 97, 219. 參看博物志研究班《博物志校箋》,《東方學報》(京都)第 59 册,1987 年;范寧《博物志校證》,中華書局,1980 年;王富祥《博物志疏證》,《臺東師專學報》4,1976 年;唐久寵《博物志校釋》,臺北:學生書局,1980 年;祝鴻傑《博物志全譯》,貴州人民出版社,1992 年。
⑤ 參看王貞珉《〈穆天子傳〉簡論》,《文史哲》1962 年第 5 期;鄭傑文《穆天子傳通解》,山東文藝出版社,1992 年;Cheng Te-k'un(鄭德坤):"The Travels of （轉下頁）

稱樂聞因而加以附會之故。《博物志》所引《周書》文不見於今本《逸周書》①,可能是出於漢代小説家《虞初周説》或其所本的《周書》②,也可能是《博物志》或《孔叢子》作者杜撰③。依勞費爾之説,這都没有年代學上的價值。據他考證,《列子》所謂"錕鋙之劍"其實並不是什麽劍,而是指的金剛石刻刀(diamond-point)④。而直至三國時代這種寶物尚罕爲人們所知見。如葛洪《抱朴子内篇·論仙》所説:"魏文帝窮覽洽聞,自呼於物無所不經,謂天下無切玉之刀,火浣之布。"⑤又如曹植著《辨道論》,也不大相信有所謂"割玉刀"⑥。至於其物其事的盛傳,那更是在晉代和晉以後。金

―――――――――

(接上頁)Emperor Mu", *Journal of the North China Branch of the Royal Asiatic Society*, Vol. 64, 1932, pp. 124 - 149; Rémy Mathieu: *Le Mu tianzi zhuan*, Paris, 1978。

① 參看楊寬《論〈逸周書〉》,《中華文史論叢》1989年第1輯;黄懷信《〈逸周書〉時代略考》,《西北大學學報》1990年第1期;又:《逸周書源流考辨》,西北大學出版社,1992年;黄懷信、張懋鎔、田旭東《逸周書彙校集注》,上海古籍出版社,1995年。

② 《漢書·藝文志》"小説家":"《虞初周説》九百四十三篇。"顔注:"應劭曰:其説以《周書》爲本。"參看方詩銘《火浣布之傳入與昆侖地望之南徙》,《東方雜誌》第41卷第15號,1945年,第41頁。

③ 《博物志》舊題張華撰,《四庫全書總目》(卷一四二"子部"五二"小説家類")謂今本大抵剽掇諸書,餖飣成帙。參看余嘉錫《四庫提要辨證》第1154—1158頁。松本幸男有《列子の説話と張華博物志》一文(載《立命館文學》508號,1988年),筆者未見,不知其對此有無論列。關於僞書《孔叢子》,參看上頁注②。

④ B. Laufer:"Asbestos and Salamander, An Essay in Chinese and Hellenistic Folk-lore", *TP*, Vol. 16, 1915, p. 310.

⑤ 《抱朴子》下文云:"未期二物畢至,帝乃歎息。"據《三國志·魏志·齊王芳紀》,火浣布傳至魏朝爲齊王曹芳時事。葛洪此説當是傳聞之誤。又《初學記》卷二六引《列異傳》:"吴選曹令史劉卓病荒,夢見一人以白越單衫與之,言曰:'汝著衫汙,火燒便潔也。'卓覺,果有衫在側,汙輒火浣之。"《列異傳》、《隋書·經籍志》題魏文帝撰,實出僞託,不足徵信。參看魯迅《中國小説史略》(《魯迅全集》第9卷,人民文學出版社,1982年)第43頁;程毅中《古小説簡目》,中華書局,1981年,第19—20頁;王國良《列異傳研究》,《東吴文史學報》1988年第6期。

⑥ 《三國志·魏志·華佗傳》裴注引《辨道論》:"甘始……又云:諸梁時西域胡來獻香罽腰帶、割玉刀,時悔不取也。"曹植以爲"巨怪"而持懷疑態度。

剛石不是中國原產,在古代其主要產地爲印度①,西向輸入希臘、羅馬,東向輸入東南亞②。其由西路傳入中國的是從大秦即羅馬東境(Roman Orient)通過中亞而來③,其由南路傳入的則是經過中南半島的扶南、林邑而來④。在中國文獻中最早明確提到金剛石的是東漢末年成書的《東觀漢記》卷九所云⑤:"鄧遵破諸羌,詔賜鄧遵金剛鮮卑緄帶一具。"⑥"鮮卑"義爲帶鉤⑦。"金剛鮮卑"即鑲嵌金剛石的帶鉤。但最早講到金剛石的來源和它的切玉功用的是東晉人的撰述⑧。《御覽》卷八一三引《晉起居注》:"咸亨三年,敦煌上送金剛,……可以切玉,出天竺。"晉朝無"咸亨"年號,B. Laufer

---

① 金剛石之名見於婆羅門教經典《政事論》(Arthaśātra)[關於此書撰成年代,參看錢文忠《讀〈梵學集〉》,《學術集林》卷5,1995年,第361、363頁。]和早期巴利文佛典《彌鄰陀王問經》(Milindapañha)。參看李約瑟(Joseph Needham) and Wang Ling(王鈴): *Science and Civilisation in China*, Vol. 3, Cambridge University Press, 1959, p. 669; B. Laufer: *The Diamond*, p. 16, n. 1。
② 參看章鴻釗《石雅》(1927),上海古籍出版社,1993年,第94—95頁。
③ 參看 K. Ribaud: *The Silk Road and Diamond Path*, California, 1983。《列子》提到"西戎",可能就意味着古代突厥等部族在這些物品經由中亞輸入中國的過程中所起的中介作用。
④ 關於扶南,參看伯希和(Paul Pelliot): "Le Fou-nan", *Bulletin de l'École Française d'Extrême-Orient*, Vol. 3, 1903; 趙令揚《中國與扶南關係研究》,《香港大學歷史學會年刊》(慶祝金禧特刊),1961年;周中堅《扶南在古代中印關係中的地位》,《福建論壇》(文史哲)1984年第5期。關於林邑,參看石泰安(Rolf A. Stein): "Le Lin-yi; sa localisation, sa contribution à la formation du Champa et ses liens avec la Chine", *Han-hiue*[漢學](Bulletin du Centre d'Études Sinologiques de Pékin), Vol. 2, fasc. 1-3, 1947。
⑤ 參看 Otto Maenchen-Helfen: "Two Notes on the Diamond in China", *JAOS*, Vol. 70, 1950, p. 187。
⑥ 吳樹平《東觀漢記校注》第305頁。"鮮卑"吳書誤標專名號。參看羅常培《語言與文化》(1950),語文出版社,1989年,第21頁。鄧遵書誤爲郭遵。
⑦ Otto Maenchen-Helfen: "Are Chinese $hsi\text{-}p\text{'}i$ and $kuo\text{-}lo$ IE Loan Words?" *Language*, Vol. 21, No. 4, 1945, pp. 256-260. 參看長廣敏雄《帶鉤の研究》,京都:文星堂,1943年;中野徹《中國の帶鉤》,《古美術》61,東京:三彩社,1982年;王仁湘《古代帶鉤用途考實》,《文物》1982年第10期;又:《帶鉤概論》,《考古學報》1985年第3期。
⑧ B. Laufer: *The Diamond*, p. 35。

以爲當作"咸寧"(三年＝A. D. 277)，Otto Maenchen-Helfen 以爲當作"咸和"(三年＝A. D. 328)或"咸康"(三年＝A. D. 337)①，似後者之說爲是。《御覽》又引《抱朴子》："扶南有金剛②，可以刻玉。"《山海經·西山經》郭璞注："今徼外出金剛石，……可以刻玉。"時代略晚的記載進而敍述了用金剛石做成的"削(割)玉刀"的來源和形制。如《御覽》卷八一三引《玄中記》："金剛出天竺、大秦國，一名削玉刀。……大者長尺許，小者如稻米。欲削玉時，當作大金鐶，著手指，開其背如月，以割玉刀内鐶中以刻玉。"又引《林邑記》："林邑王范明達獻金剛指鐶。"范明達即見於酈道元《水經注·温水》引《林邑記》及《晉書·四夷傳·南蠻·林邑》、《宋書·天文志三·晉安帝義熙六年》《良吏傳·杜慧度》的林邑王范胡達③。凡此所記大抵都是東晉時代的事。可以設想，《列子》的錕鋙劍就是影指東晉以後有着明確記載的這種鑲嵌在金銀鐶上既可用作飾物又可用以切玉的鑽石刻刀。换言之，《列子》所説的"長尺有咫"的錕鋙劍④，實際上就是《玄中記》所説的"長尺許"的割玉刀。晚近考古發現表明，從域外傳入的"金剛指鐶"(即鑲嵌鑽石的金銀指鐶)確是東晉時期上层統治階級的一種珍玩⑤。這些事實足以證明勞費爾關於

---

① 《御覽》所引，B. Laufer 以爲是東晉李軌撰《晉咸寧起居注》，Otto Maenchen-Helfen 以爲是劉宋劉道會(薈)撰《晉起居注》。今按：《晉咸和/咸康起居注》亦李軌撰。據章宗源《隋書經籍志考證》(《二十五史補編》本)劉書"自武帝至安帝，總記兩晉，當是合諸家而成一書"，則其咸和、咸康兩部分當即襲用李書。

② 有的學者認爲葛洪去過中南半島(包括扶南)。見陳國符《道藏源流考》(增訂版)，中華書局，1963 年；饒宗頤《太清金液神丹經與南海地理》，香港中文大學《中國文化研究所學報》第 3 卷第 1 期，1970 年，馮漢鏞《葛洪曾去印支考》，《文史》第 39 輯，1994 年；丁宏武《葛洪扶南之行補證》，《宗教學研究》2005 年第 4 期。

③ 《晉書·安帝紀》作"范達"，當是脱"胡"字。

④ 僞《孔叢子》和《列子》說"長尺有咫"無非是暗襲古書之文以飾爲古貌，兼示神奇。《國語·魯語下》："於是肅慎氏貢楛矢、石砮，其長尺有咫。"

⑤ 如南京東晉尚書王彬家族 7 號墓曾出土鑲嵌金剛石的銀指環一件，屬中亞、西亞飾物。見夏鼐《無産階級文化大革命中的考古發現》，《考古》1972 年第 1 期，第 34、42 頁。參看《中國大百科全書·考古學》(中國大百科全書出版社，1985 年)"金剛石"條。

"錕鋙之劍"的實質的判斷是正確的,而本文上節關於《列子》撰寫時代的推斷也可以由此得到印證。

"錕鋙"一詞古已有之,字亦作"昆吾"、"琨珸"。《墨子·耕柱》:"昔者夏后開使蜚廉折金於山川,而陶鑄之於昆吾①。"《山海經·中山經》:"又西二百里曰昆吾之山,其上多赤銅。"郭注:"此山出名銅,色赤如火,以之作刀,切玉如割泥也。"《史記·司馬相如列傳》載《子虛賦》:"其石則赤玉玫瑰,琳珉琨珸②。"(《漢書·司馬相如傳》、《文選》卷七作"昆吾"。)裴駰《集解》引《漢書音義》:"琨珸,山名也,出善金。《尸子》曰'昆吾之金'者。"司馬貞《索隱》引《河圖》:"流州多積石,名昆吾石,煉之成鐵,以作劍,光明昭如水精。"勞費爾認爲"昆吾"本爲古代四川出産的一種堅石的名稱,被《列子》作者借用來指進口的金剛石③。可以説,他這是"舊瓶裝新酒",藉以顯示其物的古遠與神奇。

火浣布 "火浣布"即石棉布④,是一種礦物製品,今天已爲人所共知。在礦物中石棉特具一種纖維結構,可以紡織成布,具有耐火的性能。在古人看來,這確乎是個奇跡,從而引起極大的驚訝。在西方,早在公元前後希臘人已經知道石棉之爲礦物。例如 Strabo(約 63B.C – A.D.19)就提到這種東西可以像羊毛一樣梳理,紡織爲布,製成餐巾之類,弄髒了,放在火裏一燒,就會潔白如

---

① 《吕氏春秋·君守》:"昆吾作陶。"關於古族名"昆吾",參看余太山《昆吾考》,《中華文史論叢》第 58 輯,1999 年,第 245—257 頁;徐文堪《吐火羅人起源研究》,昆侖出版社,2005 年,第 350—352 頁。

② 參看吳德明(Yves Hervouet):*Le chapitre117 du Che-ki* (*Biographie de Sṣeu-ma Siang-jou*), Paris, 1972, p.18;康達維(David R. Knechtges):*Wen xuan or Selections of Refined Literature*, Vol. 2, Princeton University Press, 1987, p.56。

③ 關於以上論述,參看 B. Laufer: *The Diamond*, pp. 16 – 42; J. Needham and Wang Ling: op. cit., p. 671;薛愛華(Edward H. Schafer):*The Golden Peaches of Samarkand: A Study of T'ang Exotics*, University of California Press, 1985, p. 221。

④ 參看田育誠、李素楨《中國古代對石棉的辨識》,《中國科技史料》第 12 卷第 1 期,1991 年;城福勇《火浣布再説》,《科學史研究》144,日本科學史學會,1982 年。

新,正如亞麻布經過浣洗一樣。公元1世紀的 Dioscorides 和2世紀上半葉的 Apollonius Dyscolus 也有關於石棉和石棉布的記載,後者叙述尤爲生動具體。在中國,儘管《博物志》和《孔叢子》引《周書》有所記述,但年代和事實都難於考徵。可信的史料最早提到"火浣布"的是魚豢《魏略·西戎傳》(《三國志·魏志·烏丸鮮卑東夷傳》裴注引)所說"大秦多……火浣布"①,確認這是大秦的著名物産②。但直至東漢末年,火浣布實物在中國仍是極爲稀罕名貴的進口貨。據《魏志·齊王芳紀》裴注引傅玄《傅子》,漢桓帝時貴戚梁冀有一件火浣布單衣,曾特意拿來當場演示,以誇耀於公卿朝臣③。但曹丕以帝王之尊也都沒有見過並且不相信真有這種奇異物品。史籍關於域外進獻火浣布的正式記載見於《魏志·齊王芳紀》"景初三年":"二月,西域重譯獻火浣布④,詔大將軍太尉臨試,以示百寮。"約略同時,孫吳方面通過同海南諸國的接觸,也有人開始知道乃至見到火浣布。有關記述見於康泰《扶南土俗》、朱應《扶南異物志》、萬震《南州異物志》、張勃《吴錄》等書⑤。稍後,西晉初年又有大秦國獻火浣布的記載。如殷巨《奇布賦·序》(《藝文類聚》卷八五引):"惟泰康二年,安南將軍廣州牧滕侯作鎮南方,余時承乏,忝備下僚。俄而大秦奉獻琛,來經於州。衆寶既麗,火布尤奇。"到東晉中期太元年間,又有天竺獻火浣布於

---

① 參看夏德(Friedrich Hirth): *China and the Roman Orient: Researches into Their Ancient and Mediaeval Relations as Represented in Old Chinese Records*, Shanghai: Kelly and Walsh Co. Ltd., 1885, pp. 67–77.
② 《後漢書·西域傳》亦謂:大秦國多金銀奇寶,有火浣布。參看沙畹(Édouard Chavannes):"Les Pays d'Occident d'après le *Heou Han chou*", *TP*, Vol. 8, 1907, p. 183.
③ 《傅子》原文爲:"漢桓帝時,大將軍梁冀以火浣布爲單衣,常大會賓客,冀陽争酒失盃而汙之,僞怒,解衣,曰:'燒之!'布得火,煒燁赫然,如燒凡布,垢盡火滅,粲然絜白,若用灰水焉。"《後漢書·南蠻西南夷傳論》李注所引略同。
④ 所謂"重譯"大約就是大秦的使者或商人與中亞突厥等部族的譯人。
⑤ 參看方詩銘《火浣布之傳入與昆侖地望之南徙》,《東方雜誌》第41卷第15號,第43頁;向達《漢唐間西域及海南諸國古地理書叙錄》,《唐代長安與西域文明》,三聯書店,1987年,第566—569頁。

前秦的記載(見《晉書・苻堅載記》)。由此可見,與"錕鋙劍"(切玉刀)一樣,火浣布輸入中國,也有西域、南海兩道。總之,"火浣布"這一名物儘管有可能在東漢立國前後已有傳聞或傳入,如果我們相信《博物志》所説"布漢世有獻者"和《搜神記》(《魏志・齊王芳紀》裴注引)所説"漢世西域舊獻此布,中間久絶"的話,但是人們真正見到實物確乎是在漢末三國時代。至於它的進一步爲人們盛傳與訛傳,那更是東晉和晉以後的事,如《神異經》、《十洲記》、《拾遺記》等書之所見①。《列子》稱道火浣布,言之鑿鑿,這也從一個側面透露出來它的時代性。

Some Further Lexical Evidence for Dating the *Lièzǐ*
Zhāng Yǒngyán

Abstract: It is generally recognized by modern scholarship that the *Book of Lièzǐ* is a spurious work written by some person of the Jìn Dynasty. Various proofs have been given to support the assertion. But up to now concrete linguistic evidence provided for proving this point is rather far from adequate. Therefore in this paper the present author attempts to reexamine the problem mainly from a viewpoint of Chinese historical lexicology, with the intention of going a step further toward filling up some lacunae in this respect. In the first place, it is pointed out that in order to disguise his forgery, the writer of the *Lièzǐ* had done his utmost to employ as many archaisms as possible, but in reality not a few of them are borne out to be pseudo-archaisms

---

① 關於以上論述,參看 B. Laufer:"Asbestos and Salamander", pp. 300 – 373; idem: *Sino-Iranica: Chinese Contributions to the History of Civilization in Ancient Iran with Special Reference to the History of Cultivated Plants and Products* (Field Museum of Natural History Publication 201, Anthropological Series, Vol. 15, No. 3), Chicago, 1919, pp. 498 – 501; J. Needham and Wang Ling: op. cit., pp. 199 – 200。

coined by the forger which are at variance with the usage of Old Chinese. More space of this paper is devoted to an exposition of the linguistic, especially lexical, features of the Wèi and Jìn periods discerned in the Lièzǐ. Fifteen new words are exemplified and scrutinized. Some of them did not come into use until the Jìn Dynasty. This fact strongly demonstrates that although the writer of the Lièzǐ was vigilantly on his guard, these new elements in speech had inevitably crept into his writings. In addition, two exotics of the Jìn period found in the Lièzǐ are discussed in some detail, viz. 切玉刀 (jade-cutting knife, that is diamond-point) and 火浣布 (fire-cleaned cloth, that is asbestos-cloth), which may throw some sidelight on the problem of ascertaining the date of the Lièzǐ. The present author hopes that the materials and arguments afforded in this paper may confirm the supposition that the Lièzǐ is a forged work by a certain man of letters who flourished in Middle Eastern Jìn times, and in all probability he was Zhāng Zhàn, the annotator of the book.

Key words: Lièzǐ, date of its composition; lexical history of Chinese

關於漢語詞彙史研究的
一點思考*

張永言　汪維輝

在漢語史諸部門中,詞彙史向來比較落後,而中古(晚漢—隋)時期漢語詞彙史的研究尤爲薄弱①。近二十年來,經過郭在貽等先生的大力倡導和身體力行,中古詞彙研究已經由冷落而繁榮,取得了一批重要的成果,專著如林,各擅勝場,單篇文章多至難以勝數。這些成果是應當充分肯定的,它們對古籍整理、辭書編纂等工作都具有不可低估的價值,也爲建立漢語詞彙史積累了許多有用的材料。但是,這些論著大多偏重疑難詞語的考釋,研究的對象集中在從張相到郭在貽一貫強調的"字面生澀而義晦"和"字面普通而義別"的這兩類詞;也就是說,主要還是訓詁學的研究,是傳統訓詁學的延伸和擴展。至於作爲語言詞彙的核心的"常語",向來是訓詁學者認爲可以存而不論或者無煩深究的。然而,要探明詞彙發展的軌跡,特別是從上古漢語到近代漢語詞彙的基本格局的過渡,即後者逐步形成的漸變過程,則常用詞的衍變遞嬗更加值得我們下工夫進行探討。而這正是漢語史異於訓詁學之處。因爲不對常用詞作史的研究,就無從窺見一個時期的

---

* 原載《中國語文》1995 年第 6 期。
① 呂叔湘先生曾指出:"漢語史研究中最薄弱的部分應該說是語彙的研究。"見《漢語研究工作者的當前任務》,《中國語文》1961 年第 4 期,第 4 頁。呂先生還說:"漢語的歷史詞彙學是比較薄弱的部門,從事這方面研究的力量跟這項工作的繁重程度很不相稱。"見《新版〈敦煌變文字義通釋〉讀後》,《中國語文》1982 年第 3 期,第 235 頁。後來郭在貽先生也說:"關於漢語詞彙史的研究,魏晉南北朝這一階段向來是最薄弱的環節。"見《讀江藍生〈魏晉南北朝小說詞語匯釋〉》,《中國語文》1989 年第 3 期,第 227 頁。

詞彙面貌,也無從闡明不同時期之間詞彙的發展變化,無從爲詞彙史分期提供科學的依據。

訓詁學與詞彙史有密切的聯繫,又有本質的區別。訓詁的目的是"明古",訓詁學的出發點是爲了讀古書——讀懂古書或準確地理解古書。因此,那些不必解釋就能理解無誤的詞語,對訓詁學來說就没有多少研究價值。詞彙史則頗異其趣,它的目的是爲了闡明某一種語言的詞彙的發展歷史及其演變規律,而不是爲了讀古書,儘管不排除客觀上會有這種功用。所以,在訓詁學看來没有研究意義的詞彙現象,從詞彙史的立場去看可能恰恰是極爲重要的問題。目前在語言學界還存在着一種模糊認識,有意無意地把訓詁學和詞彙史混爲一談,以爲考釋疑難詞語和抉發新詞新義就是詞彙史研究的全部内容。這種認識對詞彙史研究的開展是不利的。因此,我們想要強調的是,這兩門學問各有其彼此不可替代的價值,由於研究目的的不同,看問題的角度、所用的方法和材料等等都有所不同。在目前詞彙史研究還很薄弱的情况下,有必要分清兩者的關係,尤其是它們的區別。

早在 40 年代王力先生就撰文指出:"古語的死亡,大約有四種原因:……第二是今字替代了古字。例如'怕'字替代了'懼','綺'字替代了'褌'。第三是同義的兩字競爭,結果是甲字戰勝了乙字。例如'狗'戰勝了'犬','猪'戰勝了'豕'。第四是綜合變爲分析,即由一個字變爲幾個字。例如由'漁'變爲'打魚',由'汲'變爲'打水',由'駒'變爲'小馬',由'犢'變爲'小牛'。"[①]又説:"無論怎樣'俗'的一個字,只要它在社會上占了勢力,也值得我們追求它的歷史。例如'鬆緊'的'鬆'字和'大腿'的'腿'字,《説文》裏没有,因此,一般以《説文》爲根據的訓詁學著作也就不肯收它(例如《説文通訓定聲》)。我們現在要追究,像這一類在現代漢語裏占重要地位的字,它是什麽時候產生的。至於'脖子'的'脖','膀子'的'膀',比'鬆'字的時代恐怕更晚,但是我們也應該追究它的

---

① 王力《古語的死亡殘留和轉生》,《國文月刊》第 9 期(1941 年 7 月)。

來源。總之,我們對於每一個語義,都應該研究它在何時產生,何時死亡。雖然古今書籍有限,不能十分確定某一個語義必係產生在它首次出現的書的著作時代,但至少我們可以斷定它的出世不晚於某時期;關於它的死亡,亦同此理。……我們必須打破小學爲經學附庸的舊觀念,然後新訓詁學才眞正成爲語史學的一個部門。"①王先生所説的"新訓詁學"實際上就是詞彙史。後來他又在《漢語史稿》第四章"詞彙的發展"中勾勒了若干組常用詞變遷更替的輪廓。此後陸續有學者對王先生論及的各個新詞出現的時代上限提出修正,但討論對象基本上没有超出他舉例的範圍,且僅以溯源(找出更早的書證)爲滿足。溯源當然是詞彙史研究的一個方面,而且是相當重要的一環,因爲不明"源"就無從探討"流",但是僅僅溯源是遠遠不够的。近年蔣紹愚先生論及這一問題,强調了常用詞演變研究的重要性②;還寫有專文《白居易詩中與"口"有關的動詞》③,分析探討與"口"有關的四組動詞從《世説新語》到白居易詩到《祖堂集》的發展演變情況,並運用了判别舊詞與新詞的兩種基本方法——統計使用頻率和考察詞的組合關係。蔣先生從理論和實踐兩方面所作的探索無疑將對推進漢語詞彙史的研究産生重要影響。本文作者之一也曾經試圖通過考察個别詞語的消長與更替(如:言—説,他人—旁人,有疾—得病)來探討作品語言的時代特徵④。但這是一項難度很大的工作,不是少數人在較短的時間内能做到相當程度的。現在我們打算抛磚引玉,試從若干組同義詞語在中古時期的變遷交替入手,作一初步的探索,希望能爲漢語詞彙史的發展理出一點綫索,或者説尋找一種研究方法或途徑,以期改變目前有關研究工作中畸輕畸

---

① 王力《新訓詁學》,《開明書店二十周年紀念文集》,開明書店,1947 年,第 181—182 頁。
② 蔣紹愚《近代漢語詞彙研究》,《蔣紹愚自選集》,河南教育出版社,1994 年,第 205—210 頁。
③ 《語言研究》1993 年第 1 期,第 91—99 頁。
④ 張永言《從詞彙史看〈列子〉的撰寫時代》,《季羨林教授八十華誕紀念論文集》(上),江西人民出版社,1991 年,第 189 頁以下。

重的局面,使疑難詞語考釋與常用詞語發展演變的研究齊頭並進,相輔相成,從而逐步建立科學的漢語詞彙史。

1. 目/眼

王力先生説:"《説文》:'眼,目也。'《釋名》:'眼,限也。'可見漢代已有'眼'字。但戰國以前是没有'眼'字的。戰國時代也還少見,漢代以後才漸漸多見。'眼'在最初的時候,只是指眼球。……這樣,它是和'目'有分别的。後來由於詞義的轉移,'眼'就在口語裏代替了'目'。"①

就目前所掌握的材料看,秦以前典籍中"眼"共五見,除王力先生所引的《戰國策》、《莊子》、《周易》各一例外,另兩例是:《韓非子·外儲説右下》:"趙王遊於圃中,左右以兔與虎而輟,眙然環其眼。王曰:'可惡哉,虎目也!'左右曰:'平陽君之目可惡過此。見此未有害也。見平陽君之目如此者,則必死矣。'"《吕氏春秋·遇合》:"陳有惡人焉,曰敦洽讎麋,椎顙廣顔,色如浹赬,垂眼臨鼻。"用例確實不多。

方一新曾列舉約二十條書證證明"眼"字在漢魏六朝文獻中就常當"目"講,並非如王力先生所講的那樣,到了唐代"眼"才成爲"目"的同義詞②。方文所舉的"眼"當"目"講的最早一條書證是《史記·孔子世家》的"眼如望羊"。其實這個例子不够典型,因爲字書多釋此"眼"爲"眼光"。《史記》中還有一例"眼"是確鑿無疑等於"目"的,即《大宛列傳》:"其人皆深眼,多鬚髯"③。《吕氏春秋》

---

① 王力《漢語史稿》下册,科學出版社,1958年,第499頁。
② 方一新"'眼'當'目'講始於唐代嗎?",《語文研究》1987年第3期。參看王雲路、方一新《中古漢語語詞例釋》,吉林教育出版社,1992年,第425—427頁。
③ 《漢書·西域傳上·大宛國》作"其人皆深目,多鬚髯"。此或爲班固改俗爲雅。"深眼"跟《世説新語·排調》所説"康僧淵目深而鼻高"的"目深"指的是一回事。《高僧傳》卷四"康僧淵"正作"鼻高眼深"。

"垂眼"的"眼"也是指"眼睛"①。如此看來,"眼"當"目"講在漢代以前就已經有了。由此我們甚至懷疑"眼"從一開始就等於"目",把它解釋成"眼球"可能是後人強生分別。因爲僅僅根據"抉眼""白眼"這些用例就斷定"眼"是指"眼球"似乎不夠全面。我們認爲,古人在一般情況下並不細分整個眼睛和眼球,正像"目"有時也可指"眼球"一樣,"眼"也是通指的。如上引《韓非子·外儲説右下》例,上文用"眼",下文用"目",所指似無别。又如《洛陽伽藍記》卷五:"雪有白光,照耀人眼,令人閉目,茫然無見。"似乎"眼"指"眼球","目"指"眼睛",是有分别的;但是比較一下出於同卷的下面兩個例子,就不難看出,"眼"和"目"是渾然無别的:"林泉婉麗,花彩曜目。""通身金箔,眩耀人目。""眼"在具體的上下文中有時專指"眼球",那不過是它的義位變體而已。雖然在先秦兩漢典籍中一般説"抉眼",但《説苑·雜言》:"今欲明事情,恐有抉目剖心之禍。"應劭《風俗通義》(《匡謬正俗》卷八引):"吴王夫差……誅子胥,……抉其目東門。"又,《説文》:"目,人眼也。""眼,目也。"説得清清楚楚。這些都説明古人就是如此理解"眼"和"目"的。表示"眼球"的概念,古代有一個專門的詞"目眹(字又作'眲')。如《周禮·春官·序官》"瞽矇"鄭玄注引鄭司農曰:"無目眹謂之瞽,有目眹而無見謂之矇。"《新序·雜事一》:"晉平公閒居,師曠侍坐,平公曰:'子生無目眹,甚矣子之墨墨也!'"附帶説一下,王力先生的説法可能是本於元代的戴侗。徐灝《説文解字注箋》"眼"字下引戴侗曰:"眼,目中黑白也,《易》曰:'爲多白眼。'合黑白與匡謂之目。"

從東漢起"眼"用例漸多。如張衡《思玄賦》:"咸姣麗以蠱媚兮,增嫮眼而蛾眉②。"古詩(《藝文類聚》卷五六引):"兩頭纖纖月初生,半白半黑眼中睛。"魏文帝曹丕詩(《文選》卷二五陸雲《答張士然》詩李注引):"回頭四向望,眼中無故人。"陸雲《答張士然》詩:"感念桑梓城,仿佛眼中人。"《釋名·釋形體》:"睫,插也,插於

---

① 參看張雙棣等編《吕氏春秋詞典》,s.v.,山東教育出版社,1993年。
② "嫮眼"即《楚辭·大招》"嫮目宜笑,蛾眉曼只"的"嫮目"。

眼眶而相接也。"皇甫謐《高士傳》卷中"老商氏":"眼耳都融,棄幹忘機。"葛洪《神仙傳》(《太平廣記》卷五引):"能令弟子舉眼見千里。"郭璞《山海經圖贊·犖獸》:"犖獸大眼。"(《山海經》原文作"大目")東晉佛陀跋陀羅譯《觀佛三昧海經》卷二"觀相品第三之二":"入眼爲淚,入鼻爲涕。"姚秦鳩摩羅什譯《大智度論》卷五:"於眼,得色界四大造清净色,是名天眼。"晉代以後,例子就難以數計了。從以下兩個方面觀察,在當時的實際口語中,"眼"應該已經戰勝"目"並逐步取而代之:1) 使用範圍。"眼"不僅大量出現在口語色彩較强的小說、民歌、翻譯佛典等文體中,而且進入了詩文、史書等高文典册。《高僧傳》卷一"康僧會":"〔支亮〕眼多白而睛黄,時人爲之語曰:'支郎眼中黄,形軀雖細是智囊。'"史書人名有"傅竪眼"、"楊大眼"等,這些都是當時口語的實録。此外,指稱動物的眼睛往往用"眼",如:龍眼(植物名)、鵝眼(錢名)、魚眼①、蛇眼、龜眼、鱉眼、鷹眼、牛眼、獸眼等等。2) 構詞和搭配能力。"眼"表現出强大的構詞和搭配能力,這正是基本詞彙最顯著的特徵之一。例如:肉眼、天眼、青白眼、滿眼、碧眼、嫮眼、耀眼、晃眼、舉眼、眩眼、懶眼、明媚眼、清明眼、道眼、眼分、眼色、眼境、眼界、眼根、眼患、眼醫、眼明(眼明袋、眼明囊)、眼前、眼花、眼中、眼中人、眼識、眼眶、眼膜、眼語、眼精(睛)、眼泣、眼光、眼耳、眼角。其中有許多是不能用"目"來代替的,如:肉眼、青白眼、懶眼、晃眼、明媚眼、眼境、眼界、眼根、眼醫、眼花、眼膜、眼耳、眼角等。此外還有"眼目"、"目眼"同義連文的,這種由新舊兩個同義語素構成的並列式複合詞在詞彙發展中是常見的。

下面我們再來具體考察一下《世説新語》一書中"眼"和"目"的使用情況(據高橋清編《世説新語索引》統計):全書"眼"共十五見,當"眼睛"講的"目"十七見,出現頻率大體持平;在用法上,"眼"的自由度要大於"目"。"眼"除組成"眼光"、"眼耳"、"白眼"、

---

① "魚眼"東方朔《七諫·謬諫》已見:"玉與石其同匱兮,貫魚眼與珠璣。"魏晉南北朝用例多見,不備引。

"青白眼"外,都單獨使用;而"目"則主要出現於承用前代的一些固定搭配中,如耳目、蜂目、舉目、屬目、觸目、目精、瞑目(四見)等,只有少數能獨立使用。"目"的"眼睛"義被"眼"擠占後,它在《世説新語》中更多地是用作"品評"義(共四十六見);此外,當動詞"看"講和"節目"之類的用法也是"眼"所没有的。

2. 足/脚

王力先生指出①:"《説文》:'脚,脛也';《釋名》:'脚,却也,以其坐時却在後也'。可見'脚'的本義是小腿。……但是,到了中古,'脚'在基本詞彙中已經代替了'足',這裏有一個典型的例子:'潛無履,王弘顧左右爲之造履。左右請履度,潛便於坐伸脚令度焉。'(晉書·陶潛傳)""脚"有"足"義的始見時代,經過學者們的考訂,已經把它提前到了三國②。

我們認爲,"脚"從最初指"脛"到後來轉而指"足",中間應該有一個指"整個膝蓋以下部分"的過渡階段,即先從小腿擴大到包括脚掌在内,然後再縮小到脚掌。在漢末魏晉南北朝時期它正處在這個過渡階段之中,而一直到隋末這個過程似乎尚未完成。下面這些例子中的"脚"都不易斷定是專指小腿抑或專指脚掌,只能看作是籠統地指"整個膝蓋以下部分"。(在具體的上下文中有時僅指這個整體中的某一部分,這是義位與義位變體的關係,二者並不矛盾。)例如《金匱要略·中風歷節》:"烏頭湯方,治脚氣疼痛、不可屈伸。"《西京雜記》卷六:"左右遂擊之,不能得,傷其左脚。其夕,王夢一丈夫,鬚眉盡白,來謂王曰:'何故傷吾左脚?'乃

---

① 《漢語史稿》下册,第500頁。
② 參看董志翹《"脚"有"足"義始於何時?》,《中國語文》1985年第5期;吴金華《"脚"有"足"義始於漢末》,《中國語文》1986年第4期。吴文所舉後漢康孟詳譯《興起行經》二例不可靠(此經譯者和時代均不詳,參看吕澂《新編漢文大藏經目録》,齊魯書社,1980年,第68頁),因此只能根據他所引的《漢書》如淳注和三國吴支謙譯《撰集百緣經》二例,把始見書證的時代暫定在三國。

以杖扣王左脚。王覺,脚腫痛生瘡,至死不差。"《晉書·皇甫謐傳》載謐上晉武帝書:"臣久嬰篤疾,軀半不仁,右脚偏小。"《晉書·陶侃傳》:"貢初橫脚馬上,侃言訖,貢斂容下脚,辭色甚順。"《魏書·儒林·陳奇傳》:"……夢星壓脚,必無善徵。"此外像"跛脚、損脚、動脚、患脚、脚患、脚疾、脚弱、脚痛、脚攣"等等,其中的"脚"究竟是指哪個部位都很難確定。王力先生曾舉《釋名》"脚,却也,以其坐時却在後也"爲例,證明"脚"的本義是"小腿",但出自同書的下面幾個例子卻表明,在劉熙的口語中"脚"已經並非專指小腿。如《釋衣服》:"褌,貫也,貫兩脚上繫要中也。襪,末也,在脚末也。"《釋姿容》:"超,卓也,舉脚有所卓越也。"

"脚"有時甚至可以指包括大腿在内的整條腿。例如《世說新語·賢媛》:"庾玉臺常因人,脚短三寸,當復能作賊否?"《魏書·靈皇后胡氏傳》:"崇乃傷腰,融至損脚。時人爲之語曰:'陳留、章武,傷腰折股。'"《梁書·何胤傳》:"昔荷聖王眄識,今又蒙旌貢,甚願詣闕謝恩,但比腰脚大惡,此心不遂耳。"當然,這樣的例子是少數,但這跟"脚"用於指動物和器物的脚時是指它們的整條腿這一用法又是一致的①。指動物和器物的脚時,既可用"足",也可用"脚",雖有文白之别,但指的都是整條腿。例如《太平廣記》卷三二〇引《續搜神記》:"四人各捉馬一足,倏然便到河上。……遂復捉馬脚,涉河而渡。"這樣的語言現象值得我們注意。

專指"脚掌"的"脚"晉代以後漸漸多起來。例如《抱朴子外篇·刺驕》:"或濯脚於稠衆,或溲便於人前。"《世說新語·雅量》:"羊了不昞,唯委脚几上,咏矚自若。"《太平御覽》卷一、《太平廣記》卷一一八引《幽明録》:"仰頭看室而復俯指陛下脚者,脚,足也,願陛下宫室足於此也。"殷芸《小説》卷一:"左右巧者潛以脚畫神形,神怒曰:'速去!'"《水經注》卷一九"渭水":"班於是以脚畫

---

① "脚"指動物的腿的用法起源頗早,如《淮南子·俶真》:"飛鳥鎩翼,走獸擠脚。"郭璞注《爾雅》,用了不少此類的"脚",大多指整條腿。指器物的"脚"則似乎是魏晉時期産生的新用法,最常見的是"床脚",還有"鼎脚"、"車脚"、"樓脚"、"箭脚"等。

地,忖留覺之,便還没水。"《法苑珠林》卷一七、《太平廣記》卷一一〇引《冥祥記》:"身既浮涌,脚以(已)履地。"又《珠林》卷一七引《冥祥記》:"於夜夢一沙門以脚踏之(《廣記》卷一一〇引作'以足躎之')。"《太平御覽》卷四九九引《笑林》:"賛者曰'履著脚',堅亦曰'履著脚'也。"《說文》:"襪,足衣也。"《玉篇》作"脚衣"。此外,像"脚跟""脚指""脚迹""脚腕"等,由於有另一個語素的限定,"脚"指"脚掌"也是確定無疑的。但是如果没有其他語素或上下文的限定,或限定不够明確,有時仍難以斷定"脚"是否就指"脚掌",這種疑似的例子在這一時期是很多的。由此我們推測,"脚"在一定的上下文中專指"脚掌",開始時也是作爲"膝蓋以下部分"的一個義位變體而出現的,後來這個義位變體用得多了,就漸漸地獨立爲一個固定的義位了。這個過程的最終完成,恐怕是要在"腿"取代了"股"、"脛"以後,這時候原先由"股""脛""足"三個詞構成的一個最小子語義場就變成了由"腿"(大腿、小腿)和"脚"兩個詞構成的了。

上面的簡單描述表明,"脚"在魏晉南北朝時期使用頻繁,詞義發生變化:先是義域擴大,侵入"足"的義域,有時還侵入"股"的義域,但最常用的還是指"膝蓋以下部分";然後停止後一發展趨勢,並逐步失去指"小腿"部分的功能,詞義趨向於固定在"脚掌"上。這一過程的最終完成當在唐以後。但在某些方言中,至今仍保留着"脚"在漢魏六朝時期的這一古義,如吳方言"脚"就既可以指脚掌,也可以指整條腿[①]。

3. 側、畔、旁(傍)/邊

表示"在某物的旁邊"這個意思[②],先秦主要用"側",偶爾也用"旁"和"畔"。例如《韓非子・外儲説右上》:"齊嘗大饑,道旁餓死

[①] 關於"脚"的詞義變化,參看江藍生《魏晉南北朝小説詞語匯釋》,語文出版社,1988年,第98—99頁。

[②] 本文所討論的僅限於這一組詞直接放在名詞後面的用法,放在動詞、介詞和"之""其""一""兩""四"等字之後的均除外。

者不可勝數也。"《墨子·備突》:"門旁爲橐。"《楚辭·漁父》:"游於江潭,行吟澤畔。"("畔"字用法非常有限,例子也極少。)在先秦典籍中,這類"旁"用得最多的是《呂氏春秋》,共五次;而"側"全書一共才四見,直接放在名詞後面的僅兩次。用"旁"多於用"側"的現象在《史記》中有了進一步的發展,全書"旁"共一百一十三見,用作此義的有四十八次,"傍"十六見,用作此義的六次;搭配範圍也有所擴大,可用在"江、河、海、冢、石、右"以及表示建築物、人、天體(如北斗、日)等名詞的後面。而"側"全書僅三十七見,且如此用的僅五次(均爲"帝側",用法單一)。"邊"在先秦基本上不如此用。《韓非子·外儲說右下》:"今王良、造父共車,人操一邊轡而出門閭,駕必敗而道不至也。"似可看作此種用法的雛形。

　　到了漢末魏晉南北朝時期,"邊"開始出現並迅速增多。《廣雅·釋詁四》:"邊,方也。"(王念孫疏證:"《士喪禮》注云:'今文旁爲方。'")《玉篇》:"邊,畔也。"都記錄了這一事實。早期的用例如①《後漢書·趙壹傳》載壹《刺世疾邪賦》:"伊優北堂上,抗髒倚門邊。"蔡琰《悲憤詩》:"馬邊縣男頭,車後載婦女。"曹丕《於玄武陂作》詩:"柳垂重蔭綠,向我池邊生。"王粲詩(《藝文類聚》卷九二引):"鷙鳥化爲鳩,遠竄江漢邊。"左思《嬌女詩》:"輕妝喜樓邊,臨鏡忘紡績。"束皙《貧家賦》:"悲風噭於左側,小兒啼於右邊。"《三國志·魏志·張遼傳》:"太祖征張魯,教與護軍薛悌,署函邊曰:'賊至乃發。'"又《華佗傳》:"向來道邊有賣餅家蒜齏大酢,從取三升飲之,病自當去。"又:"似逢我公,車邊病是也。"西晉竺法護譯《無量清淨平等覺經》卷一:"佛語阿難:'如世間貧窮乞丐人,令在帝王邊住者,其人面目形貌何等類乎?'"東晉失譯《那先比丘經》卷上:"象王亦在山上,近於寺邊。"又:"有前世故知識一人,在海邊作國王太子。"又:"市邊羅賣諸美羹飯,饑即得食。"《法顯傳·藍莫國》:"塔邊有池,池中有龍。"又《自師子國到耶婆提國》:"如

---

① 《漢語大詞典》和太田辰夫《中國語歷史文法》都引陶淵明《五柳先生傳》爲始見書證,嫌太晚。

是大風晝夜十三日,到一島邊。"郭璞《山海經圖贊・尋木》:"渺渺尋木,生於河邊。"《爾雅・釋草》"苬苢,馬舄;馬舄,車前"郭璞注:"今車前草,大葉長穗,好生道邊。"晉樂府《那呵灘》:"我若在道邊,良信寄書還。"這一時期"邊、側、旁"①都很常用,在大多數場合可以互相替換;在詩和駢文中,這三個詞常常構成同義互文;還有"旁(傍)邊"、"旁側"同義連文的。"畔"則用得較少,使用範圍也小得多②。"邊"作爲一個新興的詞彙成分,從兩個方面表現出它的特點:一是使用頻率迅速提高,到了《世説新語》裏,它已經遠遠超過了"旁"和"側"("邊"十三次,"傍"一次,"側"七次)。二是用法靈活多樣,"旁"和"側"所有的用法它幾乎都具有,還出現了"左邊、右邊、頰邊、耳邊、燭邊"這樣一些説法;有些用法則是"旁"和"側"所沒有的,如:天邊、東邊③,這無疑跟"邊"的本義有關。往這個方向再虛化,就有了"前邊、後邊、裏邊、外邊、上邊、下邊、北邊、南邊"這些用法,而"旁"和"側"直到今天都沒有虛化到這個地步④。這意味着在這一組同義詞的競爭中,"邊"已經表現出優勢,又經過唐以後的發展,它終於在口語中吞併了"旁"和"側",成爲現代漢語表示這一概念的唯一的口語詞。

4. 視/看

表示"用眼睛看"這一行爲,先秦兩漢一般説"視"。就目前所

---

① 先秦一般用"旁",漢魏六朝則多用"傍"。下文以"旁"賅"傍",不再一一説明。
② 基本上只限於一些表示地理概念的名詞。"星畔、耳畔、窗畔、酒畔、樽畔、琴畔、鬢畔、爐畔、燈影畔、蘭燭畔、畫圖畔"一類説法大多要到唐代才產生,而且帶有明顯的文學修辭意味,恐怕不是地道的口語詞。
③ 《太平御覽》卷四三二引沈約《俗説》:"後江州出射堂射,羊主東邊看射,車騎猶識之。"
④ 關於"邊"的虛化,參看太田辰夫《中國語歷史文法》11.5.9節。見蔣紹愚、徐昌華譯本,北京大學出版社,1987年,第92頁。他把"宅邊"的"邊"稱爲"後助名詞",而把"外邊"、"裏邊"、"旁邊"的"邊"稱爲"接尾詞",認爲"這種接尾詞'邊'從唐代開始有"。其實時代還應提前。

知,"看"最早見於《韓非子·外儲説左下》:"梁車新爲鄴令,其姊往看之。"但先秦典籍中僅此一見而已。《説文》著録了"看"字,並且有異體作"𦓒",但在兩漢文獻中"看"字仍然難得見到。直至魏晉以後"看"才逐漸多起來。《廣雅·釋詁一》:"看,視也。"這可能是對當時實際使用情況的記録。這裏舉一些較早的用例。古詩《十五從軍征》:"遙看是君家,松柏冢纍纍。"三國吳支謙譯《撰集百緣經》卷六:"時頻婆娑羅王及臣民聞佛世尊調化毒蛇,盛鉢中來,合國人民皆共往看。"三國吳康僧會譯《六度集經》卷二:"仰看蒼天,不睹雲雨。"西晉法炬共法立譯《法句譬喻經》卷四:"看樹上,有雀,小兒欲射。"《三國志·吳志·周魴傳》:"今此郡民雖外名降首,而故在山草,看伺空隙,欲復爲亂。"《搜神記》卷一七:"朝炊,釜不沸,舉甑看之,忽有一白頭公從釜中出。"《法顯傳·伽耶城》:"獄中奇怪,願王往看。"陶淵明《乙巳歲三月爲建威參軍使都經錢溪》詩:"晨夕看山川,事事悉如昔。"晉《子夜歌》四十二首之十六:"若不信儂語,但看霜下草。"晉《江陵樂》四曲之三:"逢人駐步看,揚聲皆言好。"晉《孟珠》八曲之一:"暫出後湖看,蒲菰可許長。"

在這一時期的翻譯佛經中,"看"字極爲常見,而且用法繁多,朱慶之曾細分爲十五個義項①。1) 視,瞻。視綫接觸人或物。如三國吳支謙譯《撰集百緣經》卷五:"遙見祇桓赤如血色,怪其所以,尋即往看,見一餓鬼。"2) 觀察,考察。如西晉無羅叉譯《放光般若經》卷二〇:"時釋提桓因意念言:'今是菩薩以般若波羅蜜故欲供養法上菩薩,我今試往看其人,爲用法故,頗有諛諂?'"3) 檢查、治療(疾病)。如東晉佛陀跋陀羅共法顯譯《摩訶僧祇律》卷三二:"佛言:'汝不能到耆舊醫看病耶?'"4) 表示提示。如失譯《興起行經》卷上:"王聞是語,嗔恚大喚,語諸大臣:'看是道士,行於非法,應當爾耶?'"5) 試探。如《摩訶僧祇律》卷九:"其家有机,讓比丘坐:'即坐小待。'復起,以指内釜中,看湯熱不。"6) 助詞。如同上卷一九:"精舍中庭前沙地有衆長壽。'借我弓箭,試我手

---

① 朱慶之《佛典與中古漢語詞彙研究》,臺灣文津出版社,1992年,第180—184頁。

看。'答言：'可爾。'"7）任憑。如同上卷三四："若床、褥、枕，拘執垢膩破壞者，不得看置，應浣染補治。""看置"猶今語"眼睜睜看着不管"。8）難看的"看"。如隋僧就合《大方等大集經》卷一四高齊那連那提耶舍譯《日藏分》卷三九："如是惡露，臭處難看。"9）看望。如三國吳支謙譯《撰集百緣經》卷一〇："時聚落主聞王欲來看孫陀利。"10）照看，照顧。如同上卷六："我唯一子，今舍我去，誰當看我？"11）看護（病人）。如《摩訶僧祇律》卷二八："若弟子病，應自看，使人看。"12）看管。如東晉僧伽提婆譯《中阿含經》卷三七："猶如放牛人不能看牛者則便失利。"13）監視。如同上卷二九："我復憶昔時，看田作人，止息田上。"14）看待，對待。如姚秦佛陀耶舍譯《四分律》卷三三："和尚看弟子當如兒意看，弟子看和尚當如父意。"15）接待。如《中阿含經》卷二三："與我好飲食，好看視我。"又失譯《雜譬喻經》："昔北天竺有一木師，作一木女，端正無雙，衣帶嚴飾，與世女無異，亦來亦去，亦能行酒看客，唯不能語耳。"上述義項大多在中土文獻中也能見到用例。

在《世說新語》裏，"看"字也已用得十分頻繁（全書凡五十三見），而且"閱讀"也常常說"看"了（用作此義共十四次）。例如《文學》："殷中軍被廢東陽，始看佛經。"（比較《賞譽》劉注引鄧粲《晉紀》："兄子濟往省湛，見床頭有《周易》，謂湛曰：'叔父用此何為？頗曾看不？'湛笑曰：'體中佳時，脫復看耳，今日當與汝言。'"）還有"看殺衛玠"（《容止》）這樣的說法。"看殺""打殺"的"殺"是這時期興起的一種新用法。在陳代的詩裏，還有了重疊式"看看"。例如江總《奉和東宮經故妃舊殿》："故殿看看冷，空階步步悲。"陸瓊《長相思》："容貌朝朝改，書字看看滅。"可以說，現代漢語中"看"字的所有義項和用法，這時都已基本齊備。這標志着"看"在六朝已經是一個發育成熟的詞，在當時的實際口語裏應當已經取代了"視"，而且還侵入了"觀、省、察、讀"等詞的義域。只有在少數場合"視"不能換成"看"，如"虎視、熟視、高視"等固定搭配。

"看"從《韓非子》始見到六朝發育成熟，這中間理應有一個漫長的漸變過程，也就是說，在這段時間裏，"看"一定是活在口語中的(也許開始只是一個方言詞,後來發展成爲全民通語),到了魏晉以後,它又得到了迅速的發展。只是現存兩漢文獻没有充分反映口語的實際使用情况,使我們難以窺見它在當時演變發展的過程罷了。

5. 居/住

表示"居住"這個概念,上古用"居"(偶爾也用"止"等),現代漢語用"住"。這個交替過程也發生在魏晉南北朝時期。

"住"本是"停留,停止"義。如西晉竺法護譯《無量清淨平等覺經》卷一:"佛語阿難:'如世間貧窮乞丐人,令在帝王邊住者,其人面目形貌何等類乎?'"《搜神記》卷一:"見者呼之曰:'薊先生小住。'""住"當與"駐"同源。如《東觀漢記·桓帝記》:"以京師水旱疫病,帑藏空虚,虎賁、羽林不任事者住寺,减半奉。"《後漢書·鄧禹傳》:"禹所止輒停車住節,以勞來之。"均用同"駐"①。由此"住"引申爲"居住"義。《戰國策·齊策六》:"先是齊爲之歌曰:'松邪,柏邪?住建共者客邪?'"這個"住"應當就是"居住"的住,這裏用作使動,"住建共"是"使建居住在共"的意思。這是目前所能見到的表示"居住"義的"住"的最早用例。此外《易林》卷四"井之頤"有一例,也應作"居住"講:"乾作聖男,坤爲智女,配合成就,長住樂所。"《風俗通義·過譽》:"汝南戴幼起,三年服竟,讓財與兄,將妻子出客舍中住,官池田以耕種。""住"指"居住"是無疑的了。

晉代以後,"居住"義的"住"就很常見了。例如晉《長干曲》:"妾家揚子住,便弄廣陵潮。"陶淵明《擬古》詩九首之五:"願留就君住,從今至歲寒。"《搜神記》卷一七:"乃遣人與曹公相聞:欲修故廟,地衰不中居,欲寄住。"《世説新語·賞譽》:"蔡司徒在洛,見陸機兄弟住參佐廨中;三間瓦屋,士龍住東頭,士衡住西頭。"《洛

---

① 《説文》説解中"住"字三見,而正文無"住"字。清代學者有以爲是"駐"或"逗(侸)"之俗字者,詳見《説文解字詁林》。

陽伽藍記》卷五:"朝士住其中。"《太平御覽》卷四六九引《俗説》:"王孝伯起事,王東亭殊憂懼,時住在慕士橋下。"《太平廣記》卷三二〇引《荀氏靈鬼志》:"至嘉興郡,暫住逆旅。"《御覽》卷九三〇、《廣記》卷四二五引《續搜神記》:"長沙有人,忘其姓名,家住江邊。""居住""住居"連文亦已見,例如《搜神記》卷一〇:"石有弟子戴本、王思二人,居住海鹽。"《魏書·楊椿傳》:"吾今日不爲貧賤,然居住舍宅不作壯麗華飾者,正慮汝等後世不賢,不能保守之。"《洛陽伽藍記》卷二:"吴人之鬼,住居建康。"

"住"用作"居住"義,在開始時並不完全等於"居",用法上跟"居"有一定的互補性。"住"的詞義有一個從具體到抽象的發展過程,也就是説,"住"是一步一步地侵入"居"的義域然後取而代之的。通過比較這兩個詞在魏晉南北朝時期的用法差異,我們能夠把"住"的演變軌迹大體上探尋出來。比如"暫住"、"寄住"就多用"住"而少用"居",這説明"住"跟"居"相比有一種時間上的短暫性,這種暫時性直接來源於它的本義。住在某地(一個行政區劃)則多説"居"而較少用"住",如"居某州(郡、縣、城)、居京師"的説法很常見;與此相反,"住"的對象多爲表示具體住所的名稱,如"房、宅、舍、瓦屋、田舍、齋中、西厢中、某某家、廨、寺、亭、土窟、岩石間、墓下(側、邊)"等,或者比較具體的某個地點,如"村、某山、山中"等。下面這個例子很有代表性。《世説新語·棲逸》:"居在臨海,住兄侍中墓下。"① "與某人同住"一般也用"居"不用"住"。如《世説新語·德行》:"與嵇康居二十年,未嘗見其喜愠之色。"又《賢媛》:"陶公少有大志,家酷貧,與母湛氏同居。""居人"(名詞)不説"住人"。如《搜神後記》卷一〇:"武昌虬山有龍穴,居人每見虬龍出入。""居"的"處"(chǔ)義更是"住"所没有的(直到今天都如此)。如《搜神記》卷六:"賢者居明夷之世。"又:"賤人將居貴顯。"這説明"住"所表達的"居住"概念比較具體,這也跟它的本義

---

① 在《世説新語》中"居"和"住"大體上是這麽分工的:全書"居"當"居住"講的十六見,其中對象是具體住所的四次;作"居住"講的"住"十三見,對象全部爲具體住所。

密切相關;而"居"經過幾千年的使用,含義已經比較抽象,用法也比較靈活。不過從總體上看,這一時期"住"從"暫住"到"久住"義的演變過程已經基本完成;表"居住在某地"的用法也在逐漸增多。例如《搜神記》卷一:"訓不樂住洛,遂遁去。"用法上的這種擴展完成以後,"住"取代"居"的條件也就成熟了。在構詞上,"住處""住所"等現代漢語常用的詞語也已經出現。如《論語・雍也》"非公事,未嘗至於偃之室也"梁皇侃疏:"偃之室,謂于游所住邑之廨舍也……若非常公稅之事,則不嘗無事至偃住處也。"這是用當時的通用語來解釋古書。《魏書・袁翻傳》載翻表:"邢巒住所,非所經見,其中事勢,不敢輒陳。"又如以前說"居止",而此時可說"住止"(均為同義連文)。例如南齊求那毗地譯《百喻經》卷四"效其祖先急速食喻":"昔有一人,從北天竺至南天竺,住止既久,即聘其女,共為夫婦。"這些都表明,在當時的實際口語中"住"大概已經取代了"居"。

6. 擊/打

"打"是後漢時期出現的一個新詞①,最早見於字書著錄的是《廣雅》,《釋詁三》:"打,擊也。"又《釋言》:"打,棓也。"早期的用例如東漢王延壽《夢賦》:"撞縱目,打三顱。"失譯《興起行經》卷上"孫陀利宿緣經第一":"樹神人現出半身,語眾人曰:'莫拷打此人。'眾臣曰:'何以不打?'"又"頭痛宿緣經第三":"時穀貴饑饉,人皆拾取白骨,打煮飲汁,掘百草根,以續微命。"晉《子夜歌》四十二首之二十:"打金側玳瑁,外艷裏懷薄。"《晉書・鄧攸傳》載吳人歌:"紞如打五鼓,鷄鳴天欲曙。"又《桓豁傳》:"初,豁聞苻堅國中有謠曰:'誰謂爾堅石打碎。'"葛洪《抱朴子內篇・仙藥》:"風生獸

---

① 《説文新附・手部》:"打,擊也。"唐玄應《一切經音義》卷六引《説文》:"打,以杖擊之也。"又卷三引《通俗文》:"撞出曰打。"鈕樹玉和鄭珍兩家的《説文新附考》都認為"打"即《説文・木部》"朾"的俗字。

似貌,……斫刺不入,打之如皮囊。"《搜神記》卷一五:"婢無故犯我,我打其脊,使婢當時悶絕。"宋《讀曲歌》八十九首之六:"打壞木棲床,誰能坐相思!"又五十五:"打殺長鳴雞,彈去烏臼鳥。"《世說新語·方正》:"伊便能捉杖打人。"《太平廣記》卷三二〇引《續搜神記》:"方便借公甘羅,今欲擊我。我今日即打壞奴甘羅。"宋齊以後,用例迅速增多,凡古來用"擊"的地方,有許多可以用"打"。上古的習慣用法"擊鼓",這時候已經以說"打鼓"居多了。還有"打擊"、"擊打"連文的。例如《抱朴子內篇·登涉》:"岩石無故而自墮落,打擊煞人①。"《魏書·張彝傳》:"以瓦石擊打公門。"在組合關係上,"打"多出現在比較口語化的上下文中,並常跟新興的語言成分相結合。例如《高僧傳》卷一〇"釋慧通":"又於江津路值一人,忽以杖打之,語云:'可駛歸去,看汝家若爲?'"這裏的"打"、"駛"、"看"、"若爲"都是地道的六朝口語詞。《太平廣記》卷三一九引《幽明錄》:"鬼語云:'勿爲罵我,當打汝口破。'""勿爲"、"罵"是此時的口語詞,而"打汝口破"是此時的新興句法。又如《北齊書·尉景傳》:"景有果下馬,文襄求之,景不與。……神武對景及常山君責文襄而杖之,常山君泣救之,景曰:'小兒憒去,放使作心腹,何須乾啼濕哭不聽打耶!'"《南史·陳本紀上》:"侯景登石頭城,望官軍之盛,不悅,曰:'一把子人,何足可打!'"又《任忠傳》:"明日欻然曰:'腹煩殺人,喚蕭郎作一打。'"又《高爽傳》:"取筆書鼓云:'……面皮如許厚,受打未詎央。'"這些應當都是當時口語的實錄,如果把"打"換成"擊",就失去口語的生動性了。此外,史書引"時謠"、"童謠"之類,一般都用"打"。又如"打殺(煞)、打死、打壞、打折、打拍、打揲(爭鬥)、打毬、打虎、打胸、打稽(時人稱攔路殺人搶劫)、打簇(北朝時的一種游戲,又稱"打竹簇")、毆打、痛打、相打、極打、撲打、拷打、捶打、拳打、鞭打"等,也都是新生的口語說法。在數量上,就逯欽立所輯的六朝民歌考察,幾乎全用"打","擊"僅一見;《世說新語》中"擊"五見,"打"四

---

① 《漢語大詞典》"打擊"條首引《水滸傳》,太晚。

見。這些事實說明,在當時的口語中"擊"已退居次要地位,逐漸爲"打"所代替,二詞已有明顯的文白之分。

"打"的詞義在近代漢語階段又得到了空前的豐富和發展。到了現代漢語,"打"共有二十四個義項(據《現代漢語詞典》),詞義的豐富和用法的靈活恐怕沒有哪個單音詞能夠同它相比。"打"在用法上的靈活性,在魏晉南北朝時期已經有所表現,不過總的來看,這一時期"打"的詞義還比較實在,基本上都是指敲擊的動作,對象大都是具體的人或物。像《梁書·侯景傳》:"我在北打賀拔勝,破葛榮,揚名河朔。"《顏氏家訓·音辭》:"打破人軍曰敗。""打"用作"攻打,進攻"義,已顯露出向抽象方向引申的迹象。

7. 疾、速、迅/快(駃)、駛

表示"迅速"這個意思,上古漢語用"疾"、"速"、"迅"等,現代漢語用"快"。中古時期除承用"疾、速、迅"之外,口語中常用的是"快"(字又作"駃")和"駛"。

在中古時期,"疾、速、迅"都仍很常用;特別是"迅",出現頻率非常高。但這三個詞大體上有個分工:"迅"主要用於修飾名詞,作定語,如"迅羽、迅足、迅風、迅雨、迅雷、迅電、迅流、迅翼"等;"速"主要修飾動詞,作狀語,如"速決、速殄、速達、速裝、速熟、速斷"等,除個別情況外(如"速藻"——指速成的詞藻),基本上不修飾名詞;"疾"則適用範圍最廣,修飾名詞、動詞均可,如"疾雨、疾風、疾雷、疾霆、疾流、疾馬、疾行、疾走、疾進、疾驅、疾馳、疾戰"等。從使用習慣看,這三個詞主要用於書面語,在當時都屬於較文的詞語。

"快"原指一種心理活動,《説文》:"快,喜也。"大約在東漢,"快"除沿用舊義外(此義一直沿用至今),開始有了"急速"的意思[1]。

---

[1] 曹廣順認爲:"'快'字的'迅速'義可能是從'駃'字來的。"又説:"根據我們目前所見的材料,'快'獲得'迅速'義,可能不遲於魏晉南北朝。"見《試説"快"和"就"在宋代的使用及有關的斷代問題》,《中國語文》1987年第4期。現在看來,時代還可提前。又,江藍生也有類似説法,參看《魏晉南北朝小説詞語匯釋》第117—118頁。

《方言》卷二:"遥、苦、了,快也。"蔣紹愚先生認爲這個"快"就是"快急"之"快"①。文獻用例如後漢安世高譯《大安般守意經》卷上:"何等爲十六勝?即時自知喘息長,即自知喘息短;即自知喘息快,即自知喘息不快;即自知喘息止,即自知喘息不止。"三國吳康僧會譯《六度集經》卷七:"何謂十六?喘息長短即自知,……喘息快不快即自知,喘息止走即自知。"這兩段文字文意相同,譯者不同,但都用"快"表"急速"義,可見當時此義已在口語中行用②。魏晉以後,用例多見。如《三國志・吳志・呂岱傳》載張承與岱書:"又知上馬輒自超乘,不由跨躡,……何其事事快也。"《博物志》卷四:"螪蟭以背行,快於用足。"《搜神記》卷四"物性":"君可快去,我當緩行。""快"與"緩"反義對文。《抱朴子內篇・雜應》:"若欲服金丹大藥,先不食百許日爲快;若不能者,正爾服之,但得仙小遲耳。""快"與"遲"亦對文。《太平廣記》卷三二四引《幽明錄》:"卿下手極快,但於古法未合。"《太平御覽》卷六四四引《語林》:"嵇中散夜彈琴,忽見一鬼著械來,嘆其手快。"《藝文類聚》卷六〇、《北堂書鈔》卷一二四、《御覽》卷三五四引《荀氏靈鬼志》:"〔陳安〕常乘一赤馬,俊快非常。"《周書・姚僧垣傳》:"梁武帝嘗因發熱,欲服大黃,僧垣曰:'大黃乃是快藥,然至尊年高,不宜輕用。'"《晉書・王湛傳》:"此馬雖快,然力薄,不堪苦行。"最常見的是作定語修飾指動物的名詞,如"快馬、快牛、快犬、快狗"等。也有"快疾"連文的,例如《拾遺記》卷六:"帝於輦上覺其行快疾。"字又寫作"駃",《説文・馬部》"駃"下徐鉉曰:"今俗與'快'同用。"例如楊孚《異物志》:"日南多駃牛,日行數百里。"崔豹《古今注・雜注》:"曹真有駃馬,名爲'驚帆',言其馳驟如烈風之舉帆疾也。"王僧孺《禮佛唱導發願文》:"夫三相雷奔,八苦電激,或方火宅,乍擬駃河,故以尺波寸景,大力所不能駐。"《太平御覽》卷三四五引《祖

---

① 蔣紹愚《從"反訓"看古漢語詞彙的研究》,《語文導報》1985年第7—8期;又見《蔣紹愚自選集》第23頁。
② 《漢語大詞典》"快"字此義下所引始見書證爲《史記・項羽本紀》"今日固決死,願爲諸君快戰",似欠妥,此"快"仍當爲"暢快"義。

台之志怪》:"見一小兒,……手持刀,長五六寸,坐牆上磨甚駃。"《齊民要術》卷六"養牛馬驢騾":"牛歧胡有壽,眼去角近,行駃。"

"駛"也是魏晉南北朝時期的一個常用詞①,它的"快速"義在戰國西漢時就已有了,《尉繚子·制談》:"天下諸國助我戰,猶良驥騄駬之駛,彼駑馬鬐興角逐,何能紹吾氣哉!""駛"一本作"駃"。《詩·秦風·晨風》"鴥彼晨風,鬱彼北林"毛傳:"先君招賢人,賢人往之,駛疾如晨風之飛入北林。"《釋文》:"駛,所吏反。"阮元《校勘記》云:"相台本駛作駃,小字本作駛,案駛字是也。"唐慧琳《一切經音義》卷六六引《蒼頡篇》:"駛,馬行疾也。"又卷六一引《蒼頡篇》:"駛,疾也。"晚漢以後,它的使用頻率不低於"快(駃)",這裏舉一些例子。後漢曇果共康孟詳譯《中本起經》卷四:"其水深駛,佛以神刀斷水令住。"《三國志·魏志·鄧艾傳》裴注引郭頒《世語》:"君釋褐登宰府,三十六日擁麾蓋守兵馬郡。乞兒乘小車,一何駛乎!"又《蜀志·楊洪傳》裴注引陳壽《益部耆舊傳》:"每朝會,祇次洪坐。嘲祇曰:'君馬何駛?'祇曰:'故吏馬不敢駛,但明府未著鞭耳。'"潘岳《在懷縣作》詩二首之二:"感此還期淹,嘆彼年往駛。"《搜神記》卷一四:"〔鱉〕自捉出户外,其去甚駛,逐之不及。"又卷一九:"汝何姓?作此輕行,無笠,雨駛,可入船就避雨。"《太平御覽》卷七六九引《續搜神記》:"從南臨歸,經青草湖,時正帆風駛,序出塞郭,忽落水。"陶淵明《和胡西曹示顧賊曹》詩:"蕤賓五月中,清朝起南颸,不駛亦不遲,飄飄吹我衣。"又《雜詩》十二首之六:"傾家持作樂,竟此歲月駛。"謝靈運《初往新安至桐廬口》詩:"既及泠風善,又即秋水駛。"沈約《豫章行》:"燕陵平而遠,易河清且駛。"劉鑠《壽陽樂》:"辭家遠行夫,空爲君,明知歲月駛。"王僧孺《爲韋雍州致仕表》:"菌蟪夕明,倏駛無幾。"蕭統《七契》:"逸足驟反,游雲移駛。"梁元帝蕭繹《咏晚棲烏》詩:"風多前鳥駛,雲暗後群迷。"張正見《隴頭水》詩二首之一:"湍高飛轉駛,澗淺蕩還遲。"後魏吉迦夜共曇曜譯《付法藏因緣傳》卷一:"如來涅槃,何斯

---

① 參看江藍生《魏晉南北朝小說詞語匯釋》第177—178頁。

駛哉？""駛"又多用作定語修飾名詞，組成下面這樣一些詞組：駛雨、駛風、駛雪、駛河、駛流、駛馬、駛牛、駛翼等。

"快(駃)"和"駛"在用法上大體相同，兩者都常作定語和謂語，不過也有一些細微差别：1)"駛"更多地用於"風、雨、雪"一類自然現象，着重强調它們的急驟猛烈；"快"則更多地用於動物，詞義側重於速度快①。2)"駛"多見於詩賦等典雅的文學作品中，而"快"在這種場合很少出現。這些細微差别似乎跟"駛"在後來的同義詞競爭中終於被淘汰而"快"一直沿用到現代漢語這一事實存在着某種内在的聯繫：風、雨、雪等的急驟猛烈後世多用"急、緊、猛"等詞語來形容，"駛"就讓位給了它們，而在描摹動物行動的速度快方面，"駛"也沒能在競爭中取勝，它原先所占的地盤後來都讓給了"快"；就在魏晉南北朝時期，"駛"在口語中的勢力可能已經没有"快"大，或者說，"快"正處在上升擴展時期，而"駛"却在走下坡路。這些仿佛都預示着兩個詞以後的發展命運。

8. 寒/冷

這組詞本文作者之一曾在一篇文章中討論過②，這裏我們再作兩點補充：

一、魏晉以後，"冷"已用得十分普遍，它不僅"成爲'熱'的通用反義詞"，而且常跟"暖"、"温"對用，例如《藝文類聚》卷七六引支僧載《外國事》："昔太子生時，有二龍王，一吐冷水，一吐暖水。"傅咸《神泉賦·序》："余所居庭前有涌泉，在夏則冷，涉冬而温。"《初學記》卷七引《幽明録》："艾縣輔山有温冷二泉。……熱泉可煮鷄豚，冰(疑當作'冷')泉常若冰生。"《世說新語·文學》："左右進食，冷而復暖者數四。"又《任誕》："桓爲設酒。不能冷飲，頻語

---

① "快風、快雨、快雪"的"快"大多仍是"暢快，痛快"的意思，跟"駛風、駛雨、駛雪"的意義不一樣。例如《三國志·魏志·管輅傳》："時天旱，……到鼓一中，星月皆没，風雲並起，竟成快雨。"王羲之《雜帖》："快雪時晴佳，想安善。"

② 見張永言《語源探索三例·說"淘"》，《中國語言學報》第3期，1988年。

左右,令溫酒來。"

二、在這一時期"冷"雖然已是"熱、暖、温"的反義詞,又是"可以與'寒'連文或互用的同義詞",但"寒"和"冷"在意義和用法上還是有區別的,這主要表現在以下幾個方面:1)"寒"所指的寒冷程度比"冷"所指的要深,表現爲"寒"常和"冰、霜、雪"等詞聯繫在一起,例如晉《子夜四時歌·冬歌》十七首之七:"寒雲浮天凝,積雪冰川波。"又九:"天寒歲欲暮,朔風舞飛雪。"又十五:"欲知千里寒,但看井水冰。"又十六:"經霜不墮地,歲寒無異心。"而"冷"則很少這樣用。用現代人的區分標準來看,"寒"大多是指零度以下,而"冷"則一般指零度以上;"冷"的程度大概介於"寒"和"涼"(今義)之間。《後漢書·戴就傳》:"就語獄卒:'可熟燒斧,勿令冷。'"後魏吉迦夜共曇曜譯《付法藏因緣傳》卷四:"以香乳糜而用與之,語令待冷然後可食。比丘口吹,糜即尋冷。"這個"冷"指冷卻,不能換成"寒",就很能説明兩者程度上的差別。當然這種區別不是絕對的,比如王獻之《雜帖》:"極冷,不審尊體復何如?"沈約《白馬篇》:"冰生肌裏冷,風起骨中寒。"蕭統《錦帶書十二月啓·黄鐘十一月》:"酌醇酒而據切骨之寒,温獸炭而袪透心之冷。""冰""霜"也可以説"冷",例如《晉書》卷三九《王沈傳》:"冰炭不言而冷熱之質自明者,以其有實也。"隋煬帝楊廣《手書召徐則》:"霜風已冷,海氣將寒。"不過數量都還比較少。但後世"冷"終於取代"寒"從這裏已經可以看出端倪。2)"冷"多用於表示具體物質或物體的感覺上的冷,而"寒"則多用於抽象的事物或用來概括某類事物的特點。比如"天寒、歲寒、寒暑、寒衣、寒服"都是指比較抽象的氣候寒冷,一般不能換成"冷"①;"冷"可以描繪的具體對象範圍很廣,比如"水、火、風、月、雨、霜、露、冰、山氣、朔氣、身、體、體中、胃中、手、足、背、齒、心、心下、腸、髓、乳、衣袖、氣、茶、酒、粥、漿、炙、藥性、物性、枕蓆、簟、器、殿、堂、猿、牛角、卵、

---

① "天冷"的説法當時還很少見,《洛陽伽藍記》卷五:"是時八月,天氣已冷。""冷"一本作"寒"。

竹、葭、榆、石、澗、泉"等等。其中"心冷"、"腸冷"等已是相當抽象的引申用法,爲後世"冷"繼續朝這個方向引申(如"冷面"、"冷眼"等)開了先河。3)"冷"可以修飾動詞作狀語,如上文所舉的《世說新語·任誕》"不能冷飲"。又如巢元方《諸病源候論》卷六"寒食散發候篇"引皇甫謐《論》:"坐衣裳犯熱,宜科頭冷洗之。"《北史·崔贍傳》:"何容讀國士議文,直如此冷笑?"這是"寒"所少有的用法。這種用法在後世得到了進一步的發展,這可能也是在口語裏"冷"最終淘汰了"寒"的一個原因。

以上我們討論了八組常用詞在中古時期變遷遞嬗的大概情況。由於掌握的材料有限,研究的方法也在探索之中,觀察和分析都還是很粗淺的,所得的結論不一定確切,有的甚至難免錯誤,這都有待於今後繼續探討和修正。本來,我們寫作本文的主旨也不過是想通過分析一些實例來提倡一下詞彙史領域中長期被忽視的常用詞演變的研究。經過初步的實踐,我們感到常用詞的歷史的研究是很有意義的,而且是大有可爲的,但迄今尚未引起詞彙史研究者的普遍重視。除上面提到的少數幾篇文章外,還很少有人問津,大家的興趣和工夫幾乎都集中到考釋疑難詞語上頭去了。這種情況看來亟須改變,要不然,再過一二十年,詞彙史的研究將仍然會遠遠落在語音史和語法史的後面。因爲常用詞大都屬於基本詞彙,是整個詞彙系統的核心部分,它的變化對語言史研究的價值無異於音韻系統和語法結構的改變。詞彙史的研究不但不應該撇開常用詞,而且應該把它放在中心的位置,只有這樣才有可能把漢語詞彙從古到今發展變化的主綫理清楚,也才談得上科學的詞彙史的建立。這項工作也許需要幾代學人的共同努力,但是可以肯定研究前景是十分廣闊的。現在我們不揣淺陋,把這一點不成熟的思考貢獻出來,懇切希望得到同行專家的批評指正。

漢 語 詞 彙[*]

漢語詞彙(Chinese lexicon) 漢語裏詞的總匯，即所有的詞的集合體，其中也包括性質和作用相當於詞的固定詞組（如成語）。漢語的某個歷史斷代、某個地域方言或社會方言（如行業語）的詞語的集合體也使用詞彙這個名稱，如：先秦詞彙、廣州話詞彙、水手詞彙；某種特殊類別或某一作品的詞語的集合體也可稱爲詞彙，如：口語詞彙、《紅樓夢》詞彙。

漢語詞彙豐富多彩，源遠流長，以下就它的一些特點和歷史發展情況作一概述。

漢語詞彙的特點 世界上每個民族語言的詞彙都各有其特點，漢語詞彙也有它自己的一些特點。

單音節語素和複合構詞法 詞彙由詞組成，詞由語素構成。漢語的語素絕大部分是單音節的。它們不單用的時候是構詞成分，單用的時候就是詞。由於許多單音節語素能獨立成詞而語素和語素又能相當自由地複合成詞，這就使漢語構詞具有很大的靈活性。用複合法構成的詞，人們容易理解和接受。因此漢語在歷史發展中就能方便自如地創造新詞，以表示不斷出現的新概念，滿足社會對語言的要求。例如"生"、"產"兩個語素。它們既能單獨成詞，又能互相組成複合詞"生產"、"產生"；同時還能分別跟其他單音節語素組成一系列複合詞，包括許多新詞在內。例如：生活、生存、生物、生理、生態、發生、滋生、派生、寄生、衛生；產業、產品、產量、產值、出產、資產、特產、包產。

構詞法和句法的一致 漢語缺乏形態變化，語音-形態學構

---

[*] 原載《中國大百科全書·語言文字》，中國大百科全書出版社，1988年。

詞法僅存上古遺迹,如:入(-p)/內(-d)、立(-p)/位(-d)、執(-p)/贄(-d),接(-t)/際(-d)、結(-t)/髻(-d)、鍥(-t)/契(-d)、脫(-t)/蛻(-d)、列(-t)/例(-d);漢語又缺少地道的前綴和後綴,詞綴附加法在構詞上不占重要地位;漢語裏應用最廣的構詞法是詞根複合法,即依照句法關係由詞根組成複合詞的方法。這種構詞法跟由詞結合爲詞組的造句法基本上是一致的。比如,漢語詞組的主要結構類型爲"偏正"、"並列"、"述賓"、"述補"、"主謂",而複合詞的構成格式也同樣是這五種。因此,漢語裏常有詞組轉化爲詞的現象(如"國家"、"衣裳"),而一個雙音組合是詞還是詞組有時難以確定(如"打仗"、"吵架")。

叠音字和聯綿字 漢語詞彙的基本構件是單音節語素,這個特點表現在書寫形式上就是"一字一義",即每個字代表一個成詞的或不成詞的語素,不代表語素的字是例外。就漢語固有詞而言,這些例外主要見於"叠音字"和"聯綿字"。叠音字和聯綿字都是雙音的單純詞,其中每個字只代表一個音節。叠音字由兩個相同的字組成,多數是形容詞和象聲詞。如:盈盈、楚楚、孜孜、喋喋、熊熊、習習、喃喃、啾啾。聯綿字大多由兩個具有雙聲、叠韻關係的字組成,多數是形容詞,也有一些指具體事物的名詞。如:參差、躊躇、忸怩、陸離、玲瓏、伶俐、拮据、倜儻、磊落、仿佛、鴛鴦、孑孓、蟾蜍、轆轤(以上雙聲)、伶仃、混沌、酩酊、迷離、腼腆、依稀、潺湲、玫瑰、螳螂、蜻蜓、碌碡(以上叠韻)。古代漢語裏有不少叠音字和聯綿字,近現代漢語沿用了一些,也新創了一些。

外來詞的義譯 跟其他許多語言一祥,漢語詞彙以民族固有詞作爲主體,也適當吸收外語詞來豐富自己。但漢語的詞大多數是字各有義的,字不表義的音譯外來詞在說漢語的人的心理上較難接受,因而純粹音譯詞在漢語詞彙裏所占的比重很小,通用的爲數更少。一時一地曾經流行的某些音譯詞也往往逐漸爲自創的詞所取代。如:撲落(plug)/插頭、水汀(steam)/暖氣、盤尼西林(penicillin)/青黴素。漢語裏比較通行的吸收外語詞的方式是:1) 譯音加類名,如:卡車(car)、啤酒(beer)、芭蕾舞(ballet)、高爾夫球(golf);2) 半譯音半譯義,如：霓虹燈(neonlamp)、珂羅版(collotype)、摩托車(motor-cycle)、冰激凌(ice cream);3) 仿譯,即用漢語語素對譯原詞的組成部分,如：籃球(basket-ball)、馬力(horse-power)、汽船(steamboat)、筆名(pen name)、快餐(quick lunch)、機關槍(machine gun)、幼兒園(kindergarten)。最後一種義譯法尤其常用。

雙音節化趨勢 漢語詞彙的發展傾向於把單音節擴充爲雙音節,把多音節壓縮爲雙音節。把單音節擴充爲雙音節的方式是在單音節的前面或後面加上一個成分,如：髮/頭髮、唇/嘴唇、雀/麻雀、鵲/喜鵲、鯉/鯉魚、韭/韭菜、鼻/鼻子、指/指頭,或者把兩個意義相近或相關的單音節合起來用,如：皮膚、牙齒、墻壁、窗户、雲彩、月亮。把三音節壓縮爲雙音節的方式是省去其中一個音節,如：落花生/花生、山茶花/茶花、機關槍/機槍、潛水艇/潛艇、生地黃/生地、川貝母/川貝。把四個以上音節壓縮爲雙音節的多見於某些詞組的簡稱,如：初級中學/初中、化學肥料/化肥、華僑事務/僑務、對外貿易/外貿、文化教育/文教、政治法律/政法、彩色電視機/彩電、科學技術委員會/科委、高等學校入學考試/高考、蘇維埃社會主義共和國聯盟/蘇聯。

四字成語 漢語詞彙裏包含大量成語。漢語成語的特點是絕大部分是四個字,而且正如漢語複合詞多由兩個語素並列構成,四字成語的内部成分也大多兩兩並列。這是漢語駢偶性的一種表現。四字成語結構緊凑,語法功能相當於一個實詞。它們具有特殊的修辭作用,應用十分廣泛。例如：銅牆鐵壁、鳳毛麟角、粗枝大葉、落花流水、來龍去脈、油腔滑調、束鱗西爪、狼吞虎咽、輕描淡寫、胡思亂想、裏應外合、半斤八兩、一乾二净、五花八門、千方百計、開宗明義、頂天立地、興風作浪、設身處地、發號施令、捕風捉影、咬牙切齒、改頭換面、驚心動魄、開誠布公、標新立異、駕輕就熟、好高鶩遠、避重就輕、掛一漏萬、風平浪静、海闊天空、水深火熱、兵荒馬亂、心平氣和、筋疲力盡、眉飛色舞、目瞪口呆、貌合神離、身敗名裂、德高望重、人微言輕、夜長夢多、凶多吉少、爾虞我詐。

漢語詞彙的歷史發展 語言是隨着社會的發展而發展的,特別是語言的詞彙對於社會上的各種變化最爲敏感,反應最爲迅速,幾乎是處在經常變化的狀態中。漢語詞彙適應社會生活的需要,隨着中國社會的發展而發展,經過漫長的歷程,達到非常豐富的境地。主要的發展趨勢是:新詞新語不斷產生,構詞法逐漸完備,雙音節化傾向越來越明顯。以下分四個時期略述大概。

先秦 現在能看到的反映漢語詞彙最早狀況的文獻是殷代甲骨卜辭。從中已經認識的甲骨文字有一千多個。從這些文字可以看出,許多屬於基本詞彙之列的詞當時已經出現。就詞性看,它們絕大多數是實詞,其中名詞最多,動詞次之,形容詞很少。就語義內容看,它們包括的範圍頗廣,涉及自然現象、生產勞動、物質文化、社會關係、日常生活、意識形態等方面。以一部分名詞爲例,如關於自然界的名稱:天、日、月、星、風、雲、雨、雪、霧、雹、虹、山、阜、丘、陵、陸、巖、嶽、河、川、泉、州、沚、澗、谷、土、石、水、火;季節和時間的名稱:年、歲、春、秋、時、旬、今、昔、翌、晨、旦、朝、昃、昏、暮、夕;方位的名稱:上、下、右、中、左、內、外、東、西、南、北;動植物的名稱:馬、牛、羊、豕、豚、豴、犬、兔、兒、象、狼、狐、虎、鹿、麋、牝、牡、魚、龜、蛇、鳥、雛、雀、雉、雞、蟲、蜀、螽、木、林、杞、栗、杏、桑、竹、禾、黍、粟、稷、麥、秋;人體和器官的名稱:人、身、首、面、眉、目、耳、鼻、口、舌、齒、肘、趾、心、腹、骨;生產和生活資料的名稱:田、疇、圃、囿、宮、室、宅、寢、門、戶、倉、廩、宗、牢、圂、井、舟、車、輿、刀、斧、斤、耒、犁、弓、矢、网、羅、畢、阱、鼎、鬲、尊、俎、簋、斝、甗、皿、盤、壺、爵、米、羹、酒、鬯、絲、帛、衣、裘、巾、帶、旂、橐、玉、貝、角、磬、鼓;武器的名稱:戈、矛、鉞、介、盾;人倫和身份的名稱:祖、妣、父、母、兄、弟、妻、婦、嬪、子、侄、孫、賓、臣、妾、宰、民、奴、俘、奚、衆、工、畯、君、王、侯、伯、尹、卿、巫、史;天干地支的名稱:甲、乙、丙、丁、戊、己、庚、辛、壬、癸、子、丑、寅、卯、辰、巳、午、未、申、酉、戌、亥。

甲骨卜辭裏雙音組合很少,但在傳世今文《尚書》的《商書》裏却爲數較多，構成格式主要是偏正式和並列式。如：天命、天時、王庭、少師、沖人、百姓、師長、邦伯、衆庶、讒言、神祇、姦宄、法度、心腹、田畝、津涯、老成、篤敬、先後、遠邇、安定、震動、顛越、攘竊、殄滅。其中有一些已經可以看作複合詞。

周秦時代 周秦時代，特別是春秋戰國時期，社會變化較大較快，諸如生產力的提高、經濟基礎的變動、政治制度的演進、學術文化的進步，都促使漢語詞彙迅速發展，主要表現爲新詞大量產生和雙音節化傾向漸趨明顯。古代漢語詞彙的基本規模在這個時期初步形成。

在這個時期實詞中的各類名詞、動詞和形容詞都大爲增加。以反映物質文化的一部分詞爲例，如農作物的名稱：穀、稙、稺、穜、稑、秬、秠、苢、粱、稌、粦、麻；農具的名稱：耜、耨、銚、鉊、錢、鎛、枷；田地和耕作的名稱：畎、町、畦、畔、畛、畹、畲、墾、耕、稼、種、穫、穮、耔；金屬和冶鑄的名稱：金、鐵、鉛、鏐、鍛、鑠、冶、鑄；衣着的名稱：裳、褘、袞、衫、襦、袍、袢、褐、襢、襟、衽、袂、冠、冕、屨、舄；樂器的名稱：琴、瑟、笙、竽、簫、管、簧、塤、篪、鐘、鏞、鼖、柷、敔。在反映上層建築方面，出現了許多關於政治、職官、禮制、軍事和刑法的詞；關於倫理道德的詞陸續增多，如：孝、弟（悌）、德、忠、信、義、知（智）、勇、廉、恥。

其他詞類也有比較充分的發展。諸如指示代詞、人稱代詞和疑問代詞，表示時間、範圍、程度、方式、狀態和語氣的副詞，表示並列、承接、轉折、選擇、因果、假設和讓步的連詞，以及各類介詞、語氣詞和嘆詞，大都具備。後世書面語裏的一套"文言虛字"這時已經基本形成。

這個時期還出現了許多雙音單純詞（叠音字、聯綿字）和大量複合詞。前者多見於《詩經》、《楚辭》等韻文作品，如：夭夭、菁菁、冉冉、嫋嫋、喈喈、坎坎、蕭蕭、颯颯、電勉、邂逅、栗烈、窈窕、婆娑、繽紛、繾綣；後者普遍見於各類典籍，如：角弓、金罍、羔羊、魴魚、旭日、寢衣、蛾眉、雲梯、良人、赤子、玄鳥、白茅、二毛、三星、四海、五穀、九有、萬舞、處士、征夫、支解、草創、燕居、佇立、宮室、道路、丘陵、聲音、朋友、賓客、爪牙、干戈、社稷、縲絏、爵祿、婚姻、奔走、征伐、扶持、教誨、修飾、束縛、恐懼、離別、變化、瞻望、純粹、悠遠、劬勞、枯槁、恭敬。複合構詞法在周秦時代的廣泛應用爲此後漢語創造新詞以適應社會生活的需要開闢了廣闊的途徑。

漢唐時代 在這個時期裏，隨着社會經濟的進步、文化學術的發達、民族接觸的頻繁和中外交通的興盛，漢語詞彙相應地發生了很大變化。主要的情況是：新詞繼續產生，雙音詞的構成格式多樣化，外來詞成批出現，以及書面語和口語的差異逐漸加大。

這個時期產生的新詞裏還不乏單音詞，以魏晉以後出現的爲例，如：店、夠、灘、覓、趁、透、攤、攪、嘩、怕、鬧、帖、剩、硬、懶、瞎、爺、孃、哥、儂、這。但雙音詞爲數更多，特別是表示抽象概念的詞大爲增加，如：情形、意義、操行、神氣、風采、情緒、性質、威信、權力、本領、舉止、異同、比喻、考驗、揣度、商量、通融、醒悟、差異、均等、錯亂、繁華、安穩、光榮、敏捷、冷淡、質樸、公正、風流、仔細、透徹。同時雙音虛詞也陸續增多，如：往往、常常、每每、漸漸、一再、一向、向來、當即、立地、登時、隨時、畢竟、終歸、從來、元本、一齊、非常、極其、公然、果然、必定、未必、千萬、互相（以上副詞），如若、若或、如其、倘若、假如、設使、雖則、無論、不問、除非、因爲、所以、因而、不但、不唯、寧可（以上連詞）。這都是漢語詞彙進一步充實的明顯標志。

就構詞法看，這個時期產生的雙音詞以偏正式和並列式複合詞爲主，但述賓式和述補式也已出現，如：努力、注意、知心、拚命、下手、障泥、隔壁、臨時、喫苦、保全、矯正、掃清、制服、說合。此外，魏晉以後出現了一些類詞綴成分，如前加成分"阿""老"，後加成分"子""兒""頭"，從而構成一批附加式雙音詞。例如：阿大、阿五、阿母、阿誰、老鴉、老兄、老姊、老奴、兔子、鷂子、燕子、蟻子、果子、竹子、刀子、亭子、艇子、袋子、巾子、冠子、帽子、鞋子、眼子、面子、合子、拂子、托子、婆兒、豬兒、狗兒、貓兒、雀兒、魚兒、花兒、衫兒、階頭、钁頭、膝頭、舌頭、骨頭、手頭、心頭、地頭、日頭、東頭、前頭。

外來詞的成批出現是這個時期漢語詞彙發展的一個顯著特點。早在先秦時代漢語詞彙裏就有從鄰近語言吸收的外來成分，但它們大都跟固有成分融爲一體，難以辨別。西漢以後，由於民族關係的密切和國際交往的頻繁，漢語裏陸續加入了一些明顯可辨的外來詞，主要是從西域南海傳來的物名，如：蒲陶、苜蓿、涂林、仁頻、檳榔、煙支、茉莉、琉璃、虎魄、氍氀、鞦韆、白叠、箜篌、觱篥、師比、郭洛。通過從東漢後期開始的佛典翻譯，漢語又從古印度語言（梵語、巴利語）和古中亞語言（如吐火羅語，即焉耆－龜茲語）吸收了跟佛教有關的大批外來詞，如：般若、菩提、南無、伽佗、涅槃、閻羅、菩薩、羅漢、比丘、闍黎、頭陀、和尚、沙彌、夜叉、泥犁、伽藍、蘭若、招提、袈裟、摩訶、刹那。其中一部分應用較廣，進入了漢語的一般詞彙。有一些複音詞因常用而省縮爲單音，如：僧伽(saṃgha)/僧、魔羅(māra)/魔、塔婆(thūpa)/塔、劫波(kalpa)/劫、懺摩(kṣama)/懺、禪那(dhyāna)/禪、比丘尼(bhikṣuṇī)/尼、鉢多羅(pātra)/鉢，而這些單音形式又可以作爲語素造出許多複合詞，如：高僧、僧徒、惡魔、魔鬼、寶塔、浩劫、劫數、懺悔、參禪、禪師、尼姑、尼庵、鉢盂、衣鉢。此外，在佛典翻譯中還出現了大量"義譯詞"，如：法寶、世界、天堂、地獄、因果、信心、真理、變相、圓滿、平等、慈悲、方便、煩惱、金剛、莊嚴、報應。其中一部分產生引申義，也成了漢語裏的通用詞。

漢魏以後，書面語和口語漸漸脫節，詞彙上的差異越來越大。六朝時代的一些文獻已經或多或少透露這方面的消息。到了晚唐五代，禪宗語錄（如《祖堂集》）和通俗文學作品（如敦煌變文）比較充分地反映出當時口語的面貌，其中出現了大量的不見於"正統文言"的詞語，是研究近代漢語前期的詞彙發展的重要資料。

宋至清 宋代以後中國社會經濟繼續進步，農副業、手工業、商業和國內外貿易都有較大發展，學術和文藝（包括自然科學和通俗文學）也頗爲發達。跟經濟、文化的進展相適應，漢語詞彙裏出現了許多變化和創新。主要表現爲：反映生產、生活和學藝的新詞新語大爲增多；口語詞更爲豐富並大量進入白話文學作品；

在新產生的詞裏雙音節詞占明顯優勢,三音節詞也有所增加。

舉例而言,在反映生產和生活方面,由於宋代工商業和都市生活繁榮,有關作坊、市場、商行、店鋪的詞語空前增多,例如:木作、竹作、油作、磚瓦作、裁縫作、碾玉作、米市、肉市、花市、金銀市、魚行、菜行、果行、麻布行、骨董行,麵店、酒店、茶店、餛飩店,針鋪、漆鋪、藥鋪、絨綫鋪;同時各種日用消費品的名目也大爲增加,以食品中的麵、糕、餅、糖爲例,如:三鮮麵、鷄絲麵、炒鱔麵、笋辣麵、飥饒麵,糍糕、蜜糕、豆糕、玉屑糕、鏡面糕、重陽糕,燒餅、炊餅、月餅、荷葉餅、菊花餅、芙蓉餅,薑糖、麻糖、乳糖、烏梅糖、鼓兒糖、五色糖。由於農業生產的進步,有關作物品種的詞語明顯加多,以稻米名稱爲例,宋代就已有幾十種,如:早稻、旱稻、赤稻、小香稻、杜糯、蠻糯、糯米、粳米、紅米、黃米、黃籼米、箭子米、黃芒、上稈、冬春、早占城。又如關於蠶桑、繅絲的詞語,在宋元時代也已經積累得十分豐富,如:桑几、桑籠、桑網、蠶宅、蠶屋、蠶箔、蠶槌、蠶椽、繭甕、繭籠、火倉、擡爐、熱釜、冷盆、絲籰、綿矩、絡車、繰車、絮車、緯車、經架、捻綿軸。

宋代自然科學和應用技術(如天算、律曆、土木建築、農田水利)進步較大,有不少發明創造和專門著述,元明時代又從中近東伊斯蘭世界傳入一些科技知識和觀測儀器。與此相應,漢語裏出現了一批新詞。到了明末清初,歐洲來華傳教士和中國知識分子合作,譯述了不少西方科技書籍(包括數學、天文、曆法、樂律、輿地、水利、機械製造等),從而漢語裏又增添了一批近代科學用語,例如:天頂、地球、月球、經度、緯度、赤道、熱帶、溫帶、機器、儀器、遠鏡、測算、測量、算術、幾何、界說、推論、比例、對數、象限、割圜、直角、橢圓、平面、面積、體積、容積、等邊、多邊、三角。

自宋代以迄明初,由於對外貿易較爲發達,漢語裏出現了一些從阿拉伯語、馬來語等語言吸收的外來詞,其中大部分是域外特殊物產的名稱,例如:俎蠟(長頸鹿)、花福祿(斑馬)、馬哈獸(大羚羊)、金顏香、篤耨香、打麻兒香、祖母綠、嗩吶、火不思、沙糊、考黎(海蚆)、押不蘆、巴旦杏、葦澄茄、膃肭臍。但通行開來的只有一小部分。

在元代,由於漢蒙民族接觸密切,不少蒙古語詞滲入漢語,見於雜劇等作品,例如:抹鄰(馬)、兀剌赤(馬夫)、米罕(肉)、答剌孫(酒)、鐵里溫(頭)、撒因(好)、牙不(走)、約兒赤(去)。但其中作爲外來詞在漢語詞彙裏鞏固下來的只有少數幾個,如好歹的"歹(觸)"、驛站的"站(蘸)"。此外,今天還在使用的"把勢"、"胡同"、"蘑菇"、"喇叭"、"褡褳"大約也是元代以後從蒙古語吸收的外來詞。

這個時期是漢語口語詞彙大發展並源源進入語體文學的時期。從宋代到清代,各種體裁的白話作品(如諸宮調、南戲、雜劇、平話、小說)與日俱增,較爲完全地顯示出近代漢語各個發展階段的詞彙面貌。從宋元話本到明清小說所反映的當代口語狀況可以清楚地看到漢語詞彙一步步接近它的現狀的歷史進程。

近百餘年 從 1840 年鴉片戰爭以來,中國社會經歷急劇的變革,政治上、經濟上和文化上的新事物、新概念層出不窮。社會生活和人們思想的巨大深刻的變化推動漢語詞彙迅速發展,不斷更新。

從戊戌變法(1898 年)前後到 1949 年中華人民共和國建立前數十年間,漢語裏增加了許多新詞,其中絕大部分是雙音詞,小部分是三音詞,也有少數三個音節以上的詞。詞彙增補的主要來源是:1) 自創新詞。例如:總統、法院、火車、輪船、飛機、炸彈、水泥、紙煙、罐頭、電影、鋼琴、郵票、執照、拍賣、匯兑、民工、機車、壁報、劇本、部門、機構、集體、骨幹、階段、功能、因素、總結、精簡、顯微鏡、收音機、自行車、降落傘、羽毛球、游擊隊、兒童節、意識形態、唯物史觀。2) 借用日語漢字詞。例如:總理、議會、政黨、主義、代表、幹部、協議、選舉、否決、機關、法庭、警察、宣傳、講演、情報、時事、銀行、企業、資本、市場、消費、學位、權威、課程、美術、講座、座談、演奏、喜劇、標本、圖案、索引、出版、現實、環境、要素、前提、作用、性能、原理、積極、消極、肯定、否定、場合、手續、引渡、打消、取締、俱樂部、混凝土。3) 吸收印歐語詞。例如:沙發(sofa)、撲克（poker）、咖啡（coffee）、可可（cocoa）、蘇打（soda）、吐司（toast）、吉他（guitar）、尼龍（nylon）、坦克（tank）、雷達（radar）、繃帶（bandage）、引擎（engine）、邏輯（logic）、幽默（humour）、摩登（modern）、維他命（vitamin）、模特兒（model）、托拉斯（trust）、布爾喬亞（bourgeois）、歇斯底里（hysteria）、卡片（card）、雪茄煙（cigar）、法蘭絨（flannel）、吉普車（jeep）、蜜月（honeymoon）、超人（Uebermensch）、下意識（subconscious）、世紀末（fin-de-siècle）、閃電戰（blitzkrieg）、時代精神（Zeitgeist）、階級鬥爭（Klassenkampf）。

　　中華人民共和國建立以來，社會政治狀況變更之大之快爲歷史上前所未有，諸如社會主義制度的建立、馬列主義的傳播、經濟建設的開展、文化教育的普及、科學技術的進步、國際往來的頻繁、人民生活水平的提高和精神風貌的改變，無不促使漢語詞彙發生種種變化。這些變化表現在各個方面，例如：1）政治、哲學用語大爲普及，有的成了常用詞。如：政策、策略、方針、口號、標語、階級、成分、黨派、民主、協商、談判、立場、觀點、思想、意識、理論、實踐、現象、本質、抽象、具體、主觀、客觀、相對、絕對、量變、質變、感性、理性、對立面。2）科技、衛生用語大爲發展，有的進入了一般詞彙。如：宏觀、微觀、塑料、磁帶、電腦、軟件、頻道、激光、掃描、遙控、縮微、複印、錄像、半導體、顯像管、收錄機、潰瘍、血栓、發炎、休克、抗體、疫苗、鏡檢、輸液、造影、免疫、理療、抗菌素、心電圖。3）不少舊有詞語的意義或用法有了新的擴展。如："革命"可指在共產黨領導下從事任何有益於國家人民的工作；"鬥爭"可指用體力或腦力來解決問題或克服困難；"同志"可指人民群眾的任何一員；"群眾"可指人民中每一個人，又爲"領導"或"黨團員"的對稱；"集體"可指每一個人所在的若干人組合的總體，又爲"全民"或"個體"的對稱；"單位"可指機關、團體，或屬於一個機關、團體的部門；"叔叔"可指跟父母同輩的任何男子；"態度"可指一個人對任何事情的看法和采取的行動；"精神"可指重要文件或高級領導人講話的要點。

在構詞法上也有一些新的趨勢：1) 複合詞仍以偏正式和並列式爲主，如：工地、車間、能源、人際、檔次、僑胞、載體、新秀、弱智、普查、擴建、空投、篩選、項目、環節、網點、效益、拼搏、攀比、爆滿、離休，但述賓式、述補式和主謂式也有發展，特別是述賓式明顯增多，如：供電、分洪、截流、脫粒、投料、奪魁、投標、合資、放權、掛鈎、牽頭、搶手、適銷、創收、保健、扶貧、務虛。2) 一些構詞成分詞綴化，由此構成的附加式複音詞逐漸增多，以帶後加成分"性"、"化"、"員"、"家"的詞爲例，如：計劃性、技術性、知識性、全民性、一次性、可行性、主觀能動性，綠化、老化、絕對化、一元化、年輕化、專業化、制度化、系列化、炊事員、飼養員、郵遞員、駕駛員、售貨員，理論家、實幹家、改革家、社會活動家。3) 簡稱不斷出現，不少簡稱因常用而轉化爲詞。如：統一戰綫/統戰、武裝警察/武警、化學纖維/化纖、民用航空/民航、電視大學/電大、體格檢查/體檢、展覽銷售/展銷、旅行游覽/旅游、表示態度/表態、節約能源/節能、失去控制/失控、每人平均/人均、少年先鋒隊/少先隊、奧林匹克運動會/奧運會。

從有文字記載以來，漢語詞彙經過三千多年的歷史進程，發展到現在已是面目全新，無比豐富。隨着中國社會主義物質文明和精神文明建設的前進，漢語詞彙將越加豐富。

參 考 書 目

陸志韋等《漢語的構詞法》(修訂本)，第 1 版，北京：科學出版社，1964 年。

呂叔湘《文言讀本·導言》，第 1 版，上海：上海教育出版社，1980 年。

王力《漢語史稿》下册，新 1 版，北京：中華書局，1980 年。

【補記】徐文堪先生指出此文以"好歹"的"歹"爲借自蒙古語的外來詞根據不夠充分，這個詞的來源尚須另考。見《〈語文學論集〉讀後》，《中國語文》1993 年第 1 期，第 75—76 頁。

附錄一

自述——我的中學時代[*]

流年似水，帶去了許許多多如煙的往事，唯有一些刻骨銘心的記憶還會不時從腦海深處浮現出來，有如一抹亮光在蒼茫暮靄中掠過天際。

在我平淡無奇的生涯中有一段彌足珍貴的歲月，那就是我的中學時代。

我十歲(1938年)小學畢業，正值日本侵略軍瘋狂肆虐之時，國難當頭，生靈塗炭。本已十分拮据的家境至此愈益窘迫不堪，不得不舉家遷到成都西郊光華村，在祖塋的菜地上蓋一間茅屋聊蔽風雨。上中學幾乎成為不可實現的夢想。所幸1939年上海私立光華大學及附中內遷，在光華村(即以光華大學命名)建校，我才得以就近進入這所中學。

曾由著名教育家廖世承任校長的上海光華附中是一所名牌中學，內遷到成都後，教師班底尚多舊人，流風餘韻依稀猶存。這所與大學一體的附中不僅師資力量得天獨厚，而且在圖書設備等方面的優勢也非一般中學所能企及。在校執教的先生中不乏江浙中學師資的名宿，好些位還是大學教師。他們大多出身於知名高等學府，功底較厚，見多識廣。在國家民族生死存亡的關頭，他們背井離鄉，歷經艱難，來到抗戰後方，一時造成了當地人文薈萃的環境，他們的愛國熱忱和育人精神在學校內形成了新鮮的政治空氣和濃郁的學術氛圍。正是他們的言傳身教使我在小小年紀

---

[*] 原載國務院學位委員會辦公室編《中國社會科學家自述》，上海教育出版社，1997年。

就懂得了敬業樂群、爲國爲民的道理,自覺地發憤讀書。當時學校設有"家境清寒"、"品學兼優"等獎學金,每個學期或學年我都靠自己的勤奮獲得其中兩三項,藉以免除了失學之虞,並且得以成績優秀免試升入本校高中。

由於老師們(如教國文、歷史、英語課的金寶祥、趙貞信、徐福均、趙善詒等先生)常常給我們介紹當代學人和學界情況,推薦課外讀物,校長(正式稱呼爲"中學部主任")還不時邀請名流學者(如葉聖陶、呂叔湘、馮友蘭、賀麟等先生)來校給我們講話,這就激發了我對人文科學的極大興趣,在高中期間對中國文史和英文用功愈勤。當時開明書店出版的《國文月刊》等雜誌內容充實,質量很高,我幾乎每期必讀,這對豐富我的語文學知識、提高中英文水平都大有助益。同時我利用大學圖書館的館藏,開始了對文史論著的廣泛涉獵。比如多達四十冊的《飲冰室合集》,就是那時通讀的。每天課後我就在田間阡陌上邊走邊背英文單詞,直至夕陽的餘暉散盡,方才回到茅屋裏,在如豆的菜油燈光下苦讀到深夜。僅"本國史"一科,我就閱讀了從夏曾佑《中國古代史》、呂思勉《白話本國史》到錢穆《國史大綱》、張蔭麟《中國史綱》計數百萬字的參考書,而對其中梁啓超《清代學術概論》、《中國近三百年學術史》、《中國歷史研究法》及《補編》和錢穆《國學概論》、《中國近三百年學術史》一類考鏡學術源流、指點治學門徑的著作,以及向達《中外交通小史》、《中西交通史》、方豪《中外文化交通史論叢》和李思純《元史學》一類擴大視野、開拓心胸的著作,則尤爲注意。這裏還應當特別提到當時認真研讀過的七部書,即王力《中國語文概論》《中國現代語法》和《中國語法理論》、呂叔湘《中國文法要略》和《文言虛字》、范存忠《英語學習講座》和林語堂 *Kaiming English Grammar*。這些書中采用的新的語言學原理、作者的眼光和方法以至他們的言語風格都給我留下了深刻印象,對我日後走上研究語言學的道路產生了重要影響。

中學六年焚膏繼晷的學習使我在知識領域開闊了眼界,打牢了根基,摸到了門徑。雖然少年時代在極端艱苦的生活條件下的過度用功損害了我的健康，可是我至今仍然主張"用功要勤要早，基礎要廣要牢"，就因爲中學時期的努力的確使我得益無窮，受用終身。

　　回顧我中學時代的學習，還有一點值得強調的，就是認識到了學好外文的重要性。當時我雖然立志鑽研"國學"，但却同時刻苦學習英文，並且遵從陳述民校長"從事專門學問，光是英文還不够；比如你要研究元史，就得懂俄文"的教導，在高中後期就開始自學其他外文，並堅持下來。正因爲如此，我日後研究"漢語史"一類國故之學，才能利用多種外文工具作爲得力的敲門磚，博覽國外有關文獻，從而拓寬學術視野，擴大知識源泉，讓固有傳統學科與國際漢學、東方學溝通，給漢語史研究吹入一些新的氣息。

　　時序不留，世事滄桑，當年的成都光華附中早已無復踪迹。師長們給我的教誨言猶在耳，而他們却多已謝世，令人感念不已。我自己也是華年水逝，漸近黃昏。然而六年中學生活中種種影象的餘光仍時時映照在我心頭，給我以無名的慰藉和激勵。

附錄二

張永言《語文學論集》讀後[*]

徐文堪

　　張永言先生的論文選集《語文學論集》已由語文出版社出版。筆者通讀了全書,深感這是一本將我國傳統語文學和現代語言學結合得較好的學術著作,值得語文學工作者參考。

　　著者在《後記》中說,研究漢語史特別是漢語詞彙史,所向往的目標是繼承傳統的雅詁之學,而在視野和材料上又能有所拓展和延伸。在以前出版的兩本專著《詞彙學簡論》(1982)和《訓詁學簡論》(1985)裏,張先生既繼承了我國傳統語言學的豐富遺產,又突破前人局限,擴大研究範圍,以大量方言、民族語言與外國語的材料和漢語古文獻相印證,解決了不少舊時學者未能解決的訓詁問題,受到國內外學者的重視和好評。這本《論集》所收的二十篇論文,既有通論性的,如《漢語詞彙》、《漢語外來詞雜談》、《關於詞的"內部形式"》;也有專論性的,如《上古漢語有送氣流音聲母說》、《上古漢語的"五色之名"》、《酈道元語言論拾零》、《〈水經注〉中語音史料點滴》,還有一組論文對一些古漢語詞語進行了精闢的考釋,如《兩晉南北朝"書""信"用例考辨》、《詞語雜記》、《李賀詩詞義瑣記》、《讀〈敦煌變文字義通釋〉識小》。在過去研究一直比較薄弱的漢語語源學方面,收入本書的《語源小札》、《"沐猴"解》、《說"淘"》、《"渾脫"語源補證》諸篇都具有資料豐富、分析細緻的特點,體現了作者的深厚功力。此外,還有幾篇內容充實的書評:《古典詩歌"語辭"研究的一些問題——評張相著〈詩詞曲語

[*] 原載《中國語文》1993年第1期。

辭匯釋〉》、《論郝懿行的〈爾雅義疏〉》、《讀王力主編〈古代漢語〉札記》以及《〈說文通訓定聲〉簡介》。通觀全書，著者治學的一貫精神是注重事實，充分占有材料，掌握前人和中外學者的研究成果，所以結論公允，說服力強。

這本《論集》涉及漢語史的許多問題，限於篇幅，不可能逐篇介紹。下面只能選取若干篇，舉出一些例證，對著者的學術成果稍作述評。

《爾雅義疏》是所有《爾雅》注本中最詳贍的重要著作，歷來爲學者所重視。張先生在《論郝懿行的〈爾雅義疏〉》一文裏，對《義疏》作了較詳盡的分析，指出在郝氏所標舉的以聲音貫串訓詁和據目驗考釋名物這兩大目標中，由於郝氏具有實事求是的科學批判精神，對考釋草木蟲魚鳥獸做得很出色，勝過以往各家的注釋；但在以聲音貫串訓詁方面，雖然郝氏作了很大努力，但因爲他對聲韻學特別是古音學過於生疏，處理問題又不夠審慎，所以失誤甚多，没有達到預定的目標。對《義疏》其他諸方面的得失，文中也有中肯的論述。因此，這篇文章是我們研讀《爾雅義疏》時重要的參考材料。直到最近，有些論文和專著對《義疏》的評價仍然偏高，如說"郝書實能兼取衆長，蔚爲閎篇。尤以'因聲求義'、'音近義通'之法以治《爾雅》，其績實邁古人，訓詁之道大備"①，這種說法似欠允當。

上古漢語某些鼻音和邊音聲母字(m-, n-, ɳ-, ŋ-, l-)跟清喉擦音聲母(曉母)字 h-(x-)通諧的問題，漢語音韻學一向未能解決。其中最突出的 m-～h-的現象早就引起了注意和討論。高本漢把一些跟 m-相諧的 h-母字的聲母構擬爲"擦音＋流音"式的複輔音 xm-。李方桂先生假定爲 mx 或m-。董同龢先生受李方桂所調查的貴州苗語裏有m-聲母的啓發，否定了高本漢的構擬，在上古漢語的聲母體系中正式設定了一個m-。但正如林燾先生在 1949 年所

---

① 錢劍夫《中國古代字典辭典概論》，商務印書館，1986年，第143頁。

指出①,如果只給上古音擬出一個清脣鼻音m-,可是並沒有n- l- ŋ-這一類音跟它相配,這不合乎一般語言的語音系統的規律性,似乎過於特殊。張先生在1956年寫成《上古漢語有送氣流音聲母說》,不僅從諧聲關係、古書異文和古字通假上找到不少例證,而且運用1955年《苗語方言調查報告》的材料與漢語相印證,說明上古漢語的送氣流音聲母不僅有mh,而且有nh等等與它相配,形成一個完整的系統,從而圓滿解釋了m n 等跟l-通轉的現象。可惜的是,本篇全文到80年代才正式發表(刊於《音韻學研究》第1輯,中華書局1984年出版)。

對漢語詞族(word family)的研究,過去有些中外學者曾經做過,但或者由於對有關上古漢語同義詞的文獻掌握不充分,甚至存在不少誤解,或者由於對漢語以外的親屬語言所知太少,無法進行比較研究,所以其成果都顯得有較大的局限性,不大能令人信服。張先生的長文《上古漢語的"五色之名"》選取了上古漢語表示色彩概念即黑、白、赤、黃、青五色的詞,還廣泛搜羅見於文獻的可能與色彩有關的各種名物詞(如動物、植物、礦物等),一一進行分析,並與漢藏語系諸語言和南亞語系的語言進行比較,或可以視爲當今漢語詞族研究的代表作②。除了色彩,對其他詞的義類(semantic group)也應該進行這樣的整理,以此作爲進行上古漢語同義詞的各種研究的張本。所以,張先生的這篇文章是具有示範作用的。

所謂詞的"內部形式",是指用作命名根據的事物的特徵在詞裏的表現,也就是詞的理據或詞的詞源結構。詞的"內部形式"問題要研究的是詞的語音形式和意義內容的關係問題,或者説用詞表示概念的方式問題,目的在於闡明事物的"得名之由",幫助我們認識語言裏詞與詞之間的聯繫以及詞義演變和詞彙發展的一

---

① 林燾《〈上古音韻表稿〉書評》,《燕京學報》第36期,第314—315頁。
② 參看馮蒸《論漢語和藏語進行比較研究的原則和方法——西門華德〈藏漢語比較詞彙集〉評析》,《詞典研究叢刊》10,四川辭書出版社,1989年,第190—191頁。

些規律①。張先生多年來對此十分注意,他在《關於詞的"內部形式"》一文裏,闡述了研究詞的內部形式的理論、意義和方法,並且通過同族詞或同根詞的比勘和親屬語言中同源詞的參證,考索了古漢語中一些詞語的內部形式,如指出"銅"的內部形式爲"紅色","皅"的內部形式爲"白色","望洋"的內部形式(語源義)是迷迷糊糊或模糊不清的樣子,"飛廉"(風伯,"風"的前上古音* plum 是"飛"、"廉"二字的合音)的內部形式是"(疾)風",等等。可以說,這篇文章提出了結合新的語言學方法發揚傳統訓詁學的一個重要課題,也是作者結合漢語實際,嘗試從事有中國特色的詞彙學研究的一個例證。

在詞語考釋方面,收入《論集》的各篇勝義紛陳,不可能一一介紹,只能舉兩個例子說明。

"信"的"書信"義究竟起於何時,語言學界曾進行過討論。張先生在《關於兩晉南北朝的"書"和"信"》一文中,通過細緻的辨析,指出六朝時"信"的主要意義爲"使人,送信人","家信"指家中的信使或家裏的信息,"書信"則指傳書的信使,此說確定不移②。可能作"書信"講的"信",張文找到一例,即梁元帝蕭繹《玄覽賦》中的"報蕩子之長信,送仙人之短書"。在結集時新增的"補記"裏,又引後秦佛陀耶舍共竺佛念譯《佛說長阿含經》卷十三第三分"持此信授彼,持彼信授此",說明漢譯佛典可證東晉時"信"已有"書信"義,但這種用法還很少見。這樣,這個有爭議的問題就基本上解決了。

北京圖書館藏敦煌寫本"成字 96 號"《目連救母變文》背面,有一件向來受到學者們注意的文書,上寫法律德榮唱"紫羅鞋兩",僧政願清唱"緋綿綾被"等等字樣,曾被認爲是唐代僧人"唱曲""演唱"所得布施與分配的帳目。從 30 年代到 80 年代,好幾位國內外不同學術領域的專家都沿襲了這個錯誤,把這件敦煌資

---

① 張永言《詞彙學簡論》,華中工學院出版社,1982 年,第 27 頁。
② 參看江藍生《魏晉南北朝小說詞語匯釋》,語文出版社,1988 年,第 232—233 頁。

料看作一篇"唱曲帳"。其實，早在 1950 年，美籍學者楊聯陞先生就已指出①，這個唱字並非一般"歌唱"的"唱"，而是佛寺特殊用語"估唱"、"唱衣"的唱，意爲"唱賣"或"拍賣"。張先生於 1975 年發表專文(《論集》中作爲《詞語雜記》一文的第二條)，在國內第一次對這個問題作了考辨，不僅糾正了以往幾十年的錯誤，而且在敦煌寫卷中找出好幾條有關唱衣的史料，並對照原件，將過去諸家誤讀的"僧|政願|清唱"改讀爲"僧政|願清|唱"。文章發表後受到好評。

在漢語詞源學的研究方面，收入《論集》的各篇特別注意通過參較親屬語言和鄰近語言的材料，考定詞的確切意義，追溯漢語古籍中包含的若干非漢語成分，從而使歷來的疑難涣然冰釋②。如范成大《秋雷嘆》詩題下自注有"孛轆"一詞，義爲"雷"，此詞可與古詞"焚輪"參較。孫炎注《爾雅·釋天》"焚輪謂之穨"訓爲"迴風"，聞一多先生則謂"焚輪"蓋即"豐隆"之轉，"穨"應指雷。張先生比照《爾雅·釋器》"不律謂之筆"的辭例，參考藏語 'brug(兼有"旋風"和"雷"二義)，並指出藏語中也有 'br->ḍ-式音轉，從而説明漢儒舊詁和聞氏新解不但並行不悖，而且可以互相補充。又如古漢語的"沐猴"一詞，四十多年前聞宥先生曾提及"沐"相當於緬文語 mjōk，但未加申論，張先生對此進行了探考，指出"沐猴"是一個由非漢語語素加漢語語素構成的合璧詞，語素"沐"爲藏緬語成分 m(j)uk-猿/猴的記音字，實爲不易之論。屬印歐語系的吐火羅語文獻也有這個借詞(吐火羅語 A mkow，吐火羅語 B moko-)③，當來自藏緬語。這個例子說明了我國古代各民族之間在語言上的相互交流和彼此借用。

---

① Lien-sheng Yang: "Buddhist Monasteries and Four Money-raising Institutions in Chinese History", *Harvard Journal of Asiatic Studies*, Vol. 13, Nos. 1-2, 1950. 中譯文題爲《佛教寺院與國史上四種籌措金錢的制度》，收入《國史探微》，臺北聯經出版事業公司，1983 年，第 281—284 頁。
② 參看馬學良主編《漢藏語概論》(上)，北京大學出版社，1991 年，第 40—41 頁。
③ Václav Blažek: "The Sino-Tibetan Etymology of Tocharian A mkow-, B moko- 'Monkey'", *Archív Orientální*, Vol. 52, No. 4, 1984.

張先生在進行詞源研究時,除了從語言角度立論,還注意搜集古今各種文獻的旁證材料,涉及名物、民俗、民族融合、各族文化交流等各個方面。如"渾脱"一詞的語源,長時期來中外學者都一直以爲它是從北方民族語言吸收的外來詞①。直到1981年,美國蒙古學家塞瑞斯(Henry Serruys)才指出"渾脱"的語源義爲"完整地剥脱(動物的皮)",是一個純粹的漢語詞②。但塞氏在論證"渾"和"渾脱"的詞義時,僅據舊《辭海》釋"渾"爲"全",舊《辭源》釋"渾脱"爲"囫圇"以立説,論據比較單薄。張先生在《"渾脱"語源補證》一文裏,引用大量資料,説明"渾"的意義爲"完整,整個兒","渾脱"的内部形式是"整個兒地剥脱",所以這是一個理據明白的純粹的漢語詞而不是譯音的外來詞。陳寅恪先生曾經説過:"依照今日訓詁學之標準,凡解釋一字即是作一部文化史。"③《論集》對漢語詞語特别是其語源的考釋也體現了這一精神。

　　還應指出,《論集》雖是著者過去已發表的文章的選集,但在收入本書時都作了校訂,並在附注裏增補了新的文獻,吸取了新的研究成果。有幾篇除對内容進行修訂外,又加上"補記"。如上舉《詞語雜記》"唱"字條涉及敦煌佛教社團中的"僧政(正)""法律",請讀者參看張廣達、榮新江兩先生的近作《有關西州回鶻的一篇敦煌漢文文獻》(《北京大學學報》1989年第2期);《"輕吕"和"烏育"》一文談及"徑路"("輕吕")語源,請讀者參看高去尋先生1960年用英文發表的專文(《中亞雜誌》第5卷第3期);《漢語外來詞雜談》"蘭闍"條補充介紹了法籍學者吴其昱先生1976年用法文發表的專文(載《紀念普實克教授中國歷史和文學論集》)的主要内容,等等。各篇所附的注釋尤多精審,對正文中涉及的一

---

① 如羽田亨《舞樂之渾脱》,中譯文載楊煉譯《古物研究》,商務印書館,1936年。
② H. Serruys: "Hun-t'o: Tulum, Floats and Containers in Mongolian and Central Asia", *Bulletin of the School of Oriental and African Studies*, Vol. 44, pt. 1, 1981.
③ 轉引自沈兼士《"鬼"字原始意義之試探》,載《沈兼士學術論文集》,中華書局,1986年,第202頁。

些細節問題也不放過,如指出西漢楊雄之姓當從木,不從扌(第 45 頁,引用從清代到當今國內外的有關文獻達五種);三國吳陸機之名當作"機",作"璣"者非(第 45 頁);參考各家之說,定酈道元生年爲 470 年左右(第 148、151 頁)。這種謹嚴的學風和研究問題的徹底性,也是語文工作者應該取法的。

在閱讀《論集》過程中,筆者對某些枝節問題稍有疑問,順便提出來就正於張先生。

《漢語詞彙》一文在談到宋元時代滲入漢語的蒙古語外來詞時,曾舉"好歹"的"歹(獰)"字爲例。多年前李思純先生主張"歹"是蒙古語①,近年張清常先生在《漫談漢語中的蒙語借詞》(《中國語文》1978 年第 3 期)文中仍認爲"歹"在蒙古語本是"不好"之意,作爲漢語詞就表示陰險狠毒、爲非作惡。主張蒙語說者都根據南宋彭大雅、徐霆《黑韃事略》所云:韃人"言及飢寒艱苦者謂之獰",原注:"獰者,不好之謂。"但正如方齡貴先生所指出②,漢文著錄和字書中都以"歹"字訓蒙語"卯兀"(ma'u,亦作"卯溫""卯危""毛溫"等,即"不好");如果"歹"是蒙古語,則何以用蒙語訓蒙語,殊不可解。所以這種說法的根據不夠充分。

與傳統字書注爲"五割切"或"牙葛切",釋義爲"殘骨也"的"歹"有所不同的"歹"字在《敦煌變文集》裏出現過兩次③,即《維摩詰經講經文》的"且希居士好調和,不得因循撚病歹",和《父母恩重經講經文》的"若是長行五逆歹人,這身萬計應難覓"。龍晦先生曾據此推測④,唐代的"歹"字在民間已從原來的"五割切,殘骨也"分化出來,轉爲"多乃切",或讀如"多",其意也與今天不殊。

---

① 李思純《元史學》,中華書局,1926 年,第 136 頁。
② 方齡貴《阿禧公主詩中夷語非蒙古語説》,《思想戰綫》1980 年第 4 期,第 58—59 頁;又《元明戲曲中的蒙古語》,漢語大詞典出版社,1991 年,第 249 頁。
③ 王重民等編《敦煌變文集》(下集),人民文學出版社,1957 年,第 558、693 頁。
④ 龍晦《唐五代西北方音與敦煌文獻研究》,《西南師範學院學報》1983 年第 3 期。此文收入任半塘《敦煌歌辭總編》附錄,上海古籍出版社,1987 年,第 1829—1832 頁。

日本學者太田辰夫教授在《關於漢兒言語——試論白話發展史》一文裏引《黑韃事略》和文天祥《指南錄》卷三及鄭思肖《心史》中的"歹"("䚟")字，認爲此字到宋末仍須反復説明，所以在宋代是不普遍使用的"漢兒言語"（所謂"漢兒"，是北朝以降北方中國的漢人或漢化了的北方民族之稱）。到了元代，"歹"字就極普遍地使用了①。因此，"歹"的來源須另考，似乎不宜把它看作是漢語中的外來詞。

《漢語外來詞雜談》"罛罟"（"罟罛"）條引白鳥庫吉和伯希和之説，謂此詞當是 külkül 的譯音（《論集》第 241—242 頁）。按"罟罟"是有地位、有身份的蒙古婦女戴的一種頭飾，蒙古語作 boghtaq(孛黑塔)②，至於漢語"罟罟"一詞的語源，它是蒙古語中哪個詞的對音，與《蒙古秘史》的"客古裏"（§56，旁譯作"鬢擎"，意爲前額髮、腦鬢、頂毛等）以及《高麗史》卷二八的"怯仇兒"（keqör～geköl）是什麼關係，現在還不大清楚，國内外都没有定論。

【補記】這篇書評寫完後，得讀鄭炳林、梁志勝兩先生最近發表的《〈梁幸德邈真贊〉與梁願清〈莫高窟功德記〉》(《敦煌研究》1992 年第 2 期)。根據此文的研究，北圖"成字 96 號"(8444)寫本背面的"僧政願清"與敦煌遺書中屢見的"願清"確是同一人。願清是曹氏歸義軍時期敦煌名僧，其僧職歷法律、僧政至都僧政、都僧統。有興趣的讀者可以參看這篇文章，特別是第 67 至 69 頁。

---

① 太田辰夫《漢語史通考》，江藍生、白維國譯，重慶出版社，1991 年，第 201 頁。
② 額爾登泰、烏雲達賚、阿薩拉圖《〈蒙古秘史〉詞彙選釋》，內蒙古人民出版社，1980 年，第 151 頁；S. Cam-mann："Mongol costume — historical and recent", in J. Sinor (ed.) *Aspects of Altaic civilization*, Bloomington, Indiana, 1963, 161 - 162; L. V. Clark: "The Turkic and Mongol Words in William of Rubruck's Journey", *Journal of the American Oriental Society*, Vol. 93, No. 2, 1973, 183 - 184.

校 補 後 記

　　復旦大學出版社準備重版業師張永言先生的三部著作《詞彙學簡論》（華中工學院出版社，1982年）、《訓詁學簡論》（華中工學院出版社，1985年）和《語文學論集》（語文出版社，1992年第一版，1999年增補本），因先生年事已高，沒有精力親自處理此事，就把重版的相關事宜交給了我。現在校補工作已經全部完成，即將付印，有一些事情在這裏向讀者做個交代。

　　首先是遵先生之囑刪去了《語文學論集》的兩個附錄《"聞宥遺札"前記》和《中國大百科全書・語言文字》"俞敏"條，只保留了一篇《自述——我的中學時代》；《訓詁學簡論》的兩個附錄《論郝懿行〈爾雅義疏〉》和《論張相〈詩詞曲語辭匯釋〉》也刪去了，因爲那兩篇文章已經收入《語文學論集》；同時刪去《語文學論集》中取自《訓詁學簡論》的《〈說文通訓定聲〉簡介》和《介紹兩部訓詁書——〈經籍籑詁〉和〈辭通〉》兩篇，但是由於收入《語文學論集》（增補本）的是後出的文本，先生作了很多訂補，所以這一版的《訓詁學簡論》用的是原收在《論集》增補本中的文本，行文風格跟全書不盡一致，未作統一。

　　其次是根據先生在三書"自存改本"（其中《詞彙學簡論》有兩個改本）上的批注，對原書作了改訂和增補。除了《語文學論集》第一版以外，其餘三個改本上面的批注都儘量吸收進了這一版。因爲先生一直沒有打算重版自己的著作，所以這些批注也呈現爲不同的樣態：有些是直接可以錄入的，有些則需要重新查對或補充資料，還有一些僅僅是記一點相關的信息或想法在上面，需要揣摩先生的用意。因此哪些該增補、怎麽增補，都是頗費躊躇的。先生全權委託我來處理，我本着在不違背先生本意的前提下儘量多吸收的原則,把大部分批語都補入了。如果有取舍失當或行文欠妥之處,應該由我負責。先生很講究行文措辭,往往反復推敲。在他的《語文學論集》第一版的自存改本中有許多批注和行文方面的修改,有的在增補本中改了,有些則沒有改,大部分批注已經補入增補本,但是也有少量並沒有補入。改或不改,補或不補,佔計先生是有自己的考慮的,所以對於增補本未改未補的,這次也不據第一版自存改本來作改動。

　　最後是關於體例。三書原本各有自己的體例,《論集》中的各篇體例也不盡一致,比如:雖然張先生早已明確指出:"子雲之姓當從木,不從扌。"(《論集》第 23 頁)但是三書中仍然"楊雄""揚雄"間出(既見於引用他人著述,也見於先生自己的行文),此次一仍其舊,未作統一。《論集》中有些文章的標題與最初發表時以及他處稱引的往往不盡一致,如:《再談"聞"的詞義》(原作《再談"聞"的詞義問題》),《上古漢語有送氣流音聲母說》(原作《關於上古漢語的送氣流音聲母》),《古典詩歌"語辭"研究的一些問題——評張相著〈詩詞曲語辭匯釋〉》(原作《古典詩歌"語辭"研究的幾個問題——評張相著〈詩詞曲語辭匯釋〉》),《論上古漢語的"五色之名"兼及漢語和台語的關係》(原作《上古漢語的'五色之名'》)等,此次一依《論集》(增補本)。引文頁碼的標注法,標點符號的用法等等,則由責編宋文濤先生在可能的範圍內作了統一。繁體字字形的處理,遵照先生指示,凡是不會引起歧解的就統一爲較簡單的或通行的字形,如:只(衹、祗、秖),才(纔),群(羣),采(採),占(佔),等等。

　　感謝我的學生真大成、史文磊、胡波三位博士協助校對書稿並補入先生在"自存改本"上的若干批注,史文磊君出力尤多,博士生王翠也參與了《從詞彙史看〈列子〉的撰寫時代》和《漢語外來詞雜談》兩文的校對,訪問學者曹莉亞副教授和博士生王文香參與了三書的終校。賢妻石方紅女士協助掃描原書和一校樣,也付出了辛勞。

　　張先生學問淵雅精深,中外兼通。弟子學淺識陋,尤其缺乏外文素養,校對和增補中難免出現舛誤,幸讀者正之。

  最後請允許我代表永言師對熱情促成三書重版並親任責編的宋文濤先生表示由衷的感謝。

受業 汪維輝 謹記

2014 年 7 月 14 日於浙江大學港灣家園寓所

2014 年 11 月 11 日改定於浙江大學西溪校區

圖書在版編目(CIP)數據

語文學論集/張永言著.—增訂本.—上海:復旦大學出版社,2015.1
(張永言先生著作集)
ISBN 978-7-309-11032-6

Ⅰ.語… Ⅱ.張… Ⅲ.漢語-語言學-文集 Ⅳ.H1-53

中國版本圖書館 CIP 數據核字(2014)第 241819 號

語文學論集(增訂本)
張永言 著
責任編輯/宋文濤

復旦大學出版社有限公司出版發行
上海市國權路 579 號　郵編:200433
網址:fupnet@fudanpress.com　http://www.fudanpress.com
門市零售:86-21-65642857　　團體訂購:86-21-65118853
外埠郵購:86-21-65109143
山東鴻杰印務集團

開本 890×1240　1/32　印張 13　字數 320 千
2015 年 1 月第 1 版第 1 次印刷

ISBN 978-7-309-11032-6/H・2402
定價:38.00 圓

如有印裝質量問題,請向復旦大學出版社有限公司發行部調換。
版權所有　侵權必究